考前充分準備 臨場沉穩作答

千華公職證照粉絲團 f
https://www.facebook.com/chienhuafan
優惠活動搶先曝光

千華公職資訊網
http://www.chienhua.com.tw
每日即時考情資訊 網路書店購書不出門

千華 Line 生活圈 @
https://line.me/R/ti/p/%40cus3586l
即時提供最新考訊、新品出版、活動優惠等資訊

千華數位文化
Chien Hua Learning Resources Network

六大特色帶你一舉上榜

課前提要
概述各章節的主旨、有哪些常考重點以及容易考出的法規，同學可在學習此章之前，對課程內容有一個立即性的瞭解。

頻出度
根據出題頻率分為三個等級A（頻率最高）、B（中等）、C（最低）。可依據頻出度高低來規劃讀書計畫以及考前衝刺的閱讀重點。

第一篇　緒論

第一章　基本權益

依據出題頻率分為：A頻率高 B頻率中 C頻率低

【課前提要】原住民族基本法係於94年2月頒布，其內容多屬政策性質，相關的規範分散於各子法中，相關名詞解釋更應熟讀，而該基本法為各子法之母法，熟讀有助增進了解原住民族法規之整體概念，方便後續閱讀。

本章重點分析

前　言	1. 政策執行變遷。★ 2. 具體原住民政策方向。★
解釋名詞	了解現行相關原住民特有名詞。★★★
推動委員會	由原住民族各族按人口比例分配。★
原住民自治	1. 原　　則：依原住民族意願。 2. 預算編列：依地方制度法、財政收支劃分法等規定。★ 3. 爭議協商：由總統府召開協商之。★★
文化教育	1. 原　　則：依原住民族意願。 2. 專責機構：直轄市及轄有原住民族地區之縣市。 3. 族語驗證：建立族語能力驗證制度。 4. 公職考試：族語驗證或具備原住民族語言能力。 5. 人才培育：專責機構。 6. 傳統名稱：依原住民族意願回復傳統名稱。 7. 法人成立：成立財團法人原住民族文化事業基金會。★
產業發展	1. 基本原則：保護並促進其發展。 2. 公共事業：寬列預算改善公共工程。 3. 住宅政策：輔導及推動部落更新。 4. 工作權保障：輔導原住民取得專門職業資格及技術士證照。 5. 輔導創業：設立原住民族綜合發展基金。★

本章重點分析
以條列式的方式表述標明各章節常出的要點，是同學考前衝刺的最佳指引。

星號提示
代表歷屆試題常考出的條目，同學應搭配課文精華重點反覆閱覽複習。

法規一點靈

隨章附上相關法規的 QR code 圖示，經由手機下載可資讀取的 App 程式後，考生即可連結到顯示該法規的網站，查詢最新的法規條文。

二、解釋名詞

(一) **原住民族**：係指既存於台灣而為國家管轄內之傳統民族，包括**阿美族、泰雅族、排灣族、布農族、卑南族、魯凱族、鄒族、賽夏族、雅美族、邵族、噶瑪蘭族、太魯閣族、撒奇萊雅族、賽德克族、拉阿魯哇族、卡那卡那富族等16族**，及其他自認為原住民族並經中央原住民族主管機關報請行政院核定之民族。

(二) **原住民**：係指原住民族之個人。

(三) **原住民族地區**：係指原住民傳統居住，具有原住民族歷史淵源及文化特色，經中央原住民族主管機關報請行政院核定之地區。

(四) **部落**：係指原住民於原住民族地區一定區域內，依其傳統規範共同生活結合而成之團體，經中央原住民族主管機關核定者。

(五) **原住民族土地**：係指原住民族傳統領域土地及既有原住民保留地。

(六) 為促進原住民族部落健全自主發展，部落應設部落會議。部落經中央原住民族主管機關核定者，為公法人。

部落之核定、組織、部落會議之組成、決議程序及其他相關事項之辦法，由中央原住民族主管機關定之。

法規一點靈

原住民族基本法

土地利用	1. 非營利行為：維護傳統文化、祭儀或自用為原則。 2. 土地調查：以法律定之。 3. 土地開發：主導權與資源共享。★★ 4. 國家公園：共同管理機制之建立。★★ 5. 災害防治：建立機制。
社會福利	1. 基本原則：建立原住民族社會安全體系。 2. 儲蓄互助：輔導及賦稅優惠措施。 3. 人權保障：增訂原住民族人權保障專章。 4. 事務仲裁：制定專屬法律。 5. 原住民族法院：保障原住民族之司法權益。★

老師的話

內，但確切的意義國人大多不十分明暸，極易被列

定原住民族的要件： (A)既存於台灣而為國家管轄
(B)自認為原住民族 (C)經行政院原住民族委員會
(D)經總統公布完竣之原住民族。

，具有原住民族歷史淵源及文化特色，經中央原住
請行政院核定之地區者，係為： (A)部落 (B)原
住民族土地 (D)原住民保留地。

課文精讀

一、政策執行變遷

自國民政府遷台至今，短短半個世紀，台灣原住民族經歷了五個不同政策的執行變遷：

中國化時期	→	一般化時期	→	山地化時期	→	大社會融合期	→	社會經濟發展期
民國40年		民國50年		民國60年		民國70年		民國80年

老師的話

這5個時期對原住民族執行規劃的內容，充滿殖民、支配、同化的型態，施政重點多屬國家意識概念的灌輸為主，對其根本結構較缺乏真正了解與尊重，故透過立法的程序，重新建立原住民施政，其中首要的，乃建立其自主性，彌補與一般社會的差距。

老師的話

係筆者就各個常考的重點或關鍵字詞，給予學習上的再次叮嚀。牢記老師的話，同學應試保證百中百發。

公務人員特種考試

「原住民族考試」應試類科及科目表

千華專業輔考小組◎整理

原住民三等

◆普通科目

1. ◎國文（作文、公文與測驗）
2. ※法學知識與英文（中華民國憲法、原住民族行政及法規、英文）

◆專業科目

類科	科目
一般行政	1.◎行政法　2.◎行政學　3.政治學　4.公共政策 5.民法總則與刑法總則
一般民政	1.◎行政法　2.◎行政學　3.政治學　4.民法總則與刑法總則 5.地方政府與政治
社會行政	1.◎行政法　2.社會福利服務　3.社會學　4.社會研究法　5.社會工作
社會工作	1.社會政策與社會立法　2.社會工作方法與實務 3.人類行為與社會環境　4.◎ 行政法　5.社會工作研究方法
人事行政	行政法、行政學、民法總則與刑法總則、現行考銓制度、心理學（包括諮商與輔導）
原住民族行政	1.◎行政法　2.◎行政學　3.臺灣原住民族史　4.臺灣原住民族文化 5.公共政策(包括原住民族政策)
文化行政	1.原住民族文學概論　2.臺灣原住民族史　3.原住民族藝術概論 4.文化人類學　5.文化行政
法制	行政法、立法程序與技術、民法、刑法、原住民族法規（包括原住民族基本法、原住民身分法、原住民族教育法、原住民族工作權保障法、原住民族傳統智慧創作保護條例）
經建行政	1.統計學　2.◎經濟學　　3.國際經濟學　4.公共經濟學 5.貨幣銀行學
農業行政	1.農業概論　2.農業經濟學　3.農業發展與政策　4.◎行政法 5.農產運銷
地政	土地法規與土地登記、民法（包括總則、物權、親屬與繼承）、土地利用（包括土地使用計畫及管制與土地重劃）、土地經濟學、土地估價
農業技術	作物學、作物育種學、作物生理學、土壤學、試驗設計
林業技術	森林經營學、育林學、樹木學、森林生態學（包括保育）、林政學
土木工程	1.工程力學（包括流體力學與材料力學）　2.測量學 3.結構學與鋼筋混凝土學　4.土壤力學(包括基礎工程) 5.營建管理與工程材料
電力工程	1.電路學　2.電力系統　3.電子學　4.電機機械　5.計算機概論
公職獸醫師	1.獸醫傳染病與公共衛生學　2.獸醫病理學　3.獸醫實驗診斷學

原住民四等

◆普通科目

1. ◎國文（作文、公文與測驗）
2. ※法學知識與英文（中華民國憲法、原住民族行政及法規、英文）

◆專業科目

一般行政	1.※行政法概要　2.※行政學概要　3.◎政治學概要　4.◎公共管理概要
一般民政	1.※行政法概要　2.※行政學概要　3.◎政治學概要　4.◎地方自治概要
社會行政	1.※行政法概要　2.社會工作概要　3.社會研究法概要 4.社會政策與社會立法概要
原住民族 行政	1.※行政法概要　2.※行政學概要　3.臺灣原住民族歷史與文化概要 4.臺灣原住民族文化概要
法警	1.※行政法概要　2.刑事訴訟法概要　3.法院組織法　4.刑法概要
農業行政	1.農業行政概要　2.農業概要　3.農業經濟學概要　4.農業推廣概要
地政	1.土地法規概要　2.土地利用概要　3.土地登記概要　4.民法物權編概要
農業技術	1.作物概要　2.植物保護概要　3.作物改良概要　4.土壤與肥料概要
土木工程	1.工程力學概要　2.測量學概要　3.結構學概要與鋼筋混凝土學概要 4.土木施工學概要
機械工程	1.機械原理概要　2.機械力學概要　3.機械製造學概要　4.機械設計概要
電子工程	1.※計算機概要　2.基本電學　3.電子學概要　4.電子儀表概要

原住民五等

◆普通科目

1. ※國文（包括公文格式用語）
2. ※原住民族行政及法規大意與英文

◆專業科目

一般行政	1.※法學大意　2.※行政學大意
一般民政	1.※行政法概要　2.※地方自治大意
社會行政	1.※社會工作大意　2.※社政法規大意
錄事	1.※法學大意　2.※民事訴訟法大意與刑事訴訟法大意
交通行政	1.※運輸學大意　2.※企業管理大意
電子工程	1.※電子學大意　2.※基本電學大意

註：◎者採申論式與測驗式之混合式試題。

　　※者採測驗式試題，其餘採申論式試題。

～以上資訊請以正式簡章公告為準～

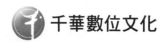 千華數位文化

目次

第七篇　近年試題及解析

考試重點及準備方向

93年起原住民特考裡增加了原住民族法規這一項共同科目，在94年地方特考裡，亦增加了原住民行政，考試科目裡亦有原住民族法規一科，95年初考首度列考「原住民族行政及法規大意」此類科，對於有心從事公職的原住民可要注意了，這是一個警訊也是一個趨勢，原住民族法規在未來的原住民相關公職考試裡，將佔著舉足輕重的地位，也因此為因應廣泛考生的需要，特別編製本書，除了為彌補坊間相關應考書籍之不足以外，也希望考生們透過本書了解命題趨勢，縮短準備時間，達到事半功倍的效果。

在準備閱讀方向之餘，先從109年度原住民特考相關試題分析起。請看下面的分析表：

公務人員特種考試原住民族考試試題分析表

法規	三等	四等	五等
憲法			1
原住民族基本法	4	2	2
原住民族教育法		1	2
原住民族教育法施行細則			1
原住民族語言發展法		1	1
原住民族委員會組織法		1	
原住民身分法	1	1	2
原住民族工作權保障法	4	2	1
原住民族傳統智慧創作保護條例	1	1	3
原住民保留地禁伐補償條例		1	4

法規	三等	四等	五等
溫泉法			1
財團法人原住民族文化事業基金會設置條例	1	1	1
地方制度法			1
姓名條例		1	
訴願法			1
中央行政機關組織基準法			1
幼兒就讀教保服務機構補助辦法	1		
原住民學生升學保障及原住民公費留學辦法	1		1
原住民保留地開發管理辦法	1		5
原住民民族別認定辦法	1		
原住民族依生活慣俗採取森林產物規則	1		
師資培育公費助學金及分發服務辦法	1		
原住民族文化資產處理辦法	1		
原住民個人或團體經營原住民族地區溫泉輔導及獎勵辦法		1	
原住民族委員會處務規程		2	1
總統府原住民族歷史正義與轉型正義委員會設置要點		2	
諮商取得原住民族部落同意參與辦法		1	1
原住民族委員會人權工作小組設置要點		1	
促進原住民族國際交流補捐助實施要點		1	
公有土地劃編原住民保留地要點			1
原住民族語言能力認證辦法			1
原住民族委員會就業歧視及勞資糾紛法律扶助辦法			1

法規	三等	四等	五等
高級中等學校辦理實驗教育辦法			1
其他	1		6
槍砲彈藥刀械許可及管理辦法			1
其它		1	6

綜上，未來考試方向提供幾點供大家參考：

一、大部分考題均針對現有法規出題，尤其是當年度增或修改的法規，但是除了比較重要的法規（如原住民身分法、原住民族教育法等），其餘之法規均為偏門，下次是否會再考筆者存疑，比較保險的辦法是把行政院原住民族委員會所出版的「原住民族行政法規彙編」多看幾遍，別無他法。

二、三、四等考試考題分布較為平均，熟讀重要法規即可，但時事及原住民史應再涉獵，以求高分。

三、五等考題有課外題較多，準備起來較為不易，但切勿因此而自我放棄，基本法規還是要熟讀的，畢竟大家準備的方向都一樣，你不準備別人一樣會準備，準備多的人勝算就較大。

茲從上述分析表來看，命題的趨勢分析如下：

絕對重要	極重要	重要	一般
原住民族基本法、行政院原住民族委員會組織條例、原住民族工作權保障法、原住民身分法、原住民族教育法。	憲法增修條文、原住民族傳統智慧創作保護條例、原住民民族別認定辦法、原住民保留地開發管理辦法、原住民族語言發展法。	原住民族語言能力認證辦法、地方制度法、原住民族語言推廣人員設置辦法、財團法人原住民族文化事業基金會設置條例。	公務員考試法、原住民族委員會處務規程、原住民族文化資產處理辦法、公務人員特種考試原住民族考試規則、公職人員選舉罷免法。

從以上的分析，大致可了解命題的方向，尤其是**原住民族基本法**，該法乃廣泛涉及原住民所有相關法規，可稱之**為所有原住民族相關法規之母法，故其重要性非同小可**，本書的編排亦是以原住民族基本法為組織架構，而未來的命題趨勢當是以該法為基本。

本書閱讀方式

一、評鑑分一顆星到四顆星，一星為普通，可一般閱讀；二星為重要，須詳加閱讀；三星為極重要，須詳加閱讀並熟讀；四星為絕對重要，除須詳加閱讀並熟讀外，並須反覆背誦，倒背如流。

二、課前提示乃係針對該章節初步重點整理，在進入課文前先予了解內容大概，先行掌握重點方向。

三、本章大綱及重點係以圖表呈現，可幫助同學們在進入課程前建構該章節之組織架構，方便了解課文內容。

四、本章內容即本書重點，內容係整理相關法規條文並予文書整理化，幫助同學免去閱讀條文之艱澀，又全部涵括相關條文內容之要項。每段末尾均有老師的話，再次強調該段之閱讀方向。

五、範例乃係模擬試題，同學閱讀完該段落後務必自行測驗，以增強自己的信心，如成績不佳者則表示尚待加強努力，得重新閱讀該段文章。

六、歷屆考題乃該章之重點，當然須予熟練，因為重考的機會很大，多作練習亦可加強背誦能力。

七、關於其他部分為 6 題，多屬文獻探討部分，同學不妨參考，艱澀的考題往往出自相關文獻，坊間有關原住民歷史書籍或原住民族委員會官方網站（www.apc.gov.tw）可多加閱覽，或許會有另外意想不到的收穫。

最新命題趨勢分析

　　整體而言，考生需要對於這科有更全盤性的了解，除了以往偏向記憶式的準備方法外，「原因」成為命題的趨勢，也就是對法規有充分的了解，才有辦法在考場上回答該類型的考題，不致於只要看到該類型考題，就淪為猜一猜。儘管原住民族法規的準備範圍非常的廣泛，如同百科全書式的，但命題著重的方向仍然有跡可循，以下將探討本科目的命題特色：

特色 1 | 基本法規，必定拿分題

　　此類題目乃以基本法規為重點，像原住民族基本法、原住民族工作權保障法、原住民身分法、原住民族教育法、原住民民族別認定辦法、原住民語言能力認證辦法等，幾乎就涵蓋全部考題6成，不僅是要熟讀，最好是熟背。考題重點不外是考「主管機關」、「幾年」、「人數」、「金額」、「百分比」、「種類」及其他簡易類型考題，屬必定拿分類型。

歷屆試題 1

政府為提供原住民微型經濟活動貸款融資管道，及舒緩原住民個人或家庭小額週轉資金問題，提供生產用途貸款金額上限為最高新臺幣幾萬元？
(A) 30 萬元
(B) 50 萬元
(C) 70 萬元
(D) 100 萬元。（原住民四等）

解析 (A)。
依原住民微型經濟活動貸款要點第4條規定，生產用途貸款金額上限最高新臺幣三十萬元。

歷屆試題 2

依照原住民族工作權保障法，民間機構僱用原住民至少多少人以上，得置社會工作人員，提供職場諮詢及生活輔導，其費用由政府補助之？
(A) 50人以上
(B) 80人以上
(C) 90人以上
(D) 100人以上。（原住民四等）

解析 (**A**)。
依原住民族工作權保障法第17條規定，民間機構僱用原住民【五十人】以上者，得置社會工作人員，提供職場諮商及生活輔導；其費用，由政府補助之。

歷屆試題 3

依原住民族基本法條文中規定，政府與原住民族自治間權限發生爭議時，由下列那一機關召開協商會議決定之？

(A) 內政部 　　　　　　　　　(B) 行政院原住民族委員會
(C) 總統府 　　　　　　　　　(D) 立法院。（原住民三等）

解析 (**C**)。
依原住民族基本法第6條規定，政府與原住民族自治間權限發生爭議時，由【總統府】召開協商會議決定之。

歷屆試題 4

原住民在原住民族地區依法從事獵捕野生動物，但以原住民族基本法第19條法定目的為限，以下何者不屬於該法所定目的？

(A) 傳統文化 　　　　　　　　(B) 祭儀
(C) 自用 　　　　　　　　　　(D) 國家慶典。（原住民三等）

解析 (**D**)。
依「原住民族基本法」第19條規定，原住民得在原住民族地區依法從事非營利行為項目，包含獵捕野生動物、採集野生植物及菌類、採取礦物、土石、用水資源，並以【傳統文化、祭儀或自用】為限，其中不包含國家慶典。

歷屆試題 5

想要參選臺東縣蘭嶼鄉鄉長，除具備擔任公職一般參選資格外，尚應具有何種條件？

(A) 原住民身分，不論平地或山地原住民

(B) 雅美（達悟）族族語認證合格條件

(C) 山地原住民身分

(D) 平地原住民身分。（原住民五等）

解析 **(C)**。

依地方制度法第57條第2項規定：「山地鄉鄉長以山地原住民為限。」蘭嶼鄉為山地鄉。

除上述條文外，有關涉及選舉法令之現行法令，其中有關原住民部分整理如下：

1. 直轄市有平地原住民人口在二千人以上者，應有平地原住民選出之議員名額；有山地原住民人口在二千人以上或改制前有山地鄉者，應有山地原住民選出之議員名額。（地§33 II）

2. 縣（市）有平地原住民人口在一千五百人以上者，於前目總額內應有平地原住民選出之縣（市）議員名額。有山地鄉者，於前目總額內應有山地原住民選出之縣議員名額。有離島鄉且該鄉人口在二千五百人以上者，於前目總額內應有該鄉選出之縣議員名額。（地§33 II）

3. 直轄市議員由原住民選出者，以其行政區域內之原住民為選舉區，並得按平地原住民、山地原住民或在其行政區域內劃分選舉區。（地§33 III）

4. 直轄市、縣（市）選出之山地原住民、平地原住民名額在四人以上者，應有婦女當選名額；超過四人者，每增加四人增一人。鄉（鎮、市）選出之平地原住民名額在四人以上者，應有婦女當選名額；超過四人者，每增加四人增一人。（地§33 V）

5. 直轄市之區由山地鄉改制者，其區長以山地原住民為限。（地§58 IV）

6. 平地原住民及山地原住民選出者，以平地原住民、山地原住民為選舉區。（公§35 I）

7. 立法院立法委員自第七屆起一百一十三人，任期四年，其中平地原住民及山地原住民各三人。（憲增§4）

8. 直轄市有山地原住民人口在二千人以上者，應有山地原住民選出之直轄市議員一人；超過一萬人者，每增加一萬人增一人。但改制前有山地鄉者，其應選名額，以每一山地鄉改制之區選出一人計算。（地方立法機關組織準則§V）

歷屆試題 6

甲為排灣族原住民，今年60歲；乙為非原住民，今年55歲。二人因膝下無子，欲收養7歲之非原住民丙，受理申請之戶政事務所人員，該如何處理？

(A) 逕予登記丙取得原住民身分

(B) 不受理

(C) 報請原住民族委員會認定

(D) 報請行政院核定。（原住民三等）

解析 **(B)**。

依原住民身分法第5條規定，未滿七歲之非原住民為年滿四十歲且無子女之原住民父母收養者，得取得原住民身分。其要件為養父母均為原住民，故本題答B。

模擬考題 1

依原住民族工作權保障法規定，所謂原住民合作社，指原住民社員超過該合作社社員總人數達多少比例以上者：

(A) 55% (B) 60% (C) 75% (D) 80%。

解析 **(D)**。

依原住民族工作權保障法第7條規定，原住民合作社，指原住民社員超過該合作社社員總人數【百分之八十】以上者

模擬考題 2

依據原住民微型經濟活動貸款要點，消費用途貸款金額上限，最高可貸款新臺幣多少元：

(A) 55,000 (B) 100,000 (C) 155,000 (D) 200,000。

解析 **(D)**。

依據原住民微型經濟活動貸款要點第4點規定，消費用途貸款金額上限，最高可貸款新臺幣【二十萬元】。

特色2　配合時事，演化合成試題

　　此類題目多在測試讀者對於時事的了解，再搭配對理論的應用，但時事新聞繁如星斗，因此特別需要以專業知識來判斷選項的敘述是否正確。考題主要傾向最近修改之法條內容，出考機率極高。

歷屆試題 1

為保障原住民幼兒接受學前教育之權利，行政院原住民族委員會訂有辦理原住民幼兒就讀幼兒園補助作業要點。依據本要點二，補助之對象為幾歲到幾歲且須具備原住民身分之幼兒？

(A) 滿2歲到未滿5歲　　　　　　　(B) 滿2歲到未滿6歲

(C) 滿3歲到未滿5歲　　　　　　　(D) 滿6歲到未滿5歲。（原住民四等）

解析 (C)。

依行政院原住民族委員會辦理原住民幼兒就讀幼兒園補助作業要點第2點規定，本要點補助【滿三歲至未滿五歲】具原住民身分之幼兒，就讀立案公、私立幼兒園之學期就讀費用。前項所定幼兒年齡之計算，以幼兒入園當學年度九月一日滿該歲數者認定之。該條文是在102年6月17日修正。

歷屆試題 2

原住民族教育法第25條規定，原住民族中、小學、原住民教育班及原住民重點學校之專任教師甄選，應於當年度教師缺額一定比率聘任原住民各族教師；於本法民國102年5月7日修正之條文施行五年內，其聘任具原住民族身分之教師比率，應不得低於學校教師員額多少比率？

(A) 五分之一或不得低於原住民學生占該校學生數之比率

(B) 四分之一或不得低於原住民學生占該校學生數之比率

(C) 三分之一或不得低於原住民學生占該校學生數之比率

(D) 二分之一或不得低於原住民學生占該校學生數之比率。（原住民五等）

解析 (C)。

依原住民族教育法第25條規定，原住民族中、小學、原住民教育班及原住民重點學校之專任教師甄選，應於當年度教師缺額一定比率聘任原住民各族教師；於本法中華民國一百零二年五月七日修正之條文施行後五年內，其聘任具原住民族身

分之教師比率，應不得低於學校教師員額【三分之一或不得低於原住民學生占該校學生數之比率】。前項教師缺額一定比率，由直轄市、縣（市）教育主管行政機關定之。原住民族中、小學及原住民重點學校主任、校長，應優先遴選原住民各族群中已具主任、校長資格者擔任。第一項及前項教師、主任、校長之聘任或遴選辦法，由中央主管教育行政機關會同中央原住民族主管機關定之。

歷屆試題 3

政府推展原住民族影視音樂文化創意產業，設置補助制度，就原住民族電影而言，注重其文化藝術以及： (A)國際知名度 (B)市場價值 (C)科技運用 (D)社會偏好。（原住民四等）

解析 **(B)**。
依行政院原住民族委員會推展原住民族影視音樂文化創意產業補助要點第1點規定，行政院原住民族委員會（以下簡稱本會）為促進原住民族電影、電視及音樂文化創意產業之發展，建構多元文化之影視及音樂環境，培育原住民族文化創意人才，製作具有文化藝術及【市場價值】之原住民族電影、電視節目及音樂，特訂定本要點。本要點在民國 99 年 11 月 10 日施行，距離考試時間不到一年。

歷屆試題 4

下列原住民族地區之部落族人，依法基於原住民族傳統文化祭典、祭儀等，有獵捕野生動物之必要者，於獵捕活動前30日向獵捕區域所在地之何單位申請？ (A)警察局或當地派出所 (B)森林警察單位 (C)鄉（鎮市區）公所 (D)戶政事務所。（原住民五等）

解析 **(C)**。
依「原住民族基於傳統文化及祭儀需要獵捕宰殺利用野生動物管理辦法」第4條規定，原住民族地區之部落族人，因傳統文化祭典、祭儀，有捕獵野生動物之必要者，應於獵捕活動三十日前，向獵捕所在地【鄉（鎮、市、區）公所】申請核轉直轄市、縣（市）主管機關核准。
法規當時發布時間為民國 101 年 06 月 06 日，距離考試僅4個多月。

歷屆試題　5

原住民族委員會於105年1月4日發布實施「諮商取得原住民族部落同意參與辦法」，指政府或私人於原住民族土地或部落及其周邊一定範圍內之公有土地，從事該辦法所定之土地開發行為者，均應踐行諮商同意之程序，請問係落實原住民族基本法那一條文之意旨？

(A) 第34條　(B) 第19條　(C) 第20條　(D) 第21條。（原住民五等）

解析 **(D)**。

依諮商取得原住民族部落同意參與辦法第1條規定，本辦法依原住民族基本法第二十一條第四項規定訂定之。故本題答D。

模擬考題　1

下列何者非屬原住民民族別認定辦法所稱之原住民族：

(A) 阿美族　(B) 凱達格蘭族　(C) 太魯閣族　(D) 卑南族。

解析 **(B)**。

原住民民族別請參考前述。

模擬考題　2

依行政院原住民族委員會組織條例規定，該會因業務需要，應設置原住民族綜合發展基金，其辦法制訂程序為：

(A) 行政院原住民族委員會擬訂及核定

(B) 行政院原住民族委員會擬訂，報請行政院核定

(C) 行政院擬訂及核定

(D) 行政院擬訂，報請總統府核定。

解析 **(B)**。

依行政院原住民族委員會組織條例第16-1條規定，本會因業務需要，應設置原住民族綜合發展基金；其辦法由【行政院原住民族委員會擬訂，報請行政院核定】之。

特色3　綜合資料分析，抽絲剝繭試題

　　行政院原住民族委員會有很多統計資料，例如原住民人口、就業、生育、產業動向等，每年都會更新異動，書本資料大多是考試前一年的資料，正確性有所偏差，考生必須到該會網站瀏覽，加以融會貫通。

歷屆試題　1

臺灣原住民族14族中，請問人口數最少的民族是那一族？

(A) 邵族　　(B) 噶瑪蘭族　　(C) 撒奇萊雅族　　(D) 鄒族。（原住民五等）

解析 **(C)**。

以當時資料，撒奇萊雅族人口數662最少，故本題答(C)。

阿美	泰雅	排灣	布農	魯凱	卑南	鄒
193,990	83,437	93,185	54,245	12,461	12,803	6,975
賽夏	**雅美**	**邵**	**噶瑪蘭**	**太魯閣**	**撒奇萊雅**	**賽德克族**
6,192	4,301	727	1,302	28,274	662	8,136

歷屆試題　2

原住民族地區之鄉（鎮、市、區），依其在臺灣之地理分布位置，由北往南，下列敘述何者最正確？

(A) 大同鄉→尖石鄉→信義鄉→滿州鄉

(B) 來義鄉→信義鄉→阿里山鄉→復興鄉

(C) 卑南鄉→瑪家鄉→仁愛鄉→烏來鄉

(D) 泰安鄉→五峰鄉→獅子鄉→金峰鄉。（原住民四等）

解析 **(A)**。

原住民族地區之鄉鎮市，由北往南正確為大同鄉 →尖石鄉→信義鄉→滿州鄉。原住民族地區簡介如下：

縣市	鄉鎮市區
宜蘭縣	南澳鄉、大同鄉
新北市	烏來區
桃園縣	復興鄉（註：現已改制為桃園市復興區）

縣市	鄉鎮市區
新竹縣	關西鎮、尖石鄉、五峰鄉
苗栗縣	南庄鄉、獅潭鄉、泰安鄉
臺中市	和平區
南投縣	仁愛鄉、魚池鄉、信義鄉
嘉義縣	阿里山鄉
高雄市	那瑪夏區、桃源區、茂林區
屏東縣	三地門鄉、霧台鄉、瑪家鄉、泰武鄉、來義鄉、春日鄉、獅子鄉、牡丹鄉、滿州鄉
台東縣	達仁鄉、大武鄉、金峰鄉、太麻里鄉、卑南鄉、台東市、蘭嶼鄉、延平鄉、鹿野鄉、關山鎮、東河鄉、池上鄉、成功鎮、海端鄉、長濱鄉
花蓮縣	富里鄉、卓溪鄉、玉里鎮、瑞穗鄉、豐濱鄉、光復鄉、鳳林鎮、萬榮鄉、壽豐鄉、吉安鄉、花蓮市、新城鄉、秀林鄉

資料來源：行政院原住民族委員會網站

歷屆試題 3

臺灣原住民族地區30個山地鄉之中，其面積最大的是那一鄉？
(A) 仁愛鄉　(B) 尖石鄉　(C) 復興鄉　(D) 秀林鄉。（原住民四等）

解析 **(D)**。
仁愛鄉面積1273.5平方公里、尖石鄉面積524平方公里、復興鄉（現為復興區）面積350平方公里、秀林鄉面積1641平方公里，故本題答**(D)**。秀林鄉也是全國土地面積最大的鄉。

歷屆試題 4

為協助原住民取得其祖先遺留且迄今仍繼續使用之公有土地，依照公有土地劃編原住民保留地要點規定，其土地使用應在何時之前：
(A) 80年1月1日　　　　　　　　(B) 87年7月1日
(C) 77年2月1日　　　　　　　　(D) 88年9月21日。

解析 (C)。

依公有土地劃編原住民保留地要點第3點規定，申請劃編為原住民保留地的要件必須長期、不間斷使用公有土地，使用始點須在77年2月1日以前，故本題答(C)。

公有土地劃編原住民保留地政策其來有自，醞釀期可分三階段。第一階段日據時，1895年日本政府公布「官有林野及樟腦製造業取締規則」，將番地納為官地，番地名義上為日本政府所有，但實際使用權不變。其後進行「番界土地調查五年事業」，並制定森林事業規程，劃設「準要存置林野」，又稱為「番人所要地」或「高砂族所要地」，專供原住民使用，此為現原住民保留地的基礎。（高德義，2009：138）

第二階段為光復初期。民國36年，將日治時期之「高砂保留地」改稱為「山地保留地」，並訂定「台灣省各縣山地保留地管理辦法」，於民國55年間辦理保留地調查測量工作，共得山地保留地面積240,634.2819公頃。（盧金德，2010：75）

第三階段為解嚴之後。原住民於民國77、78年先後發動兩次還我土地運動，要求政府歸還其祖先遺留且目前仍繼續使用之公有土地，引起社會極大的震撼。政府為因應原住民強烈訴求，遂陸續頒訂「公有土地增編原住民保留地處理原則」、「公有土地劃編原住民保留地要點」、「補辦增劃編原住民保留地實施計畫」等行政規章，希望透過法定程序賦予原住民土地權利，解決紛爭。（盧金德，2010：95）前述法令均為現行原住民保留地增劃編的行政依據，亦為考題之解答。

歷屆試題 5

下列有關原住民族之法律，何者通過最晚？
(A) 行政院原住民族委員會組織條例
(B) 原住民族基本法
(C) 原住民族傳統智慧創作保護條例
(D) 原住民族教育法。（原住民三等）

解析 (C)。

相關法律通過時間如下：

(一) 行政院原住民族委員會組織條例85.11.13
(二) 原住民族基本法94.02.01
(三) 原住民族傳統智慧創作保護條例96.12.26
(四) 原住民族教育法87.06.17

歷屆試題 6

根據101年7月原住民族人口統計資料顯示，阿美族人計有193,159人，為原住民各族中人口最多的民族，請問僅次於阿美族的是那一個民族？

(A) 泰雅族　(B) 魯凱族　(C) 排灣族　(D) 太魯閣族。（原住民五等）

解析 **(C)**。

以考試當時原民會所提供資料，排灣族人口數93,185，僅次於阿美族。如果是考人數最少的民族，就是撒奇萊雅族。

歷屆試題 7

依據聯合國教科文組織2009年報告，臺灣原住民族語評定等級在瀕臨滅絕的語言（極度）有5個語別，包括撒奇萊雅族、噶瑪蘭族、拉阿魯哇族、卡那卡那富族及下列那一個民族？　(A)賽夏族　(B)雅美族　(C)魯凱族　(D)邵族。（原住民五等）

解析 **(D)**。

瀕臨滅絕5個語別，包含撒奇萊雅族、噶瑪蘭族、拉阿魯哇族、卡那卡那富族及邵族，故本題答D。

模擬考題 1

下列何地區不屬於山地原住民鄉：　(A)花蓮縣萬榮鄉　(B)花蓮縣光復鄉 (C)花蓮縣卓溪鄉　(D) 花蓮縣秀林鄉。

解析 **(B)**。

花蓮縣光復鄉是平地原住民鄉，其他都是山地原住民鄉。

模擬考題 2

依據非都市土地原住民保留地住宅興建審查作業要點，多久以前興建的住宅或已完成公共設施之原住民遷村、遷住計畫用地，不符合非都市土地使用管制規定者，於直轄市、縣（市）政府或中央目的事業主管機關同意專案輔導

合法化,並依區域計畫法第二十一條規定處以罰鍰後,得依該要點規定申請變更編定為適當用地:

(A) 87年3月20日　(B) 87年4月20日　(C) 88年2月20日　(D) 88年4月20日

解析 **(C)**。

依據非都市土地原住民保留地住宅興建審查作業要點第6點規定,【八十八年二月二十日】前所興建之住宅或已完成公共設施之原住民遷村、遷住計畫用地,不符合非都市土地使用管制規定者,於直轄市、縣(市)政府或中央目的事業主管機關同意專案輔導合法化,並依區域計畫法第21條規定處以罰鍰後,得依該要點規定申請變更編定為適當用地。

特色4 深度分析,下列何者正確題

　　近年題目有不少須深度分析的題目,考生必須對於條文有深度的了解,才能判斷出答案。建議讀者平時對重要條文多讀、多看,進而熟能生巧。

歷屆試題 1

依據行政院原住民族委員會推動原住民族部落會議實施要點第3點規定,第一次部落會議由設籍於該部落之原住民依下列資格之順序擔任發起人,請問下列順序何者正確?

(A) 傳統領袖→居民→各家(氏)族代表

(B) 傳統領袖→各家(氏)族代表→居民

(C) 傳統領袖→村長→各家(氏)族代表

(D) 傳統領袖→村長→居民。(原住民五等)

解析 **(B)**。

依行政院原住民族委員會推動原住民族部落會議實施要點第3點規定,第一次部落會議由設籍於該部落之原住民依下列資格之順序擔任發起人:

(一)傳統領袖。

(二)各家(氏)族代表。

(三)居民。

歷屆試題 2

依原住民身分法、原住民民族別認定辦法等相關規定，下列敘述何者最正確？
(A) 原住民應註記民族別，並經行政院原住民族委員會之登記
(B) 原住民女子與原住民男子之非婚生子女，未經生父認領者，從父之民族別
(C) 原住民之民族別，以註記一個為限，且不得變更
(D) 未滿七歲之非原住民為年滿四十歲且無子女之原住民父母收養者，得取得原住民身分。（原住民三等）

解析 **(D)**。
本題逐條解析如下：
(一) 依「原住民民族別認定辦法」第4條規定，原住民應註記民族別，並以註記一個為限。其中並未載明應經行政院原住民族委員會登記，故(A)錯誤。
(二) 依「原住民民族別認定辦法」第8條規定，原住民女子與原住民男子之非婚生子女，未經生父認領者，從母之民族別，故(B)錯誤。
(三) 依「原住民民族別認定辦法」第5條規定，原住民之民族別，除本辦法另有規定外，不得變更。換言之，原住民民族別非不得變更，故(C)錯誤。
(四) 依「原住民身分法」第5條規定，未滿七歲之非原住民為年滿四十歲且無子女之原住民父母收養者，得取得原住民身分。故(D)正確。

歷屆試題 3

依原住民身分法之規定，山地原住民與平地原住民結婚，身分如何認定？
(A) 得約定變更為相同之山地原住民或平地原住民身分
(B) 不得約定變更為相同之山地原住民或平地原住民身分；但其子女之身分得另行約定如何從之
(C) 得約定變更為相同之山地原住民或平地原住民身分；但其子女之身分從山地原住民之身分
(D) 不得約定變更為相同之山地原住民或平地原住民身分；其子女之身分從山地原住民之身分。（原住民五等）

解析 **(A)**。
依「原住民身分法」第10條第1項規定：「山地原住民與平地原住民結婚，得約定變更為相同之山地原住民或平地原住民身分；其子女之身分從之。」故本題(A)正確。

歷屆試題 4

下列法規範之位階自上而下排列，何者為正確？
(A) 憲法→原住民身分法→原住民族基本法→原住民民族別認定辦法
(B) 憲法→原住民族基本法→原住民身分法→原住民民族別認定辦法
(C) 原住民族基本法→憲法→原住民身分法→原住民民族別認定辦法
(D) 原住民族基本法→憲法→原住民民族別認定辦法→原住民身分法。（ 原
　　住民四等）

解析 (**B**)。
基於憲法＞法律＞行政命令的法理原則，故本題答(B)。
位階圖解如下：

憲法是最高位階，故(C)、(D)都錯，了解法律位階，本題
用猜的至少有二分之一的機會。

歷屆試題 5

依據原住民身分法，下列敘述何者正確？
(A) 原住民身分法未規定者，適用聯合國原住民族權利宣言
(B) 原住民與非原住民結婚者，得申請喪失原住民身分，婚姻關係消滅後，
　　不得申請回復原住民身分
(C) 原住民女子之非婚生子女，取得原住民身分
(D) 非原住民女子之非婚生子女，經行政院原住民族委員會同意，可以取得
　　原住民身分。（原住民三等）

解析 (**C**)。
本題逐條解析如下：
(一)「原住民身分法」沒說未規定者適用聯合國原住民族權利宣言，故(A)錯誤。
(二)「原住民身分法」第9條規定，原住民與非原住民結婚者，得申請喪失原住民
　　身分，並未說婚姻關係消滅後不得申請回復原住民身分，故(B)錯誤。
(三)「原住民身分法」第6條規定，原住民女子之非婚生子女，取得原住民身
　　分，(C)正確。
(四)「原住民身分法」沒說非原住民女子之非婚生子女，經行政院原住民族委員會
　　同意，可以取得原住民身分，故(D)錯誤。

歷屆試題　6

關於財團法人原住民族文化事業基金會，下列敘述何者錯誤？

(A) 基金會執行長未經董事會之同意處分自有不動產或投資與原住民族電視有關事業，董事會得予解任

(B) 原住民族廣播、電視專屬頻道所需電波頻率，應專由國家通訊傳播委員會決定分配

(C) 原住民族電視台受託代製節目之收入，得作為財團法人原住民族文化事業基金會之經費來源

(D) 公立各級學校及學術研究機構之教學與研究人員，得擔任財團法人原住民族文化事業基金會之董事。（原住民四等）

解析 **(B)**。
依財團法人原住民族文化事業基金會設置條例第4條規定，原住民族廣播、電視專屬頻道所需用之電波頻率，由中央目的事業主管機關會同主管機關規劃分配之。故本題答B。

模擬考題 1

依據原住民族工作權保障法，原住民合作社依法經營者，其優惠稅率相關內容下列何者正確：

(A) 原住民合作社依法經營者，得免徵所得稅及營業稅。原住民族工作權保障但自法施行之日起4年內應免徵所得稅及營業稅

(B) 原住民合作社依法經營者，得免徵所得稅及營業稅。原住民族工作權保障但自法施行之日起5年內應免徵所得稅及營業稅

(C) 原住民合作社依法經營者，得免徵所得稅及營業稅。原住民族工作權保障但自法施行之日起6年內應免徵所得稅及營業稅

(D) 原住民合作社依法經營者，得免徵所得稅及營業稅。原住民族工作權保障但自法施行之日起7年內應免徵所得稅及營業稅。

解析 **(C)**。
依原住民族工作權保障法第8條規定，原住民合作社依法經營者，得免徵【所得稅及營業稅】。但自本法施行之日起【六年】內應免徵所得稅及營業稅。

模擬考題 2

依據原住民族傳統智慧創作保護條例，智慧創作專用權人對於有關權益之請求權，下列何者正確：

(A) 侵害其權利者，不得請求防止之；有侵害之虞者，得請求排除之

(B) 侵害其權利者，得請求排除之；有侵害之虞者，得請求防止之

(C) 侵害其權利者，得請求排除之；有侵害之虞者，不得請求排除之

(D) 侵害其權利者，得請求防止之；有侵害之虞者，得請求排除之。

解析 **(B)**。

依原住民族傳統智慧創作保護條例第17條規定，智慧創作專用權人對於侵害其權利者，得【請求排除】之；有侵害之虞者，得【請求防止】之。

特色 5 深度分析，下列何者錯誤題

深度分析的題目，除了何者正確，就是何者錯誤。後者的難度更甚於前者，考生除對於條文有深度的了解，別無他法。建議讀者平時對重要條文多讀、多看，進而熟能生巧。此類考題多與原住民身分有關。

歷屆試題 1

有關原住民得申請喪失原住民身分之情形，下列何者錯誤？

(A) 原住民與非原住民結婚者

(B) 原住民為非原住民收養者

(C) 在非原住民地區居住達10年

(D) 年滿20歲，自願拋棄原住民身分者。（原住民五等）

解析 **(C)**。

本題逐條解析如下：

(一)「原住民身分法」第9條規定，原住民與非原住民結婚，得申請喪失原住民身分，(A)正確。

(二)「原住民身分法」第9條規定，原住民為非原住民收養者，得申請喪失原住民身分，(B)正確。

(三)「原住民身分法」並無在非原住民地區居住達10年得申請喪失原住民身分之規定，(C)錯誤。

(四)「原住民身分法」第9條規定，年滿二十歲，得自願拋棄原住民身分，(D)正確。

歷屆試題　2

依據原住民身分法規定，有關原住民身分之取得，下列何者錯誤？
(A) 原住民與非原住民結婚，非原住民取得原住民身分
(B) 原住民與原住民結婚所生子女，取得原住民身分
(C) 原住民女子之非婚生子女，取得原住民身分
(D) 未滿七歲之非原住民為年滿四十歲且無子女之原住民父母收養者，得取得原住民身分。（原住民五等）

解析 (A)。

本題逐條解析如下：

(一)「原住民身分法」第3條規定，原住民與非原住民結婚，非原住民不取得原住民身分，(A)錯誤。

(二)「原住民身分法」第4條規定，原住民與原住民結婚所生子女，取得原住民身分，(B)正確。

(三)「原住民身分法」第6條規定，原住民女子之非婚生子女，取得原住民身分，(C)正確。

(四)「原住民身分法」第5條規定，未滿七歲之非原住民為年滿四十歲且無子女之原住民父母收養者，得取得原住民身分，(D)正確。

歷屆試題　3

依原住民族傳統智慧創作保護條例規定，下列何者錯誤？
(A) 智慧創作專用權之保護採登記要件主義與實質審查主義
(B) 智慧創作專用權不得為質權之標的
(C) 智慧創作專用權得為強制執行之標的
(D) 智慧創作專用權非經主管機關同意，不得拋棄。（原住民三等）

解析 (C)。

(一) 依「原住民族傳統智慧創作保護條例」第11條規定，智慧創作應經主管機關認定並登記，始受本條例之保護。故智慧創作專用權之保護採登記要件主義與實質審查主義。

(二) 依「原住民族傳統智慧創作保護條例」第11條規定，智慧創作專用權不得為讓與、設定質權及作為為強制執行之標的。

(三) 依「原住民族傳統智慧創作保護條例」第11條規定，智慧創作專用權不得為讓
　　 與、設定質權及作為為強制執行之標的。

(四) 依「原住民族傳統智慧創作保護條例」第12條規定，智慧創作專用權非經主管
　　 機關同意，不得拋棄；拋棄之智慧創作專用權，歸屬於全部原住民族享有。

歷屆試題　4

依姓名條例規定，有關原住民姓名之登記，下列敘述何者錯誤？

(A) 回復傳統姓名者，得申請回復原有漢人姓名。但以二次為限

(B) 原住民之傳統姓名或漢人姓名，均得以傳統姓名之羅馬拼音並列登記

(C) 臺灣原住民之姓名登記，依其文化慣俗為之

(D) 已依漢人姓名登記者，得申請回復其傳統姓名。（原住民四等）

解析 **(A)**。

本題逐條解析如下列：

(一) 依「姓名條例」第1條規定，回復傳統姓名者，得申請回復原有漢人姓名。但
　　 以【一次】為限。

(二) 依「姓名條例」第2條規定，原住民之傳統姓名或漢人姓名，均得以傳統姓名
　　 之羅馬拼音並列登記。

(三) 依「姓名條例」第1條規定，臺灣原住民之姓名登記，依其文化慣俗為之。

(四) 依「姓名條例」第1條規定，已依漢人姓名登記者，得申請回復其傳統姓名。

歷屆試題　5

關於原住民保留地辦理撥用之敘述，下列何者錯誤？

(A) 撥用計畫應由該管鄉（鎮、市、區）公所提經原住民保留地土地權利審
　　 查委員會擬具審查意見並報請上級主管機關核定後

(B) 原住民保留地撤銷撥用後，應移交財政部國有財產局

(C) 原住民保留地經辦理撥用後，變更原定用途時，中央主管機關應即通知
　　 財政部國有財產局層報行政院撤銷撥用

(D) 轄有原住民保留地之鄉（鎮、市、區）公所，得申請公共造產地之撥
　　 用。（原住民三等）

解析 **(B)**。

本題逐條解析如下列：

(一) 依「原住民保留地開發管理辦法」第23條第1項規定，政府因公共造產或指定之特定用途需用公有原住民保留地時，得由需地機關擬訂用地計畫，申請該管鄉（鎮、市、區）公所提經原住民保留地土地權利審查委員會擬具審查意見並報請上級主管機關核定後，辦理撥用。(A)正確。

(二) 依「原住民保留地開發管理辦法」第23條第2項規定，原住民保留地經辦理撥用後，有國有財產法第39條各款情事之一者，中央主管機關應即通知財政部國有財產局層報行政院撤銷撥用。原住民保留地撤銷撥用後，應移交中央主管機關接管。其中央主管機關依「原住民保留地開發管理辦法」第2條規定，係指【原住民族委員會】，而非財政部國有財產局，(B)錯誤。

(三) 依「原住民保留地開發管理辦法」第23條第2項規定，原住民保留地經辦理撥用後，有國有財產法第39條各款情事之一者，中央主管機關應即通知財政部國有財產局層報行政院撤銷撥用。(C)正確。

(四) 依「原住民保留地開發管理辦法」第23條第1項規定，公共造產用地，以轄有原住民保留地之鄉（鎮、市、區）公所需用者為限。(D)正確。

歷屆試題 6

原住民族經濟發展4年計畫（103-106），為振興原住民族產業並落實在地經濟發展之長程規劃，產業發展面向是以文化創意、特色農業、生態旅遊及下列那一項，作為未來發展重點？ (A)部落溫泉開發 (B)部落基礎建設 (C)部落溪河整治 (D)部落土地開發。（原住民五等）

解析 **(B)**。

依財團法人原住民族文化事業基金會設置條例第4條規定，原住民族廣播、電視專屬頻道所需用之電波頻率，由中央目的事業主管機關會同主管機關規劃分配之。故本題答B。

模擬考題

依姓名條例，關於原住民姓名相關規定，下列何項敘述錯誤？
(A) 原住民之傳統姓名或漢人姓名，不得以傳統姓名之羅馬拼音並列登記
(B) 臺灣原住民之姓名登記，依其文化慣俗為之
(C) 原住民因改漢姓造成家族姓氏誤植，得改姓
(D) 台灣原住民已依漢人姓名登記者，得申請回復其傳統姓名，回復傳統姓名者，得申請回復原有漢人姓名。但以一次為限。

解析 **(A)**。
依姓名條例第2條規定，原住民之傳統姓名或漢人姓名，【均得以傳統姓名之羅馬拼音並列登記】。故本題答**(A)**。

特色6 仰天長嘯之冷門題

　　有關本科相關法規，本書大致均已收錄，但是原住民族法規多如牛毛，尤其以行政命令為數最多，全部收錄有其困難。而且裡面許多是不具參考價值的法規，考完下次不再考，是否發揮精力專研冷門考題，請考生們自行判斷。在此，彙整幾題供參考。

歷屆試題 1

政府為傳承發揚平埔族語言文化，有關申請補助平埔族群祭祀、慶典或相關文化活動，最高補助新台幣多少元？
(A) 五萬元　(B) 十萬元　(C) 二十萬元　(D)三十萬元。（原住民四等）

解析 **(C)**。
依行政院原住民族委員會推動平埔族群語言及文化補助要點第3條，平埔族群祭祀、慶典或相關文化活動，最高補助【新臺幣二十萬元】。

歷屆試題 2

政府為加強原住民參加職業訓練，習得一技之長，提升就業能力，參加者補助每月按基本工資百分之幾發給，最長以六個月為限？
(A) 三十　(B) 四十　(C) 五十　(D)六十。（原住民三等）

解析 **(D)**。
依「就業促進津貼實施辦法」第20條規定，津貼每月按基本工資【百分之六十】發給，最長以六個月為限。

歷屆試題 3

原住民參加全民健康保險補助，其補助對象身分及投保類目之認定，由戶籍所在地之鄉（鎮、市、區）公所之何人依規定及事實確實審核？
(A) 衛生所醫護人員　　　　　　(B) 戶政人員
(C) 村幹事　　　　　　　　　　(D) 健保承辦人員。（原住民五等）

解析 **(D)**。
依「行政院原住民族委員會補助原住民全民健康保險保險費實施要點」第5條規定，補助對象身分及投保類目之認定，由戶籍所在地之鄉（鎮、市、區）公所【健保承辦人員】，依規定及事實確實審核。

模擬考題 1

原住民參加職業訓練津貼補助標準，補助金每月按基本工資百分之多少發給？
(A)40%　(B)50%　(C)60%　(D)70%

解析 **(C)**。
依就業促進津貼實施辦法第20條規定，原住民參加職業訓練津貼補助標準，補助金每月按基本工資【百分之六十】發給，最長以6個月為限。

模擬考題 2

依據行政院原住民族委員會推展原住民族影視音樂文化創意產業補助要點規定，下列何者非屬其補助項目：
(A) 原住民族電影長片製作
(B) 原住民族電影短片製作
(C) 現有電視節目新增原住民族相關單元
(D) 原住民族電視節目新製

解析 (B)。
依行政院原住民族委員會推展原住民族影視音樂文化創意產業補助要點第3條規定，該要點之補助項目如下：(一)原住民族電影長片製作。(二)原住民族電視節目新製。(三)原住民族音樂製作。(四)現有電視節目新增原住民族相關單元。

全面性的備案策略

　　有關本科相關法規，本書大致均已收錄，但是原住民族法規多如牛毛，尤其以行政命令為數最多，全部收錄有其困難。然而，公職考試有其出題方向及依據，出題委員不可僅憑自由意識隨便出題。其實，絕大部分考題都包含在行政院原住民族委員會的網站中，考生們如果已經熟讀本書，可以到該網站瀏覽，會有額外的收穫。

　　進入原住民族委員會的網站，網址：http://www.apc.gov.tw/portal/首頁左邊欄位，逐一點選：
　1. 族群與文化：
　　(1)原住民族簡介
　　(2)平埔族及南島民族簡介
　　(3)重大慶典祭儀活動。
　2. 本會資訊：
　　(1)法規查詢
　　(2)主動公開資訊－統計資料
　　(3)重大政策

第一篇　緒論

第一章　基本權益

依據出題頻率分為：**A頻率高** B頻率中 C頻率低

【課前提要】原住民族基本法係於94年2月頒布，其內容多屬政策性質，相關的規範分散於各子法中，相關名詞解釋更應熟讀，而該基本法為各子法之母法，熟讀有助增進了解原住民族法規之整體概念，方便後續閱讀。

本章重點分析

前　言	1. 政策執行變遷。★ 2. 具體原住民政策方向。★
解釋名詞	了解現行相關原住民特有名詞。★★★
推動委員會	由原住民族各族按人口比例分配。★
原住民自治	1. 原　　則：依原住民族意願。 2. 預算編列：依地方制度法、財政收支劃分法等規定。★ 3. 爭議協商：由總統府召開協商之。★★
文化教育	1. 原　　則：依原住民族意願。 2. 專責機構：直轄市及轄有原住民族地區之縣市。 3. 族語驗證：建立族語能力驗證制度。 4. 公職考試：族語驗證或具備原住民族語言能力。 5. 人才培育：專責機構。 6. 傳統名稱：依原住民族意願回復傳統名稱。 7. 法人成立：成立財團法人原住民族文化事業基金會。★
產業發展	1. 基本原則：保護並促進其發展。 2. 公共事業：寬列預算改善公共工程。 3. 住宅政策：輔導及推動部落更新。 4. 工作權保障：輔導原住民取得專門職業資格及技術士證照。 5. 輔導創業：設立原住民族綜合發展基金。★

土地利用	1. 非營利行為：維護傳統文化、祭儀或自用為原則。 2. 土地調查：以法律定之。 3. 土地開發：主導權與資源共享。★★ 4. 國家公園：共同管理機制之建立。★★ 5. 災害防治：建立機制。
社會福利	1. 基本原則：建立原住民族社會安全體系。 2. 儲蓄互助：輔導及賦稅優惠措施。 3. 人權保障：增訂原住民族人權保障專章。 4. 事務仲裁：制定專屬法律。 5. 原住民族法院：保障原住民族之司法權益。★

課文精讀

一、政策執行變遷

自國民政府遷台至今，短短半個世紀，台灣原住民族經歷了五個不同政策的執行變遷：

中國化時期	→	一般化時期	→	山地化時期	→	大社會融合期	→	社會經濟發展期
民國40年		民國50年		民國60年		民國70年		民國80年

老師的話

這5個時期對原住民族執行規劃的內容，充滿殖民、支配、同化的型態，施政重點多屬國家意識概念的灌輸為主，對其根本結構較缺乏真正了解與尊重，故透過立法的程序，重新建立原住民施政，其中首要的，乃建立其自主性，彌補與一般社會的差距。

二、解釋名詞

法規一點靈

原住民族
基本法

(一) **原住民族**：係指既存於台灣而為國家管轄內之傳統民族，包括<u>阿美族、泰雅族、排灣族、布農族、卑南族、魯凱族、鄒族、賽夏族、雅美族、邵族、噶瑪蘭族、太魯閣族、撒奇萊雅族、賽德克族、拉阿魯哇族、卡那卡那富族等16族</u>，及其他自認為原住民族並經中央原住民族主管機關報請行政院核定之民族。

(二) **原住民**：係指原住民族之個人。

(三) **原住民族地區**：係指原住民傳統居住，具有原住民族歷史淵源及文化特色，經中央原住民族主管機關報請行政院核定之地區。

(四) **部落**：係指原住民於原住民族地區一定區域內，依其傳統規範共同生活結合而成之團體，經中央原住民族主管機關核定者。

(五) **原住民族土地**：係指原住民族傳統領域土地及既有原住民保留地。

(六) 為促進原住民族部落健全自主發展，部落應設部落會議。部落經中央原住民族主管機關核定者，為公法人。

部落之核定、組織、部落會議之組成、決議程序及其他相關事項之辦法，由中央原住民族主管機關定之。

─── 老師的話 ───

上述的名詞都是經常使用的，但確切的意義國人大多不十分明瞭，極易被列為考題，應熟背。

選擇題

(　) 1. 下列何者非為法定原住民族的要件： (A)既存於台灣而為國家管轄內之傳統民族 (B)自認為原住民族 (C)經行政院原住民族委員會報請行政院核定 (D)經總統公布完竣之原住民族。

(　) 2. 原住民傳統居住，具有原住民族歷史淵源及文化特色，經中央原住民族主管機關報請行政院核定之地區，係為： (A)部落 (B)原住民族地區 (C)原住民族土地 (D)原住民保留地。

解析

1. **D**。依原住民族基本法第2條第1項規定，原住民族係指既存於台灣而為國家管轄內之傳統民族，包括阿美族等各族及其他自認為原住民族，並經中央原住民族主管機關報請行政院核定之民族，至於總統是否有公布則非屬必要條件。

2. **B**。詳解請參閱原住民族基本法第2條，惟「原住民保留地」係定義於「原住民保留地開發管理辦法」內，係指為保障原住民生計，推行原住民行政所保留之原有山地保留地及經依規定劃編，增編供原住民使用之保留地。

三、推動委員會

(一) 行政院為審議、協調原住民基本權益相關事務，應設置推動委員會，由**行政院院長**召集之。

(二) 推動委員會**三分之二**之委員席次，由原住民族各族按人口比例分配。

> **老師的話**
>
> 考試重點：推動委員會的召集人為「**行政院長**」；推動委員會委員席次之「**2/3**」應為原住民，其席次乃按原住民族各族按「**人口比例**」分配之。

四、原住民自治

(一) **原則**：政府應依原住民族意願，保障原住民族之平等地位及自主發展，實行原住民族自治。

(二) **預算編列**：國家應提供充分資源，每年應寬列預算協助原住民族自治發展，自治區之自治權限及財政，依地方制度法、財政收支劃分法及其他法律有關縣（市）之規定。

(三) **爭議協商**：政府與原住民族自治間權限發生爭議時，由**總統府**召開協商會議決定之。

> **老師的話**
>
> 考試重點：國家每年寬列預算協助原住民族自治發展，籌措財源乃係依「**地方制度法**」、「**財政收支劃分法**」及其他法律；政府與原住民族自治間權限發生爭議時，召開協商會議者為「**總統府**」。

申論題

> 依據「原住民族基本法」之規定，國家發展原住民自治，其預算應如何編列？遇有爭議應如何處理？

答 (一) 依據「原住民族基本法」第5條之規定，國家應提供充分資源，每年應寬列預算協助原住民族自治發展，自治區之自治權限及財政，依地方制度法、財政收支劃分法及其他法律有關縣（市）之規定。
　　(二) 依據「原住民族基本法」第6條之規定，政府與原住民族自治間權限發生爭議時，由總統府召開協商會議決定之。

五、文化教育

(一) **原則**：政府保障原住民族教育之權利，應依原住民族意願，本多元、平等、尊重之精神。

(二) **專責機構**：直轄市及轄有原住民族地區之縣，其直轄市、縣政府應設原住民族專責單位，辦理原住民族事務。

(三) **族語驗證**：政府應設置原住民語言研究發展專責單位，並辦理族語能力驗證制度，積極推動原住民族語言發展。

(四) **公職考試**：政府提供原住民族優惠措施或辦理原住民族公務人員特種考試，得於相關法令規定受益人或應考人應通過族語驗證或具備原住民族語言能力。

(五) **人才培育**：政府應保存與維護原住民族文化，並輔導文化產業及培育專業人才。

(六) **傳統名稱**：政府於原住民族地區，應依原住民族意願，回復原住民族部落及山川傳統名稱。

(七) **法人成立**：政府應保障原住民族傳播及媒體近用權，成立**財團法人原住民族文化事業基金會**，規劃辦理原住民族專屬及使用族語之傳播媒介與機構。

┌─────────────────■◆■ 老師的話 ■◆■─────────────────┐

考試重點：國家每年寬列預算協助原住民族自治發展，籌措財源乃係依「**地方制度法**」、「**財政收支劃分法**」及其他法律；政府與原住民族自治間權限發生爭議時，召開協商會議者為「**總統府**」。

└──┘

選擇題

( )　1. 政府保障原住民族教育之權利，應著重於：　(A)原住民族意願　(B)國人共識　(C)國際慣例　(D)地域特性。

( )　2. 政府應保障原住民族傳播及媒體近用權，成立何種基金會，規劃辦理原住民族專屬及使用族語之傳播媒介與機構：　(A)財團法人原住民族文化事業基金會　(B)促進原住民族文化基金會　(C)獎勵原住民族文化事業基金會　(D)復興原住民族文化基金會。

解析

1.**A**。依原住民族基本法第7條規定，政府應依原住民族意願，本多元、平等、尊重之精神，保障原住民族教育之權利。

2.**A**。

申論題

政府處理原住民文化教育的原則為何？有否專責機構？

答 (一) 依據「原住民族基本法」第7條之規定，政府保障原住民族教育之權利，應依原住民族意願，本多元、平等、尊重之精神。

(二) 依據「原住民族基本法」第8條之規定，直轄市及轄有原住民族地區之縣，其直轄市、縣政府應設原住民族專責單位，辦理原住民族事務。

六、產業發展

(一) **基本原則**：政府對原住民族傳統之生物多樣性知識及智慧創作，應予保護，並促進其發展，並應依原住民族意願及環境資源特性，策訂原住民族經濟政策，並輔導自然資源之保育及利用，發展其經濟產業。

(二) **公共事業**：政府應寬列預算並督促公用事業機構，積極改善原住民族地區之交通運輸、郵政、電信、水利、觀光及其他公共工程。

(三) **住宅政策**：政府應策訂原住民族住宅政策，輔導原住民建購或租用住宅，並積極推動部落更新計畫方案。

(四) **工作權保障**：政府應保障原住民族工作權，並針對原住民社會狀況及特性，提供職業訓練，輔導原住民取得專門職業資格及技術士證照，健全原住民就業服務網絡，保障其就業機會及工作權益，並獲公平之報酬與升遷。

(五) **輔導創業**：政府應設原住民族綜合發展基金，辦理原住民族經濟發展業務、輔導事業機構、住宅之興辦、租售、建購及修繕業務；其基金來源，由中央政府循預算程序之撥款、住宅租售及相關業務收益款、原住民族土地賠償、補償及收益款、相關法令規定之撥款及其他收入等充之。

━━■ 老師的話 ■━━

本節宣示性質的條文居多，考試價值不高，惟「原住民族綜合發展基金」的成立宗旨及輔導對象應多注意，行政院原住民族委員會的相關補（獎）助款多來自此一項下。

選擇題

(　) 1. 政府應策訂原住民族住宅政策，對於原住民建購或租用住宅，應予：(A)補助　(B)獎勵　(C)輔導　(D)加強教育。

(　) 2. 政府應寬列預算並督促公用事業機構，積極改善原住民族地區之公共工程，下列何者為非：　(A)交通運輸　(B)電信　(C)水利　(D)名勝古蹟。

解析

1.**C**。輔導即包含補助、獎勵、教育訓練等項目。

2.**D**。依原住民族基本法第15條規定，政府寬列預算積極改善原住民族地區之公共工程，不包含名勝古蹟。

申論題

政府辦理原住民之產業發展包含那些？試簡述之。

答 依據「原住民族基本法」之規定，政府辦理原住民之產業發展包含下列事項：

(一)基本原則：政府對原住民族傳統之生物多樣性知識及智慧創作，應予保護，並促進其發展，並應依原住民族意願及環境資源特性，策訂原住民族經濟政策，並輔導自然資源之保育及利用，發展其經濟產業。

(二)公共事業：政府應寬列預算並督促公用事業機構，積極改善原住民族地區之交通運輸、郵政、電信、水利、觀光及其他公共工程。

(三)住宅政策：政府應策訂原住民族住宅政策，輔導原住民建購或租用住宅，並積極推動部落更新計畫方案。

(四)工作權保障：政府應保障原住民族工作權，並針對原住民社會狀況及特性，提供職業訓練，輔導原住民取得專門職業資格及技術士證照，健全原住民就業服務網絡，保障其就業機會及工作權益，並獲公平之報酬與升遷。

(五)輔導創業：政府應設原住民族綜合發展基金，辦理原住民族經濟發展業務及輔導事業機構；其基金來源，由中央政府循預算程序之撥款、原住民族土地賠償、補償及收益款、相關法令規定之撥款及其他收入等充之。

七、土地利用

(一) **非營利行為**：原住民得在原住民族地區及經中央原住民族主管機關公告之海域依法從事下列非營利行為：

1. 獵捕野生動物。　　　　　　2. 採集野生植物及菌類。

3. 採取礦物、土石。　　　　　4. 利用水資源。

前述海域應由中央原住民族主管機關會商中央目的事業主管機關同意後公告。

前述各款，以傳統文化、祭儀或自用為限。

(二) **土地調查**：

1. 政府為辦理原住民族土地之調查及處理，應設置原住民族土地調查及處理委員會。

2. 原住民族或原住民所有，使用之土地、海域，其回復、取得、處分、計畫、管理及利用等事項，依原住民族基本法之規定，應另以法律定之。

(三) **土地開發：**

1. 政府或私人於原住民族土地內從事土地開發、資源利用、生態保育及學術研究，應諮詢並取得原住民族同意或參與，原住民得分享相關利益；如有營利所得，應提撥一定比例納入**原住民族綜合發展基金**，作為回饋或補償經費。

2. 政府或法令限制原住民族利用原住民族之土地及自然資源時，應與原住民族或原住民諮商，並取得其同意。

(四) **國家公園：**

1. 政府於原住民族地區劃設國家公園、國家級風景特定區、林業區、生態保育區、遊樂區及其他資源治理機關時，應徵得當地原住民族同意，並與原住民族建立**共同管理機制**。

2. 生活習慣：政府應尊重原住民族選擇生活方式、習俗、服飾、社會經濟組織型態、資源利用方式、土地擁有利用與管理模式之權利。

(五) **醫療政策：**政府應依原住民族特性，策訂原住民族公共衛生及醫療政策，將原住民族地區納入全國醫療網，辦理原住民族健康照顧，建立完善之長期照護、緊急救護及後送體系，保障原住民健康及生命安全。

(六) **災害防治：**政府應建立原住民族地區天然災害防護及善後制度，並劃設天然災害防護優先區，保障原住民族生命財產安全。

選擇題

( ) 1. 原住民為傳統文化、祭儀或自用，得在原住民族地區依法從事非營利行為，下列何者為非：　(A)獵捕野生動物　(B)採集野生植物及菌類　(C)利用水資源　(D)燃放鞭炮。

( ) 2. 政府於原住民族地區劃設國家公園，應與地方原住民族建立何種機制：　(A)共同管理　(B)共同開發　(C)共同經營　(D)共同利用。

解析

1. **D**。

2. **A**。依原住民族基本法第22條規定，政府於原住民族地區劃設國家公園時，應徵得當地原住民族同意，並與原住民族建立「共同管理」機制。

申論題

政府對於原住民族土地有無相關管制或開發之規定？對於原住民族地區有無相關管制或開發之規定？

答 (一) 依據「原住民族基本法」第21條之規定，政府或私人於原住民族土地內從事土地開發、資源利用、生態保育及學術研究，應諮詢並取得原住民族同意或參與，原住民得分享相關利益；如有營利所得，應提撥一定比例納入原住民族綜合發展基金，作為回饋或補償經費。政府或法令限制原住民族利用原住民族之土地及自然資源時，應與原住民族或原住民諮商，並取得其同意。

(二) 依據「原住民族基本法」第22條之規定，政府於原住民族地區劃設國家公園、國家級風景特定區、林業區、生態保育區、遊樂區及其他資源治理機關時，應徵得當地原住民族同意，並與原住民族建立共同管理機制。政府並應尊重原住民族選擇生活方式、習俗、服飾、社會經濟組織型態、資源利用方式、土地擁有利用與管理模式之權利。

原來如此

一、非營利行為包括「獵捕野生動物」、「採集野生植物及菌類」、「採取礦物、土石」、「利用水資源」；土地調查項目為「回復」、「取得」、「處分」、「計畫」、「管理」及「利用」等事項；國家公園治理應徵得「當地原住民族」同意，並與原住民族建立共同管理機制。

二、原住民族基本法第21條：「政府或私人於原住民族土地內從事土地開發、資源利用、生態保育及學術研究，應諮詢並取得原住民族同意或參與，原住民得分享相關利益。」第22條：「政府於原住民族地區劃設國家公園、國家級風景特定區、林業區、生態保育區、遊戲區及其他資源治理機關時，應徵得當地原住民族同意，並與原住民族建立共同管理機制」，前者係針對「原住民族土地」，後者係針對「原住民族地區」，有其微妙之處，請注意二者之分別。

八、社會福利

(一) **基本原則**：政府應積極辦理原住民族社會福利事項，規劃建立原住民族社會安全體系，並特別保障原住民兒童、老人、婦女及身心障礙者之相關權益。

(二) **醫療補助**：政府對原住民參加社會保險或使用醫療及福利資源無力負擔者，得予補助。

(三) **儲蓄互助**：政府應積極推行原住民族儲蓄互助及其他合作事業，輔導其經營管理，並得予以賦稅之優惠措施。

(四) **生活保障**：政府對於居住原住民族地區外之原住民，應對其健康、安居、融資、就學、就養、就業、就醫及社會適應等事項給予保障及協助。

(五) **人權保障**：政府為保障原住民族尊嚴及基本人權，應於國家人權法案增訂原住民族人權保障專章。

(六) **事務仲裁**：政府處理原住民族事務、制定法律或實施司法與行政救濟程序、公證、調解、仲裁或類似程序，應尊重原住民族之族語、傳統習俗、文化及價值觀，保障其合法權益，原住民有不諳國語者，應由通曉其族語之人為傳譯。

(七) **原住民族法院**：政府為保障原住民族之司法權益，得設置<u>原住民族法院或法庭</u>。

(八) **國際交流**：政府應積極促進原住民族與國際原住民族及少數民族在經濟、社會、政治、文化、宗教、學術及生態環境等事項之交流與合作。

━━◆■ 老師的話 ■◆━━

本節宣示性質的條文居多，考試價值不高，政府為保障原住民族之司法權益，得設置「原住民族法院或法庭」，這是一非常獨特政策，如立法通過將排除刑法及民法等法律，其可行性到底有多高，值得觀察。可以確定的是，原民會對於此一議題十分有興趣，姑不論實用與否，考出的機率相當之高。

九、行政院原住民族基本法推動會設置要點

(一) **依據**：行政院為審議、協調及推動原住民族基本法相關事務，特依原住民族基本法第三條規定，設行政院原住民族基本法推動會（以下簡稱本會）。

(二) **任務**：

　1. 本法有關民族自治、民族教育、語言文化、衛生福利、就業、經濟建設、自然資源、傳統領域土地等事項之規劃、審議、協調及推動。

　2. 本法相關法規擬訂之協調及監督。

　3. 其他本法相關事務之協調及推動。

(三) **成員**：本會置召集人一人，由本院院長兼任之；委員三十九人，除召集人為當然委員外，其餘委員，由召集人就下列人員派（聘）兼之：

　1. 本院政務委員一人。　　　　　2. 內政部部長。

　3. 教育部部長。　　　　　　　4. 法務部部長。

　5. 經濟部部長。　　　　　　　6. 衛生福利部部長。

　7. 勞動部部長。　　　　　　　8. 國家發展委員會主任委員。

　9. 本院農業委員會主任委員。　10. 原住民族委員會主任委員。

　11. 原住民族各族代表二十三人。

　12. 專家學者五人，其中具原住民身分者二人。

　其中原住民族各族代表及專家學者委員，得隨同召集人異動改聘之，單一性別比例不得少於分之一。委員任期二年，期滿得續聘（派）；委員為有關機關代表者，其任期隨職務異動而更易；委員出缺時，應依規定遴聘，其任期至原任期屆滿為止。

(四) **會議召開**：會議以每四個月召開一次為原則，必要時得召開臨時會議，均由召集人召集之；召集人不能親自出席會議時，得指定委員一人代理之；由機關代表兼任之委員不克出席會議時，得指派代表出席。

　本會會議召開時，得視議題需要，邀請相關機關代表、學者專家或原住民機構、團體代表列席。

(五) **組織**：

　1. 本會置執行長一人，由本院原住民族委員會主任委員兼任，承召集人之命，綜理本會事務；置副執行長一人襄助之，由執行長報請召集人派兼。

　2. 本會得視業務需要，依召集人指示成立專案小組，針對特定議題進行研究、規劃。

3. 本會議事及幕僚作業，由本院原住民族委員會擔任；所需工作人員，由本院原住民族委員會派兼之。

4. 本會每年應就本法推動執行情形提出報告書，提供各有關機關研究辦理。

(六) **經費：**

1. 本會委員及工作人員均為無給職。

2. 本會所需經費，由本院原住民族委員會編列預算支應。

十、原住民族委員會人權工作小組設置要點

(一) **目的：**原住民族委員會（以下簡稱本會）為推動人權保障政策，落實本會主管之原住民族人權保障業務，促進民間參與監督及實踐過程透明化，特設置人權工作小組（以下簡稱本小組）。

(二) **小組任務：**

1. 行政院人權保障推動小組之聯繫窗口。

2. 原住民人權保障司法案件及其他各類議題之蒐集與擬議。

3. 原住民族人權保障業務之協調及督導。

4. 原住民族人權保障宣導之整合及分工。

5. 原住民族種族歧視及族群爭議案件之協調及處理。

6. 其他原住民族人權保障相關事項。

(三) **成員：**本小組置委員十一人至二十一人，其中一人為召集人，由本會主任委員或指派本會高階人員兼任；一人為副召集人，由本會副主任委員兼任；一人為執行秘書，由本會綜合規劃處處長兼任；其餘委員，由主任委員就本會各單位主管、社會公正人士及專家學者派（聘）任之，其中任一性別委員不得少於三分之一；外聘委員，不得少於三分之一。

(四) **小組會議：**本小組每年至少召開一次會議。會議由召集人召集並擔任主席，召集人因故不能召集及主持會議時，由副召集人代理之；副召集人不能召集及主持會議時，由委員互推一人代理之。

(五) **委員任期：**本小組委員任期二年，委員任期屆滿得續派（聘）任之，任期內出缺時，繼任委員任期至原任期屆滿之日止。

(六) **專家列席：**本小組開會時，得視議題需要邀請學者、專家或相關機關代表出（列）席提供諮詢或報告。

(七) **主辦單位：**本小組幕僚業務由本會綜合規劃處辦理，其所需工作人員，由主任委員指派兼任之。

十一、總統府原住民族歷史正義與轉型正義委員會設置要點

(一) **目的**：為落實原住民族基本法，推動歷史正義與轉型正義，並且建立原住民族自治之基礎，特設置總統府原住民族歷史正義與轉型正義委員會（以下簡稱本會），協調及推動相關事務，以作為政府與原住民族各族間對等協商之平台。

(二) **本會任務：**

1. 蒐集、彙整並揭露歷來因外來政權或移民所導致原住民族與原住民權利受侵害、剝奪之歷史真相。

2. 對原住民族與原住民受侵害、剝奪之權利，規劃回復、賠償或補償之行政、立法或其他措施。

3. 全面檢視對原住民族造成歧視或違反原住民族基本法之法律與政策，提出修改之建議。

4. 積極落實聯合國原住民族權利宣言與各項相關之國際人權公約。

5. 其他與原住民族歷史正義與轉型正義有關事項之資訊蒐集、意見彙整與協商討論。

(三) **任務編組**：本會為任務編組，置委員二十九人至三十一人。由總統擔任召集人，副召集人二人，一人由總統指派，另一人由代表原住民族之委員互相推舉之。其餘委員包括：

1. 原住民族基本法規定及行政院核定之原住民族十六族代表各一人。

2. 平埔族群代表三人。

3. 相關機關代表、專家學者及具原住民身分之公民團體代表。

4. 前項第一款及第二款委員，由原住民族委員會協助該民族或族群於四個月內完成推舉；未能如期完成者，其代表由總統自各界推薦之人選中擇一聘任。

5. 第一項第三款委員，由召集人徵詢相關意見後，邀請擔任之；其中專家學者之名額中具原住民身分者應有二分之一以上。

6. 委員任期：本會委員聘期三年；委員出缺時，應依本要點規定遴聘繼任者，其聘期至原聘期屆滿為止。

(四) **其他編組**：本會下設土地小組、歷史小組、和解小組等主題小組，負責相關事項研議，提請委員會議討論。本會亦得視實際工作進行之需要，另設其他臨時性之小組。

各小組任務如下：

1. 土地小組：
   (1) 四百年以來原住民族與平埔族群各時期之土地內容、範圍、意義、遷徙史及與其他民族互動過程之彙整與公布。
   (2) 原住民族與平埔族群各時期使用土地之規範、流失之經過、遭奪取手段、社會背景及法律、慣俗之彙整與公布。
   (3) 原住民族神話發源地、祖靈地、聖地、獵場、祭場、採集範圍等各種傳統領域之名稱、地點、意義、範圍及傳統規範之彙整與公布。
   (4) 檢視原住民族傳統領域與現行法令競合或不合時宜者，並彙整各國原住民族土地治理之政策，提出相關改進建議。

2. 歷史小組：
   (1) 原住民族與平埔族群於各時期重大歷史事件、文物流失及有關歷史正義與轉型正義之歷史真相調查。
   (2) 原住民族與平埔族群史觀建構之政策建議。
   (3) 原住民族重大歷史事件設置紀念碑、舉辦紀念活動等之政策建議。

3. 和解小組：
   (1) 針對原住民族歷史正義與轉型正義之重大爭議案件，推動社會溝通與合作，促成原住民族各族間，以及原住民族與國家間之實質和解。
   (2) 舉辦與原住民族歷史正義與轉型正義有關之各類推廣活動，引介國外原住民族歷史正義推動成果，促成社會各界之參與和理解。

(五) **會議召開**：本會以每三個月召開一次為原則，必要時得召開臨時會議。會議由召集人主持，召集人不克出席時，由副召集人主持。本會開會時，得視議題需要，邀請有關機關（構）代表、學者專家或原住民機構、團體代表列席。本會應於每年度結束前，就推動執行提出年度報告書，提供有關機關辦理。本會置執行秘書與副執行秘書，均由召集人指派。召集人得聘請學者專家擔任本會顧問。

(六) **其他事項**：

1. 本會所做成之行政、立法或其他措施之規劃建議，以行政院原住民族基本法推動會作為後續工作推動之議事與協調單位，該會並應於本會召開會議時派員報告工作進度。

2. 本會為執行任務，得洽請政府相關機關提供必要之文書、檔案或指派所屬人員到會說明。

3. 本會之幕僚業務由總統府、原住民族委員會及相關機關派兼人員辦理之。

4. 本會召集人、副召集人、委員、顧問、執行秘書、副執行秘書均為無給職。

5. 本會所需經費,由總統府及行政院相關部會編列預算支應。

6. 要點奉總統核定後施行。

選擇題

( )　1. 依原住民族基本法第26條規定,政府應積極辦理原住民族社會福利事項,規劃建立原住民族社會安全體系,並特別保障的對象為:(A)原住民兒童　(B)原住民老人　(C)原住民女性及身心障礙者(D)以上皆是。

( )　2. 政府處理原住民族事務、制定法律或實施司法與行政救濟程序、公證、調解、仲裁或類似程序,應尊重原住民族之:　(A)族語　(B)傳統習俗　(C)文化及價值觀　(D)以上皆是。

( )　3. 下面那一個原住民族群已經為政府所承認?　(A)凱達格蘭族　(B)西拉雅族　(C)噶瑪蘭族　(D)巴宰海族。

( )　4. 原住民為傳統文化、祭儀或自用,得在原住民族地區依法從事非營利行為,下列何者為非:　(A)獵捕野生動物　(B)採集野生植物及菌類　(C)採取礦物、土石　(D)利用文化古蹟。

( )　5. 政府或私人於原住民族土地內從事土地開發、資源利用、生態保育及學術研究,應諮詢並取得原住民族同意或參與,原住民得分享相關利益;如有營利所得,應提撥一定比例納入何種基金,作為回饋或補償經費:　(A)原住民族綜合發展基金　(B)原住民天然災害防治基金(C)原住民族儲蓄互助基金　(D)原住民族土地管理基金。

解析

1. **D**。

2. **D**。依原住民族基本法第30條規定,政府處理原住民族事務、制定法律或實施司法與行政救濟程序、公證、調解、仲裁或類似程序,應尊重原住民族之「族語」、「傳統習俗」、「文化及價值觀」,保障其合法權益。

3.**C**。目前已為政府所承認之原住民族群分別為：阿美族、泰雅族、排灣族、布農族、卑南族、魯凱族、鄒族、賽夏族、雅美族(達悟族)、邵族、噶瑪蘭族、太魯閣族、撒奇萊雅族、賽德克族、拉阿魯哇族、卡那卡那富族等共計16族。

4.**D**。依據原住民族基本法第19條規定，原住民為傳統文化、祭儀或自用，得在原住民族地區依法從事非營利行為，為獵捕野生動物、採集野生植物及菌類、採取礦物、土石及利用水資源，並未包含利用文化古蹟。

5.**A**。參閱原住民族基本法第21條。

申論題

一、政府辦理原住民之社會福利包含那些？試簡述之。

答 依據「原住民族基本法」之規定，政府辦理原住民之社會福利包含下列事項：

(一)基本原則：政府應積極辦理原住民族社會福利事項，規劃建立原住民族社會安全體系，並特別保障原住民兒童、老人、婦女及身心障礙者之相關權益。

(二)醫療補助：政府對原住民參加社會保險或使用醫療及福利資源無力負擔者，得予補助。

(三)儲蓄互助：政府應積極推行原住民族儲蓄互助及其他合作事業，輔導其經營管理，並得予以賦稅之優惠措施。

(四)生活保障：政府對於居住原住民族地區外之原住民，應對其健康、安居、融資、就學、扶養、就業、就醫及社會適應等事項給予保障及協助。

(五)人權保障：政府為保障原住民族尊嚴及基本人權，應於國家人權法案增訂原住民族人權保障專章。

(六)事務仲裁：政府處理原住民族事務、制定法律或實施司法與行政救濟程序、公證、調解、仲裁或類似程序，應尊重原住民族之族語、傳統習俗、文化及價值觀，保障其合法權益，原住民有不諳國語者，應由通曉其族語之人為傳譯。

(七)原住民族法院：政府為保障原住民族之司法權益，得設置原住民族法院或法庭。

(八)國際交流：政府應積極促進原住民族與國際原住民族及少數民族在經濟、社會、政治、文化、宗教、學術及生態環境等事項之交流與合作。

二、依「原住民族基本法」之規定，原住民族土地與原住民地區有何差異，試分析之。

答 (一)定義：依據「原住民族基本法」第2條之規定，有關原住民族地區、原住民族土地之定義分述如下：

1. 原住民族地區：係指原住民傳統居住，具有原住民族歷史淵源及文化特色，經中央原住民族主管機關報請行政院核定之地區。

2. 原住民族土地：係指原住民族傳統領域土地及既有原住民保留地。

(二)相關管制或開發之規定：

1. 依據「原住民族基本法」第21條之規定，政府或私人於原住民族土地內從事土地開發、資源利用、生態保育及學術研究，應諮詢並取得原住民族同意或參與，原住民得分享相關利益；如有營利所得，應提撥一定比例納入原住民族綜合發展基金，作為回饋或補償經費。政府或法令限制原住民利用原住民族之土地及自然資源時，應與原住民族或原住民諮商，並取得其同意。

2. 依據「原住民族基本法」第22條之規定，政府於原住民族地區劃設國家公園、國家級風景特定區、林業區、生態保育區、遊樂區及其他資源治理機關時，應徵得當地原住民族同意，並與原住民族建立共同管理機制。政府並應尊重原住民族選擇生活方式、習俗、服飾、社會經濟組織型態、資源利用方式、土地擁有利用與管理模式之權利。

歷年考題

(　) **1** 依原住民族基本法的規定，政府與原住民族自治間權限發生爭議時，由下列何者召開協商會議決定之？　(A)總統府　(B)行政院　(C)內政部　(D)中央原住民族主管機關。　【108年原住民特考三等】

（　　）**2** 依憲法增修條文第10條第12項規定，國家應依民族意願，保障原住民族的地位及政治參與，並具體列舉事項予以保障扶助並促其發展。下列何者不是該條文所列舉的事項？　(A)衛生醫療　(B)經濟土地　(C)教育文化　(D)自然資源。　　　　　【108年原住民特考三等】

（　　）**3** 原住民族基本法所指之原住民族，係指既存於臺灣而為國家管轄內之傳統民族，除了明文列舉者外，其他自認為原住民族者，須經下列何種程序，方屬原住民族基本法所指之原住民族？
(A)地方原住民族主管機關報請所屬縣（市）或直轄市政府核定
(B)地方原住民族主管機關報請中央原住民族主管機關核定
(C)中央原住民族主管機關報請行政院核定
(D)中央原住民族主管機關報請總統府核定。　【108年原住民特考三等】

（　　）**4** 依原住民族基本法的規定，為促進原住民族部落健全自主發展，部落應設部落會議。部落經中央原住民族主管機關核定者，即為下列何者？
(A)非法人團體
(B)私法人
(C)公法人
(D)行政機關。　　　　　　　　　　　【108年原住民特考三等】

（　　）**5** 依原住民族基本法的規定，有關直轄市、縣（市）設原住民族專責單位或置專人，辦理原住民族事務之敘述，下列何者正確？　(A)所有直轄市皆應設原住民族專責單位，辦理原住民族事務　(B)所有縣（市）皆應設原住民族專責單位，辦理原住民族事務　(C)原住民族專責單位之首長，必須通過原住民族公務人員特種考試　(D)辦理原住民族事務之專人，必須通過原住民族公務人員特種考試。　　　　　　　　　　　【108年原住民特考三等】

（　　）**6** 依原住民族基本法的規定，有關政府於原住民族土地或部落及其周邊一定範圍內之公有土地從事生態保育及學術研究之敘述，下列何者正確？　(A)應諮商並取得原住民族或部落同意或參與　(B)應諮商並取得中央原住民族主管機關之核准　(C)應先諮商原住民族或部落，後經中央原住民族主管機關核准　(D)應先諮商中央原住民族主管機關，後經原住民族或部落同意或參與。　　　　【108年原住民特考三等】

（　　）**7** 依原住民族基本法的規定，原住民族利用原住民族土地或部落及其周邊一定範圍內之公有土地及自然資源，受政府或法令限制而生之損失，政府應如何處理？　(A)由該主管機關寬列預算補償之　(B)由中央原住民族主管機關寬列預算補償之　(C)由該主管機關從優賠償之　(D)由中央原住民族主管機關從優賠償之。　　　　【108年原住民特考三等】

（　　）**8** 依原住民族基本法的規定，下列敘述何者正確？　(A)原住民族基本法僅適用居住原住民族地區內之原住民　(B)政府為保障原住民族之司法權益，須設置原住民族法院　(C)政府決不可在原住民族地區內存放有害物質　(D)政府得因立即而明顯危險，強行將原住民遷出其土地區域。　　　　【108年原住民特考三等】

（　　）**9** 依原住民族基本法的規定，政府於原住民族地區劃設國家公園、國家級風景特定區、林業區、生態保育區、遊樂區及其他資源治理機關時，應徵得當地原住民族同意，並與下列何者建立共同管理機制？　(A)原住民族　(B)中央原住民族主管機關　(C)地方原住民族主管機關　(D)內政部。　　　　【108年原住民特考三等】

（　　）**10** 依憲法及憲法增修條文的規定，下列何者並非大法官的權限？　(A)解釋憲法　(B)審理法官彈劾事項　(C)統一解釋法律及命令　(D)審理政黨違憲之解散事項。　　　　【108年原住民特考三等】

（　　）**11** 下列何項敘述並非來自憲法增修條文明文之規定？　(A)國家應肯定多元文化，並積極維護發展原住民族語言及文化　(B)國家應依民族意願，保障原住民族之地位及政治參與　(C)國家應對原住民族社會福利事業予以保障並促其發展　(D)政府為保障原住民族之權益，得設置原住民族法院或法庭。　　　　【108年原住民特考四等】

（　　）**12** 有關原住民族部落與部落會議的敘述，下列何者正確？　(A)為促進原住民族權益保障，各直轄市、縣市均應設置部落會議　(B)為尊重原住民族的集體人格權，部落會議得以私法人型態設置　(C)原住民族之部落，經中央原住民族主管機關核定者，為公法人　(D)部落組織之辦法，由內政部諮詢中央原住民族主管機關後定之。　　　　【108年原住民特考四等】

(　　)**13** 關於原住民族獵捕野生動物,下列敘述何者錯誤？　(A)其獵捕應經主
管機關核准　(B)其獵捕須基於其傳統文化或祭儀之必要　(C)得獵
捕之區域,不限於原住民族基本法所定原住民族地區內　(D)得獵捕
之區域,須非屬依法禁止獵捕動物之區域。　【109年原住民特考三等】

(　　)**14** 依原住民族基本法之規定,關於原住民族之定義,下列敘述何者錯
誤？　(A)原住民族為先於漢人居住於臺灣之傳統民族　(B)原住民
族為既存於臺灣之傳統民族　(C)原住民族為國家管轄內之傳統民
族。　(D)自認為原住民族之民族,如經中央原住民主管機關報請
行政院核定,亦為原住民族。　【109年原住民特考三等】

(　　)**15** 下列何者不屬於政府為保障原住民族之司法權益而採取之措施？
(A)得設置原住民族法庭　(B)得設置原住民族法院　(C)原住民有不
諳國語者,應由通曉其族語之人為傳譯　(D)原住民有不諳國語者,
案件應由通曉其族語之原住民法官審理。【109年原住民特考三等】

(　　)**16** 下列何者不屬於原住民得在特定地區及海域依法從事之非營利行
為？　(A)採集野生植物　(B)獵捕保育動物　(C)採取礦物　(D)利
用水資源。　【109年原住民特考三等】

(　　)**17** 政府與原住民族自治間權限發生爭議時,由下列何者召開協商會議
決定之？
(A)原住民族委員會　　　　　(B)行政院
(C)監察院　　　　　　　　　(D)總統府。【109年原住民特考三等】

(　　)**18** 財團法人原住民族文化事業基金會之主管機關為何？
(A)文化部
(B)內政部
(C)原住民族委員會
(D)國家通訊傳播委員會。　　　　　　【109年原住民特考三等】

(　　)**19** 關於原住民族部落同意或參與,下列敘述何者錯誤？　(A)私人於原
住民族土地或部落及其周邊一定範圍內之私有土地從事土地開發、
資源利用、生態保育及學術研究,應諮商並取得原住民族或部落同

意或參與　(B)原住民族基本法第21條所稱原住民族或部落同意，指過半數關係部落召開部落會議議決通過　(C)部落會議置部落會議主席1人，以部落成員為限，由部落會議選任之，負責召集並主持部落會議，任期2年，連選得連任一次　(D)部落設部落會議，以議決同意事項。第一次部落會議由部落成員依傳統領袖、各家（氏）族代表、居民之順序，擔任發起人。　【109年原住民特考四等】

(　　)20 總統府原住民族歷史正義與轉型正義委員會之原住民族代表推舉，其中平埔族代表應為幾人？
(A)1人　　　　　　　　　　(B)2人
(C)3人　　　　　　　　　　(D)4人。　【109年原住民特考四等】

(　　)21 依據原住民族委員會人權工作小組設置要點，原住民族委員會為推動人權保障政策，落實由該會主管之原住民族人權保障業務，促進民間參與監督及實踐過程透明化，特設置人權工作小組。下列有關本設置要點之規定，何者正確？
(A)人權工作小組任務包含總統府人權保障推動小組之聯繫窗口、原住民人權保障司法案件及其他各類議題之蒐集與擬議、原住民族人權保障業務之協調及督導、原住民族人權保障宣導之整合及分工、原住民族種族歧視及族群爭議案件之協調及處理、以及其他原住民族人權保障相關事項
(B)人權工作小組置委員十一人至二十一人，其中一人為召集人，由原住民族委員會主任委員或指派其高階人員兼任；一人為副召集人，由副主任委員兼任；一人為執行秘書，由綜合規劃處處長兼任；其餘委員，由主任委員就本會各單位主管、社會公正人士及專家學者派（聘）任之，其中任一性別委員不得少於三分之一；外聘委員，不得少於二分之一
(C)人權工作小組每年至少召開兩次會議。會議由召集人召集並擔任主席，召集人因故不能召集及主持會議時，由副召集人代理之；副召集人不能召集及主持會議時，由委員互推一人代理之
(D)本小組委員任期為兩年，委員任期屆滿得續派（聘）任之，任期內出缺時，繼任委員任期至原任期屆滿之日止。　【109年原住民特考四等】

( )**22** 依據總統府原住民族歷史正義與轉型正義委員會（原轉會）設置要點，請問下列何者錯誤？　(A)本會委員聘期二年；委員出缺時，應依要點之規定遴聘繼任者，其聘期至原聘期屆滿為止　(B)原轉會下設土地小組、歷史小組、和解小組等主題小組，負責相關事項研議，提請委員會議討論。原轉會亦得視實際工作進行之需要，另設其他臨時性之小組　(C)原轉會以每三個月召開一次為原則，必要時得召開臨時會議。會議由召集人主持，召集人不克出席時，由副召集人主持　(D)原轉會得聘顧問，由召集人提名，經委員會議超過三分之二委員通過後，召集人得依通過名單聘請學者專家擔任顧問。

【109年原住民特考四等】

( )**23** 依原住民族基本法，關於部落，下列何者正確？　(A)原住民於原住民族地區一定區域內，依其傳統規範共同生活結合而成之團體，即為部落　(B)部落之核定、組織、部落會議之組成、決議程序及其他相關事項之辦法，由各級政府原住民族專責單位定之　(C)為促進原住民族部落健全自主發展，部落應設部落會議　(D)部落經主管機關核定者，為私法人。　　【109年原住民特考五等】

( )**24** 為審議、協調原住民族基本法相關事務,依法應設置推動委員會,請問前述推動委員會由下列何者召集？　(A)總統　(B)行政院院長　(C)原住民族委員會主任委員　(D)立法院院長。【109年原住民特考五等】

( )**25** 原住民族基本法對原住民族土地的定義，下列敘述何項最為正確？　(A)原住民地區的所有土地　(B)原住民族傳統領域土地　(C)既有原住民保留地　(D)原住民族傳統領域土地及既有原住民保留地。　　【107年原住民特考四等】

( )**26** 根據原住民族基本法之規定，部落經中央原住民族主管機關核定者，為下列何種身分？　(A)公法人　(B)社團法人　(C)財團法人　(D)私法人。　　【107年原住民特考四等】

( )**27** 根據原住民族基本法之規定,當政府與原住民族自治間權限發生爭議時,由下列那一個機關召開協商會議決定之？　(A)行政院　(B)原住民族委員會　(C)總統府　(D)立法院。　　【107年原住民特考四等】

(　)**28** 依據原住民族基本法之規定，下列敘述何者錯誤？　(A)原住民族地區係指原住民傳統居住，具有原住民族歷史淵源及文化特色，經中央原住民族主管機關報請行政院核定之地區　(B)部落係指原住民於原住民族地區一定區域內，依其傳統規範共同生活結合而成之團體，經中央原住民族主管機關報請行政院核定之區域　(C)原住民族土地係指原住民族傳統領域土地及既有原住民保留地　(D)原住民族係指既存於臺灣而為國家管轄內之傳統民族。　【107年原住民特考五等】

(　)**29** 依據原住民族基本法之規定，部落經中央原住民族主管機關核定者，其法律地位為何？　(A)公法人　(B)社團法人　(C)財團法人(D)私法人。　【107年原住民特考五等】

(　)**30** 原住民在原住民族地區及經中央原住民族主管機關公告之海域不得從事下列何種行為？　(A)獵捕野生動物　(B)採集野生植物製作標本(C)採集礦物販售　(D)利用水資源。　【107年原住民特考五等】

(　)**31** 下列何者非認定原住民族團體為部落之要件？　(A)位於原住民族地區內　(B)客觀上存在承襲並共同遵守之生活規範　(C)生活於特定區域範圍　(D)具有相同血緣。　【107年原住民特考五等】

解答及解析

1 (A)。依原住民族基本法第6條規定，政府與原住民族自治間權限發生爭議時，由總統府召開協商會議決定之，故本題答(A)。

2 (D)。依憲法增修條文第10條第12項規定，國家應依民族意願，保障原住民族之地位及政治參與，並對其教育文化、交通水利、衛生醫療、經濟土地及社會福利事業予以保障扶助並促其發展，其中不包含自然資源，故本題答(D)。

3 (C)。依原住民族基本法第2條規定，原住民族：係指既存於臺灣而為國家管轄內之傳統民族，包括阿美族、泰雅族、排灣族、布農族、卑南族、魯凱族、鄒族、賽夏族、雅美族、邵族、噶瑪蘭族、太魯閣族及其他自認為原住民族並經中央原住民族主管機關報請行政院核定之民族。故本題答(C)。

4 (C)。依原住民族基本法第2-1條規定，部落應設部落會議。部落經中央原住民族主管機關核定者，為公法人。故本題答(C)。

5 (A)。依原住民族基本法第2-1條規定，直轄市及轄有原住民族地區之縣，其直轄市、縣政府應設原住民族專責單位，辦理原住民族事務，故(A)正確；同前條文，非轄有原住民族地區之縣(市)政府得視實際需要，設原住民族專責單位或置專人，辦理原住民族事務，得而非應，也就是不見得要設立，故(B)錯誤；同前條文，原住民族專責單位，其首長應具原住民身分，而非通過原住民特考，故(C)錯誤；辦理原住民族事務之專人，其身分法無明文限制，故(D)錯誤。故本題答(A)。

6 (A)。依原住民族基本法第21條規定，政府或私人於原住民族土地或部落及其周邊一定範圍內之公有土地從事土地開發、資源利用、生態保育及學術研究，應諮商並取得原住民族或部落同意或參與，原住民得分享相關利益。故本題答(A)。

7 (A)。依原住民族基本法第21條規定，政府或法令限制原住民族利用原住民族土地或部落及其周邊一定範圍內之公有土地及自然資源時，應與原住民族、部落或原住民諮商，並取得其同意；受限制所生之損失，應由該主管機關寬列預算補償之。故本題答(A)。

8 (D)。原住民族基本法非僅適用居住原住民族地區之原住民，故(A)錯誤；依原住民族基本法第30條規定，政府為保障原住民族之司法權益，

得設置原住民族法院或法庭，是得設置而非應設置，故(B)錯誤；同法第31條，政府不得違反原住民族意願，在原住民族地區內存放有害物質，是有條件允許放置有害物質，故(C)錯誤；同法第32條，政府除因立即而明顯危險外，不得強行將原住民遷出其土地區域，換言之，如有立即而明顯危險得強行將原住民遷出，(D)正確。故本題答(D)。

9 (A)。依原住民族基本法第22條規定，政府於原住民族地區劃設國家公園、國家級風景特定區、林業區、生態保育區、遊樂區及其他資源治理機關時，應徵得當地原住民族同意，並與原住民族建立共同管理機制，故本題答(A)。

10 (B)。依憲法第78條規定，司法院設大法官若干人，解釋憲法，並有統一解釋法律及命令之權；憲法增修條文第5條規定，司法院大法官，除依憲法第七十八條之規定外，並組成憲法法庭審理總統、副總統之彈劾及政黨違憲之解散事項。以上權限均不包含審理彈劾法官，故本題答(B)。

11 (D)。依中華民國憲法增修條文第10條規定，國家肯定多元文化，並積極維護發展原住民族語言及文化。國家應依民族意願，保障原住民族之地位及政治參與，並對其教育文化、交通水利、衛生醫療、經濟土地及社會福利事業予以保障扶助並

促其發展，故(A)(B)(C)都正確；設置原住民族法院或法庭是原住民族基本法第30條規定，而非憲法增修條文，故本題答(D)。

12 **(C)**。依原住民族基本法第2-1條規定，為促進原住民族部落健全自主發展，部落應設部落會議，非縣市都應設置，故(A)錯誤；同條文規定，部落經中央原住民族主管機關核定者，為公法人，而非私法人，故(B)錯誤、(C)正確；同條文規定，部落之核定、組織、部落會議之組成、決議程序及其他相關事項之辦法，由中央原住民族主管機關定之，跟內政部沒關係，故(D)錯誤。故本題答(C)。

13 **(C)**。依原住民族基本法第19條規定，原住民得獵捕野生動物區域，僅限在原住民族地區及經中央原住民族主管機關公告之海域，故本題答(C)。

14 **(A)**。依原住民族基本法第2條規定，原住民族係指既存於臺灣而為國家管轄內之傳統民族，並未談及是否先於漢人居住與否，故本題答(A)。

15 **(D)**。依原住民族基本法第30條規定，政府處理原住民族事務、制定法律或實施司法與行政救濟程序、公證、調解、仲裁或類似程序，應尊重原住民族之族語、傳統習俗、文化及價值觀，保障其合法權益，原住民有不諳國語者，應由通曉其族語之人為傳譯。故本題答(D)。

16 **(B)**。依原住民族基本法第19條規定，原住民得在原住民族地區及經中央原住民族主管機關公告之海域依法從事獵捕野生動物、採集野生植物及菌類、採取礦物、土石、利用水資源等非營利行為，不包含獵捕保育動物，故本題答(B)。

17 **(D)**。依原住民族基本法第6條規定，政府與原住民族自治間權限發生爭議時，由總統府召開協商會議決定之。故本題答(D)。

18 **(C)**。依財團法人原住民族文化事業基金會設置條例第3條規定，該基金會之主管機關為原住民族委員會。故本題答(C)。

19 **(A)**。依原住民族基本法第21條規定，政府或私人於原住民族土地或部落及其周邊一定範圍內之公有土地從事土地開發、資源利用、生態保育及學術研究，應諮商並取得原住民族或部落同意或參與，原住民得分享相關利益。公有土地而非私有，故本題答(A)。

20 **(C)**。依總統府原住民族歷史正義與轉型正義委員會設置要點第3條規定，平埔族群代表三人，故本題答(C)。

21 **(D)**。依原住民族委員會人權工作小組設置要點第2條規定，人權工作小組任務不包含總統府聯繫窗口，故(A)錯誤；第3條規定，外聘委員不得少於三分之一，非二分之一，故(B)錯誤；第4條規定，人權工作小組每年至少召開一次會議，非兩次，故(C)錯

誤；第5條規定，人權工作小組委員任期二年，委員任期屆滿得續派（聘）任之，任期內出缺時，繼任委員任期至原任期屆滿之日止，完全正確，故本題答(D)。

22 (D)。依總統府原住民族歷史正義與轉型正義委員會設置要點第7條規定，召集人得聘請學者專家擔任本會顧問，免經委員會議同意，故本題答(D)。

23 (C)。依原住民族基本法第2條規定，部落係指原住民於原住民族地區一定區域內，依其傳統規範共同生活結合而成之團體，經中央原住民族主管機關核定者。考題少了後半段，故(A)錯誤；第2-1條規定，部落之核定、組織、部落會議之組成、決議程序及其他相關事項之辦法，由中央原住民族主管機關定之，非各級政府定之，故(B)錯誤；第2-1條規定，為促進原住民族部落健全自主發展，部落應設部落會議，(C)正確；第2-1條規定，部落經中央原住民族主管機關核定者，為公法人，非私法人，故(D)錯誤。故本題答(C)。

24 (B)。依原住民族基本法第3條規定，行政院為審議、協調本法相關事務，應設置推動委員會，由行政院院長召集之。故本題答(B)。

25 (D)。依原住民族基本法第2條規定，原住民族土地：係指原住民族傳統領域土地及既有原住民保留地。故本題答(D)。

26 (A)。原住民族基本法第2-1條規定，為促進原住民族部落健全自主發展，部落應設部落會議。部落經中央原住民族主管機關核定者，為公法人。故本題答(A)。

27 (C)。依原住民族基本法第6條規定，政府與原住民族自治間權限發生爭議時，由總統府召開協商會議決定之。故本題答(C)。

28 (B)。依原住民族基本法第2條規定，部落：係指原住民於原住民族地區一定區域內，依其傳統規範共同生活結合而成之團體，經中央原住民族主管機關核定者。無須報請行政院核定，故本題答(B)。

29 (A)。依原住民族基本法第2-1條規定，為促進原住民族部落健全自主發展，部落應設部落會議。部落經中央原住民族主管機關核定者，為公法人。故本題答(A)。

30 (C)。依原住民族基本法第19條規定，原住民得在原住民族地區及經中央原住民族主管機關公告之海域依法從事下列非營利行為：一、獵捕野生動物。二、採集野生植物及菌類。三、採取礦物、土石。四、利用水資源。其中不含採集礦物販售，故本題答(C)。

31 (D)。依原住民族基本法第2條規定，部落：係指原住民於原住民族地區一定區域內，依其傳統規範共同生活結合而成之團體，經中央原住民族主管機關核定者。其中不包括具有相同血緣，故本題答(D)。

第二章　原住民身分與族別認定

依據出題頻率分為：**A頻率高 B**頻率中 **C**頻率低

【課前提要】現行戶籍法並未配合原住民之特有習性，故在漢人的意識形態之下，因結婚、收養或其他原因喪失或未取得原住民身分者，其權利也因身分的喪失而喪失，考試內容大約都在這一部分打轉，尤其以原住民身分取得方式、族群別認定方式、族群別種類最為重要。

本章重點分析

法定之原住民族別：排灣族、泰雅族、阿美族、卑南族、拉阿魯哇族、布農族、魯凱族、賽夏族、達悟族、卡那卡那富族、賽德克族、噶瑪蘭族、鄒族、太魯閣族、薩奇萊雅族、邵族。

身分取得	1. 原則取得：原住民與原住民結婚所生子女。★ 2. 單方取得：原住民與非原住民結婚所生子女。★ 3. 例外取得：原住民與非原住民結婚所生子女，因父母離婚，或有一方死亡者。★ 4. 收養取得：未滿七歲之非原住民為年滿四十歲且無子女之原住民父母收養者。★ 5. 非婚生取得：原則取得、認領取得及例外喪失。★ 6. 回復取得：於原住民身分法該法施行前因結婚、收養或其他原因喪失或未取得原住民身分者。★ 7. 未成年人之取得：子女從具原住民身分之父、母之姓或原住民傳統名字，有特殊原因不受民法第1059條及姓名條例第1條第2項規定之限制。★
身分喪失	1. 原住民與非原住民結婚者。 2. 原住民為非原住民收養者。★★ 3. 年滿二十歲，自願拋棄原住民身分者。

族別認定	1. 原則認定 ★★	(1) 父母同族：子女之民族別從之。★ (2) 父母不同族：子女從父或母之民族別。★ (3) 從父或母：從具原住民身分之父或母之民族別。★
	2. 收養取得認定：從養父或養母之民族別。★	
	3. 認領取得認定 ★★	(1) 未經生父認領者，從母之民族別。 (2) 經生父認領而父母屬於相同民族別者，其子女之民族別從之。 (3) 經生父認領而父母屬於不同民族別者，其子女從父或母之民族別。 (4) 原住民女子與非原住民男子之非婚生子女，其取得原住民身分者，從母之民族別。 (5) 非原住民女子與原住民男子之非婚生子女，其取得原住民身分者，從父之民族別。
	4. 協議變更★	(1) 父母均為原住民，且屬於不同民族別者：從父或母之民族別。 (2) 養父母屬於相同民族別：從養父母之民族別者。
	5. 更正登記：因錯誤、遺漏或其他原因，得為更正之登記。★	

課文精讀

一、歷史意義

(一) 現行戶籍法並未針對原住民之特有習性，故在漢人的意識形態之下，因結婚、收養或其他原因喪失或未取得原住民身分者，其權利也因身分的喪失而喪失，在國家肯定多元文化，並積極維護發展原住民族語言及文化之際，國家應依民族意願，保障原住民族之地位及政治參與，故原住民身分法之制定，有助於原住民地位之提升。

(二) 現行法定之原住民族別，指**阿美族、泰雅族、排灣族、布農族、卑南族、魯凱族、鄒族、賽夏族、達悟族**（雅美族）**、邵族、噶瑪蘭族、太魯閣族、撒奇萊雅族、賽德克族、拉阿魯哇族、卡那卡那富族**。

二、解釋名詞

(一) 山地原住民：台灣光復前原籍在山地行政區域內，且戶口調查簿登記其本
人或直系血親尊親屬屬於原住民者。

(二) 平地原住民：台灣光復前原籍在平地行政區域內，且戶口調查簿登記其本
人或直系血親尊親屬屬於原住民，並申請戶籍所在地鄉（鎮、市、區）公
所登記為平地原住民有案者。

選擇題

(　　) 1. 下列何者非現行法定之原住民族別：　(A)阿美族　(B)泰雅族　(C)
排灣族　(D)凱達格蘭族。

(　　) 2. 下列那一個行政區域非屬山地鄉：　(A)花蓮縣光復鄉　(B)新北市
烏來區　(C)桃園市復興區　(D)新竹縣尖石鄉。

解析

1.**D**。原住民民族別認定辦法第2條規定，現行法定之原住民族別，包括
阿美族、泰雅族、排灣族、布農族、卑南族、魯凱族、鄒族、賽夏
族、雅美族、邵族、噶瑪蘭族、太魯閣族、賽德克族、撒奇萊雅
族，不包含凱達格蘭族。（註：2014年6月26日經行政院核定，新增
拉阿魯哇族與卡那卡那富族）

2.**A**。請參考本章隨附之學習補給站資料最後一頁。（註：桃園縣已於
2014年12月25日升格為直轄市）

三、身分取得方式

(一) **原則取得**：原住民與原住民結婚所生子女，取得原住民身分。

(二) **單方取得**：原住民與非原住民結婚所生子女，從具原住民身分之父或母之
姓或原住民傳統名字者，取得原住民身分。

(三) **收養取得**：

1. 原住民為非原住民收養者，除特殊情形經原住民申請喪失原住民身分
外，其原住民身分不喪失。

2. 未滿七歲之非原住民為年滿四十歲且無子女之原住民父母收養者，得取得原住民身分。收養關係終止時，該養子女之原住民身分喪失。

(四) **非婚生取得：**

1. **原則取得：** 原住民女子之非婚生子女，取得原住民身分。

2. **認領取得：** 非原住民女子之非婚生子女，經原住民生父認領，且從父姓或原住民傳統名字者，取得原住民身分。

3. **例外喪失：** 非婚生子女經非原住民生父認領者，喪失原住民身分。但約定從母姓或原住民傳統名字者，其原住民身分不喪失。

(五) **回復取得：**

1. 因原始取得、婚姻所生、收養或非婚姻方式所生子女符合取得原住民身分之要件，但於申請取得原住民身分前死亡者，其子女準用具原住民身分之父或母之姓名或原住民傳統名字方式，取得原住民身分。

2. 得依婚生及非婚生子女方式申請改姓或取用原住民傳統名字取得原住民身分，但在中華民國一〇九年十二月三十一日前死亡者，其子女於二年內準用具原住民身分之父或母之姓名或原住民傳統名字方式，取得原住民身分。

(六) **未成年人之取得：** 子女從具原住民身分之父、母之姓或原住民傳統名字，有下列情形者。未成年時得由法定代理人協議或成年後依個人意願取得或變更。

1. 原住民與非原住民結婚所生子女，從具原住民身分之父或母之姓或原住民傳統名字者。

2. 非婚生子女依約定從母姓或原住民傳統名字者。

3. 非原住民女子之非婚生子女，經原住民生父認領，且從父姓或原住民傳統名字者。

(七) **身分變更限制：** 子女之變更從姓或取得原住民傳統名字，未成年時及成年後各以一次為限；子女嗣後變更為非原住民父或母之姓者，喪失原住民身分。

■■■ 老師的話 ■■■

一、原住民身分法第3條至第8條均規定原住民身分之取得方式，宜熟讀以因應千變萬化之考題。

二、背誦時先熟記各條文標題，再針對標題內容逐一理解，有助加強背誦。

選擇題

( )　1. 下列何者取得原住民身分：　(A)原住民與原住民結婚所生子女　(B)未滿七歲之非原住民為年滿四十歲且無子女之原住民父母收養者　(C)非原住民女子之非婚生子女，經原住民生父認領，且從父姓或原住民傳統名字者　(D)以上皆是。

( )　2. 子女從具原住民身分之父、母之姓或原住民傳統名字，有何情形者，未成年時得由法定代理人協議或成年後依個人意願取得或變更：　(A)原住民與非原住民結婚所生子女，從具原住民身分之父或母之姓或原住民傳統名字者　(B)原住民與原住民結婚所生子女　(C)非原住民女子之非婚生子女未經原住民生父認領者　(D)非婚生子女經非原住民生父認領者。

解析

1.**D**。原住民身分法第3條至第8條均規定原住民身分之取得方式，宜熟讀以因應千變萬化之考題。

2.**A**。依原住民身分法第7條規定，子女從具原住民身分之父、母之姓或原住民傳統名字，未成年時得由法定代理人協議或成年後依個人意願取得或變更的項目，包含原住民與非原住民結婚所生子女，從具原住民身分之父或母之姓或原住民傳統名字者、非婚生子女依約定從母姓或原住民傳統名字者、非原住民女子之非婚生子女，經原住民生父認領，且從父姓或原住民傳統名字者等。

申論題

依「原住民身分法」之規定，子女身分變更為原住民，有無相關限制措施？試簡述之。

答 依「原住民身分法」第7條第3項之規定，子女之變更從姓或取得原住民傳統名字，未成年時及成年後各以一次為限；子女嗣後變更為非原住民父或母之姓者，喪失原住民身分。

四、身分喪失

原住民有下列情形之一者，得申請喪失原住民身分：

(一) 原住民與非原住民結婚者。

(二) 原住民為非原住民收養者。

(三) 年滿二十歲，自願拋棄原住民身分者。

五、更正登記

因戶籍登記錯誤、遺漏或其他原因，誤登記為原住民身分或漏未登記為原住民身分者，當事人戶籍所在地之戶政事務所應於知悉後書面通知當事人為更正之登記，或由當事人向**戶籍所在地之戶政事務所**申請查明，並為更正之登記。

■◆｜ 老師的話 ｜◆■

一、原住民身分法第9條至第10條乃規定原住民身分之喪失及回復，宜熟讀以因應千變萬化之考題。

二、背誦時先熟記各條文標題，再針對標題內容逐一理解，有助加強背誦。

選擇題

( )　1. 下列何者非具原住民身分：　(A)原住民與原住民結婚所生子女　(B)原住民與非原住民結婚所生子女，因父母離婚，或有一方死亡者，對於未成年子女之權利義務，由具有原住民身分之父或母行使或負擔者　(C)依原住民身分法之規定應具原住民身分者，於該法施行前因結婚、收養或其他原因喪失或未取得原住民身分者　(D)未滿七歲之非原住民為年滿四十歲且無子女之原住民父母收養者。

( )　2. 下列何種情形，原住民不得申請喪失原住民身分：　(A)原住民與非原住民結婚者　(B)原住民為非原住民收養者　(C)年滿二十歲，自願拋棄原住民身分者　(D)原子女之變更從姓或取得原住民傳統名字，未成年時及成年後各一次。

解析

1.**C**。依原住民身分法之規定應具原住民身分者，於該法施行前因結婚、收養或其他原因喪失或未取得原住民身分者，應俟申請回復或取得原住民身分後始具原住民身分。

2.**D**。子女之變更從姓或取得原住民傳統名字，未成年時及成年後各以一次為限；子女嗣後變更為非原住民父或母之姓者，喪失原住民身分。

申論題

原住民有何種情形，得申請喪失原住民身分？試簡述之。

答 依「原住民身分法」第9條之規定，原住民有下列情形之一者，得申請喪失原住民身分：

(一)原住民與非原住民結婚者。

(二)原住民為非原住民收養者。

(三)年滿二十歲，自願拋棄原住民身分者。

六、族別認定

(一) **原則認定**：

1. 父母同族：父母均為原住民，且屬於相同民族別者，其子女之民族別從之。

2. 父母不同族：父母均為原住民，且屬於不同民族別者，其子女從父或母之民族別。

3. 從父或母：父母僅一方為原住民，具有原住民身分之子女，從具原住民身分之父或母之民族別。

(二) **收養取得認定**：因收養而取得原住民身分之養子女，其養父母屬於相同民族別者，從養父母之民族別；養父母屬於不同民族別者，其養子女從養父或養母之民族別。

(三) **認領取得認定**：

1. 原住民女子與原住民男子之非婚生子女，未經生父認領者，從母之民族別；經生父認領而父母屬於相同民族別者，其子女之民族別從之；經生父認領而父母屬於不同民族別者，其子女從父或母之民族別。

2. 原住民女子與非原住民男子之非婚生子女，其取得原住民身分者，從母之民族別。

3. 非原住民女子與原住民男子之非婚生子女，其取得原住民身分者，從父之民族別。

(四) **協議變更**：父母均為原住民，且屬於不同民族別者，其子女從父或母之民族別，或因收養而取得原住民身分之養子女，其養父母屬於相同民族別者，從養父母之民族別者，其子女之民族別，未成年時得由法定代理人協議或成年後得依個人意願取得或變更；其協議及變更，各以**一次**為限。

(五) **更正登記**：因錯誤、遺漏或其他原因，誤登記或漏未登記民族別者，當事人**戶籍所在地之戶政事務所**應於知悉後，通知當事人為更正之登記，或由當事人向戶籍所在地之戶政事務所申請查明，並為更正之登記。

--- 老師的話 ---

一、原住民民族別認定辦法乃屬針對特有族群的法令規定，極具考試價值。
二、背誦時先熟記各條文標題，再針對標題內容逐一理解，有助加強背誦。

選擇題

( )　1. 父母均為原住民，且屬於不同民族別者，其族別認定方式係：　(A)從父親　(B)從母親　(C)從父或母　(D)以上皆非。

( )　2. 因錯誤、遺漏或其他原因，誤登記或漏未登記民族別者，當事人得向戶籍所在地之戶政事務所申請何種登記：　(A)更正登記　(B)更名登記　(C)勘誤登記　(D)釐正登記。

解析

1.**C**。依原住民民族別認定辦法第6條規定，父母均為原住民，且屬於不同民族別者，其子女從父或母之民族別。至於究從父或從母，係依當事人之意願。

2.**A**。依原住民民族別認定辦法第11條規定，因錯誤、遺漏或其他原因，誤登記或漏未登記民族別者，當事人戶籍所在地之戶政事務所應於知悉後，通知當事人為更正之登記，或由當事人向戶籍所在地之戶政事務所申請查明，並為【更正之登記】。

申論題

──

一、原住民之族別，如何經收養認定？如何經認領認定？請簡述之。

答 (一) 收養取得認定：依「原住民民族別認定辦法」第7條規定，因收養而取得原住民身分之養子女，其養父母屬於相同民族別者，從養父母之民族別；養父母屬於不同民族別者，其養子女從養父或養母之民族別。

(二) 認領取得認定：依「原住民民族別認定辦法」第8條規定，認領取得之認定如下：

1. 原住民女子與原住民男子之非婚生子女，未經生父認領者，從母之民族別；經生父認領而父母屬於相同民族別者，其子女之民族別從之；經生父認領而父母屬於不同民族別者，其子女從父或母之民族別。

2. 原住民女子與非原住民男子之非婚生子女，其取得原住民身分者，從母之民族別。

3. 非原住民女子與原住民男子之非婚生子女，其取得原住民身分者，從父之民族別。

二、原住民身分取得之方式有那些？試申論之。

答 (一) 原則取得：依原住民身分法第4條第1項規定，原住民與原住民結婚所生子女，取得原住民身分。

(二) 單方取得：依原住民身分法第4條第2項規定，原住民與非原住民結婚所生子女，從具原住民身分之父或母之姓或原住民傳統名字者，取得原住民身分。

(三) 收養取得：

1. 依原住民身分法第5條第1項規定，原住民為非原住民收養者，除第9條另有規定外，其原住民身分不喪失。

2. 依原住民身分法第5條第2項規定，未滿七歲之非原住民為年滿四十歲且無子女之原住民父母收養者，得取得原住民身分。收養關係終止時，該養子女之原住民身分喪失。

(四)非婚生取得：

1. 依原住民身分法第6條第1項規定，原則取得：原住民女子之非婚生子女，取得原住民身分。

2. 認領取得：非原住民女子之非婚生子女，經原住民生父認領，且從父姓或原住民傳統名字者，取得原住民身分。

3. 例外喪失：依原住民身分法第6條第2項規定，非婚生子女經非原住民生父認領者，喪失原住民身分。但約定從母姓或原住民傳統名字者，其原住民身分不喪失。

(五)回復取得：依原住民身分法第8條規定，依原住民身分法之規定應具原住民身分者，於該法施行前因結婚、收養或其他原因喪失或未取得原住民身分者，得檢具足資證明原住民身分之文件，申請回復或取得原住民身分。

(六)未成年人之取得：依原住民身分法第7條規定，子女從具原住民身分之父、母之姓或原住民傳統名字，有下列情形者，未成年時得由法定代理人協議或成年後依個人意願取得或變更，不受民法第1059條及姓名條例第1條第2項規定之限制：

1. 原住民與非原住民結婚所生子女，從具原住民身分之父或母之姓或原住民傳統名字者。

2. 非婚生子女依約定從母姓或原住民傳統名字者。

3. 非原住民女子之非婚生子女，經原住民生父認領，且從父姓或原住民傳統名字者。

歷年考題

(　　) **1** 依原住民身分法的規定，原住民父與非原住民母結婚所生子女，從非原住民母姓時，應如何決定該子女是否有原住民身分？　(A)因父親為原住民，故該子女取得原住民身分　(B)因父母一方非原住民，故該子女無法取得原住民身分　(C)因從非原住民母姓，故該子女無法取得原住民身分　(D)由父母協議決定，故該子女得取得原住民身分。　　　　　　　　　　　　　　　　　【108年原住民特考三等】

(　) **2** 依原住民身分法的規定，山地原住民與平地原住民結婚，其身分如何認
　　定？　(A)平地原住民變更為山地原住民身分　(B)山地原住民變更為
　　平地原住民身分　(C)兩者同時具有兩種身分　(D)兩者得約定變更為
　　相同之山地原住民或平地原住民身分。　　　　【108年原住民特考三等】

(　) **3** 依原住民身分法的規定，原住民依法申請喪失原住民身分時，其申請時之
　　直系血親卑親屬的原住民身分是否喪失？　(A)是，隨之喪失　(B)否，
　　不隨之喪失　(C)視申請原因而定其身分是否喪失　(D)由申請人戶籍地
　　所在戶政事務所個案認定是否喪失。　　　　【108年原住民特考三等】

(　) **4** 依據原住民身分法規定，下列敘述何者錯誤？　(A)原住民與非原住
　　民結婚得申請喪失原住民身分　(B)原住民為非原住民收養得申請喪
　　失原住民身分　(C)原住民年滿18歲，自願拋棄原住民身分　(D)因
　　婚姻關係或收養關係而申請喪失原住民身分者，得於法律關係消滅
　　或終止後，申請回復。　　　　　　　　　　【107年原住民特考五等】

(　) **5** 下列何族尚非屬於中央政府法定承認的原住民族？
　　(A)卡那卡那富族
　　(B)拉阿魯哇族
　　(C)西拉雅族
　　(D)噶瑪蘭族。　　　　　　　　　　　　　　【108年原住民特考四等】

(　) **6** 依原住民身分法規定，關於原住民子女之身分，下列敘述何者錯
　　誤？　(A)原住民與原住民結婚所生子女，取得原住民身分　(B)原
　　住民與非原住民結婚所生子女，取得原住民身分　(C)原住民女子之
　　非婚生子女，取得原住民身分　(D)因受收養而取得原住民身分者，
　　於收養關係終止時，喪失其原住民身分。　【109年原住民特考三等】

(　) **7** 依原住民民族別認定辦法規定，關於原住民之民族別，下列敘述何
　　者錯誤？　(A)原住民應註記民族別，並以註記一個為限　(B)原住
　　民之民族別，除原住民民族別認定辦法另有規定外，不得變更
　　(C)父母為不同民族別之原住民，其子女從母之民族別，但父母有約
　　定者，從其約定　(D)原住民女子與原住民男子之非婚生子女，未
　　經生父認領者，從母之民族別。　　　　　　【109年原住民特考三等】

(　) **8** 關於原住民之身分，下列敘述何者錯誤？ 　(A)未滿7歲之非原住民為年滿40歲且無子女之原住民父母收養者，得取得原住民身分　(B)原住民為非原住民收養者，得申請喪失原住民身分　(C)原住民年滿20歲，自願拋棄原住民身分者，得申請喪失原住民身分，並不得再申請回復原住民身分　(D)原住民與非原住民結婚者，得申請喪失原住民身分，其申請後所生之直系血親卑親屬之原住民身分不隨之喪失。　　　　　　　　　　　【109年原住民特考四等】

(　) **9** 依據姓名條例規定，下列敘述何者錯誤？ 　(A)臺灣原住民及其他少數民族之姓名登記，依其文化慣俗為之；其已依漢人姓名登記者，得申請回復其傳統姓名；回復傳統姓名者，得申請回復原有漢人姓名。但均以一次為限　(B)臺灣原住民及其他少數民族之傳統姓名或漢人姓名，均得以傳統姓名之羅馬拼音並列登記　(C)臺灣原住民或其他少數民族因改漢姓造成家族姓氏誤植，得申請改姓　(D)姓名條例規範最多僅能改名2次，但臺灣原住民或少數民族可提出文化特殊性證明，不在此限。　　　　　　　【109年原住民特考四等】

(　)**10** 依原住民身分法之規定，下列敘述何者正確？ 　(A)原住民與非原住民結婚者，當然喪失其原住民身分　(B)原住民年滿二十歲，自願拋棄原住民身分者，得申請喪失原住民身分　(C)原住民之非婚生子女，當然取得原住民身分　(D)原住民為非原住民收養者，當然喪失其原住民身分。　　　　　　　　　　　【109年原住民特考五等】

(　)**11** 關於原住民女子之非婚生子女，其法律地位之敘述，下列敘述何者錯誤？ 　(A)依法取得原住民身分　(B)經非原住民生父認領者且未約定從母姓或原住民傳統名字者，不喪失原住民身分。 　(C)經原住民生父認領，且從父姓或原住民傳統名字者，取得原住民身分。 　(D)對於從具原住民身分之父、母之姓或原住民傳統名，未成年時得由法定代理人協議或成年後依個人意願取得或變更。　　【109年原住民特考五等】

(　)**12** 原住民收養非原住民可取得原住民身分的條件，下列何者不包括？ (A)非原住民未滿7歲　(B)收養之原住民父母年滿40歲　(C)收養之原住民父母無子女　(D)需和養父母同住。　　【106年原住民特考五等】

(　)**13** 根據原住民身分法之規定，下列何種情況原住民不可以申請喪失原
住民之身分？
(A)收養非原住民子女
(B)與非原住民結婚
(C)年滿二十歲，自願拋棄原住民身分
(D)為非原住民收養。　　　　　　　　　　　【107年原住民特考四等】

(　)**14** 下列有關原住民身分取得之相關敘述，何者正確？　(A)原住民女子
之非婚生子女，不取得原住民身分　(B)原住民與非原住民結婚所生
子女，若無從具原住民身分之父或母之姓或原住民傳統名字者，亦
可取得原住民身分　(C)未滿七歲之非原住民為年滿四十歲且無子女
之原住民父母收養者，得取得原住民身分；收養關係終止時，該養
子女之原住民身分不喪失　(D)原住民與非原住民結婚，非原住民
不取得原住民身分。　　　　　　　　　　　【107年原住民特考四等】

(　)**15** 依據原住民身分法規定，下列敘述何者錯誤？　(A)山地原住民係指臺
灣光復前原籍在山地行政區域內，且戶口調查簿登記其本人或直系
血親尊親屬屬於原住民者　(B)平地原住民係指臺灣光復前原籍在
平地行政區域內，且戶口調查簿登記其本人或直系血親尊親屬屬於原
住民，並申請戶籍所在地鄉（鎮、市、區）公所登記為平地原住民有案
者　(C)原住民與非原住民結婚，除法律另有規定外，原住民身分不喪
失，非原住民取得原住民配偶之身分　(D)非婚生子女經非原住民生
父認領者，無條件當然喪失原住民身分。　　【107年原住民特考五等】

(　)**16** 依據原住民民族別認定辦法之規定，下列敘述何者正確？　(A)父
母均為原住民，且屬不同族別者，其子女之族別從其父　(B)父母
均為原住民，且屬不同族別者，其子女得於成年後依個人意願選
擇　(C)原住民民族別之註記不得變更　(D)原住民族註記無數量
限制。　　　　　　　　　　　　　　　　　　【107年原住民特考五等】

解答及解析

1 (C)。依原住民身分法第4條規定，原住民與非原住民結婚所生子女，從具原住民身分之父或母之姓或原住民傳統名字者，取得原住民身分。換言之，從不具原住民身分之父或母之姓，則無法取得原住民身分。同法第7條規定，子女變更為非原住民父或母之姓者，亦喪失原住民身分。故本題答(C)。

2 (D)。依原住民身分法第10條規定，山地原住民與平地原住民結婚，得約定變更為相同之山地原住民或平地原住民身分，故本題答(D)。

3 (B)。依原住民身分法第9條規定，申請喪失原住民身分者，其申請時之直系血親卑親屬之原住民身分不喪失，故本題答(B)。

4 (C)。依原住民身分法第9條規定，原住民年滿二十歲，得自願拋棄原住民身分，故本題答(C)。

5 (C)。現行中央政府法定承認的原住民族為阿美族、泰雅族、排灣族、布農族、卑南族、魯凱族、鄒族、賽夏族、雅美族（達悟族）、邵族、噶瑪蘭族、太魯閣族撒奇萊雅族、賽德克族、拉阿魯哇族、卡那卡那富族，其中不包括西拉雅族，故本題答(C)。

6 (B)。依原住民身分法第4條規定，原住民與非原住民結婚所生子女，從具原住民身分之父或母之姓或原住民傳統名字者，取得原住民身分，並非一定取得原住民身分，故本題答(B)。

7 (C)。依原住民民族別認定辦法第6條規定，父母均為原住民，且屬於不同民族別者，其子女從父或母之民族別，並非單指從母之民族別，故本題答(C)。

8 (D)。依原住民身分法第9條規定，原住民與非原住民結婚者，得申請喪失原住民身分，其申請時之直系血親卑親屬之原住民身分不喪失。這題是陷阱，是申請時而非申請後，故本題答(D)。

9 (D)。依姓名條例第9條規定，申請改名，以三次為限，並非2次，故本題答(D)。

10 (B)。依原住民身分法第3條規定，原住民與非原住民結婚，原住民身分不喪失，故(A)錯；同法第9條規定，年滿二十歲，自願拋棄原住民身分者，得申請喪失原住民身分，故(B)對；同法第6條規定，原住民女子之非婚生子女，取得原住民身分，故(C)錯；同法第5條規定，原住民為非原住民收養者，除法律另有規定外，其原住民身分不喪失，故(D)錯。故本題答(B)。

11 (B)。依原住民身分法第3條規定，非婚生子女經非原住民生父認領者，喪失原住民身分。但約定從母姓或原住民傳統名字者，其原住民身分不喪失。換言之，原則喪失，有約定者不喪失；本題沒約定，所以喪失，故本題答(B)。

12 (D)。依原住民身分法第5條，未滿七歲之非原住民為年滿四十歲且無子女之原住民父母收養者，得取得原住民身分。不必同住。故本題答(D)。

13 (A)。依原住民身分法第9條規定，原住民有下列情形之一者，得申請喪失原住民身分：

一、原住民與非原住民結婚者。

二、原住民為非原住民收養者。

三、年滿二十歲，自願拋棄原住民身分者。

其中不包含收養非原住民子女，故本題答(A)。

14 (D)。(A)原住民身分法第6條，原住民女子之非婚生子女，取得原住民身分(B)原住民身分法第4條，原住民與非原住民結婚所生子女，從具原住民身分之父或母之姓或原住民傳統名字者，取得原住民身分。(C)原住民身分法第5條，收養關係終止時，該養子女之原住民身分喪失(D)正確。故本題答(D)。

15 (D)。依原住民身分法第6條規定，非婚生子女經非原住民生父認領者，喪失原住民身分。但約定從母姓或原住民傳統名字者，其原住民身分不喪失。因有但書規定，不一定就會喪失原住民身分，故本題答(D)。

16 (B)。(A)原住民民族別認定辦法第6條，父母均為原住民，且屬於不同民族別者，其子女從父或母之民族別，非僅從父(B)正確(C)原住民民族別認定辦法第5條，原住民之民族別，除本辦法另有規定外，不得變更。所以還有是可以變更(D)原住民民族別認定辦法第4條，原住民應註記民族別，並以註記一個為限。

故本題答(B)。

學習補給站

全國各縣市原住民人口統計表

資料標準日：109年11月

區域別	總計	平地原住民	山地原住民
總　　計	571,427	267,721	303,706
新北市	56,592	38,773	17,819
臺北市	16,996	9,963	7,033
桃園市	75,872	41,714	34,158
臺中市	35,297	14,225	21,072
臺南市	8,201	3,681	4,520
高雄市	35,200	13,078	22,122
臺灣省	341,908	145,521	196,387
宜蘭縣	17,424	2,651	14,773
新竹縣	21,851	2,992	18,859
苗栗縣	11,410	4,563	6,847
彰化縣	5,941	2,947	2,994
南投縣	29,284	1,703	27,581
雲林縣	2,573	1,315	1,258
嘉義縣	5,899	877	5,022

屏東縣	60,087	4,677	55,410
臺東縣	78,695	56,159	22,536
花蓮縣	93,289	56,904	36,385
澎湖縣	608	306	302
基隆市	9,435	7,977	1,458
新竹市	4,289	2,088	2,201
嘉義市	1,123	362	761
福建省	1,361	766	595
金門縣	1,137	647	490
連江縣	224	119	105

資料來源：原住民族委員會統計資料。

━━◆ 老師的話 ◆━━

一、比較可能考試的方向一全國原住民人數、平地原住民人數、山地原住民
人數，及其所占相關之比率。

二、人口最多的族群為阿美族，其次為排灣族、泰雅族、布農族……。

全國各原住民族人口統計表

資料標準日：109年11月

族別	合計	男	女
總計	576,374	278,890	297,484
阿美族	215,271	104,865	110,406
泰雅族	92,795	43,929	48,866
排灣族	103,680	49,984	53,696
布農族	60,026	28,863	31,163
卑南族	14,690	7,055	7,635
魯凱族	13,579	6,569	7,010
鄒　族	6,706	3,170	3,536
賽夏族	6,790	3,247	3,543
雅美族	4,730	2,,338	2,392
邵　族	829	391	438
噶瑪蘭族	1,527	765	762
太魯閣族	32,745	15,801	16,944
撒奇萊雅族	1,008	497	511
賽德克族	10,621	5,274	5,347
拉阿魯哇族	423	216	207
卡那卡那富族	374	192	182
尚未申報	10,580	5,734	4,846

資料來源：原住民族委員會統計資料。

政府核定之台灣原住民族列表

民族別	英文	核定依據	核定日期
阿美族	Amis		
泰雅族	Atayal		
排灣族	Paiwan		
布農族	Bunon		
卑南族	Puyuma	民國四十三年，由內政部核定之原住民族。	
魯凱族	Rukai		
鄒　　族	Tsou		
賽夏族	Saisiyat		
雅美族	Yami		
邵　　族	Thao	行政院核定	九十年八月八日
噶瑪蘭族	Kavalan	原住民民族別認定辦法第2條	九十一年十二月二十五日行政院第二八一八次院會通過。
太魯閣族	Truku	原住民民族別認定辦法第2條	九十三年一月十四日行政院第二八七四次院會通過。
撒奇萊雅族	Sakizaya	原住民民族別認定辦法第2條	九十六年一月十七日行政院第三〇二四次院會通過。
賽德克族	Seediq	原住民民族別認定辦法第2條	九十七年四月二十三日行政院第三〇八九次院會通過。
拉阿魯哇族	Hla'alua	原住民民族別認定辦法第2條	一〇三年六月二十六日行政院第三四〇四次院會通過。
卡那卡那富族	Kanakanavu	原住民民族別認定辦法第2條	一〇三年六月二十六日行政院第三四〇四次院會通過。

資料來源：原住民族委員會網站。

依據行政院九十一年四月十六日院台疆字第0910017300號函頒定「原住民地區」具體範圍為三十個山地鄉及二十五個平地原住民鄉（鎮、市）合計五十五個鄉（鎮、市）為原住民地區，臚列如下：

三十個山地鄉包括：台北縣烏來鄉（現為新北市烏來區）、桃園縣復興鄉（現為桃園市復興區）、新竹縣尖石鄉、五峰鄉、苗栗縣泰安鄉、台中縣和平鄉（現為臺中市和平區）、南投縣信義鄉、仁愛鄉、嘉義縣阿里山鄉、高雄縣桃源鄉（現為高雄市桃源區）、三民鄉（現為高雄市那瑪夏區）、茂林鄉（現為高雄市茂林區）、屏東縣三地門鄉、瑪家鄉、霧台鄉、牡丹鄉、來義鄉、泰武鄉、春日鄉、獅子鄉、台東縣達仁鄉、金峰鄉、延平鄉、海端鄉、蘭嶼鄉、花蓮縣卓溪鄉、秀林鄉、萬榮鄉、宜蘭縣大同鄉、南澳鄉。（註：台北縣已升格為新北市；高雄縣已與高雄市合併升格為直轄市；桃園縣已於2014年12月25日改制為直轄市。）

二十五個平地原住民鄉（鎮、市）包括：新竹縣關西鎮、苗栗縣南庄鄉、獅潭鄉、南投縣魚池鄉、屏東縣滿洲鄉、花蓮縣花蓮市、光復鄉、瑞穗鄉、豐濱鄉、吉安鄉、壽豐鄉、鳳林鎮、玉里鎮、新城鄉、富里鄉、台東縣台東市、成功鎮、關山鎮、大武鄉、太麻里鄉、卑南鄉、東河鄉、長濱鄉、鹿野鄉、池上鄉。

第三章 原住民族委員會組織系統

依據出題頻率分為：A頻率高 B頻率中 C頻率低

【課前提要】既然是考原住民族行政及法規，出題者必然包含了原住民族委員會相關人員，故行政院原住民族委員會組織條例一定是出題的重點，該會有那些單位必須熟記，各單位業務職掌必須熟讀，除非出題人員刻意刁難，考試方向應不出範例類型。

（※行政院原住民族委員會組織條例已於104年12月16日公布廢止，相關業務調整請參見原住民族委員會組織法之規定。）

本章重點分析

主管機關		原住民族委員會
業務單位	綜合規劃處	1. 原住民族政策、制度、法規之綜合研究、規劃、協調及研議。 2. 原住民族自治之規劃、推動、自治行政之輔導、協調、監督及人員之訓練、考核、獎懲。 3. 原住民身分及原住民族認定之規劃、推動及審議。 4. 原住民族部落之核定、規劃、輔導、協調及審議。 5. 原住民族傳統習慣規範與制度之研究、保存及發展。 6. 本會研考業務之規劃及推動。 7. 國際與兩岸原住民族交流之規劃、協調及審議。 8. 本會資訊應用服務策略規劃及管理。 9. 其他有關原住民族綜合規劃事項。

主管機關	原住民族委員會	
業務單位	**教育文化處**	1. 原住民民族教育、文化、語言政策與法規之規劃、擬訂、協調及審議。 2. 原住民族歷史、語言、文化資產、傳統技藝之研究、保存與傳承之規劃、推動、協調及審議。 3. 原住民族一般教育之統合、協調及審議。 4. 原住民體育政策、制度、法規之統合、協調及審議。 5. 原住民人才培育與輔導之規劃、協調及審議。 6. 原住民族傳播媒體與教育文化團體輔導之規劃、推動及審議。 7. 原住民族教育文化機構之規劃、推動及審議。 8. 自治區原住民族民俗藝文、傳統體育、文化資產、傳統組織、傳統宗教及語言文化之輔導。 9. 財團法人原住民族文化事業基金會之營運監督。 10. 其他有關原住民族教育文化事項。
	社會福利處	1. 原住民健康促進、社會福利、工作權保障政策與法規之規劃、協調及審議。 2. 原住民健康促進、全民健保、國民年金與長期照護之協調及審議。 3. 原住民族工作權保障之推動、協調、審議及督導。 4. 原住民族就業代金之查核及徵收。 5. 原住民族就業基金之規劃、管理及輔導。 6. 原住民職業訓練及就業促進之協調及審議。 7. 原住民急難救助及法律服務之協調及審議。 8. 原住民族社會福利服務之協調及審議。 9. 原住民族人民團體之聯繫及服務。 10. 其他有關原住民族社會福利事項。
	經濟發展處	1. 原住民族經濟、產業、觀光、金融、政策與法規之規劃、協調及審議。 2. 原住民族綜合發展基金之規劃、管理及輔導。 3. 原住民族融資、保險、儲蓄及原住民儲蓄互助社、金融規劃、協調及輔導。 4. 自治區原住民族經濟、觀光、產業、金融、合作事業、合辦事業、公共造產事業、公用及公營事業之輔導。 5. 原住民族技藝研習、培訓與產業經營之規劃及輔導。 6. 原住民族影視音樂及創意產業之規劃、協調、執行及輔導。

主管機關		原住民族委員會
業務單位	經濟發展處	7. 原住民族土地開發、利用、經營等有關經濟發展事項之規劃、協調及輔導。 8. 原住民族傳統智慧創作保護之規劃、協調及推動。 9. 其他有關原住民族經濟發展事項。
	公共建設處	1. 原住民族住宅、部落建設政策與法規之規劃、協調及審議。 2. 原住民族地區部落建設之規劃、審議、管制、考核與輔導。 3. 原住民族部落安全防治、防災、遷住之規劃、協調及輔導。 4. 原住民族地區部落基礎環境之調查、規劃及協調。 5. 原住民族地區部落基礎建設法令、技術規範與傳統工法之協調及審議。 6. 原住民住宅改善、部落建築與都會區安置住所之規劃、協調、輔導及審議。 7. 原住民族土地開發、利用、經營等有關公共建設事項之規劃、協調及輔導。 8. 其他有關原住民族公共建設事項。
	土地管理處	1. 原住民族土地、海域及自然資源政策、法制之研擬、協調及審議。 2. 原住民保留地增編與劃編之規劃、協調及審議。 3. 原住民族傳統領域之調查、協調、劃定、規劃、爭議處理及審議。 4. 原住民族地區自然資源之管理與共同管理之規劃、協調及審議。 5. 原住民保留地建築用地統一規劃之協調及審議。 6. 原住民保留地地權管理、權利賦予與原住民族傳統領域使用之規劃、協調、督導及審議。 7. 原住民族傳統生物多樣性知識保護之協調及審議。 8. 其他有關原住民族土地管理事項。
秘書室		置主任秘書一人。
正副主任委員		置主任委員一人，特任，綜理會務，應由原住民擔任；副主任委員三人，襄助會務。★★★
委員會議		十九人至二十九人，原住民族各族代表應至少一人。★★★
其他單位		人事室、主計室、政風室及法規委員會等單位。

課文精讀

一、沿革

法規一點靈

原住民族委員會組織法

為回應原住民社會之需求，並順應世界之潮流，行政院於民國八十五年間，即籌備成立中央部會級機關，以專責辦理原住民事務，並於籌備期間研訂機關組織條例草案，用為機關成立之法源依據。同年十一月一日，立法院審議通過「行政院原住民委員會組織條例」，行政院並於同年**十二月十日**即正式成立「行政院原住民委員會」，專責統籌規劃原住民事務，成就了我國民族政策史上新的里程碑，對於原住民政策的釐訂及推展，亦更具一致性與前瞻性，並能發揮整體規劃的功能，帶動原住民跨越新世紀全方位的發展。

為因應台灣省政府功能業務與組織調整，原台灣省政府原住民事務委員會經裁撤，自八十八年七月一日起歸併該會，並於中興新村設置中部辦公室；前台灣省政府原住民事務委員會所屬文化園區管理處亦同時改隸該會。民國九十一年一月四日，立法院審議通過本會組織條例部分條文修正案，該會機關名稱並於同年三月二十五日正式更改為「行政院原住民族委員會」，社會福利處更改為「衛生福利處」、經濟暨土地發展處調整變更為「經濟及公共建設處」與「土地管理處」二處。（※配合「行政院組織法修正」，民國一〇三年一月二十九日公布「原住民族委員會組織法」，取代「行政院原住民族委員會組織條例」，原住民族委員會成為部會級機關。原條例於一〇四年十二月十六日公告廢止。）

108年8月22日「原住民族委員會處務規程」修正內部單位之分工職掌，該會設下列處、室：一、綜合規劃處，分四科辦事。二、教育文化處，分三科辦事。三、社會福利處，分三科辦事。四、經濟發展處，分三科辦事。五、公共建設處，分三科辦事。六、土地管理處，分四科辦事。七、秘書室，分二科辦事。八、人事室。九、政風室。十、主計室。

━━◆▪ 老師的話 ▪◆━━

行政院原住民委員會成立的時間為「85年12月10日」，並於91年3月25日更改為「行政院原住民族委員會」；經濟暨土地發展處調整變更為「經濟及公共建設處」與「土地管理處」二處，顯然對於原住民土地問題極為重視，相關的時間點容易混淆，宜多加注意。

選擇題

( )　1. 立法院於何時審議通過「行政院原住民委員會組織條例」？　(A)民國85年10月1日　(B)民國85年11月1日　(C)民國85年12月1日　(D)民國86年1月1日。

( )　2. 為落實原住民保留地政策之執行,行政院原住民族委員會於民國91年3月25日成立何機構：　(A)經濟暨土地發展處　(B)土地管理處　(C)土地發展處　(D)經濟及公共建設處。

解析

1.**B**。行政院原住民委員會成立的時間為「85年12月10日」,「行政院原住民委員會組織條例」審議通過時間為民國85年11月1日,不要搞混了。

2.**B**。行政院原住民族委員會於民國91年3月25日,業務組織調整,經濟暨土地發展處調整變更為「經濟及公共建設處」與「土地管理處」二處。

二、主管機關

(一) 行政院為統合原住民族政策,保障原住民族權益,辦理原住民族業務,特設原住民族委員會（以下簡稱本會）。
(二) 原住民族委員會主管全國原住民族事務,該會對直轄市、縣（市）政府及鄉（鎮、市）公所執行本會主管事務,有指導及監督之責。

三、掌理事項

(一) 原住民族政策、制度、法規之綜合規劃、協調及推動。
(二) 原住民身分與原住民族之認定、部落之核定、原住民族自治與原住民族國際交流之規劃、審議、協調及推動。
(三) 原住民族教育、文化、語言保存與傳承及傳播媒體之規劃、審議、協調及推動。
(四) 原住民健康促進、社會福利、工作權保障、就業服務、法律服務之規劃、協調及推動。
(五) 原住民族經濟、觀光、產業、金融服務、住宅、原住民族地區部落基礎建設與傳統智慧創作保護之規劃、協調及推動、原住民族綜合發展基金之規劃、管理及輔導。

(六) 原住民族土地、海域、自然資源及傳統生物多樣性知識之調查、規劃、協調、保護、利用、管理，原住民族傳統領域之研究、調查、諮商、規劃、協調、公告、權益回復及糾紛處理。

(七) 所屬原住民族文化發展機構之督導、協調及推動。

(八) 其他有關原住民事項。

四、組織編制

原住民族委員會為主管執行全國原住民族事務，設立相關處室，掌理業務：

(一) 綜合規劃處。　　　　　　(二) 教育文化處。

(三) 社會福利處。　　　　　　(四) 經濟發展處。

(五) 公共建設處。　　　　　　(六) 土地管理處。

(七) 秘書室。　　　　　　　　(八) 人事室。

(九) 政風室。　　　　　　　　(十) 主計室。

(十一) 法規委員會（任務編組）。

━━◆◈ 老師的話 ◈◆━━

主管全國原住民族事務單位為「原住民族委員會」，審議、協調原住民族基本法相關事務者為「行政院」，前者依據原住民族委員會組織法，後者依據原住民族基本法，別搞混了。

選擇題

( )　1. 主管全國原住民族事務為何機構，該單位對直轄市、縣（市）政府及鄉（鎮、市）公所執行本會主管事務，有指導及監督之責。
(A)原住民族委員會　(B)內政部　(C)教育部　(D)勞委會。

( )　2. 下列何者為原住民族委員會所屬單位：　(A)企劃處　(B)教育文化處　(C)衛生福利處　(D)以上皆是。

解析

1.**A**。依原住民族委員會組織法第1條規定，原住民族委員會主管全國原住民族事務。

2.**B**。

申論題

原住民族委員會之組織編制為何？試簡述之。

答 行政院為統合原住民族政策，保障原住民族權益，辦理原住民族業務，特設原住民族委員會。其組織編制為：

(一) 綜合規劃處。　　　　　(二) 教育文化處。

(三) 社會福利處。　　　　　(四) 經濟發展處。

(五) 公共建設處。　　　　　(六) 土地管理處。

(七) 秘書室。　　　　　　　(八) 人事室。

(九) 政風室。　　　　　　　(十) 主計室。

(十一) 法規委員會（任務編組）。

五、綜合規劃處

綜合規劃處掌理事項如下：

(一) 原住民族政策、制度、法規之綜合研究、規劃、協調及研議。

(二) 原住民族自治之規劃、推動、自治行政之輔導、協調、監督及人員之訓練、考核、獎懲。

(三) 原住民身分及原住民族認定之規劃、推動及審議。

(四) 原住民族部落之核定、規劃、輔導、協調及審議。

(五) 原住民族傳統習慣規範與制度之研究、保存及發展。

(六) 本會研考業務之規劃及推動。

(七) 國際與兩岸原住民族交流之規劃、協調及審議。

(八) 本會資訊應用服務策略規劃及管理。

(九) 其他有關原住民族綜合規劃事項。

六、教育文化處

(一) 原住民民族教育、文化、語言政策與法規之規劃、擬訂、協調及審議。

(二) 原住民族歷史、語言、文化資產、傳統技藝之研究、保存與傳承之規劃、推動、協調及審議。

(三) 原住民族一般教育之統合、協調及審議。

(四) 原住民體育政策、制度、法規之統合、協調及審議。

(五) 原住民人才培育與輔導之規劃、協調及審議。

(六) 原住民族傳播媒體與教育文化團體輔導之規劃、推動及審議。

(七) 原住民族教育文化機構之規劃、推動及審議。

(八) 自治區原住民族民俗藝文、傳統體育、文化資產、傳統組織、傳統宗教及語言文化之輔導。

(九) 財團法人原住民族文化事業基金會之營運監督。

(十) 其他有關原住民族教育文化事項。

老師的話

各處相關業務職掌應熟讀以因應千變萬化的考題，如無法熟背者亦可從單位名稱略知一二，如綜合規劃處應是負責一般綜合性業務，教育文化處則想當然爾負責原住民教育文化相關之事務，諸如傳統技藝、語言研究等都與教育文化有關，惟原住民社會救助、保險與法律服務之規劃、協調及輔導事項也屬於社會福利處業務，這一點是比較例外的，值得注意。

選擇題

(　) 1. 原住民族委員會負責原住民身分及原住民族之認定、傳統部落組織之輔導及族群關係處理事項為何單位：　(A)教育文化處　(B)社會福利處　(C)綜合規劃處　(D)經濟及公共建設處。

(　) 2. 原住民族委員會教育文化處所負責業務，下列何者為非：　(A)原住民民族教育、文化、語言政策與法規之規劃、擬訂、協調及審議　(B)原住民族歷史、語言、文化資產、傳統技藝之研究、保存與傳承之規劃、推動、協調及審議　(C)原住民族一般教育之統合、協調及審議　(D)原住民社會救助、保險與法律服務之規劃、協調及輔導事項。

解析

1. **C**　　2.**D**

申論題

試述原住民族委員會教育文化處掌理之業務？

答 教育文化處掌理事項如下：

(一) 原住民民族教育、文化、語言政策與法規之規劃、擬訂、協調及審議。

(二) 原住民族歷史、語言、文化資產、傳統技藝之研究、保存與傳承之規劃、推動、協調及審議。

(三) 原住民族一般教育之統合、協調及審議。

(四) 原住民體育政策、制度、法規之統合、協調及審議。

(五) 原住民人才培育與輔導之規劃、協調及審議。

(六) 原住民族傳播媒體與教育文化團體輔導之規劃、推動及審議。

(七) 原住民族教育文化機構之規劃、推動及審議。

(八) 自治區原住民族民俗藝文、傳統體育、文化資產、傳統組織、傳統宗教及語言文化之輔導。

(九) 財團法人原住民族文化事業基金會之營運監督。

(十) 其他有關原住民族教育文化事項。

七、社會福利處

社會福利處掌理事項如下：

(一) 原住民健康促進、社會福利、工作權保障政策與法規之規劃、協調及審議。

(二) 原住民健康促進、全民健保、國民年金與長期照護之協調及審議。

(三) 原住民族工作權保障之推動、協調、審議及督導。

(四) 原住民族就業代金之查核及徵收。

(五) 原住民族就業基金之規劃、管理及輔導。

(六) 原住民職業訓練及就業促進之協調及審議。

(七) 原住民急難救助及法律服務之協調及審議。

(八) 原住民族社會福利服務之協調及審議。

(九) 原住民族人民團體之聯繫及服務。

(十) 其他有關原住民族社會福利事項。

八、經濟發展處

經濟發展處掌理下列事項：

(一) 原住民族經濟、產業、觀光、金融、政策與法規之規劃、協調及審議。

(二) 原住民族綜合發展基金之規劃、管理及輔導。

(三) 原住民族融資、保險、儲蓄及原住民儲蓄互助社、金融規劃、協調及輔導。

(四) 自治區原住民族經濟、觀光、產業、金融、合作事業、合辦事業、公共造產事業、公用及公營事業之輔導。

(五) 原住民族技藝研習、培訓與產業經營之規劃及輔導。

(六) 原住民族影視音樂及創意產業之規劃、協調、執行及輔導。

(七) 原住民族土地開發、利用、經營等有關經濟發展事項之規劃、協調及輔導。

(八) 原住民族傳統智慧創作保護之規劃、協調及推動。

(九) 其他有關原住民族經濟發展事項。

老師的話

各處相關業務職掌應熟讀以因應千變萬化的考題，如無法熟背者亦可從單位名稱略知一二，如社會福利處應是負責原住民社會福利業務，經濟發展處則想當然爾負責原住民經濟發展事務。

選擇題

( )　1. 原住民族委員會負責原住民地區土地開發、利用等之規劃、協調及輔導事項為何單位：　(A)教育文化處　(B)衛生福利處　(C)企劃處　(D)經濟發展處。

( )　2. 原住民族委員會社會福利處所負責業務，下列何者為非：　(A)原住民健康促進、社會福利、工作權保障政策與法規之規劃、協調及審議　(B)原住民健康促進、全民健保、國民年金與長期照護之協調及審議　(C)原住民族土地之規劃、協調及審議事項　(D)原住民族工作權保障之推動、協調、審議及督導。

解析

1. **D**　　2. **C**

申論題

試述原住民族委員會社會福利處掌理之業務？

答 社會福利處掌理事項如下：

(一)原住民健康促進、社會福利、工作權保障政策與法規之規劃、協調及審議。

(二)原住民健康促進、全民健保、國民年金與長期照護之協調及審議。

(三)原住民族工作權保障之推動、協調、審議及督導。

(四)原住民族就業代金之查核及徵收。

(五)原住民族就業基金之規劃、管理及輔導。

(六)原住民職業訓練及就業促進之協調及審議。

(七)原住民急難救助及法律服務之協調及審議。

(八)原住民族社會福利服務之協調及審議。

(九)原住民族人民團體之聯繫及服務。

(十)其他有關原住民族社會福利事項。

九、公共建設處

公共建設處掌理事項如下：

(一) 原住民族住宅、部落建設政策與法規之規劃、協調及審議。

(二) 原住民族地區部落建設之規劃、審議、管制、考核與輔導。

(三) 原住民族部落安全防治、防災、遷住之規劃、協調及輔導。

(四) 原住民族地區部落基礎環境之調查、規劃及協調。

(五) 原住民族地區部落基礎建設法令、技術規範與傳統工法之協調及審議。

(六) 原住民住宅改善、部落建築與都會區安置住所之規劃、協調、輔導及審議。

(七) 原住民族土地開發、利用、經營等有關公共建設事項之規劃、協調及輔導。

(八) 其他有關原住民族公共建設事項。

十、土地管理處

土地管理處掌理事項如下：

(一) 原住民族土地、海域及自然資源政策、法制之研擬、協調及審議。

(二) 原住民保留地增編與劃編之規劃、協調及審議。

(三) 原住民族傳統領域之調查、協調、劃定、規劃、爭議處理及審議。

(四) 原住民族地區自然資源之管理與共同管理之規劃、協調及審議。

(五) 原住民保留地建築用地統一規劃之協調及審議。

(六) 原住民保留地地權管理、權利賦予與原住民族傳統領域使用之規劃、協調、督導及審議。

(七) 原住民族傳統生物多樣性知識保護之協調及審議。

(八) 其他有關原住民族土地管理事項。

十一、正副主任委員

本會置主任委員一人，特任，由原住民擔任；副主任委員三人，其中二人職務比照簡任第十四職等，另一人職務列簡任第十四職等；副主任委員中，二人應由原住民擔任，且職務列簡任第十四職等者，應具原住民身分。

十二、委員會議

(一) **人數限制**：原住民族委員會置委員十九人至二十九人，原住民族各族代表應至少一人依聘用人員聘用條例聘用，其聘期隨主任委員異動而更易；餘均為無給職，由主任委員提請行政院院長就原住民族代表、有關機關代表及學者、專家派(聘)兼之；任期二年，任滿得連任。但委員為有關機關代表者，其任期隨職務異動而更易。

(二) **身分限制**：委員人數，應有二分之一以上人數具原住民族身分。

(三) **遴聘方式**：委員之遴聘，由該會定之。

(四) **開會方式**：委員會議以每月舉行會議一次為原則，必要時得召開臨時會議。會議以主任委員為主席，主任委員因故不能出席時，指定副主任委員一人代理之。

十三、其他事項

(一) 本會置主任秘書，職務列簡任第十二職等。

(二) 本會各職稱之官等職等及員額，另以編制表定之。

前項人員，簡任、薦任、委任各官等人員具原住民身分者，均不得低於百分之六十。本法所定進用原住民比例，現有員額未達比例者，俟非原住民公務人員出缺後，再行進用補足。

(三) 原住民族委員會組織法施行日期，由行政院以命令定之。

十四、其他單位

置主任秘書一人，技監一人，參事二人，並有人事室、秘書室、主計室、政風室及法規委員會等單位。

選擇題

( )　1. 行政院原住民族委員會負責原住民族保留地增編之規劃、審議、協調事項為何單位：　(A)土地管理處　(B)社會福利處　(C)綜合規劃處　(D)經濟發展處。

( )　2. 行政院原住民族委員會置委員十九人至二十九人，其中幾人應依聘用人員聘用條例聘用：　(A)7人　(B)7~10人　(C)各族群代表至少一人　(D)不限定人數。

解析

1. **A**

2. **C**。參考原住民族委員會組織法第4條。

十五、原住民族委員會組織圖解

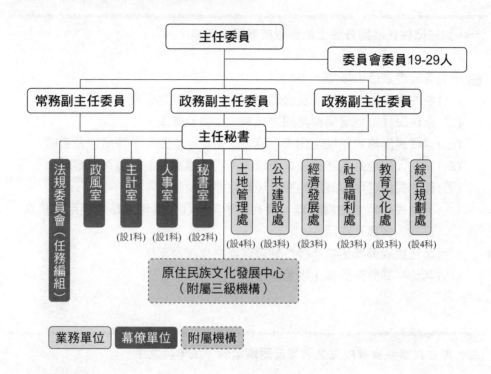

老師的話

一、行政院原住民族委員會置主任委員「一人」，特任，綜理會務，應由原住民擔任；副主任委員「三人」，其中「二人」應由原住民擔任；委員會人數為「十九人至二十九人」，其中原住民族各族代表應至少一人依聘用人員聘用條例聘用，其聘期隨「主任委員」異動而更易；餘均無給職，任期「二年」，任滿得連任。委員人數應有「二分之一」以上人數具原住民族身分，委員會議以「每月」舉行會議一次為原則。

二、上述人數、日期請多加注意，請熟讀以因應千變萬化的考題。

申論題

一、試述原住民族委員會土地管理處掌理之業務？

答 土地管理處掌理事項如下：

　(一) 原住民族土地、海域及自然資源政策、法制之研擬、協調及審議。

　(二) 原住民保留地增編與劃編之規劃、協調及審議。

　(三) 原住民族傳統領域之調查、協調、劃定、規劃、爭議處理及審議。

　(四) 原住民族地區自然資源之管理與共同管理之規劃、協調及審議。

　(五) 原住民保留地建築用地統一規劃之協調及審議。

　(六) 原住民保留地地權管理、權利賦予與原住民族傳統領域使用之規劃、
　　　協調、督導及審議。

　(七) 原住民族傳統生物多樣性知識保護之協調及審議。

　(八) 其他有關原住民族土地管理事項。

二、原住民族委員會成立之沿革及組織編制，試申論之？

答 (一) 沿革：為回應原住民社會之需求，並順應世界之潮流，行政院於民國
　　　八十五年間，即籌備成立中央部會級機關，以專責辦理原住民事務，
　　　並於籌備期間研訂機關組織條例草案，用為機關成立之法源依據。同
　　　年十一月一日，立法院審議通過「行政院原住民委員會組織條例」，
　　　行政院並於同年十二月十日即正式成立「行政院原住民委員會」，
　　　專責統籌規劃原住民事務，成就了我國民族政策史上新的里程碑，
　　　對於原住民政策的釐訂及推展，亦更具一致性與前瞻性，並能發揮整
　　　體規劃的功能，帶動原住民跨越新世紀全方位的發展。為因應台灣省
　　　政府功能業務與組織調整，原台灣省政府原住民事務委員會經裁撤，
　　　自八十八年七月一日起歸併該會，並於中興新村設置中部辦公室；前
　　　台灣省政府原住民事務委員會所屬文化園區管理處亦同時改隸該會。
　　　民國九十一年一月四日，立法院審議通過本會組織條例部分條文修正

案，該會機關名稱並於同年三月二十五日正式更改為「行政院原住民族委員會」，社會福利處更改為「衛生福利處」、經濟暨土地發展處調整變更為「經濟及公共建設處」與「土地管理處」二處。

為配合行政院組織法修正，本會改名為「原住民族委員會」，企劃處更改為「綜合規劃處」，衛生福利處更改為「社會福利處」，經濟及公共建設處調整變更為「經濟發展處」及「公共建設處」二處，另增設政風室，合計為6業務單位、4輔助單位、1任務編組。

(二)主管機關：行政院為統合原住民族政策，保障原住民族權益，辦理原住民族業務，特設原住民族委員會。

(三)組織編制：1.綜合規劃處。2.教育文化處。3.社會福利處。4.經濟發展處。5.公共建設處。6.土地管理處。7.秘書室。8.人事室。9.政風室。10.主計室。11.法規委員會（任務編組）。

歷年考題

( )　**1** 關於原住民族技藝研習、培訓之規劃及輔導，係屬原住民族委員會何處掌理？　(A)綜合規劃處　(B)教育文化處　(C)社會福利處　(D)經濟發展處。　　　　　　　　　　　　　【109年原住民特考四等】

( )　**2** 關於原住民族委員會組織之敘述，下列敘述何者錯誤？　(A)設副主任委員三人，其中二人職務比照簡任第十四職等，另一人職務則列簡任第十四職等　(B)副主任委員中，二人應由原住民擔任　(C)置委員十九人至二十九人，其中原住民族各族代表應至少一人依聘用人員聘用條例聘用，其聘期隨主任委員異動而更易　(D)簡任、薦任、委任各官等人員具原住民身分者，均不得低於百分之五十。

【109年原住民特考四等】

( )　**3** 行政院為審議、協調原住民族基本法相關事務，應設置推動委員會，由行政院院長召集之。推動委員會多少之委員席次，由原住民族各族按人口比例分配之？

(A)1/3　　　　　　　　　　(B)1/2

(C)2/3　　　　　　　　　　(D)3/4。　　【109年原住民特考四等】

( ) **4** 原住民族委員會為處理內部單位之分工職掌,特訂定原住民族委員會處務規程。下列何項非為明訂之全體委員之共同權責? (A)主持或參與族群相關之會議、調查、研究及協調,並參加族群歲時祭儀、民俗文化及傳統技藝展演慶典或活動 (B)出席原住民族委員會議 (C)對原住民族委員會業務改進意見之提議 (D)對委員會議提出原住民族委員會相關議案。 【109年原住民特考四等】

( ) **5** 為傳承原住民族文化教育、經營原住民族文化傳播媒體事業,依法設財團法人原住民族文化事業基金會,就此基金會之設置及業務,下列敘述何者錯誤? (A)業務範圍包含原住民族廣播、電視專屬頻道之規劃、製播、經營及普及服務 (B)基金會之董事、監察人由立法院依公開徵選程序提名董事、監察人候選人並經三分之二以上之多數立法委員同意後,送請行政院院長聘任之 (C)無線及有線廣播電視事業之負責人或其主管級人員不得擔任此基金會之董事 (D)基金會之經費來源包含國內外公私立機構、團體、法人或個人之捐贈。 【109年原住民特考五等】

( ) **6** 關於原住民族委員會之現行組織系統,不包含下列何者?
(A)土地管理處
(B)原住民族文化發展中心
(C)企劃處
(D)社會福利處。 【109年原住民特考五等】

( ) **7** 依原住民族委員會組織法規定,該會各官等人員具原住民身分者,均不得低於百分之幾?
(A)30 (B)40
(C)50 (D)60。 【106年原住民特考五等】

( ) **8** 下列何者非財團法人原住民族文化事業基金會監察人應具有之經驗或學識?
(A)傳播 (B)法律
(C)會計 (D)教育。 【107年原住民特考三等】

（　　）**9** 行政院為審議、協調及推動原住民族基本法相關事務，依規定設立行政院原住民族基本法推動會。下列敘述何者錯誤？　(A)行政院原住民族基本法推動會置召集人一人，由行政院院長兼任之；委員二十九人，除召集人為當然委員外，其餘委員，由召集人派（聘）兼之　(B)行政院原住民族基本法推動會任務包含原住民族基本法中有關民族自治、民族教育、語言文化、衛生福利、就業、經濟建設、自然資源、傳統領域土地等事項之規劃、審議、協調及推動　(C)行政院原住民族基本法推動會之委員任期二年，期滿得續聘（派）；委員為有關機關代表者，其任期隨職務異動而更易；委員出缺時，應依本法相關規定遴聘，其任期至原任期屆滿為止　(D)行政院原住民族基本法推動會得視業務需要，依召集人指示成立專案小組，針對特定議題進行研究、規劃。　【107年原住民特考三等】

（　　）**10** 中央原住民族主管機關應設立民族教育審議委員會，負責諮詢、審議民族教育政策事項。委員會由教師、家長、專家學者組成，其中具原住民身分者，不得少於：　(A)二分之一　(B)三分之一　(C)四分之一　(D)五分之一。　【107年原住民特考五等】

（　　）**11** 依據原住民族委員會組織法之規定，下列何者不屬原住民族委員會執掌事項？
(A)規劃原住民族政策
(B)規劃原住民族教育、文化、語言保存與傳承及傳播媒體
(C)原住民族土地、海域、自然資源及傳統生物多樣性知識之調查
(D)規劃原住民族一般教育。　【107年原住民特考五等】

解答及解析

1 (D)。依原住民族委員會處務規程第10條規定，原住民族技藝研習、培訓與產業經營之規劃及輔導，屬經濟發展處掌理事項，故本題答(D)。

2 (D)。依原住民族委員會組織法第6條規定，該會人員簡任、薦任、委任各官等人員具原住民身分者，均不得低於百分之六十，而非百分之五十，故本題答(D)。

3 (C)。依原住民族基本法第3條規定，行政院為審議、協調本法相關事務，應設置推動委員會，由行政院院長召集之。前項推動委員會三分之二之委員席次，由原住民族各族按人口比例分配，故本題答(C)。

4 (A)。依原住民族委員會處務規程第3條規定，全體委員之共同權責為主持或參與族群相關之會議、調查、研究及協調，參加族群歲時祭儀、民俗文化及傳統技藝展演慶典或活動。後半段是參加而非主持，故本題答(A)。

5 (B)。依財團法人原住民族文化事業基金會設置條例第9條規定，董事、監察人候選人由行政院依公開徵選程序提名，提交審查委員會以公開程序全程連續錄音錄影經三分之二以上之多數同意後，送請行政院院長聘任之。由行政院提名而非立法院，故本題答(B)。

6 (C)。依原住民族委員會處務規程第6條規定，該會下設綜合規劃處、教育文化處、社會福利處、經濟發展處、公共建設處、土地管理處、秘書室、人事室、政風室、主計室，不含企劃處（原住民族文化發展中心依財團法人原住民族文化事業基金會設置條例編列，也屬於原民會之現行組織），故本題答(C)。

7 (D)。依原住民族委員會組織法第6條規定，該會各官等人員具原住民

身分者，均不得低於百分之六十。故本題答(D)。

8 (D)。依財團法人原住民族文化事業基金會設置條例第9條規定，監察人應具有傳播、法律、會計或財務等相關經驗或學識。不包含教育專才，故本題答(D)。

9 (A)。依行政院原住民族基本法推動會設置要點第3條規定，該會置召集人一人，由行政院院長兼任之；委員三十九人，不是二十九人，故本題答(A)。

10 (A)。依原住民族委員會民族教育審議委員會設置辦法第4條規定，委員代表由各界推薦，並由本會主任委員提本會委員會議審議通過後遴聘之，其中原住民籍代表不得少於委員總額之二分之一，故本題答(A)。

11 (D)。依原住民族委員會組織法第2條規定，該會掌理下列事項：

一、原住民族政策、制度、法規之綜合規劃、協調及推動。

二、原住民身分與原住民族之認定、部落之核定、原住民族自治與原住民族國際交流之規劃、審議、協調及推動。

三、原住民族教育、文化、語言保存與傳承及傳播媒體之規劃、審議、協調及推動。

四、原住民健康促進、社會福利、工作權保障、就業服務、法律服務之規劃、協調及推動。

五、原住民族經濟、觀光、產業、金融服務、住宅、原住民族地區部落基礎建設與傳統智慧創作保護之規劃、協調及推動、原住民族綜合發展基金之規劃、管理及輔導。

六、原住民族土地、海域、自然資源及傳統生物多樣性知識之調查、規劃、協調、保護、利用、管理，原住民族傳統領域之研究、調查、諮商、規劃、協調、公告、權益回復及糾紛處理。

七、所屬原住民族文化發展機構之督導、協調及推動。

八、其他有關原住民族事項。

不包含規劃原住民族一般教育，故本題答(D)。

Notes

第四章　政治參與

依據出題頻率分為：A頻率高 B頻率中 C頻率低

【課前提要】舉凡凸顯照顧原住民之權益者，最重要的乃在提升原住民的政治參與，故自憲法增修條文開始，乃對於原住民的參政權有諸多保障，在這些特有的法規條文裡，充滿了考試重點，除了死背，別無他法。

本章重點分析

憲法增修條文	1. 自由地區平地原住民及山地原住民之法定人數。 2. 國家肯定多元文化，並積極維護發展的目標。★★ 3. 予以保障扶助並促其發展的方向。
地方制度法	1. 直轄市、縣（市）、鄉（鎮、市）民意代表之應選數。 2. 婦女保障名額。★ 3. 山地鄉鄉長以山地原住民為限。★
公職人員選舉公辦政見發表會實施辦法	原住民立法委員選舉得使用全國性無線電視辦理。★
政治獻金法	原住民選出之立法委員擬參選人收受政治獻金期間。★
國民大會代表選舉法	1. 婦女保障名額之機制。 2. 缺額名單之遞補。

課文精讀

一、憲法增修條文

法規一點靈

憲法增修
條文

(一) 立法院立法委員自第七屆起，自由地區平地原住民及山地原住民各3人。（增修條文§4）

(二) 國家肯定多元文化，並積極維護發展原住民族語言及文化。（增修條文§10）

(三) 國家應依民族意願，保障原住民族之地位及政治參與，並對其教育文化、交通水利、衛生醫療、經濟土地及社會福利事業予以保障扶助並促其發展，其辦法另以法律定之。（增修條文§10）

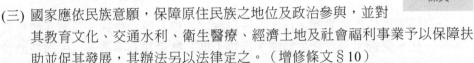

老師的話

一、立法院立法委員自「第七屆」起，自由地區平地原住民及山地原住民各「三人」。

二、國家肯定多元文化，並積極維護發展的為：原住民族語言及文化。

三、予以保障扶助並促其發展的為：教育文化、交通水利、衛生醫療、經濟土地及社會福利事業。

選擇題

( )　1. 立法院立法委員自第七屆起，自由地區平地原住民及山地原住民各幾人：　(A)1人　(B)2人　(C)3人　(D)4人。

( )　2. 憲法增修條文第10條規定，國家應肯定多元文化，並積極維護發展原住民族之何種傳統：　(A)語言及文化　(B)語言與歌舞　(C)文化與歌舞　(D)語言、歌舞與文化。

解答

1. **C**　　2. **A**

申論題

依憲法增修條文之規定，有關照顧原住民權益之條文有那些？

答 (一) 立法院立法委員自第七屆起，自由地區平地原住民及山地原住民各3
　　　 人。（增修條文§4）

(二) 國家肯定多元文化，並積極維護發展原住民族語言及文化。（增修條
　　 文§10）

(三) 國家應依民族意願，保障原住民族之地位及政治參與，並對其教育文
　　 化、交通水利、衛生醫療、經濟土地及社會福利事業予以保障扶助並
　　 促其發展，其辦法另以法律定之。（增修條文§10）

二、地方制度法

(一) 原住民議員名額：有平地原住民人口在二千人以上者，應有
　　 平地原住民選出之議員名額；有山地原住民人口在二千人以
　　 上或改制前有山地鄉者，應有山地原住民選出之議員名額。

(二) 縣（市）有平地原住民人口在一千五百人以上者，於前目總
　　 額內應有平地原住民選出之縣（市）議員名額。有山地鄉
　　 者，於前目總額內應有山地原住民選出之縣議員名額。有離島鄉且該鄉人
　　 口在二千五百人以上者，於前目總額內應有該鄉選出之縣議員名額。

(三) 直轄市、縣（市）選出之山地原住民、平地原住民名額在四人以上者，應
　　 有婦女當選名額；超過四人者，每增加四人增一人。鄉（鎮、市）選出之
　　 平地原住民名額在四人以上者，應有婦女當選名額；超過四人者，每增加
　　 四人增一人。

(四) 山地鄉鄉長以山地原住民為限。

法規一點靈

地方制度法

━━•❖ 老師的話 ❖•━━

一、直轄市有原住民人口在「二千人」以上者，應有原住民選出之直轄市議
　　員，縣（市）、鄉（鎮、市）為「一千五百人」以上者。
二、直轄市、縣（市）、鄉（鎮、市）婦女保障名額為當選原住民人數「四
　　人」以上。
三、地方首長限山地原住民者：山地鄉鄉長。

選擇題

( )　1. 直轄市有原住民人口在多少人以上者，應有原住民選出之直轄市議
　　　員：　(A)1千人　(B)2千人　(C)3千人　(D)4千人。

( )　2. 原住民地方議員之選舉，有關婦女保障名額，下列何者為非：　(A)
　　　直轄市選出之山地原住民、平地原住民名額在四人以上者，應有婦
　　　女當選名額　(B)縣（市）選出之山地原住民、平地原住民名額在
　　　四人以上者，應有婦女當選名額　(C)鄉（鎮、市）選出之平地原
　　　住民名額在四人以上者，應有婦女當選名額　(D)鄉（鎮、市）選
　　　出之平地原住民名額在三人以上者，應有婦女當選名額。

　　　解答
　　　1. **B**　　　2.**D**

申論題

依「地方制度法」之規定，有關照顧原住民婦女參政權益之條文有那些？

答 依「地方制度法」第33條之規定，有關照顧原住民婦女參政權益如下：
　　(一)直轄市、縣（市）選出之山地原住民、平地原住民名額在四人以上
　　　者，應有婦女當選名額；超過四人者，每增加四人增一人。
　　(二)鄉（鎮、市）選出之平地原住民名額在四人以上者，應有婦女當選名
　　　額；超過四人者，每增加四人增一人。

三、政治獻金法

法規一點靈

政治獻金法

原住民選出之立法委員擬參選人，收受政治獻金期間，除重行選舉、補選及總統解散立法院後辦理之立法委員選舉，**自立法委員任期屆滿前十個月起，至次屆選舉投票日前一日止**。（政治獻金法§11）

■◆ 老師的話 ◆■

擬參選人收受政治獻金期間，除重行選舉、補選及總統解散立法院後辦理之立法委員選舉，自選舉公告發布之日起至投票日前一日止外，依下列規定辦理：

一、總統、副總統擬參選人：自總統、副總統任期屆滿前一年起，至次屆選舉投票日前一日止。

二、區域及原住民立法委員擬參選人：自立法委員任期屆滿前十個月起，至次屆選舉投票日前一日止。

三、直轄市議員、直轄市長、縣（市）議員、縣（市）長、鄉（鎮、市）長、直轄市山地原住民區長擬參選人：自各該公職人員任期屆滿前八個月起，至次屆選舉投票日前一日止。

四、鄉（鎮、市）民代表、直轄市山地原住民區民代表、村（里）長擬參選人：自各該公職人員任期屆滿前四個月起，至次屆選舉投票日前一日止。

選擇題

(　) 1. 下列公職人員選舉，得使用全國性無線電視辦理公辦政見發表會：(A)直轄市議員選舉　(B)直轄市長選舉　(C)原住民立法委員選舉　(D)選舉立法委員區域。

(　) 2. 原住民選出之立法委員擬參選人，收受政治獻金期間為：　(A)自立法委員任期屆滿前十個月起，至次屆選舉投票日前一日止　(B)自立法委員任期屆滿前六個月起，至次屆選舉投票日前一日止　(C)自立法委員任期屆滿前十個月起，至次屆選舉投票日前三十日止　(D)自立法委員任期屆滿前十個月起，至次屆選舉投票日前三十日止。

解答

1. **C**　　2.**A**

申論題

依「政治獻金法」之規定，有關原住民選出之立法委員擬參選人，收受政治獻金期間為何？試簡述之。

答 依據「政治獻金法」第12條規定，原住民選出之立法委員擬參選人，收受政治獻金期間，除重行選舉、補選及總統解散立法院後辦理之立法委員選舉，自立法委員任期屆滿前十個月起，至次屆選舉投票日前一日止。

歷年考題

(　) **1** 依地方制度法的規定，直轄市山地原住民區實施自治所需財源，由直轄市依法予以設算補助，補助之項目、程序、方式及其他相關事項，應如何定之？ (A)由直轄市洽商中央原住民族主管機關定之 (B)由直轄市洽商直轄市山地原住民區定之 (C)由直轄市議會定之 (D)由直轄市山地原住民區代表會定之。　【108年原住民特考三等】

(　) **2** 依地方制度法的規定，有關由山地鄉改制為直轄市山地原住民區的敘述，下列何者正確？ (A)設籍山地原住民區的居民以山地原住民為限 (B)區長以山地原住民為限 (C)區民代表以山地原住民為限 (D)區之公務員以山地原住民為限。　【108年原住民特考三等】

(　) **3** 依地方制度法的規定，直轄市山地原住民區與直轄市之關係，準用地方制度法關於那兩者關係之規定？
(A)鄉（鎮、市）與村（里）
(B)縣與鄉（鎮、市）
(C)直轄市與區
(D)中央與直轄市。　【108年原住民特考三等】

(　) **4** 依據原住民保留地開發管理辦法之規定，下列何者並非原住民申請無償取得原住民保留地所有權之資格條件？ (A)原住民於該辦法

施行前使用迄今之原住民保留地　(B)原住民於該辦法施行前所有
之原住民保留地，經主管機關撥用管理機關後仍未為撥用目的之使
用　(C)原住民於原住民保留地內有原有自住房屋，其面積以建築物
及其附屬設施實際使用者為準　(D)原住民依法於原住民保留地設
定耕作權、地上權或農育權。　　　　　　【109年原住民特考五等】

(　　) 5 地方制度法中針對原住民之參政與自治之規範，下列敘述何者錯
誤？　(A)直轄市之區由山地鄉改制者，稱直轄市山地原住民區，
為地方自治團體　(B)直轄市有山地原住民人口在二千人以上或改制
前有山地鄉者，其議員應有山地原住民選出之議員名額　(C)目前
僅部分直轄市有山地原住民區　(D)直轄市山地原住民區置區長一
人，由直轄市市長依法任用，承市長之命綜理區政，並指揮監督所
屬人員，並以具山地原住民身分者為限。【109年原住民特考五等】

解答及解析

1 **(B)**。依地方制度法第83-7條規定，山地原住民區實施自治所需財源，由直轄市洽
商山地原住民區定之，故本題答(B)。

2 **(B)**。地方制度法未限制區居民身分，故(A)錯誤；依地方制度法第58條規定，直
轄市之區由山地鄉改制者，其區長以山地原住民為限，故(B)正確；地方制度法
未限制區民代表身分，故(C)錯誤；地方制度法未限制區公務員表身分，故(D)錯
誤。故本題答(B)。

3 **(B)**。依地方制度法第83-2條規定，山地原住民區其與直轄市之關係，準用該法關
於縣與鄉（鎮、市）關係之規定。故本題答(B)。

4 **(B)**。依原住民保留地開發管理辦法第17條規定，原住民於本辦法施行前使用迄
今之原住民保留地，得申請無償取得原住民保留地所有權，故(A)正確；主管機
關撥用後未依撥用目的使用，法無明定原住民得取得所有權，故(B)錯誤；第17
條規定，原住民得申請無償取得原住民保留地所有權，於原住民保留地內有原有自
住房屋，其面積以建築物及其附屬設施實際使用者為準，故(C)正確；第15條規定，原
住民於原住民保留地取得承租權、無償使用權或依法已設定之耕作權、地上權、農育
權，故(D)正確。故本題答(B)。

5 (D)。依地方制度法第83-2條規定，山地原住民區之自治，除法律另有規定外，準用該法關於鄉（鎮、市）之規定；其與直轄市之關係，準用該法關於縣與鄉（鎮、市）關係之規定。同法第57條規定，山地鄉鄉長依法選舉之，以山地原住民為限。故直轄市山地原住民區長係為民選，而非市長指派，故本題答(D)。

Notes

第五章　部落會議

依據出題頻率分為：A**頻率高** B頻率中 C頻率低

【**課前提要**】為營建原住民族部落自主協商及發展機制，原住民族委員會頒訂諮商取得原住民族部落同意參與辦法，為新增規定，應有考試的價值，值得注意。

本章重點分析

目的	協助原住民族部落建立自主機制。
依據	原住民族基本法、原住民族地區資源共同管理辦法。
發起	1. 傳統領袖。★ 2. 各家（氏）族代表。★ 3. 居民。★
出席	1. 傳統領袖。★ 2. 各家（氏）族代表。★ 3. 居民。★
議程決議	決議應經前款出席人員名冊內人員過半數出席，出席人員過半數之同意行之。
紀錄	1. 會議次別。 2. 會議時間。 3. 會議地點。 4. 主席及出（列）席人員姓名。 5. 記錄人員姓名。 6. 報告事項之案由及決定。 7. 討論事項及案由及決議。 8. 其他應記載之事項。
效力	決議內容違反法令者，無效。

課文精讀

一、依據

依原住民族基本法第21條第4項規定訂定諮商取得原住民族部落同意參與辦法。

法規一點靈

諮商取得
原住民族
部落同意
參與辦法

二、解釋名詞

(一) **部落**：指中央原住民族主管機關依本法第2條第4款規定核定之原住民族團體。

(二) **部落成員**：指年滿二十歲且設籍於部落區域範圍之原住民。

(三) **同意事項**：指原住民族基本法第21條規定應諮商並取得原住民族或部落同意或參與之事項。

(四) **公共事項**：指就前款以外，部落成員間相互協議共同遵守，或部落凝聚共識對外表示之事項。

(五) **原住民家戶**：指設籍於部落區域範圍，有原住民一人以上之家戶。

(六) **原住民家戶代表**：指年滿二十歲且具原住民身分之原住民家戶戶長，或由戶長指派年滿二十歲且具原住民身分之家屬一人。

(七) **申請人**：指辦理同意事項之政府機關或私人。

(八) **關係部落**：指因同意事項致其原住民族土地或自然資源權利受影響之部落。

三、開發行為

指原住民族基本法第21條所稱土地開發、資源利用、生態保育、學術研究及限制原住民族利用等行為。

中央原住民族主管機關應依申請人或部落之請求，或本於職權確認前項行為。

中央原住民族主管機關得邀集機關代表、學者專家、原住民族代表及部落代表協助辦理前項確認作業。

四、部落同意

指過半數關係部落依本辦法召開部落會議議決通過；所稱原住民族或部落參與，指過半數關係部落依本辦法召開部落會議議決通過之參與機制。

五、部落會議職權

部落設部落會議，其職權如下：

(一) 訂定、修正部落章程。

(二) 議決同意事項。

(三) 議決公共事項。

(四) 選任、罷免部落會議主席、部落幹部。

(五) 聽取部落幹部工作報告。

(六) 其他重要事項。

六、發起人

第一次部落會議由部落成員依下列順序擔任發起人：

(一) 傳統領袖。

(二) 各家（氏）族代表。

(三) 居民。

發起人應於第一次部落會議召集前十五日，以載明下列事項之書面通知部落成員，並公布於村（里）辦公處、部落公布欄及其他適當場所：

(一) 部落名稱。

(二) 部落章程草案或公共事項議案。

(三) 會議時間。

(四) 會議地點。

七、會議議程

第一次部落會議之會議程序如下：

(一) 發起人宣布開會。

(二) 出席人員互選一人主持。

(三) 訂定部落章程。

(四) 依部落章程規定，選任部落會議主席、部落幹部。

(五) 散會。

八、部落章程

部落應訂定部落章程，並載明下列事項：

(一) 部落名稱。

(二) 部落會議主席之選任方式及連任限制。

(三) 部落成員認定基準及部落內部組織。

(四) 部落幹部之職稱、產生方式、任期、連任限制、被授權事項、範圍及決定方式。

(五) 部落會議召集之程序及方式。

(六) 議決公共事項之部落會議之出席資格、議決門檻或人數。

(七) 章程修正之程序。

(八) 其他重要事項。

部落章程得循傳統慣俗或並用原住民族語言書寫；其訂定、修正後，應送部落所在地之鄉（鎮、市、區）公所備查。

九、部落主席

部落置部落會議主席一人，以部落成員為限，由部落會議選任之，負責召集並主持部落會議，任期二年，連選得連任一次。但部落章程另有任期或連任規定者，從其規定。

十、法律效力

(一) 部落章程、部落會議所為決議及部落幹部所為決定之內容違反法令者，無效。

(二) 部落會議之召集、決議及部落幹部所為決定之程序或方法違反本辦法規定或部落章程者，無效。

(三) 部落會議對公共事項所為決議或部落幹部所為決定，內容涉及部落居民相互約定共同遵守之規範時，除法規另有規定或經當事人同意外，不得增加部落居民之義務或限制部落居民之權利；內容涉及對各級政府之行政興革之建議、行政法令之查詢、行政違失之舉發或行政上權益之維護等事項，具有代表部落提出行政程序法所定陳情之效力。

十一、會議申請

申請人應檢具下列文件向同意事項所在地之鄉（鎮、市、區）公所申請召集部落會議：

(一) 同意事項之計畫、措施或法令草案。

(二) 當地原住民族利益分享機制、共同參與或管理機制。

(三) 其他與同意事項有關之事項。

同意事項所在地之鄉（鎮、市、區）公所，應以載明同意事項之書面通知轄內之關係部落，並將受通知之關係部落名稱，於村（里）辦公處、部落公布欄及其他適當場所，公布三十日。

十二、關係部落

關係部落依下列原則認定之：

(一) 同意事項之座落地點或實施範圍，位於該部落之區域範圍者。

(二) 同意事項之衍生影響，擴及至該部落之區域範圍者。

關係部落由同意事項所在地之鄉（鎮、市、區）公所依前項規定認定之；認定有困難時，應敘明爭議事項及處理意見，報請中央原住民族主管機關認定。

中央原住民族主管機關及鄉（鎮、市、區）公所，得邀集機關代表、學者專家、原住民族代表及部落代表協助認定關係部落。

關係部落之部落會議主席自收受同意事項之通知，逾二個月未召集部落會議時，申請人得申請關係部落所在地之鄉（鎮、市、區）公所代行召集。但該公所為申請人時，應轉請直轄市、縣（市）政府代行召集；該公所及直轄市、縣（市）政府同為申請人時，應轉請中央原住民族主管機關代行召集。

十三、公聽會及通知

申請人於部落會議召集前，應以公聽會、說明會或其他充分而有效傳遞資訊之適當方式，向關係部落之部落成員說明同意事項、共同參與及利益分享機制之內容及利弊得失，並應邀請利害關係人、專家學者或相關公益團體陳述意見。

申請人應彙整前項意見，於關係部落召集部落會議前二十日，送請關係部落所在地之鄉（鎮、市、區）公所備查。

部落會議主席應於召集前十五日，以書面通知原住民家戶及申請人。

前項通知應載明下列事項，必要時得並用原住民族語言書寫：

(一) 部落名稱。　　　　　　　　(二) 同意事項。

(三) 會議時間。　　　　　　　　(四) 會議地點。

(五) 會議議程。

關係部落所在地之鄉（鎮、市、區）公所應於部落會議召集前十日，將下列文件置於村（里）辦公處、部落公布欄及其他適當場所，供公眾閱覽、複印。

十四、會議議程

(一) 部落會議主席宣布開會並指定記錄人員。但部落會議主席未出席或代行召集時，由出席人員互推一人主持。

(二) 主持人確認部落全體原住民家戶代表過半數出席。

(三) 申請人報告同意事項之計畫、措施、法令草案內容及共同參與、管理、利益分享機制。

十五、會議議決

部落會議議決同意事項，以部落全體原住民家戶代表過半數出席，出席原住民家戶代表過半數贊成，為通過。

前項表決，應以投票不記名為之，並就贊成與反對兩面俱呈。但經出席原住民家戶代表過半數贊成，得改採舉手不記名表決。

關係部落得聯合召集部落會議議決同意事項。前項部落會議，由關係部落之部落會議主席互選一人召集並主持；由全體原住民家戶代表過半數出席，出席原住民家戶代表過半數贊成，為通過。

十六、主管機關協助

為確保申請人履行其同意事項之共同參與或管理、利益分享機制，相關主管機關得以下列方式處理：

(一) 中央或地方目的事業主管機關作成同意事項之相關行政處分時，應將部落會議議決通過之共同參與或管理、利益分享機制，列為附款。

(二) 關係部落所在地之直轄市、縣（市）政府或鄉（鎮、市、區）公所，應將部落會議議決通過之共同參與或管理、利益分享機制，納入行政契約。

(三) 若申請人承諾之共同參與或管理、利益分享機制，發生爭議而未能解決時，利害關係人得請求中央原住民族主管機關轉請有關機關協處。

十七、召開時機

部落每年至少召開二次部落會議，但得視需要隨時召集。

部落會議由部落會議主席召集；部落會議主席無法召集或不為召集時，由第六條得為發起人之人，召集該次部落會議，並由出席人員相互推舉一人主持。

部落成員五分之一以上，以書面請求部落會議主席召開部落會議時，部落會議主席應即召集部落會議。但部落章程有較低之規定者，從其規定。

部落會議通知應以書面載明該次會議討論事項，並公布於村（里）辦公處、部落公布欄及其他適當場所。

部落會議由部落會議主席主持。但部落會議主席因故不能出席時，由出席人員互推一人主持。

部落會議以部落成員為出席人員；議決事項涉及部落成員以外之居民權益時，部落成員以外之居民得列席陳述意見。

部落得邀請部落所在地之鄉（鎮、市、區）公所派員列席部落會議。

十八、會議通過

部落會議由出席之部落成員過半數贊成，為通過。但部落章程有特別規定者，從其規定。

十九、造冊保存

部落章程、部落會議主席與部落幹部姓名、部落會議紀錄及部落幹部決定，應送部落所在地之鄉（鎮、市、區）公所備查；鄉（鎮、市、區）公所應按部落各別造冊保存。

歷年考題

(　　) **1** 有關原住民族土地或部落範圍土地之劃設作業程序，下列何者錯誤？
(A)劃設作業產生之爭議，應由部落組成劃設商議小組協調　(B)直
轄市、縣（市）主管機關對劃設成果仍有書面審查權　(C)應將劃設
之成果提請部落會議，並以公共事項方式討論　(D)須視需要通知毗
鄰部落代表與會，經部落會議議決通過。　　　　【108年原住民特考四等】

(　　) **2** 有關共同參與或管理、利益分享機制，如發生爭議而未能解決時之
處理方式，下列敘述何者正確？　(A)利害關係人得請求中央原住
民族主管機關轉請有關機關協處　(B)部落得請求中央原住民族主
管機關轉請地方調解委員會調解　(C)中央原住民族主管機關為確保關
係部落之權益得行使介入權　(D)請求辦理同意事項之私人不得提
起訴願或行政訴訟尋求救濟。　　　　　　　【108年原住民特考四等】

(　　) **3** 依現行法規定，下列何者並非原住民族土地或部落範圍土地劃設小
組的組成人員？　(A)鄉（鎮、市、區）民意代表　(B)由部落會議
推派之部落代表　(C)鄉（鎮、市、區）公所代表　(D)由部落領袖
推派之部落代表。　　　　　　　　　　　　　【108年原住民特考四等】

(　　) **4** 諮商取得原住民族部落同意參與辦法係依據原住民族基本法第21條
第4項規定訂定。依據此辦法，下列那一個用詞定義正確？
(A)關係部落指因同意事項致其原住民族土地或自然資源權利受影
　　響之部落
(B)部落成員係指年滿十八歲且設籍於部落區域範圍之原住民
(C)原住民家戶代表係指年滿十八歲且具原住民身分之原住民家戶
　　戶長，或由戶長指派年滿十八歲且具原住民身分之家屬一人
(D)原住民家戶係指設籍於部落區域範圍，有原住民兩人以上之
　　家戶。　　　　　　　　　　　　　　　　　【109年原住民特考四等】

(　　) **5.** 請問下列何者並非部落會議之職權？　(A)訂定、修正部落章程
(B)訂定、修正原住民鄉（區）自治條例　(C)選任、罷免部落會議
主席、部落幹部　(D)議決原住民族基本法第21條規定之同意事項。
　　　　　　　　　　　　　　　　　　　　　【109年原住民特考五等】

解答與解析

1 (A)。依原住民族土地或部落範圍土地劃設辦法第10條規定，劃設作業產生之爭議，應由中央主管機關組成劃設商議小組會商協調，而非部落組成，故本題答(A)。

2 (A)。依諮商取得原住民族部落同意參與辦法第22條規定，若申請人承諾之共同參與或管理、利益分享機制，發生爭議而未能依前項解決時，利害關係人得請求中央原住民族主管機關轉請有關機關協處，故本題答(A)。

3 (A)。依原住民族土地或部落範圍土地劃設辦法第4條規定，土地劃設小組人員組成如下：一、鄉（鎮、市、區）公所代表。二、當地部落會議或部落領袖推派之部落代表若干人。三、專家學者。四、其他有助劃設工作之相關人士。不包含民意代表，故本題答(A)。

4 (A)。依諮商取得原住民族部落同意參與辦法第2條規定，關係部落係指因同意事項致其原住民族土地或自然資源權利受影響之部落，故(A)正確；同條規定，部落成員係指年滿二十歲且設籍於部落區域範圍之原住民，非十八歲，故(B)錯誤；同條規定，原住民家戶代表係指年滿二十歲且具原住民身分之原住民家戶戶長，或由戶長指派年滿二十歲且具原住民身分之家屬一人，均非十八歲，故(C)錯誤；同條規定，原住民家戶係指設籍於部落區域範圍，有原住民一人以上之家戶，非兩人，故(D)錯誤。故本題答(A)。

5 (B)。依諮商取得原住民族部落同意參與辦法第5條規定，部落設部落會議，其職權如下：一、訂定、修正部落章程。二、議決同意事項。三、議決公共事項。四、選任、罷免部落會議主席、部落幹部。五、聽取部落幹部工作報告。六、其他重要事項。未包含訂（修）區自治條例，故本題答(B)。

第二篇　原住民的教育

第一章　教育輔導

依據出題頻率分為：A頻率高 B頻率中 C頻率低

【課前提要】原住民族教育法在93年9月大幅修訂後，相關法條與原本大為不同，老師認為考出的機率不小，茲因該法處處是重點，為免掛一漏萬，建議同學們熟讀該法。

本章重點分析

前　言	1. 立法依據：憲法增修條文第10條。★ 2. 教育主體：原住民。★ 3. 教育目的：★ 　(1) 維護民族尊嚴　　　　　(2) 延續民族命脈 　(3) 增進民族福祉　　　　　(4) 促進族群共榮 4. 教育輔導：確保原住民接受各級各類教育之機會均等。★
主管機關 ★★	1.【主管教育】行政機關：在中央為【教育部】。 2.【原住民族】主管機關：在中央為【原住民族委員會】。 3. 原住民族之【一般教育】規劃主管機關：【教育部】。 4. 原住民族之【民族教育】規劃主管機關：【原住民族委員會】。
解釋名詞	原住民族教育、一般教育、民族教育、原住民族學校、原住民教育班、原住民重點學校、部落社區教育。★★★
教育審議 委員會 ★★	1. 主管機關：行政院原住民族委員會 2. 成員編制： 　(1) 教師　　　(2) 家長　　　(3) 專家學者 3. 立法機關：教育部、行政院原住民族委員會。 4. 成員分配：其委員會成員中具原住民身分者，均不得少於「二分之一」。
預算編列	1. 合併學校：須徵得設籍於該學區或成年原住民之二分之一以上書面同意。★★ 2. 預算寬列：不得少於中央主管教育行政機關預算總額百分之一·九。★★ 3. 鼓勵捐贈。★★

課文精讀

一、前言

(一) **立法依據**：根據憲法增修條文第10條之規定，政府應依原住民之民族意願，保障原住民之民族教育權，以發展原住民之民族教育文化，特制定原住民族教育法。

(二) **教育主體**：原住民為原住民族教育之主體，政府應本於<u>多元、平等、自主、尊重</u>之精神，推展原住民族教育。

(三) **教育目的**：原住民族教育應以維護民族尊嚴、延續民族命脈、增進民族福祉、促進族群共榮為目的。

(四) **教育輔導**：各級政府應採積極扶助之措施，確保原住民接受各級各類教育之機會均等，並建立符合原住民族需求之教育體系。

法規一點靈

原住民族
教育法

老師的話

一、所稱保障原住民之民族教育權，指保障原住民享有之一般教育權利，及民族文化發展之教育權利。

二、為落實保障原住民之教育權，行政院原住民族委員會訂有許多獎勵措施，附錄相關法規均有擇重點摘錄，同學們不妨參考。

選擇題

( )　1. 原住民族教育法於民國87年6月施行，係依據何規定制定？　(A)中華民國憲法增修條文第4條　(B)原住民族基本法第4條　(C)中華民國憲法增修條文第10條　(D)原住民族基本法第10條。

( )　2. 依據原住民族教育法之規定，原住民為原住民族教育之主體，政府應本於何種精神，推展原住民族教育，以下何者為非：　(A)多元　(B)平等　(C)自主　(D)博愛。

解析

1.**C**。根據憲法增修條文第10條之規定，政府應依原住民之民族意願，保障原住民之民族教育權，以發展原住民之民族教育文化，特制定原住民族教育法。

2.**D**。依據原住民族教育法第2條之規定，原住民為原住民族教育之主體，政府應本於「多元」、「平等」、「自主」、「尊重」之精神，推展原住民族教育，其中並不包含博愛。

申論題

原住民教育之主體為何？試簡述之。

答 依據原住民族教育法第2條規定，原住民為原住民族教育之主體，政府應本於多元、平等、自主、尊重之精神，推展原住民族教育。

二、主管機關

(一) **主管教育行政機關**：在中央為**教育部**；在直轄市為直轄市政府；在縣（市）為縣（市）政府。

(二) **原住民族主管機關**：在中央為**原住民族委員會**；在直轄市為直轄市政府；在縣（市）為縣（市）政府。

(三) **教育規劃**：原住民族之一般教育，由**教育部**規劃辦理；原住民族之民族教育，由**原住民族委員會**規劃辦理，必要時，應會同教育部為之。

▶◀老師的話▶◀

本節主管機關多而複雜，容易混淆，極適合作為選擇考題，還是幫同學們再做一次整理：

一、「主管教育」行政機關：在中央為「教育部」。

二、「原住民族」主管機關：在中央為「原住民族委員會」。

三、原住民族之「一般教育」規劃主管機關：「教育部」。

四、原住民族之「民族教育」規劃主管機關：「原住民族委員會」。

區別其差異並不難，舉凡一般性質的，主管機關就是**教育部**；特殊性質的，主管機關就是**原住民族委員會**。

選擇題

( )　1. 依據原住民族教育法之規定，所稱原住民族主管機關，在中央為：(A)原住民族委員會　(B)教育部　(C)內政部　(D)少數民族委員會。

( )　2. 依據原住民族教育法之規定，原住民族之一般教育規劃主管機關為：(A)原住民族委員會　(B)教育部　(C)內政部　(D)少數民族委員會。

解析

1.**A**。依據原住民族教育法第3條之規定，該法所稱原住民族主管機關，在中央為「原住民族委員會」。

2.**B**。並非所有與原住民有關係的主管機關都是原住民族委員會，依據原住民族教育法第3條之規定，原住民族之一般教育，由主管教育行政機關規劃辦理，即是由「教育部」規劃辦理。

申論題

原住民教育之主管機關為何？試簡述之。

答 依據「原住民族教育法」第3條規定，原住民教育之主管機關如下：

(一)主管教育行政機關：在中央為教育部；在直轄市為直轄市政府；在縣（市）為縣（市）政府。

(二)原住民族主管機關：在中央為行政院原住民族委員會；在直轄市為直轄市政府；在縣（市）為縣（市）政府。

(三)教育規劃：原住民族之一般教育，由主管教育行政機關規劃辦理；原住民族之民族教育，由原住民族主管機關規劃辦理，必要時，應會同主管教育行政機關為之。

三、用詞定義

(一) **原住民族教育**：為原住民族之一般教育及民族教育之統稱。

(二) **一般教育**：指依原住民學生教育需要，對原住民學生所實施之一般性質教育。

(三) **民族教育**：指依原住民族文化特性，對原住民學生所實施之傳統民族文化教育。

(四) **原住民族學校**：指為原住民族需要所設立，重視傳統民族文化教育之學校。

(五) **原住民教育班**：指為原住民學生教育需要，於一般學校中開設之班級。

(六) **原住民重點學校**：指原住民學生達一定人數或比例之中小學。

(七) **原住民族教育師資**：指於原住民族學校、原住民教育班或原住民重點學校擔任原住民族教育課程教學之師資。

(八) **部落社區教育**：指提供原住民族終身學習課程，促進原住民族文化之創新，培育部落社區發展人才及現代化公民所實施之教育。

■=**老師的話**=■

原住民族教育法所稱原住民重點學校，係指原住民學生達一定人數或比例之中小學，在原住民族地區，指該校原住民學生人數達學生總數三分之一以上者；在非原住民族地區，指該校原住民學生人數達一百人以上或達學生總數三分之一以上，經各該主管教育行政機關視實際需要擇一認定者。

選擇題

( )｜1. 依據原住民族教育法之規定，依原住民族文化特性，對原住民學生所實施之傳統民族文化教育，稱之為： (A)原住民族教育 (B)一般教育 (C)民族教育 (D)部落社區教育。

( )｜2. 原住民族教育法所規定之原住民重點學校，係指： (A)為原住民族需要所設立，重視傳統民族文化教育之學校 (B)為原住民學生教育需要，於一般學校中開設之班級 (C)指原住民學生達一定人數或比例之中小學 (D)指設立於山地鄉之中小學。

解析
　　1.**C**。並非所有與原住民有關係的教育都要冠上原住民，依據原住民族教育法第4條之規定，依原住民族文化特性，對原住民學生所實施之傳統民族文化教育，稱之為「民族教育」。
　　2.**C**。依據原住民族教育法第4條之規定，「原住民重點學校」係指原住民學生達一定人數或比例之中小學。

四、教育審議委員會

(一) 主管機關：

1. 中央：行政院原住民族委員會應設立民族教育審議委員會（以下稱本會），負責諮詢、審議民族教育政策事項。
2. 地方：直轄市、縣（市）主管機關得視需要，設立直轄市、縣 （市）民族教育審議委員會，負責諮詢、審議地方民族教育事項，其委員會成員中具原住民身分者，不得少於二分之一；其設置規定，由直轄市、縣（市）主管機關定之。

(二) 任務：

1. 諮詢、審議民族教育基本方針、制度、法規及重要計畫或方案。
2. 諮詢、審議政府各機關執行有關民族教育法規及重要計畫或方案。
3. 定期與地方政府辦理聯繫會報。
4. 其他應經教審會審議之事項。

經依規定諮詢、審議之事項，應提送原住民族委員會（以下簡稱本會）委員會議報告。

(三) 成員編制：

1. 原則：委員會由教師、家長、專家學者組成，其中具原住民身分者，不得少於二分之一，並應兼顧族群比例。
2. 組成：教審會置召集人一人，由本會主任委員兼任，綜理會務，並指揮監督所屬職員；置副召集人一人，由教審會委員推舉之，襄理會務；委員十五至十九人，由下列代表遴聘之：
   (1)本會及教育部代表各一人。
   (2)教師代表四人至五人。

(3)學生家長代表三人至四人。

(4)專家學者代表六人至八人。

(5)委員代表由各界推薦，並由本會主任委員提本會委員會議審議通過後遴聘之，其中原住民籍代表不得少於委員總額之二分之一，並應考量各級各類學校、原住民各族群及地域之均衡。

3. 任期：教審會委員任期二年，期滿得連任，以一次為限。但代表機關出任之委員，應隨其本職進退。委員出缺時，依前條規定遴聘，其任期至原任任期屆滿時為止。

4. 行政人員：教審會置執行秘書一人、組長二人、工作人員若干人，均由本會主任委員就本會組織法所定員額派充之。教審會得聘請兼任研究員三人至五人。

教審會執行秘書承主任委員之命，處理教審會事務。

(四) **會議**：

1. 教審會委員會議以每三個月舉行一次為原則，必要時或經委員三分之二以上建議時，得開臨時會議，均由召集人並擔任主席；召集人未能出席時，由副召集人代理。

2. 教審會委員會議須由全體委員過半數之出席始得開會；議案之表決，以出席委員過半數之同意決議之；可否同數時，取決於主席。

3. 教審會委員應親自出席委員會議。但由機關代表兼任之委員，因故不能出席時，得指派代表出席，並參與會議發言及表決。委員缺席連續達三次以上，本會得予改聘。

4. 教審會委員於審議有關委員本人或其配偶、三親等內之血親或姻親之事項時，應行迴避。

5. 教審會委員會議開會時，得視需要邀請有關機關代表列席。

(五) **立法機關**：教育審議委員會其設置辦法，由原住民族委員會會同教育部定之。

(六) **定期會報**：中央民族教育審議委員會應與地方政府定期辦理聯繫會報。

(七) **其他**：

1. 教審會對外行文以本會名義行之。

2. 教審會召集人、副召集人、委員均為無給職。但非由本機關人員兼任者，得依規定支給出席費。

3. 教審會所需經費，由行政院原住民族委員編列預算支應。

```
╍╍▪ 老師的話 ▪╍╍
```

一、民族教育審議委員會，負責事項包含「諮詢、審議民族教育政策」。
二、不論中央或是地方，民族教育審議委員會，其委員會成員中具原住民身分者，均不得少於「二分之一」。

選擇題

( )　1. 依據原住民族教育法成立之教育審議委員會，委員會由教師、家長、專家學者組成，其中具原住民身分者，不得少於多少：(A)1/3　(B)1/2　(C)2/3　(D)3/4。

( )　2. 依據原住民族教育法規定，直轄市、縣（市）主管機關得視需要設立直轄市、縣（市）民族教育審議委員會，其設置規定由何機關定之：(A)教育部　(B)行政院原住民族委員會　(C)內政部　(D)直轄市、縣（市）主管機關。

解析

1.**B**。依據原住民族教育法第6條之規定，中央原住民族主管機關應設立民族教育審議委員會，其委員會由教師、家長、專家學者組成，其中具原住民身分者，不得少於二分之一。

2.**D**。參考原住民族教育法第7條。

五、預算編列

(一) **合併學校**：各級政府得視必要，寬列原住民重點學校及原住民教育班員額編制。於徵得設籍於該學區**成年原住民二分之一以上書面同意**，始得合併或停辦學校。

(二) **預算編列**：中央政府應寬列預算，專款辦理原住民族教育；其比率合計不得少於教育部預算總額**百分之一·九**。

(三) **鼓勵捐贈**：各級政府應鼓勵國內外組織、團體及個人捐資興助原住民族教育。

■●■ 老師的話 ■●■

一、預算之編列乃是政策推動的最根本，所謂有錢好辦事，故在政府財政拮
据的情形下，為保障原住民的教育權，以立法的方式寬列預算，乃是最
有效的方法。
二、依原住民族教育法的規定，中央政府應寬列預算，專款辦理原住民族教
育，其比率合計不得少於教育部預算總額「百分之一‧九」，其編列方
式及比率，應由教育部會同行政院原住民族委員會定之。

選擇題

(　) 1. 依據原住民族教育法規定，中央政府應寬列預算，專款辦理原住民
族教育；其比率合計不得少於中央主管教育行政機關預算總額多
少：(A)6/1000　(B)8/1000　(C)10/1000　(D)19/1000。

(　) 2. 依據原住民族教育法規定，各級政府得視需要，寬列原住民重點學
校員額編制，於徵得設籍於該學區年滿幾歲居民之多數同意，得
合併設立學校或實施合併教學：　(A)20歲　(B)30歲　(C)40歲
(D)50歲。

解析

1.**D**。參考原住民族教育法第9條。

2.**A**。參考原住民族教育法第8條。

歷年考題

(　) 1 依據原住民族教育法之規定，有關原住民族教育之敘述，下列何者
錯誤？　(A)呼應憲法規定政府應依照原住民之民族意願，保障原
住民族教育之權利　(B)轉型正義之考量無助原住民族教育推動，
因為會陷入政治鬥爭　(C)各級政府應確保原住民接受各級各類教育
機會之均等　(D)學校應運用校園空間推動原住民族及多元文化教
育。

【108年原住民特考四等】

（　）**2** 依據原住民族教育法之規定，原住民族學校之定義，下列何者非屬之？
(A)以原住民族知識體系為主
(B)依該民族教育哲學實施教育
(C)依該民族教育目標實施教育
(D)以招收原住民學生為限。　　　　　　【108年原住民特考五等】

（　）**3** 依據原住民族教育法之規定，部落、社區教育之定義，下列何者非屬之？　(A)促進原住民族文化之創新　(B)培育部落與社區發展人才　(C)部落與社區現代化公民的發展　(D)以原住民族傳統生態知識課程為主。　　　　　　【108年原住民特考五等】

（　）**4** 為發展及厚植原住民族知識體系，按原住民族教育法之規定，中央原住民族主管機關應會商相關主管機關，建構原住民族知識體系中長程計畫，並積極獎勵原住民族學術及各原住民族知識研究，下列何者不屬之？
(A)內政　　　　　　　　　(B)教育
(C)科技　　　　　　　　　(D)文化。　【108年原住民特考五等】

（　）**5** 地方政府依原住民族教育法之規定，應召開原住民族教育審議會，進行地方原住民族教育事項之審議，下列何者非屬之？
(A)臺北市　　　　　　　　(B)臺南市
(C)南投縣　　　　　　　　(D)彰化縣。　【108年原住民特考五等】

（　）**6** 依據原住民族教育法之規定，關於教育部和原住民族委員會之權限分配，下列敘述何者錯誤？
(A)原住民族之一般教育，由教育部規劃辦理
(B)原住民族之民族教育，由原住民族委員會規劃辦理
(C)原住民族委員會應指定原住民族一般教育專責單位
(D)原住民族委員會應會商教育、科技、文化等主管機關，建構原住民族知識體系中長程計畫，並積極獎勵原住民族學術及各原住民族知識研究。　　　　　　【109年原住民特考五等】

（　）**7** 關於原住民重點學校之認定，下列何者錯誤？　(A)由高級中等以下學校各該教育主管機關認定　(B)在原住民族地區，該校原住民學生

人數達學生總數三分之一以上者　(C)在非原住民族地區,該校原住民學生人數達五十人以上或達學生總數三分之一以上者　(D)每三學年重新認定。　　　　　　　　　　　　　【109年原住民特考五等】

(　　) **8** 原住民族教育法就中央政府辦理原住民族教育預算編列所設規定,下列敘述何者錯誤?　(A)中央政府應寬列預算,專款辦理原住民族教育　(B)法定之預算比率下限為百分之一點九　(C)其比率係以該預算合計數額占中央教育主管機關預算總額計算　(D)應逐年依其需求調整增減。　　　　　　　　　　　　【109年原住民特考五等】

解答及解析

1 (B)。依原住民族教育法第2條規定,政府應本於多元、平等、自主、尊重之原則,推動原住民族教育,並優先考量原住民族歷史正義及轉型正義之需求。換言之,轉型正義並非無助及陷入鬥爭,故本題答(B)。

2 (D)。依原住民族教育法第4條規定,原住民族學校:指以原住民族知識體系為主,依該民族教育哲學與目標實施教育之學校。不包含限招收原住民學生,故本題答(D)。

3 (D)。依原住民族教育法第4條規定,部落、社區教育係指提供原住民族終身學習課程,促進原住民族文化之創新,培育部落與社區發展人才及現代化公民所實施之教育。不含傳統生態知識,故本題答(D)。

4 (A)。依原住民族教育法第5條規定,為發展及厚植原住民族知識體系,中央原住民族主管機關應會商

教育、科技、文化等主管機關,建構原住民族知識體系中長程計畫,並積極獎勵原住民族學術及各原住民族知識研究。不包含內政,故本題答(A)。

5 (D)。依原住民族教育法第8條規定,直轄市及所轄區域內有原住民族地區或原住民重點學校之縣(市),地方政府應召開直轄市、縣(市)原住民族教育審議會,進行地方原住民族教育事項之審議。彰化縣不符合前面規定,故本題答(D)。

6 (C)。依原住民族教育法第3條規定,原住民族之一般教育,由教育主管機關規劃辦理。教育主管機關即教育部,故(A)正確;同條文規定,原住民族之民族教育,由原住民族主管機關規劃辦理。原住民族主管機關即原住民族委員會,故(B)正確;同條文規定,中央教育主管

機關應指定原住民族一般教育專責單位，即教育部指定非原住民族委員會指定，故(C)錯誤；依原住民族教育法第3條規定，為發展及厚植原住民族知識體系，中央原住民族主管機關應會商教育、科技、文化等主管機關，建構原住民族知識體系中長程計畫，並積極獎勵原住民族學術及各原住民族知識研究。故本題答(C)。

7 (C)。依原住民族教育法施行細則第4條規定，原住民重點學校在非原住民族地區，指該校原住民學生人數達一百人以上或達學生總數三分之一以上者，非五十人，故本題答(C)。

8 (D)。依原住民族教育法第11條，中央政府應寬列預算，專款辦理原住民族教育；其比率，合計不得少於中央教育主管機關預算總額百分之一點九，並依其需求逐年成長。是逐年成長而非逐年調整增減，故本題答(D)。

Notes

第二章 就學、課程設立與師資

依據 出題頻率分為：A頻率高 B頻率中 C頻率低

【課前提要】原住民族教育法，明定中央政府補助普設公立幼兒園並補助其學費；各級各類學校課程及教材，應採多元文化觀點並納入原住民各族歷史文化及價值；對當前教育及國民教育之原住民學生提供族語及文化機會以及為培育原住民師資、明定各師範校院、大學教育院、系、所及民族學院應保留一定名額之公、自費原住民族學生等。相關法規與之前大為不同，老師認為考出的機率大，茲因該法處處是重點，未免掛一漏萬，建議同學們熟讀該法。

本章重點分析

幼兒教育	1. 幼教普及：普設公立幼兒園。 2. 優先受教權：原住民幼兒有就讀公立幼兒園、非營利幼兒園、社區或部落互助教保服務中心之優先權。★ 3. 學費補助：視實際需要補助。
高級中學管理	1. 住宿及伙食費用，由中央政府編列預算全額補助。★ 2. 特殊潛能開發：中央政府編列預算酌予補助。 3. 民族教育：原住民學生達一定人數或比例時，應設立民族教育資源教室。
高級中學以上之管理	1. 保障名額：保障原住民學生入學及就學機會。 2. 公費保障名額：保障培育原住民之人才。 3. 設立科系：促進原住民於政治、經濟、教育、文化、社會等各方面之發展。 4. 設立資源中心：大專校院之原住民學生達一定人數或比例者，得設置原住民族學生資源中心。★
獎勵措施	1. 補助及減免：補助其助學金及減免學雜費。 2. 教育獎助：提供教育獎助並採取適當優惠措施。 3. 清寒救助：優先協助清寒原住民學生。

課程編選	1. 教材多元：各級各類學校相關課程及教材，應採多元文化觀點。 2. 族語學習：提供學習其族語、歷史及文化之機會。 3. 課程編選：課程發展及教材選編，應尊重原住民之意見。 4. 教材審議：直轄市、縣（市）民族教育審議委員會依地方需要審議之。
師資培訓	1. 保障師資：各師資培育之大學招生，應保留一定名額予原住民學生。★ 2. 專業選修：原住民族教育師資應修習原住民族文化或多元文化教育課程。★ 3. 族語師資：擔任族語教學之師資，應通過族語能力認證。 4. 優先聘任：★ 　(1) 一般教師：應優先聘任原住民各族教師。 　(2) 校長或主任：應優先遴選原住民各族群中已具主任、校長資格者擔任。 5. 支援教學：得遴聘原住民族耆老或具相關專長人士。★ 6. 教育研習：中央原住民族主管機關得辦理民族教育研習工作。★

課文精讀

一、幼學教育

(一) **幼教普及**：原住民族地區應普設公立幼兒園、非營利幼兒園、社區或部落互助教保服務中心，提供原住民幼兒教保服務機會。

(二) **優先受教權**：原住民幼兒有就讀公立幼兒園、非營利幼兒園、社區或部落互助教保服務中心之優先權。

(三) **學費補助**：政府對於就讀公私立幼兒園、非營利幼兒園、社區或部落互助教保服務中心之原住民幼兒，視實際需要補助其學費；其補助辦法，由教育部定之。

補充說明：行政院原住民族委員會辦理原住民幼兒就讀幼兒園補助作業要點重點說明。

1. 補助對象：本要點補助**滿三歲至未滿五歲**具原住民身分之幼兒，就讀立案公、私立幼兒園之學期就讀費用。前項所定幼兒年齡之計算，以幼兒入園當學年度**九月一日**滿該歲數者認定之。

2. 補助金額：就讀公立幼兒園者，每學期最高補助就讀費用**新臺幣八千五百元**。就讀私立幼兒園者，每學期最高補助就讀費用**新臺幣一萬元**。

3. 重複禁止：本要點與其他中央政府所定補助性質相同時，應從優補助且不得重複申領。

4. 重複允許：本要點與地方政府所定補助性質相同時，得同時補助。但每人每學期之補助總額，不得高於應繳之學期收費總額。

5. 申請人：本要點之補助，以幼兒之法定代理人、監護人或實際扶養人為申請人。

6. 申請期間：本要點補助申請截止日，每學年度第一學期為十月二十日，第二學期為四月二十日。

7. 政府參與：中央原住民族主管機關及直轄市、縣（市）政府，得視實際需要籌措財源，增加補助額度或擴大補助對象。

▪️◾ 老師的話 ◾▪️

一、依原住民族教育法第10條第2項所稱原住民幼兒，指設籍該直轄市、縣（市）且於當年度九月一日滿四足歲至入國民小學前者。

二、依原住民族教育法第10條第2項所定優先權之辦理方式如下：

(一) 原住民幼兒及其他依法優先入園登記人數未超過該幼兒園可招生名額：一律准其入園。

(二) 原住民幼兒及其他依法優先入園登記人數超過該幼兒園可招收名額：本公平、公正、公開原則採抽籤方式決定之，並應先行公告抽籤地點及時間。

選擇題

( ) 1. 依據原住民族教育法之規定，原住民幼兒有就讀何種幼兒園之優先權： (A)公立幼兒園 (B)私立幼兒園 (C)以上皆是 (D)以上皆非。

( )　2. 政府對於就讀公私立幼兒園之原住民幼兒,視實際需要補助其學
費;其補助辦法,由何機關定之:　(A)教育部　(B)文建會　(C)
原住民族委員會　(D)內政部。

解析

1.**A**。參考原住民族教育法第10條。

2.**A**。參考原住民族教育法第10條,其中央主管教育行政機關即是指教
育部。

申論題

一、依據原住民教育法之規定,對於原住民幼學教育有那些優待措施?

答 依據原住民教育法第10條之規定,對於原住民幼學教育之優待措施包含
如下:

(一)幼教普及:原住民族地區應普設公立幼兒園、非營利幼兒園、社區或
部落互助教保服務中心,提供原住民幼兒教保服務之機會。

(二)優先受教權:原住民幼兒有就讀公立幼兒園、非營利幼兒園、社區或
部落互助教保服務中心之優先權。

(三)學費補助:政府對於就讀公私立幼兒園、非營利幼兒園、社區或部落
互助教保服務中心之原住民幼兒,視實際需要補助其學費;其補助辦
法,由中央主管教育行政機關定之。

二、依據原住民族教育法之規定,對於原住民高級中等以下學校之管理,有
那些具體優待措施?

答 依據原住民族教育法第12條至14條之規定,對於原住民高級中等以下學校
之管理,其具體優待措施如下:

(一)學生住宿:學生住宿高級中等以下學校得辦理原住民學生住宿,由生活輔
導人員管理之;其住宿及伙食費用,由中央政府編列預算全額補助。

(二)特殊潛能開發：高級中等以下學校應主動發掘原住民學生特殊潛能，並依其性向、專長，輔導其適性發展；所需輔導經費，由中央政府編列預算酌予補助。

(三)民族教育：高級中等以下學校於原住民學生就讀時，均應實施民族教育；其原住民學生達一定人數或比例時，應設立民族教育資源教室，進行民族教育及一般課業輔導，其人數或比例，由中央原住民族主管機關會同中央主管教育行政機關公告之。

二、高級中學管理

(一) **學生住宿**：學生住宿高級中等以下學校得辦理原住民學生住宿，由生活輔導人員管理（以優先遴用專科以上學校畢業，並具有原住民身分者擔任為原則）；其住宿及伙食費用，由**中央政府編列預算全額補助**。

(二) **特殊潛能開發**：高級中等以下學校應主動發掘原住民學生特殊潛能，並依其性向、專長，輔導其適性發展；所需輔導經費，由中央政府編列預算酌予補助。

(三) **民族教育**：高級中等以下學校於原住民學生就讀時，均應實施民族教育；其原住民學生達一定人數或比例時，應設立民族教育資源教室，進行民族教育及一般課業輔導，其人數或比例，由**行政院原住民族委員會會同教育部**公告之。

三、高級中學以上之管理

(一) **保障名額**：高級中等以上學校，應保障原住民學生入學及就學機會，必要時，得採額外保障辦理。

(二) **公費保障名額**：公費留學並應提供名額，保障培育原住民之人才；其辦法，由**中央主管教育行政機關**定之。

(三) **設立科系**：為發展原住民之民族學術，培育原住民高等人才及培養原住民族教育師資，以促進原住民於政治、經濟、教育、文化、社會等各方面之發展，政府應鼓勵大學設相關院、系、所、中心，其辦理與原住民教育相關事項，行政院原住民族委員會得編列預算酌予補助。

(四) **設立資源中心**：大專校院之原住民學生達一定人數或比例者，各級政府應
鼓勵設置原住民族學生資源中心，以輔導其生活及學業；其人數或比例，
由**行政院原住民族委員會會同教育部**公告之；所需經費，由中央政府編列
預算酌予補助。

老師的話

一、原住民族教育法施行細則第14條第1項所定實施民族教育，以採多樣化方
　　式，以正式授課為原則，並輔以相關課程及其他與原住民族文化有關之
　　教育活動。

二、原住民族教育法施行細則第14條第1項所定民族教育資源教室，以學校為
　　單位設立，必要時，得與鄰近數校聯合設立，或與部落合作辦理。

三、原住民族教育法施行細則第15條所定民族教育資源中心，其任務如下：
　　(一) 民族教育課程與教學之研發及推廣。
　　(二) 民族教育相關文物與資訊之蒐集、整理、建檔、展示及推廣。
　　(三) 民族教育之諮詢及輔導。
　　(四) 民族教育教學事項之協助。
　　(五) 其他有關民族教育事項之支援。

選擇題

( )　1. 依據原住民族教育法之規定，公費留學並應提供名額，保障培育原
　　　　住民之人才，其辦法由何機關定之： (A)教育部　(B)文建會
　　　　(C)原住民族委員會　(D)內政部。

( )　2. 高級中等以下學校於原住民學生就讀時，均應實施民族教育；其原住
　　　　民學生達一定人數或比例時，應設立： (A)部落資源教室　(B)民族
　　　　教育資源教室　(C)民族教育訓練教室　(D)原住民族學生資源中心。

解析

1.**A**。參考原住民族教育法第16條，其中中央主管教育行政機關即是指教
　　育部。

2.**B**。依據原住民族教育法第14條規定，高級中等以下學校於原住民學生
　　就讀時，均應實施民族教育；其原住民學生達一定人數或比例時，
　　應設立「民族教育資源教室」，進行民族教育及一般課業輔導。

申論題

依據原住民族教育法之規定，對於原住民高級中等以上學校之管理，有那些具體優待措施？

答 依據原住民族教育法第15條至18條之規定，對於原住民高級中等以上學校之管理，其具體優待措施如下：

(一) 保障名額：高級中等以上學校，應保障原住民學生入學及就學機會，必要時，得採額外保障辦理。

(二) 公費保障名額：公費留學並應提供名額，保障培育原住民之人才；其辦法，由中央主管教育行政機關定之。

(三) 設立科系：為發展原住民之民族學術，培育原住民高等人才及培養原住民族教育師資，以促進原住民於政治、經濟、教育、文化、社會等各方面之發展，政府應鼓勵大學設相關院、系、所、中心，其辦理與原住民教育相關事項，中央原住民族主管機關得編列預算酌予補助。

(四) 設立資源中心：大專校院之原住民學生達一定人數或比例者，各級政府應鼓勵設置原住民族學生資源中心，以輔導其生活及學業；其人數或比例，由中央原住民族主管機關會同中央主管教育行政機關公告之；所需經費，由中央政府編列預算酌予補助。

四、獎勵措施

(一) **補助及減免**：各級政府對於原住民學生就讀高級中等學校，應補助其助學金，就讀專科以上學校，應減免其學雜費；其補助、減免及其他應遵行事項之辦法，由各該主管教育行政機關定之。

(二) **教育獎助**：各級政府對於原住民學生應提供教育獎助，並採取適當優惠措施，以輔導其就學。

(三) **清寒救助**：各大專校院應就其學雜費收入所提撥之學生就學獎助經費，優先協助清寒原住民學生。

五、課程編選

(一) **教材多元**：各級各類學校相關課程及教材，應採多元文化觀點，並納入原住民各族歷史文化及價值觀，以增進族群間之瞭解及尊重。

(二) **族語學習**：各級政府對學前教育及國民教育階段之原住民學生，應提供學習其族語、歷史及文化之機會。

(三) **課程編選**：各級各類學校有關民族教育之課程發展及教材選編，應尊重原住民之意見，並邀請具原住民身分之代表參與規劃設計。

(四) **教材審議**：原住民族中、小學及原住民重點學校之民族教育教材，由直轄市、縣（市）民族教育審議委員會依地方需要審議之。

■▶ 老師的話 ◀■

一、各級政府對於原住民學生就讀高級中等學校，應補助其「助學金」，就讀專科以上學校，應「減免其學雜費」；對於原住民學生應提供「教育獎助」。

二、課程及教材，應採「多元文化」觀點，國民教育階段之原住民學生，應提供「學習其族語、歷史及文化」之機會；課程發展及教材選編，應「尊重原住民之意見」。

選擇題

( )　1. 各級政府對於原住民學生就讀高級中等學校，應有何種獎勵措施：(A)補助助學金　(B)減免其學雜費　(C)輔導就學　(D)教材免費。

( )　2. 各級各類學校相關課程及教材，應採何種觀點，並納入原住民各族歷史文化及價值觀：　(A)多元文化　(B)族群融合　(C)結合現代　(D)區分族群。

解析

1.**A**。依據原住民族教育法第19條規定，各級政府對於原住民學生就讀高級中等學校，應補助其「助學金」。

2.**A**。依據原住民族教育法第20條規定，各級各類學校相關課程及教材，應採「多元文化」觀點，並納入原住民各族歷史文化及價值觀。

六、師資培育

(一) **保障師資**：為保障原住民族教育師資之來源，各師資培育之大學招生，應保留一定名額予原住民學生，並得依地方政府之原住民族教育師資需求，提供公費名額或設師資培育專班。中央主管教育行政機關應視需要會商地方政府，協調師資培育之大學設公費原住民族教育師資培育專班。

(二) **專業選修**：原住民族教育師資應修習原住民族文化或多元文化教育課程，以增進教學之專業能力；其課程、學分、研習時數及其他應遵行事項之辦法，由行政院原住民族委員會會同教育部定之。

(三) **族語師資**：擔任族語教學之師資，應通過族語能力認證；其認證辦法，由**行政院原住民族委員會**定之。

(四) **優先聘任**：
1. 一般教師：原住民族中、小學、原住民教育班及原住民重點學校之專任教師甄選，應優先聘任原住民各族教師。
2. 校長或主任：原住民族中、小學及原住民重點學校主任、校長，應優先遴選原住民各族群中已具主任、校長資格者擔任。

(五) **支援教學**：各級各類學校為實施原住民族語言、文化及藝能有關之支援教學，得遴聘原住民族耆老或具相關專長人士；其認證辦法，由**行政院原住民族委員會**定之。

(六) **教育研習**：行政院原住民族委員會為提升原住民族教育師資之專業能力，得辦理民族教育研習工作。

◆■◆ 老師的話 ◆■◆

依原住民族教育法第23條規定，培育原住民族教育師資時，應依下列規定辦理：
一、直轄市及縣（市）政府每年應依實際需求，向中央主管教育行政機關提報所需原住民族教育師資培育名額，納入培育計畫規劃辦理。
二、公費培育之原住民族教育師資於取得合格教師證書後，由原提報名額之直轄市及縣（市）政府，分發學校任教，以履行其服務義務。

選擇題

（　）　1. 擔任族語教學之師資，應通過族語能力認證；其認證辦法，由何機關定之：　(A)教育部　(B)文建會　(C)原住民族委員會　(D)內政部。

（　）　2. 何機關為提升原住民族教育師資之專業能力，得辦理民族教育研習工作：　(A)教育部　(B)文建會　(C)原住民族委員會　(D)內政部。

解析

1.**C**。依據原住民族教育法第24條規定，擔任族語教學之師資，應通過族語能力認證，其認證辦法，由「中央原住民族主管機關」定之，其中央原住民族主管機關即為行政院原住民族委員會。

2.**C**。依據原住民族教育法第27條規定，「中央原住民族主管機關」為提升原住民族教育師資之專業能力，得辦理民族教育研習工作，其中央原住民族主管機關即為行政院原住民族委員會。

申論題

一、依原住民教育法之規定，針對一般教師、校長或主任之遴選，有何特殊之規定？試簡述之。

答 依據原住民族教育法第25條之規定：

(一)一般教師：原住民族中、小學、原住民教育班及原住民重點學校之專任教師甄選，應於當年度教師缺額一定比率聘任原住民各族教師；於本法中華民國一百零二年五月七日修正之條文施行後五年內，其聘任具原住民族身分之教師比率，應不得低於學校教師員額三分之一或不得低於原住民學生占該校學生數之比率。

前項教師缺額一定比率，由直轄市、縣（市）教育主管行政機關定之。

(二)校長或主任：原住民族中、小學及原住民重點學校主任、校長，應優先遴選原住民各族群中已具主任、校長資格者擔任。

教師、主任、校長之聘任或遴選辦法，由中央主管教育行政機關會同中央原住民族主管機關定之。

二、為保障原住民教育師資之來源，現行法令有何保障措施？試申論之。

答 (一) 保障師資：依據原住民族教育法第23條之規定，為保障原住民族教育師資之來源，各師資培育之大學招生，應保留一定名額予原住民學生，並得依地方政府之原住民族教育師資需求，提供公費名額或設師資培育專班。
中央主管教育行政機關應視需要會商地方政府，協調師資培育之大學設公費原住民族教育師資培育專班。

(二) 專業選修：依原住民族教育法第24條之規定，原住民族教育師資應修習原住民族文化或多元文化教育課程，以增進教學之專業能力；其課程、學分、研習時數及其他應遵行事項之辦法，由中央原住民族主管機關會同中央主管教育行政機關定之。

(三) 族語師資：依原住民族教育法第24條之規定，擔任族語教學之師資，應通過族語能力認證；其認證辦法，由中央原住民族主管機關定之。

(四) 優先聘任：依據原住民族教育法第25條之規定：
1. 一般教師：原住民族中、小學、原住民教育班及原住民重點學校之專任教師甄選，應於當年度教師缺額一定比率聘任原住民各族教師；於本法中華民國一百零二年五月七日修正之條文施行後五年內，其聘任具原住民族身分之教師比率，應不得低於學校教師員額三分之一或不得低於原住民學生占該校學生數之比率。
前項教師缺額一定比率，由直轄市、縣（市）教育主管行政機關定之。
2. 校長或主任：原住民族中、小學及原住民重點學校主任、校長，應優先遴選原住民各族群中已具主任、校長資格者擔任。
教師、主任、校長之聘任或遴選辦法，由中央主管教育行政機關會同中央原住民族主管機關定之。

(五) 支援教學：依原住民族教育法第26條之規定，各級各類學校為實施原住民族語言、文化及藝能有關之支援教學，得遴聘原住民族耆老或具相關專長人士；其認證辦法，由中央原住民族主管機關定之。

(六) 教育研習：依原住民族教育法第27條之規定，中央原住民族主管機關為提升原住民族教育師資之專業能力，得辦理民族教育研習工作。

(七)族語能力：原住民學生參與為保障原住民族教育師資來源而辦理之公開招生或校內甄選時，依原住民族教育法第三十一條第三項規定，應取得中級以上原住民族語言能力證明書。

歷年考題

(　　) **1** 有關原住民族教育保障的措施，下列敘述何者錯誤？　(A)公費留學應提供保障名額與學門，培育原住民族之人才　(B)大專校院設立原住民專班者，並得編列預算酌予補助　(C)各地方政府應建立常設性質之原住民族教育資源中心　(D)原住民幼兒申請就讀公立或非營利幼兒園享有優先權。　　　　　　　　　　　【108年原住民特考四等】

(　　) **2** 各級政府辦理原住民族教育，就原住民族教育法規定之原則與相關條文，下列何者錯誤？　(A)高級中等以下學校有關民族教育之規劃及實施，應諮詢當地原住民族、部落或其他傳統組織　(B)地方政府應設立任務編組性質之原住民族教育資源中心　(C)原住民族教育得委託原住民族、部落、傳統組織或非營利之機構、法人或團體辦理　(D)地方政府應定期辦理非原住民族地區原住民族幼兒教育資源及需求之調查。　　　　　　　　　　　【108年原住民特考五等】

(　　) **3** 依據原住民族教育法之規定，各級政府對於國民教育階段原住民重點學校之合併或停辦，應徵得設籍於該學區年滿幾歲原住民二分之一以上書面同意？　(A)16歲　(B)18歲　(C)20歲　(D)25歲。　　　　　　　　　　　【108年原住民特考五等】

(　　) **4** 按原住民族教育法之規定，下列敘述何者錯誤？　(A)維護民族尊嚴、延續民族命脈、增進民族福祉及促進族群共榮為原住民族教育目的　(B)推動原住民族教育應優先考量原住民族歷史正義及轉型正義之需求　(C)原住民族教育師資係指在原住民族學校、原住民重點學校或原住民教育班具原住民身分之師資　(D)高級中等教育階段之原住民重點學校聘任具原住民身分之教師比率，不得低於該校教師員額百分之五。　　　　　　　　　　　【108年原住民特考五等】

(　　) **5** 關於原住民學生升學保障，下列敘述何者錯誤？　(A)參加高級中等學校免試入學者，其超額比序總積分加10%計算　(B)參加四年制技術學院登記分發入學者，以加總分10%計算　(C)參加大學考試分發入學者，以加原始總分10%計算　(D)參加碩士班考試入學者，以加原始總分10%計算。　　　　　　　　　　【109年原住民特考三等】

(　　) **6** 原住民學生參與師資培育之大學公費生公開招生時，應取得如何等級以上之原住民族語言能力證明書？　(A)初級　(B)中級　(C)中高級　(D)高級。　　　　　　　　　　　　　　　　　【109年原住民特考三等】

(　　) **7** 關於原住民族民族教育教師之培育及資格，下列敘述何者正確？
(A)中央教育主管機關得協調師資培育之大學，辦理師資職前教育課程，提供於原住民重點學校或偏遠地區學校實際從事族語教學工作滿6學期且現職之族語老師進修機會
(B)師資職前教育課程成績及格，且具有大學畢業學歷、通過教師資格考試且修習教育實習成績及格者，由中央主管機關發給教師證書，但最近5年內於原住民重點學校或偏遠地區任族語教師滿6學期以上，表現優良、教學演示及格者，得免教育實習
(C)取得教師證書，並經公開甄選獲聘為高級中等以下原住民重點學校或偏遠地區學校編制內合格專任教師者，應於該等學校任教民族教育課程至少6年，始得提出申請介聘至非該等學校服務
(D)高級中等以下學校民族教育教師培育及資格之取得，不依師資培育法及其相關法規之規定辦理。　　　【109年原住民特考四等】

(　　) **8** 「原住民族教育法」是國內推動原住民族與多元文化教育之重要法制基礎，該法揭示「高級中等以上學校，應保障原住民學生入學及就學機會，必要時，得採額外保障辦理」，此種作法反映下列何種理念？　(A)人文關懷　(B)平等主義　(C)積極賦權行動　(D)差別待遇。　　　　　　　　　　　　　　　　　【105年原住民特考三等】

(　　) **9** 有關原住民族教育師資，下列敘述何者錯誤？　(A)指在原住民族學校授課之專任教師　(B)指在原住民族學校擔任3個月以上之代理代課教師　(C)指在原住民教育班授課之專任教師　(D)指在原住民重點學校擔任6個月以上之代理代課教師。　【106年原住民特考四等】

（　）**10** 依「原住民族教育法」第10條第2項所稱之原住民幼兒，係指下列何者？
(A)當學年度9月1日滿2歲至入國民小學前者　(B)當學年度9月1日滿3歲至入國民小學前者　(C)當學年度7月1日滿2歲至入國民小學前者　(D)當學年度7月1日滿3歲至入國民小學前者。　【106年原住民特考四等】

（　）**11** 教育行政機關對原住民重點學校之認定，下列何者為其認定標準？
(A)在原住民族地區，該校原住民學生需達學生總數1／4以上者
(B)在非原住民族地區，該校原住民學生人數需達80人以上者
(C)在非原住民族地區，該校原住民學生人數需達學生總數1／3以上者
(D)在原住民族地區設立之學校。　　　【106年原住民特考四等】

（　）**12** 政府輔導原住民設立各種性質之原住民合作社，係指該合作社原住民社員總人數達多少以上者？　(A)百分之六十　(B)百分之七十
(C)百分之八十　(D)百分之九十。　　　【106年原住民特考四等】

（　）**13** 原住民族中、小學及原住民重點學校之民族教育教材，由民族教育審議委員會依地方需要審議之，下列何者不屬之？
(A)原住民族委員會
(B)直轄市政府
(C)縣（市）政府
(D)市政府。　　　　　　　　　　　　【106年原住民特考五等】

（　）**14** 各級政府對應提供原住民學生學習其族語、歷史及文化之機會，不包括下列何階段？　(A)學前教育　(B)國民小學教育　(C)高級中學教育　(D)專科以上學校教育。　　　【106年原住民特考五等】

（　）**15** 關於原住民族各級各類學校相關課程之設置，下列敘述何者錯誤？
(A)採多元文化觀點，以增進族群間之尊重
(B)對國民教育階段之原住民學生，應提供學習第二外語之機會
(C)有關民族教育之課程發展，應尊重原住民之意見
(D)原住民重點學校之民族教育教材，由直轄市、縣（市）民族教育審議委員會審議。　　　【107年原住民特考三等】

解答及解析

1 (C)。依原住民族教育法第19條規定，地方政府應設立任務編組性質之原住民族教育資源中心，而非常設性質，故本題答(C)。

2 (A)。依原住民族教育法第12條規定，各級政府依本法辦理原住民族地區高級中等以下學校有關民族教育之規劃及實施，應諮詢當地原住民族、部落或其他傳統組織。僅限原住民族地區而非全國各地，故本題答(A)。

3 (C)。依原住民族教育法第10條規定，國民教育階段之原住民重點學校，於徵得設籍於該學區成年原住民二分之一以上書面同意，始得合併或停辦學校。故本題答(C)。

4 (C)。依原住民族教育師資修習原住民族文化及多元文化教育課程實施辦法第2條規定，該辦法所稱原住民族教育師資，指原住民族學校、原住民重點學校或原住民教育班之專任教師、專職原住民族語老師、教學支援工作人員或擔任六個月以上之代理代課教師、鐘點教師。並無身分限制，故本題答(C)。

5 (D)。依原住民學生升學保障及原住民公費留學辦法第3條規定，原住民學生升學保障僅限大學以下，不包含碩士班，故本題答(D)。

6 (B)。依師資培育公費助學金及分發服務辦法第4條規定，原住民學生參與各師資培育之公費生培育名額為保障原住民族教育師資來源而辦理之公開招生或校內甄選時，依原住民族教育法第三十一條第三項規定，應取得中級以上原住民族語言能力證明書，故本題答(B)。

7 (C)。依原住民族教育法第32條規定，中央教育主管機關得協調師資培育之大學，辦理師資職前教育課程，提供於原住民重點學校或偏遠地區學校實際從事族語教學工作滿四學期且現職之族語老師、族語教學支援工作人員或代理教師進修機會，並非6學期，故(A)錯；同條規定最近三年內於原住民重點學校或偏遠地區學校任族語老師、族語教學支援工作人員或代理教師累計滿四學期以上，表現優良，教學演示及格者，得免教育實習，是三年四學期，而非5年6學期，故(B)錯；同條規定取得教師證書，並經公開甄選獲聘任為高級中等以下原住民重點學校或偏遠地區學校編制內合格專任教師者，應於原住民重點學校或偏遠地區學校任教民族教育課程至少六年，始得提出申請介聘至非原住民重點學校或非偏遠地區學校服務，(C)正確；同條規定高級中等

以下學校民族教育教師培育及資格之取得，依師資培育法及其相關法規之規定辦理，是依師培法而非不依，故(D)錯。故本題答(C)。

8 **(C)**。原住民地區就業環境遠比平地人差，透過立法強制始能保障其就業權益，此乃積極賦權行動之精神。故依原住民族教育法第16條規定，高級中等以上學校，應保障原住民學生入學及就學機會，必要時，得採額外保障辦理，故本題答(C)。

9 **(B)**。依原住民族教育師資修習原住民族文化及多元文化教育課程實施辦法第2條規定，本辦法所稱原住民族教育師資，指原住民族學校、原住民教育班或原住民重點學校之專任教師或擔任六個月以上之代理代課教師。故本題答(B)。

10 **(A)**。原住民族教育法施行細則第5條規定，該法第十條第二項所稱原住民幼兒，指當學年度九月一日滿二歲至入國民小學前者。故本題答(A)。

11 **(C)**。依原住民族教育法施行細則第3條規定，本法第四條第六款所定原住民學生達一定人數或比例之中小學，在原住民族地區，指該校原住民學生人數達學生總數三分之一以上者；在非原住民族地區，指該校原住民學生人數達一百人以上或達學生總數三分之一以上，經各該主管教育行政機關視實際需要擇一認定者。故本題答(C)。

12 **(C)**。依原住民族工作權保障法第7條規定，原住民合作社，指原住民社員超過該合作社社員總人數百分之八十以上者。故本題答(C)。

13 **(A)**。依原住民族教育法第22條規定，原住民族中、小學及原住民重點學校之民族教育教材，由直轄市、縣（市）民族教育審議委員會依地方需要審議之。不包含原住民族委員會，故本題答(A)。

14 **(D)**。依原住民族教育法第21條規定，各級政府對學前教育及國民教育階段之原住民學生，應提供學習其族語、歷史及文化之機會。故本題答(D)。

15 **(B)**。依原住民族教育法第20條規定，各級各類學校相關課程及教材，應採多元文化觀點，並納入原住民各族歷史文化及價值觀，以增進族群間之瞭解及尊重。其中不包含提供第二外語的機會，故本題答(B)。

第三章　社會教育與民族研究

依據出題頻率分為：A頻率高 B頻率中 C頻率低

【課前提要】原住民族教育法明定政府應成立原住民民族推廣教育機構並補助經費；明定政府得設原住民民族教育研究發展機構或委託相關學校從事原住民民族教育課程、教材及教學之實驗、研究及評鑑並其規劃之執行應有多數比例之原住民代表參與；政府對於原住民學生提供優惠措施及輔導就學及就業；政府對各級主管教育行政機關從事原住民民族教育之機關或學校成績優良者，給與獎勵。相關法條與之前大為不同，考出的機率不小，茲因該法處處是重點，建議同學們熟讀該法。

本章重點分析

推廣教育 ★	1. 識字教育　　　　　2. 各級學校補習或進修教育 3. 民族技藝、特殊技能或職業訓練 4. 家庭教育　　　　　5. 語言文化教育 6. 人權教育　　　　　7. 婦女教育 8. 其他成人教育　　　9. 部落社區教育
文化傳播	1. 設置專屬頻道：成立財團法人原住民族文化事業基金會。★★ 2. 指定播送：行政院原住民族委員會於會商目的事業主管機關後指定之。★★ 3. 專屬網站：行政院原住民族委員會應於電腦網路中設置專屬網站。★★
設立文化中心	中央政府應視需要設置行政法人原住民族文化中心或博物館。
社會服務	結合公、私立機構及社會團體。
學術研究	1. 設立研究機構：研習以及其他有關原住民族教育發展事項。 2. 比例原則：應有多數比例之具有原住民身分代表參與。
獎勵有功	各級政府對於從事民族教育之學校、機構、團體及人員，其成效優良者，應予獎助。

課文精讀

一、推廣教育

地方政府得設立或輔導民間設立原住民族推廣教育機構，提供原住民下列教育：

(一) **識字教育。（中央政府全額補助）**

(二) **各級學校補習或進修教育。（中央政府全額補助）**

(三) 民族技藝、特殊技能或職業訓練。

(四) 家庭教育。　　(五) 語言文化教育。　　(六) 部落社區教育。

(七) 人權教育。　　(八) 婦女教育。　　(九) 其他成人教育。

━━━━━━━ 老師的話 ━━━━━━━

地方政府得設立或輔導民間設立原住民族推廣教育機構，提供原住民教育部分，全額補助者為識字教育及各級學校補習或進修教育二項，其餘項目均酌情補助。

選擇題

( )　1. 依據原住民族教育法規定，地方政府得設立或輔導民間設立原住民族推廣教育機構，提供原住民教育，下列何者為非：　(A)語言文化教育　(B)人權教育　(C)民族技藝、特殊技能或職業訓練　(D)兩性平權教育。

( )　2. 依據原住民族教育法規定，地方政府得設立或輔導民間設立原住民族推廣教育機構，提供原住民教育，下列何者屬中央全額補助：
(A)各級學校補習或進修教育　(B)民族技藝、特殊技能或職業訓練
(C)家庭教育　(D)語言文化教育。

解析

1.**D**。參考原住民族教育法第28條。

2.**A**。參考原住民族教育法第28條。

二、文化傳播

(一) **設置專屬頻道**：為設置原住民族專屬頻道及經營文化傳播媒體事業，以傳承原住民族文化教育，行政院原住民族委員會應編列經費及接受私人或法人團體之捐助，成立財團法人原住民族文化事業基金會；其董事、監察人之人數，原住民各族代表不得少於**三分之一。（原住民族教育法第29條）**
依「**財團法人原住民族文化事業基金會設置條例**」第9條規定，原住民族代表，各不得少於董事、監察人人數之**二分之一**。

(二) **指定播送**：財團法人原住民族文化事業基金會成立前，**原住民族委員會**於會商目的事業主管機關後，得指定公共電視、教育廣播電台及有線廣播電視系統經營者提供時段或頻道，播送原住民族節目。

(三) **專屬網站**：**原住民族委員會**應於電腦網路中設置專屬網站。

(四) **本基金會之業務範圍如下**：
1. 原住民族廣播、電視專屬頻道之規劃、製播、經營及普及服務。
2. 原住民族文化及傳播出版品之發行及推廣。
3. 原住民族文化傳播網站之建置及推廣。
4. 原住民族文化、語言、藝術、傳播等活動之輔導、辦理及贊助。
5. 原住民族文化、語言、藝術及傳播等工作者之培育及獎助。
6. 其他與原住民族文化、語言、藝術事業及傳播媒體有關之業務。
原住民族廣播、電視專屬頻道所需用之電波頻率，由中央目的事業主管機關會同主管機關規劃分配之。
本基金會得委託經營無線電視之機構播送原住民族電視臺之節目及廣告，不受廣播電視法第4條第2項及公共電視法第7條第2項規定之限制。

三、設立文化中心

(一) 中央政府應視需要設置行政法人原住民族文化中心或博物館，必要時，得以既有收藏原住民族文物之博物館辦理改制。

(二) 從事前述文化事務之相關人員，應熟悉原住民族語言文化，並應優先進用具有原住民身分之相關專業人員。

━━ • ■ ━ 老師的話 ━ ■ • ━━

一、有關設置原住民族專屬頻道及經營文化傳播媒體事業，成立財團法人
原住民族文化事業基金會，其董事、監察人之人數，原住民各族代表人
數，在「原住民族教育法」為不得少於三分之一，在「財團法人原住
民族文化事業基金會設置條例」為二分之一。依特別法優於普通法的原
則，如果考題沒有特別說明，應以「財團法人原住民族文化事業基金會
設置條例」規定作答。

二、「財團法人原住民族文化事業基金會設置條例」是在98年5月17日頒定，
故相關歷屆考題如果是在這個時間之前考出的話，原住民各族代表不得
少於三分之一是正確答案。

選擇題

(　)　1. 依原住民族教育法規定，為設置原住民族專屬頻道及經營文化傳播
媒體事業，中央原住民族主管機關應編列經費及接受私人或法人團
體之捐助，成立財團法人原住民族文化事業基金會，其董事、監
察人之人數，原住民各族代表不得少於多少：　(A)1/4　(B)1/3
(C)1/2　(D)2/3。

(　)　2. 下列何者非屬法定傳播系統應提供時段或頻道，播送原住民族節
目：(A)公共電視　(B)教育廣播電台　(C)有線廣播電視系統經營
者　(D)原住民廣播電台。

解析

1.**B**。參考原住民族教育法第29條。

2.**D**。依據原住民族教育法第29條規定，公共電視、教育廣播電台及有線
廣播電視系統經營者應提供時段或頻道，播送原住民族節目。

申論題

> **依原住民族教育法規定，財團法人原住民族文化事業基金會應如何成立？試簡述之。**

答 依據「原住民族教育法」第29條規定，為設置原住民族專屬頻道及經營文化傳播媒體事業，以傳承原住民族文化教育，行政院原住民族委員會應編列經費及接受私人或法人團體之捐助，成立財團法人原住民族文化事業基金會；其董事、監察人之人數，原住民各族代表不得少於三分之一。

四、社會服務

各級各類學校及社會教育文化機構應依據原住民族需要，結合公、私立機構及社會團體，提供原住民社會教育及文化活動機會，並加強其家庭教育。

五、學術研究

(一) 設立研究機構：各級政府得設民族教育研究發展機構或委託相關學校、學術機構、團體，從事民族教育課程、教材及教學之實驗、研究及課前提要。

(二) 重點性、研習以及其他有關原住民族教育發展事項。

(三) 比例原則：原住民族教育之各項實驗、研究及課前提要。

(四) 重點性，其規劃與執行，應有多數比例之具有原住民身分代表參與。

六、獎勵有功

各級政府對於從事民族教育之學校、機構、團體及人員，其成效優良者，應予獎助。

━━●▪ 老師的話 ▪●━━

原住民族教育法第29條至34條，多屬宣示性質的教條，考試的價值應屬不高，惟該法暗藏許多立法依據，相信日後會有許多辦法及執行要點隨之而出，值得觀察。

選擇題

( )　1. 中央政府應視需要設置行政法人原住民族文化中心或博物館，其事務之相關人員，應熟悉原住民族語言文化，並以何種身分者優先進用：　(A)具有原住民身分者　(B)具有原住民相關專業知識者　(C)具有原住民身分之相關專業人員　(D)已從事原住民相關事務之現職人員。

( )　2. 各依據原住民族教育法規定，各級政府得設民族教育研究發展機構從事原住民族教育之各項實驗、研究及評鑑，其規劃與執行，應有多少比例之具有原住民身分代表參與：　(A)1/3　(B)1/2　(C)2/3　(D)多數比例。

解析

1. **C**。依據原住民族教育法第30條規定，中央政府應視需要設置行政法人原住民族文化中心或博物館，必要時，得以既有收藏原住民族文物之博物館辦理改制；其組織，另以法律定之。從事前項事務之相關人員，應熟悉原住民族語言文化，並應優先進用「具有原住民身分之相關專業人員」。

2. **D**。依據原住民族教育法第32條規定，參與原住民族教育之各項實驗、研究及評鑑，其規劃與執行，應有「多數比例」之具有原住民身分代表參與，至於多數比例究係多少，該法亦無明文。

歷年考題

( )　**1** 為促進原住民族及多元文化教育相關課程或活動，原住民族教育法規定應規劃實施者，下列何者不在其中？　(A)政府機關　(B)公營事業機構　(C)政府捐助基金累計超過百分之五十之財團法人　(D)政府採購得標廠商於國內員工總人數逾一百人者。　【108年原住民特考五等】

( )　**2** 主管機關接受個人或團體提報原住民族文化資產，下列何者非原住民族文化資產處理辦法所規定之審查程序？　(A)會同原住民族主管機關、相關原住民族、部落或其他傳統組織及利益團體，進行現場勘查

或訪查　(B)通知資產所有權人陳述意見　(C)辦理公聽會、說明會或其他適當方式諮商所屬原住民族、部落或其他傳統組織　(D)作成是否列冊追蹤之決定並通知提報人　【109年原住民特考三等】

( ) 3 原住民族委員會為推展臺灣原住民族國際參與，以促進當代原住民族議題的學習與掌握，積極貢獻與分享發展經驗，提昇臺灣原住民族國際能見度及擴展我國國際活動空間，特訂定促進原住民族國際交流補捐助實施要點。下列敘述何者錯誤？　(A)申請人應於活動開始之日十四日前，檢附本要點規定之相關文件（連同電子檔）向原住民族委員會提出申請　(B)本要點之補（捐）助係以參與原住民族人權、土地權、自治權、教育文化權、智慧財產權、社會權等權利面向之國際會議、研討會、論壇、工作坊之活動為限　(C)本要點之補（捐）助係以參與各原住民族面向之權利、原住民族傳統醫療、社會福利與發展、健康促進與發展、生物多樣性、聯合國及其相關原住民族國際活動、前往與原住民族委員會簽署原住民族事務合作瞭解備忘錄之國家進行交流事項、原住民族產業、經貿及科技等國際活動、非政府組織間之交流活動或其他符合原住民族委員會要點宗旨、配合政策推動方向並經認可之國際會議、研討會、論壇、工作坊或其他經原住民族委員會認可之方式進行活動　(D)本要點之補（捐）助不限於具有法定原住民族身分個人　【109年原住民特考四等】

( ) 4 關於原住民族教育師資之規定，下列敘述何者錯誤？　(A)各師資培育大學於招生時應保留一定名額予原住民學生，同時應提供公費名額或設置師資培育專班　(B)原住民族教育師資不論是否為原住民學生，均應修習原住民族文化或多元文化教育課程　(C)各級各類學校為實施原住民族語言、文化及藝能有關之支援教學，得遴聘不具教師資格之原住民族耆老或具相關專長人士擔任　(D)原住民族中、小學及原住民重點學校主任、校長，應優先遴選原住民各族群中已具主任、校長資格者擔任。　【105年原住民特考四等】

( ) 5 下列何項原住民社會教育之費用由中央政府全額補助？
(A)識字、補習或進修教育
(B)民族技藝或職業訓練
(C)語言文化教育
(D)人權教育。　【102年原住民特考三等】

( ) **6** 高級中等以下學校辦理原住民學生住宿，其住宿及伙食費用，由中央政府編列預算，其補助為何？　(A)補助1／4　(B)補助1／3　(C)補助1／2　(D)補助全額。　　　　　　　　【106年原住民特考四等】

( ) **7** 政府輔導原住民取得專門職業資格及技術士證照，旨在保障原住民族之何項基本權？　(A)人身自由　(B)居住自由　(C)財產權　(D)工作權。　　　　　　　　　　　　　【107年原住民特考三等】

解答及解析

1 (D)。依原住民族教育法第43條規定，政府機關、公營事業機構及政府捐助基金累計超過百分之五十之財團法人，應規劃實施原住民族及多元文化教育相關課程或活動，並鼓勵其員工參與。不包含得標廠商之員工人數，故本題答(D)。

2 (B)。依原住民族文化資產處理辦法第7條規定，主管機關依本法普查或接受個人、團體提報具原住民族文化資產價值者，應辦理下列審查程序：一、會同原住民族主管機關、相關原住民族、部落或其他傳統組織及利益團體，進行現場勘查或訪查。二、辦理公聽會、說明會或其他適當方式諮商所屬原住民族、部落或其他傳統組織。三、作成是否列冊追蹤之決定並通知提報人。其中不包含通知資產所有人陳述意見，故本題答(B)。

3 (B)。依促進原住民族國際交流補捐助實施要點第2點規定，依該要點

之補（捐）助係以參與下列主題，並以國際會議、研討會、論壇、工作坊或其他經本會認可之方式進行之活動為限，少了最後一句話，故本題答(B)。

4 (A)。依原住民族教育法第23條規定，為保障原住民族教育師資之來源，各師資培育之大學招生，應保留一定名額予原住民學生，並得依地方政府之原住民族教育師資需求，提供公費名額或設師資培育專班。故公費名額或設師資培育專班是有條件限制，故本題答(A)。

5 (A)。依「原住民族教育法」第28條規定，地方政府得設立或輔導民間設立原住民族推廣教育機構，提供原住民下列教育：一、識字教育。二、各級學校補習或進修教育。三、民族技藝、特殊技能或職業訓練。四、家庭教育。五、語言文化教育。六、部落社區教育。七、人權教育。八、婦女教育。九、其他

成人教育。前項第一款及第二款教育之費用，由中央政府全額補助，其他各款視需要補助之。

6 (D)。依原住民族教育法第12條，高級中等以下學校得辦理原住民學生住宿，由生活輔導人員管理之；其

住宿及伙食費用，由中央政府編列預算全額補助。故本題答(D)。

7 (D)。依原住民族工作權保障法第15條規定，中央主管機關對原住民取得技術士證照者，應予獎勵，以確保並提升其專業技能。故本題答(D)。

Notes

第四章　語言認證

依據出題頻率分為：A頻率高 B頻率中 C頻率低

【課前提要】語言乃是形成一個民族最重要的因素，尤其原住民間並沒有文字傳述，故語言的傳承更顯得重要，在原住民族基本法通過，未來相關的考試將會增列語言認證一項，而語言認證將會持續是個大熱門。

本章重點分析

規劃機制	1. 規劃單位：原住民族委員會。★ 2. 委託辦理：委託學校或民間團體。
認證級別	初級、中級、高級、優級。★★
認證方式	測驗、審查。★★★
成績計算	主管機關公告。
證書發給	通過認證者，由主管機關發給族語能力證明。

課文精讀

一、原住民族語言能力認證辦法

(一) **法源**：原住民族教育法第24條第2項。

(二) **定義**：原住民族語言能力指對原住民族語言聽、說、讀、寫之能力。

(三) **主管機關**：原住民族委員會。

(四) **委託辦理**：族語能力認證得委託學校或民間團體辦理認證工作。

法規一點靈

原住民族
語言能力
認證辦法

(五) **認證級別**：初級、中級、高級及優級。參加族語能力認證者，不受國籍、族別及年齡之限制，得擇前條任一等級認證。

(六) **認證方式**：測驗、審查。

(七) **認證標準**：族語能力認證之語言別、方式、範圍、配分及合格標準，由主管機關公告之。

(八) **證書內容**：

族語能力認證合格者，由主管機關發給族語能力證明書，並載明下列事項：

1. 合格人員之姓名及其身分證明文件字號。
2. 主管機關、發文字號及年、月、日。
3. 認證之語言別及其認證等級。

二、語言發展

(一) **依據**：原住民族語言為國家語言，為實現歷史正義，促進原住民族語言之保存與發展，保障原住民族語言之使用及傳承，依憲法增修條文第十條第十一項及原住民族基本法第九條第三項規定，特制定原住民族語言發展法。

(二) **定義**：

1. 原住民族語言：指原住民族傳統使用之語言及用以記錄其語言之文字、符號。
2. 原住民族文字：指用以記錄原住民族語言之書寫系統。
3. 原住民族語言能力：指使用原住民族語言聽、說、讀、寫、譯之能力。
4. 原住民族地方通行語（以下簡稱地方通行語）：指原住民族地區使用之原住民族語言。
5. 原住民族文字或地方通行語，應由中央主管機關會商原住民族或部落公告之。

(三) **主管機關**：本法所稱主管機關，在中央為原住民族委員會；在直轄市為直轄市政府；在縣（市）為縣（市）政府。

(四) **召集人及代表**：

1. 中央及地方主管機關應以首長為召集人，定期邀集學者專家、原住民族代表及有關機關代表，審議、諮詢及推動原住民族語言發展政策事項。
2. 前項原住民族代表，在中央主管機關各族應至少一名，在地方主管機關具原住民設籍人口之民族應至少一名；且原住民族代表不得少於代表總人數三分之二；單一性別比例不得少於三分之一。

(五) **推廣人員：**

直轄市、縣（市）政府、原住民族地區及原住民人口一千五百人以上之非
原住民族地區之鄉（鎮、市、區）公所，應置專職原住民族語言推廣人
員。前項語言推廣人員資格、訓練、設置、實施方式及其他相關事項之辦
法，由中央主管機關定之。

(六) **一般事項：**

1. 中央主管機關應協助原住民族各族設立族語推動組織。

2. 中央主管機關應訂定原住民族語言發展政策，並優先復振瀕危語言。前
   項所稱瀕危語言，由中央主管機關公告之。

3. 中央及地方主管機關應積極於家庭、部落、工作場所、集會活動及公共
   場所推動使用原住民族語言，以營造原住民族語言使用環境。

4. 中央主管機關應會商原住民族各族研訂原住民族語言新詞；並應編纂原
   住民族語言詞典，建置原住民族語言資料庫，積極保存原住民族語料。

5. 中央主管機關應定期辦理原住民族語言能力及使用狀況之調查，並公布
   調查結果。教育主管機關應配合中央主管機關，協助調查各級學校學生
   原住民族語言能力及使用狀況。

6. 中央主管機關應辦理原住民族語言能力認證，並免徵規費。前項認證辦
   法，由中央主管機關另定之。

7. 政府應規劃與推動原住民族語言之國際交流政策。

8. 政府機關（構）處理行政、立法事務及司法程序時，原住民得以其原住
   民族語言陳述意見，各該政府機關（構）應聘請通譯傳譯之。中央主管
   機關應建立原住民族語言人才資料庫，提供各級政府機關（構）視需要
   聘請之。

9. 原住民族地區之政府機關（構）、學校及公營事業機構，得以地方通行
   語書寫公文書。

10. 原住民族地區之大眾運輸工具及場站，目的事業主管機關應增加地方通
    行語之播音。非原住民族地區之大眾運輸工具及場站，目的事業主管機
    關得視當地原住民族特性與需要，辦理前項事項。

11. 原住民族地區之政府機關（構）、學校及公營事業機構，應設置地方通
    行語之標示。於原住民族地區內之山川、古蹟、部落、街道及公共設
    施，政府各該管理機關應設置地方通行語及傳統名稱之標示。前二項標
    示設置之項目、範圍及方式，由中央主管機關公告之。

12. 中央主管機關應以原住民族語言出版與原住民族事務相關之法令彙編。前項法令彙編，中央主管機關應依政府資訊公開法公告之。
13. 中央主管機關、中央教育主管機關、中央衛生福利主管機關及直轄市、縣（市）主管機關，應提供原住民嬰幼兒學習原住民族語言之機會。
14. 學校應依十二年國民基本教育本土語文課程綱要規定，提供原住民族語言課程，以因應原住民學生修習需要，並鼓勵以原住民族語言進行教學。
15. 中央教育主管機關應鼓勵各大專校院開設原住民族語言課程，及設立與原住民族語言相關之院、系、所、科或學位學程，以培育原住民族語言人才。
16. 直轄市、縣（市）主管機關應開設原住民族語言學習課程，供民眾修習。
17. 中央教育主管機關應培訓原住民族語老師，並協助直轄市、縣（市）主管機關以專職方式聘用為原則。前項原住民族語老師資格及聘用辦法，由中央教育主管機關會同中央主管機關定之。
18. 政府捐助之原住民族電視及廣播機構，應製作原住民族語言節目及語言學習課程，並出版原住民族語言出版品。前項原住民族語言節目及課程使用原住民族語言之比例，不得低於該機構總時數之百分之五十。
19. 中央及地方主管機關應協助、獎勵及補助電影、電視、廣告及廣播使用原住民族語言播出。
20. 中央主管機關為辦理原住民族語言研究發展等事項，應編列經費及接受私人、法人或團體之捐助，成立財團法人原住民族語言研究發展基金會。前項基金會組織設置及相關事項，另以法律定之。
21. 中央主管機關應補助與獎勵原住民族語言保存及發展研究工作；其補助及獎勵對象、基準、申請程序及其他應遵行事項之辦法，由中央主管機關定之。

(七) **公職考試與工作權保障：**
1. 本法施行三年後，原住民參與公務人員特種考試原住民族考試、公費留學考試，應取得原住民族語言能力認證。
2. 原住民族專責機關（構、單位）之公務人員未取得原住民族語言能力認證者，每年應修習原住民族語言；其修習時數，由中央主管機關定之。
3. 原住民族專責機關（構、單位）之公務人員未取得原住民族語言能力認證者，每年應修習原住民族語言；其修習時數，由中央主管機關定之。
4. 政府機關（構）、公立學校及公營事業機構依原住民族工作權保障法進用人員時，應優先僱用具原住民族語言能力者。

三、語言推廣

(一) **依據**：原住民族語言推廣人員設置辦法依原住民族語言發展法第五條第二項規定訂定之。

(二) **名詞定義**：本辦法所稱原住民族語言推廣人員（以下簡稱語推人員），指於直轄市、縣（市）政府、原住民族地區及原住民人口一千五百人以上之非原住民族地區鄉（鎮、市、區）公所，專職辦理第四條規定工作項目之人員。

(三) **資格**：語推人員應具原住民族委員會（以下簡稱本會）原住民族語言能力認證考試或原住民族語言能力認證測驗高級以上合格證書。

(四) **語推人員應辦理工作項目如下：**
1. 推廣原住民族語言使用。
2. 推動原住民族語言學習。
3. 保存原住民族語言語料。
4. 其他原住民族語言振興工作。

(五) **推廣人員設置：**
1. 直轄市、縣（市）政府擇設籍原住民人口民族別置語推人員一人。
2. 非原住民族地區鄉（鎮、市、區）公所擇最多設籍原住民人口民族別置語推人員一人。
3. 原住民族地區鄉（鎮、市、區）公所語推人員，依本會公告當地原住民族地方通行語別置語推人員一人至數人。
4. 各直轄市、縣市政府、鄉（鎮、市、區）公所聘用語推人員，應公開甄選，並應檢附擬聘人員資格文件函送本會核定。語推人員聘期，最長為一年，期滿經考核通過者，得續聘之。
5. 各直轄市、縣市政府、鄉（鎮、市、區）公所聘用語推人員，應公開甄選，並應檢附擬聘人員資格文件函送本會核定。語推人員聘期，最長為一年，期滿經考核通過者，得續聘之。

(六) **在職訓練**：語推人員應參加本會或地方政府辦理之新進或在職訓練。

選擇題

( )　1. 依原住民族語言能力認證辦法規定，族語能力之認證全部應包含下列何種方式：　(A)筆試　(B)薦舉　(C)口試　(D)測驗及審查。

( )　2. 依原住民族語言能力認證辦法規定，原住民年滿幾歲，始得參加：(A)55歲　(B)60歲　(C)65歲　(D)無限制。

解析

1. **D**。依原住民族語言能力認證辦法第6條規定，族語能力之認證方式，包括測驗及審查。

2. **D**。依原住民族語言能力認證辦法第5條規定，參加族語能力認證者，不受年齡之限制。

歷年考題

( )　**1** 依據原住民族語言發展法的規定，下列敘述何者錯誤？

(A)本法施行三年後，原住民參與公務人員特種考試原住民族考試、公費留學考試，應取得原住民族語言能力認證

(B)原住民族專責機關之公務人員若未取得原住民族語言能力之認證者，每年應修習原住民族語言

(C)政府捐助之原住民族電視製作之原住民族語言節目及課程，不得低於該機構總時數百分之六十

(D)中央主管機關為辦理原住民族語言研究發展事項，應設財團法人原住民族語言研究發展基金會。　【108年原住民特考四等】

( )　**2** 有關原住民族語老師之聘用，下列敘述何者正確？

(A)以專案方式聘用為原則

(B)以專職方式聘用為原則

(C)聘用辦法由中央教育主管機關定之

(D)聘用辦法由地方教育主管機關定之。　【108年原住民特考四等】

（　　）**3** 賽夏族的Umin想要報考族語認證，依據原住民族語言能力認證辦法
　　　　規定，他可以選擇報考的級別有那些？　(A)初級、中級、高級
　　　　(B)初級、中級、中高級、高級　(C)初級、中級、高級、優級
　　　　(D)初級、中級、中高級、高級、優級。　【108年原住民特考五等】

（　　）**4** 依原住民族語言發展法，原住民族語言之定義為何？　(A)指原住民
　　　　族傳統使用之語言及用以記錄其語言之文字、符號　(B)指用以記錄
　　　　原住民族語言之書寫系統　(C)指原住民族地區使用之語言　(D)指
　　　　原住民族傳統使用之語言。　　　　　　　　【108年原住民特考五等】

（　　）**5** 下列何項任務，非屬大專校院原住民族學生資源中心之設置目的？
　　　　(A)原住民族學生就業輔導
　　　　(B)原住民族學生生涯發展輔導
　　　　(C)提供民族教育課程活動
　　　　(D)原住民族學生經濟援助。　　　　　　　【108年原住民特考五等】

（　　）**6** 財團法人原住民族語言研究發展基金會董事、監察人之原住民代表
　　　　比例，各不得少於多少比例？　(A)二分之一　(B)三分之一　(C)三
　　　　分之二　(D)四分之三。　　　　　　　　　【108年原住民特考五等】

（　　）**7** 財團法人原住民族語言研究發展基金會之工作人員，除會計相關人
　　　　員外，應具備那一等級以上原住民族語言能力認證資格？　(A)初
　　　　級　(B)中級　(C)中高級　(D)高級。　　　【108年原住民特考五等】

（　　）**8** 財團法人原住民族語言研究發展基金會之主管機關，下列何者正確？
　　　　(A)教育部
　　　　(B)文化部
　　　　(C)內政部
　　　　(D)原住民族委員會。　　　　　　　　　　【108年原住民特考五等】

（　　）**9** 依據原住民族語言發展法之規定，原住民族語言能力，不包括下列
　　　　何者？　(A)畫　(B)聽　(C)說　(D)譯。　【108年原住民特考五等】

（ ）**10** 非原住民族地區之鄉（鎮、市、區）公所，其轄區原住民人口達多少人以上，應置專職原住民族語言推廣人員？ (A)1千人 (B)1千5百人 (C)2千人 (D)2千5百人。 【108年原住民特考五等】

（ ）**11** 依據原住民族語言發展法之規定，應設置地方通行語標示之機關（構）及學校，不包括下列何者？ (A)國軍退除役官兵輔導委員會清境農場 (B)內政部營建署太魯閣國家公園管理處 (C)交通部觀光局西拉雅國家風景區管理處 (D)交通部觀光局花東縱谷國家風景區管理處。 【108年原住民特考五等】

（ ）**12** 關於原住民族語言保存與發展之促進，保障其語言之使用及傳承，下列敘述何者錯誤？ (A)原住民人口1500人以上之非原住民族地區之鄉（鎮、市、區）公所，應置專職原住民族語言推廣人員 (B)政府捐助之原住民族電視及廣播機構，製作原住民族語言節目及課程使用原住民族語言之比例，不得低於該機構總時數之50% (C)原住民族語言發展法第25條規定，本法施行5年後，原住民參與公費留學考試，應取得原住民族語言能力認證 (D)中央主管機關應辦理原住民族語言能力認證，並免徵規費。 【109年原住民特考四等】

（ ）**13** 依原住民族語言發展法，原住民族地方通行語（地方通行語），係指原住民族地區使用之原住民族語言。下列何者非原住民族委員會公告於臺東縣臺東市使用之地方通行語？ (A)阿美語 (B)卑南語 (C)魯凱語 (D)排灣語。 【109年原住民特考五等】

（ ）**14** 鄒族的Voyu高興說他通過了族語能力認證，依據原住民族語言能力認證辦法規定，他的認證級別不可能為下列何者？ (A)初級 (B)中高級 (C)優級 (D)佳級。 【109年原住民特考五等】

解答及解析

1 (C)。依原住民族語言發展法第23條規定，原住民族語言節目及課程使用原住民族語言之比例，不得低於該機構總時數之百分之五十，非百分之六十，故本題答(C)。

2 (B)。依原住民族語言發展法第22條規定，中央教育主管機關應培訓原住民族語老師，並協助直轄市、縣（市）主管機關以專職方式聘用為原則，專職非專案，故(A)錯誤、(B)正確；同條文規定，原住民族語老師資格及聘用辦法，由中央教育主管機關會同中央主管機關定之，故(C)、(D)。均錯。故本題答(B)。

3 (D)。依原住民族語言能力認證辦法第4條規定，族語能力認證分為初級、中級、中高級、高級及優級，故本題答(D)。

4 (A)。依原住民族語言發展法第2條規定，原住民族語言係指原住民族傳統使用之語言及用以記錄其語言之文字、符號，故本題答(A)。

5 (D)。依教育部補助大專校院原住民族學生資源中心要點第1條規定，教育部及原住民族委員會為執行原住民族教育法第二十五條規定，鼓勵大專校院設置原住民族學生資源中心，並指定專責人員，提供原住民學生生活、課業及就業輔導、生涯發展、民族教育課程活動等各項協助；及設置區域原資中心，建立區域內學校聯繫、資源分享平臺，提供諮詢及經驗交流，特訂定本要點。其中不包含經濟援助，故本題答(D)。

6 (A)。依財團法人原住民族語言研究發展基金會設置條例第8條規定，董事、監察人之原住民代表比例，各不得少於二分之一，故本題答(A)。

7 (B)。依財團法人原住民族語言研究發展基金會設置條例第15條規定，該基金會之工作人員，除會計相關人員外，應具備原住民族語言能力認證中級以上資格，故本題答(B)。

8 (D)。依財團法人原住民族語言研究發展基金會設置條例第15條規定，該基金會之主管機關為原住民族委員會，故本題答(D)。

9 (A)。依原住民族語言能力認證辦法第2條規定，原住民族語言能力（以下簡稱族語能力）指對原住民族語言聽、說、讀、寫之能力，不包含畫，故本題答(A)。

10 (B)。依原住民族語言推廣人員設置辦法第2條規定，該辦法所稱原住民族語言推廣人員（以下簡稱語推人員），指於直轄市、縣（市）政府、原住民族地區及原住民人口一千五百人以上之非原住民族地區鄉（鎮、市、區）公所，專職辦理第四條規定工作項目之人員，故本題答(B)。

11 (C)。依原住民族語言發展法第16條規定，原住民族地區之政府機關（構）、學校及公營事業機構，應設置地方通行語之標示。其中西拉雅國家風景管理處住於臺南市官田區，非屬政府公告之原住民族地區，故本題答(C)。

12 (C)。依原住民族語言發展法第25條規定，該法施行三年後，原住民

參與公務人員特種考試原住民族考試、公費留學考試，應取得原住民族語言能力認證。三年而非五年，故本題答(C)。

13 **(C)**。依原住民族語言發展法第2條規定，原民會於106年10月12日正式公告全台55個原住民族地區的地方通行語，其中臺東市為魯凱語，故本題答(C)。

14 **(D)**。依原住民族語言能力認證辦法第4條規定，族語能力認證分為初級、中級、中高級、高級及優級，不含佳級，故本題答(D)。

Notes

第五章　升學與留學

依據出題頻率分為：A頻率高 B頻率中 C頻率低

【課前提要】本章原應屬第二章就學、課程設立與師資之範圍，惟原住民學生升學保障及原住民公費留學辦法內容重點極多，有另闢單獨章節講解之必要。

本章重點分析

招生優待	高級中等學校或五專★	1. 參加免試入學者，其超額比序總積分加百分之十計算。但取得原住民文化及語言能力證明者，超額比序總積分加百分之三十五計算。 2. 參加特色招生學科考試分發入學者，依其採計成績，以加總分百分之十計算。但取得原住民文化及語言能力證明者，以加總分百分之三十五計算。 3. 參加特色招生術科甄選入學者，依其採計成績，以加總分百分之十計算。
	技術校院四年制、二年制或專科學校二年制	1. 參加登記分發入學者，以加總分百分之十計算。但取得原住民文化及語言能力證明者，以加總分百分之三十五計算。★ 2. 參加登記分發入學以外之其他各類方式入學者，由各校酌予考量優待。★
	大學	1. 參加考試分發入學者，依其採計考試科目成績，以加原始總分百分之十計算。但取得原住民文化及語言能力證明者，以加原始總分百分之三十五計算。 2. 參加考試分發入學以外之其他方式入學者，由各校酌予考量優待。

優待 限制	1. 原住民學校經依本辦法規定註冊入學後再轉校（院）轉系（科）者，不得再享受本辦法之優待。 2. 前項學生入學後因志趣不合或學習適應困難者，原肄業學校應輔導協助轉系。
入學 申請 ★	1. 資格審查：以原住民身分報考高級中等以上學校者，其報考資格之審查，招生單位應連結中央主管教育行政機關電子查驗系統，取得當事人戶籍資料，作為辨識、審查之依據。招生單位未能連結前項電子查驗系統，或原住民身分尚待查驗時，招生單位得要求當事人提供全戶戶口名簿影本或三個月內申請之其他戶籍資料證明文件，並應明定於招生簡章。 2. 報表製作：各招生單位於招生放榜後，應將原住民學生報考及錄取人數編製統計表報請主管教育行政機關及原住民主管機關備查。
主管 機關	原住民報考中央主管教育行政機關舉辦之公費留學考試，其報考資格、成績計算、錄取基準及其他應遵行之事項，由教育部及行政院原住民族委員會定之。

課文精讀

一、招生優待

(一) 原住民學生參加高級中等以上學校新生入學，除博士班、碩士班、學士後各學系招生不予優待外，依下列規定辦理；其入學各校之名額採外加方式辦理，不占各級主管教育行政機關原核定各校（系、科）招生名額：

法規一點靈

原住民學生
升學保障及
原住民公費
留學辦法

1. 高級中等學校、專科學校五年制：

(1) 參加免試入學者，其超額比序總積分加**百分之十**計算。但取得原住民文化及語言能力證明者，超額比序總積分加百分之三十五計算。

(2) 參加特色招生學科考試分發入學者，依其採計成績，以加總分**百分之十**計算。但取得原住民文化及語言能力證明者，以加總分百分之三十五計算。

(3)參加特色招生術科甄選入學者，依其採計成績，以加總分**百分之十**計算。

2. **技術校院四年制、二年制或專科學校二年制：**

(1)參加登記分發入學者，以加總分**百分之十**計算。但取得原住民文化及語言能力證明者，以加總分百分之三十五計算。

(2)參加登記分發入學以外之其他各類方式入學者，由各校酌予考量優待。

3.**大學：**

(1)參加考試分發入學者，依其採計考試科目成績，以加原始總分**百分之十**計算。但取得原住民文化及語言能力證明者，以加原始總分百分之三十五計算。

(2)參加考試分發入學以外之其他方式入學者，由各校酌予考量優待。

前項第1款第(1)目總積分經加分優待後進行比序，第1款第(2)目、第(3)目、第2款及第3款經加分優待後分數應達錄取標準。

(二) 第(一)項所定外加名額，以原核定招生名額外加**百分之二**計算，其計算遇小數點時，採無條件進位法，取整數計算。但下列情形之一者，其招生名額外加比率不受**百分之二**限制：

1. 成績總分或總積分經加分優待後相同，如訂有分項比序或同分參酌時，經比序或同分參酌至最後一項結果均相同者，增額錄取。

2. 原住民聚集地區、重點學校及特殊科系，得衡酌學校資源狀況、區域特性及入學管道，依原住民學齡人口分布情形及就讀現況專案調高比率；其調高之比率，高級中等學校，由主管教育行政機關定之；大專校院，由中央主管教育行政機關會商中央原住民主管機關、相關機關及大專校院定之。

二、優待限制

(一) 原住民學校經依本辦法規定註冊入學後再轉校（院）轉系（科）者，不得再享受本辦法之優待。

(二) 前項學生入學後因志趣不合或學習適應困難者，原肄業學校應輔導協助轉系。

┤╾● 老師的話 ●╾┤

依原住民學生升學優待及原住民公費留學辦法規定,原住民學生經依本辦法規定註冊入學後再轉校(院)轉系(科)者,不得再享受該辦法之優待,惟學生入學後因志趣不合或學習適應困難者,原肄業學校應輔導協助轉系。

選擇題

(　)　有關原住民學生報考大專院校新生入學考試優待方式,其相關規定,由何機關定之:　(A)內政部　(B)教育部　(C)行政院原住民族委員會　(D)教育部及行政院原住民族委員會。

解析

D。參考原住民學生升學保障及原住民公費留學辦法第3條規定,中央原住民主管機關為行政院原住民族委員會,中央主管教育行政機關為教育部。

三、入學申請

(一) **資格審查**:以原住民身分報考高級中等以上學校者,其報考資格之審查,招生單位應連結中央主管教育行政機關電子查驗系統,取得當事人戶籍資料,作為辨識、審查之依據。招生單位未能連結前項電子查驗系統,或原住民身分尚待查驗時,招生單位得要求當事人提供全戶戶口名簿影本或三個月內申請之其他戶籍資料證明文件,並應明定於招生簡章。。

(二) **報表製作**:各招生單位於招生放榜後,應將原住民學生報考及錄取人數編製統計表報請主管教育行政機關及原住民主管機關備查。

四、主管機關

原住民報考中央主管教育行政機關舉辦之公費留學考試,其報考資格、成績計算、錄取基準及其他應遵行之事項,由**教育部及原住民族委員會**定之。

╾╼ 老師的話 ╾╼

依原住民學生升學優待及原住民公費留學辦法規定，依該辦法升學經查有冒籍情事或資格不符者，應由學校依相關法令開除其學籍，並議處有關人員。如涉偽造文書等違法行為，應依相關法令辦理。

選擇題

( )　1. 原住民學生報考高級中等以上學校，如未以原住民族籍身分報名或未送繳相關之證件者，將會喪失何種權利：　(A)不予優待，事後不得以任何理由申請補辦或補繳　(B)不予優待，惟事後得以任何理由申請補辦或補繳　(C)不予優待，惟事後相關單位應通知補辦或補繳，以維其權益　(D)經相關單位通知應補辦或補繳者，仍予優待。

( )　2. 原住民報考中央主管教育行政機關舉辦之公費留學考試，其報考資格、成績計算、錄取基準及其他應遵行之事項，由何機關定之：(A)內政部　(B)教育部　(C)行政院原住民族委員會　(D)教育部及行政院原住民族委員會。

解析

1.**A**。參考原住民學生升學保障及原住民公費留學辦法第6條。

2.**D**。參考原住民學生升學保障及原住民公費留學辦法第9條。

申論題

原住民學生報考高級中等學校以上學校新生入學考試，應繳交那些文件？試簡述之。

答 以原住民身分報考高級中等以上學校者，其報考資格之審查，招生單位應連結中央主管教育行政機關電子查驗系統，取得當事人戶籍資料，作為辨識、審查之依據。招生單位未能連結前項電子查驗系統，或原住民身分尚待查驗時，招生單位得要求當事人提供全戶戶口名簿影本或三個月內申請之其他戶籍資料證明文件，並應明定於招生簡章。

歷年考題

(　　) **1** 為獎勵原住民族傑出人才，依據原住民族委員會原住民專門人才獎勵要點之規定，下列敘述何者正確？　(A)原住民考取公費生者，無待申請即得獲得本獎勵金　(B)因就讀碩士班而獲得深造教育獎勵者，僅得申請一次　(C)因就讀博士班而獲得深造教育獎勵者，可多次申請以茲鼓勵　(D)針對體育傑出人才之獎勵，凡獲得參賽資格者都可申請。　【108年原住民特考四等】

(　　) **2** 對於原住民族教育之說明，下列何者錯誤？　(A)大學應保障原住民族學生入學機會，必要時得占用一般生之錄取名額　(B)公費留學應提供保障名額，以保障培育原住民族之人才　(C)必要時得委託原住民族部落辦理之，以保障原住民學生學習權　(D)教育主管機關得指定中小學辦理部分班級實驗教育。　【108年原住民特考四等】

(　　) **3** 對於原住民族語言之發展，下列敘述何者錯誤？　(A)依現行法令之規定，原住民族語言為國家語言　(B)促進原住民族語言之保存與發展，涉及到歷史正義的實現　(C)政府應辦理族語能力驗證制度，設置原住民語研究發展專責單位　(D)辦理公務人員特種考試原住民族考試，不應再要求應考人通過前項驗證。　【108年原住民特考四等】

(　　) **4** 依據原住民族委員會原住民專門人才獎勵要點規定，具有原住民身分者，申請獎勵不含下列那一項？　(A)深造教育　(B)學術專門著作　(C)出國留學　(D)體育傑出人才。　【108年原住民特考五等】

(　　) **5** Daya目前自費前往美國留學，依據原住民族委員會補助原住民自費留學生要點規定，他可向原住民族委員會申請每月多少金額的生活費？
(A)美金400元
(B)美金500元
(C)美金600元
(D)美金700元。　【108年原住民特考五等】

(　　)　**6** 取得原住民文化及語言能力證明之原住民學生，參加大學考試分發入學者，其成績總分以加原始總分多少比率計算？
(A)百分之十
(B)百分之二十
(C)百分之二十五
(D)百分之三十五。　　　　　　　　　　　　　【108年原住民特考五等】

(　　)　**7** 原住民報考下列考試，那一項不在原住民族教育法第23條所保障之範圍？　(A)大學碩士班考試入學　(B)專科學校五年制特色招生術科甄選入學　(C)高級中等學校特色招生學科考試分發入學　(D)中央主管教育行政機關舉辦之公費留學考試。　　【108年原住民特考五等】

(　　)　**8** 依原住民學生升學保障及原住民公費留學辦法，關於原住民之升學及公費留學之保障、促進，下列敘述何者錯誤？　(A)入學各校之名額採外加方式辦理，不占各級教育主管機關原核定各校（系、科）招生名額　(B)原住民學生經依本辦法規定註冊入學後再轉校（院）轉系（科）者，不得再享受本辦法之優待　(C)中央教育主管機關舉辦公費留學考試時應提供原住民名額，以保障培育原住民人才　(D)原住民學生參加高級中等以上學校新生入學招生均適用本辦法之保障優待。　　　　　　　　　【109年原住民特考五等】

(　　)　**9** 現行法對原住民學生升學之保障，下列敘述何者錯誤？
(A)參加高中、五專特色招生學科考試分發入學，依採計成績加總分百分之十計算
(B)參加高中、五專特色招生術科甄選入學，且取得原住民文化及語言能力證明，依採計成績加總分百分之三十五計算
(C)參加四技、二技及二專登記分發入學，加總分百分之十計算
(D)參加大學考試分發入學，依採計考試科目原始成績加總分百分之十計算。　　　　　　　　　　　　　【106年原住民特考四等】

(　　)**10** 原住民族教育法施行細則，由下列何者定之？　(A)中央主管教育行政機關　(B)中央原住民族主管機關　(C)由中央主管教育行政機關會同中央原住民族主管機關　(D)行政院。　　　　【106年原住民特考五等】

(　　)**11** 原住民學生參加大學考試分發入學，取得原住民文化及語言能力證明者，以加原始總分百分之幾計算？　(A)20　(B)25　(C)30　(D)35。　　　　　　　　　　　　　　　　　【106年原住民特考五等】

解答及解析

1 (B)。依原住民族委員會原住民專門人才獎勵要點第3條規定，於教育部認可之國內大學校院碩、博士班就讀者及獲得碩、博士學位者，分別給予獎勵，其獎勵各以一次為限，但公費生不得請領本獎勵金，故(A)錯誤、(B)正確、C。錯誤；同條文規定，體育傑出人才之獎勵其參加賽會競賽項目有限制，非通通有獎，故(D)錯誤，故本題答(B)。

2 (A)。依原住民族教育法第23條規定，高級中等以上學校，應保障原住民學生入學及就學機會，必要時，得採額外保障辦理，並非占用一般生名額，故本題答(A)。

3 (D)。依公務人員特種考試原住民族考試規則第3條規定，自中華民國一百十年一月一日起，報名本考試應取得原住民族委員會核發之原住民族語言能力認證初級以上合格證書，故本題答(D)。

4 (C)。依行政院原住民族委員會培育原住民專門人才獎勵要點第3條規定，獎勵項目如下：(一)深造教育。(二)學術專門著作。(三)發明。

(四)專業考試。(五)體育傑出人才。不包含出國留學，故本題答(C)。

5 (A)。依原住民族委員會補助原住民自費留學生要點第5條規定，補助金額每月補助美金四百元整，每六個月申請核發一次，故本題答(A)。

6 (D)。依原住民學生升學保障及原住民公費留學辦法第3條規定，參加大學考試分發入學者，依其採計考試科目成績，以加原始總分百分之十計算。但取得原住民文化及語言能力證明者，以加原始總分百分之三十五計算。故本題答(D)。

7 (A)。原住民學生升學保障及原住民公費留學辦法第3條規定，原住民學生參加高級中等以上學校新生入學，除博士班、碩士班、學士後各學系招生不予優待外，其入學各校之名額採外加方式辦理，故本題答(A)。

8 (D)。依原住民學生升學保障及原住民公費留學辦法第3條規定，原住民學生參加高級中等以上學校新生入學有保障優待，但不包博士班、碩士班、學士後各學系招生，故本題答(D)。

9 (B)。依原住民學生升學保障及原住民公費留學辦法第3條規定，高級中等學校、專科學校五年制：(一)參加免試入學者，其超額比序總積分加百分之十計算。但取得原住民文化及語言能力證明者，超額比序總積分加百分之三十五計算。(二)參加特色招生學科考試分發入學者，依其採計成績，以加總分百分之十計算。但取得原住民文化及語言能力證明者，以加總分百分之三十五計算。
所以，參加免試入學者，取得原住民文化及語言能力證明者，是按超額比序總積分加百分之三十五計算；參加特色招生學科考試分發入學者，才是按加總分百分之三十五計算。故本題答(B)。

10 (C)。依原住民族教育法第34條規定，該法施行細則，由中央主管教育行政機關會同中央原住民族主管機關定之。故本題答(C)。

11 (D)。依原住民學生升學保障及原住民公費留學辦法第3條規定，取得原住民文化及語言能力證明者，以加原始總分百分之三十五計算。故本題答(D)。

第六章　傳統智慧保護

依據出題頻率分為：A頻率高 B頻率中 C頻率低

【課前提要】為保護原住民族之傳統智慧創作，促進原住民族文化發展，特制訂原住民族傳統智慧創作保護條例，為新增法規，極具考試價值。

本章重點分析

目的	促進原住民族文化發展。
主管機關	原住民族委員會。
定義	所稱智慧創作，指原住民族傳統之宗教祭儀、音樂、舞蹈、歌曲、雕塑、編織、圖案、服飾、民俗技藝或其他文化成果之表達。★★
生效	智慧創作應經主管機關認定並登記，始受本條例之保護。★★
認定	主管機關得遴聘（派）有關機關人員、專家學者及原住民代表，辦理智慧創作之認定及其他法令規定事項。
取得	智慧創作經認定屬於申請人者，應准予登記，並自登記之日起，由申請人取得智慧創作專用權。★
變更登記	智慧創作專用權人之名稱有變更者，應申請變更登記。★
專用權	1. 就其智慧創作專有公開發表之創作人格權。 2. 就其智慧創作專有表示專用權人名稱之創作人格權。★★ 3. 專有禁止他人以歪曲、割裂、竄改或其他方法改變其智慧創作之內容、形式或名目致損害其名譽之創作人格權。
限制	智慧創作專用權不得為讓與、設定質權及作為為強制執行之標的。
保護	智慧創作專用權，應永久保護之。★
預防	智慧創作專用權人對於侵害其權利者，得請求排除之；有侵害之虞者，得請求防止之。★

課文精讀

一、原住民族傳統智慧創作保護條例

(一) **目的**

為保護原住民族之傳統智慧創作（以下簡稱智慧創作），促進原住民族文化發展，依原住民族基本法第13條之規定，制定原住民族傳統智慧創作保護條例。

法規一點靈

原住民族傳統智慧創作保護條例

(二) **主管機關**：原住民族委員會。

(三) **定義**

所稱智慧創作，指原住民族傳統之宗教祭儀、音樂、舞蹈、歌曲、雕塑、編織、圖案、服飾、民俗技藝或其他文化成果之表達。

(四) **生效**：智慧創作應經主管機關認定並登記，始受本條例之保護。

(五) **認定**

主管機關得遴聘（派）有關機關人員、專家學者及原住民代表，辦理智慧創作之認定及其他法令規定事項，其中原住民代表不得少於**二分之一**。

(六) **經認定為智慧創作者，依下列規定取得智慧創作專用權**

1. 智慧創作經認定屬於申請人者，應准予登記，並自登記之日起，由申請人取得智慧創作專用權。

2. 智慧創作經認定屬於申請人及其他特定原住民族或部落者，自登記之日起，由申請人及其他特定原住民族或部落共同取得智慧創作專用權。

3. 智慧創作不能認定屬於特定原住民族或部落者，應登記為全部原住民族，並自登記之日起，由全部原住民族取得智慧創作專用權。

(七) **變更登記**：智慧創作專用權人之名稱有變更者，應申請變更登記。

(八) **專用權**

智慧創作專用權，指智慧創作財產權及智慧創作人格權。智慧創作專用權人享有下列智慧創作人格權：

1. 就其智慧創作專有公開發表之創作人格權。

2. 就其智慧創作專有表示專用權人名稱之創作人格權。

3. 專有禁止他人以歪曲、割裂、竄改或其他方法改變其智慧創作之內容、形式或名目致損害其名譽之創作人格權。智慧創作專用權人除法律另有

規定或契約另有訂定外，應以特定民族、部落或全部原住民族名義，專
有使用及收益其智慧創作之財產權，並行使前項之權利。

(九) **限制：**

智慧創作專用權不得為讓與、設定質權及作為為強制執行之標的。智慧創
作專用權非經主管機關同意，不得拋棄；拋棄之智慧創作專用權，歸屬於
全部原住民族享有。智慧創作專用權人得將智慧創作財產權授權他人用；
其授權使用之地域、時間、內容、使用方式或其他事項，依當事人之約
定；其約定不明部分，推定為未授權。智慧創作財產權之專屬授權，應由
各當事人署名，檢附契約或證明文件，向主管機關申請登記，非經登記，
不生效力。

(十) **保護：** 智慧創作專用權，應永久保護之。

(十一) **預防：**

智慧創作專用權人對於侵害其權利者，得請求排除之；有侵害之虞者，
得請求防止之。

二、原住民族傳統智慧創作保護實施辦法

(一) **依據：** 本辦法依原住民族傳統智慧創作保護條例（以下簡稱本條例）第四
條第二項、第六條第二項及第九條第四項規定訂定之。

(二) **種類及內容：**

1. 宗教祭儀：與宗教、信仰、禮俗相關之文化活動，並得結合其他種類之
文化表現形式呈現。

2. 音樂：包括旋律、曲譜、器樂、節奏等，不以文字或其他可記錄之形
式為限。

3. 舞蹈：包括一切以肢體行為表現之韻律活動，得以結合其他種類之文化
表現形式呈現。

4. 歌曲：由人聲演唱之音樂，包括旋律、歌詞、曲譜，得以結合其他種類
之文化表現形式呈現。

5. 雕塑：結合物質材料及工藝製作之二維、三維藝術表現形式，得配合環
境與功能以各種形式呈現，亦得結合環境條件如光線、聲音及自然元
素，物質材料不限於傳統材料。

6. 編織：創造織物之方式及其成果，得結合各種物質材料與工藝方法。

7. 圖案：各種抽象、具體、實用及非實用之圖形表現。

8. 服飾：具遮蔽或穿戴功能之衣物、配件或各種組合飾品。

9. 民俗技藝：與社會文化生活相關之工藝、實用技術及使用之工具、工法。

10. 其他文化成果表達。

11. 前項各款智慧創作之種類，申請人得擇一或合併不同種類申請登記，亦得僅申請登記其結合性文化成果表達中之一部。

(三) 代表人：

1. 本條例第六條第二項之代表人，應具有原住民身分，並為申請智慧創作之原住民族或部落成員，並由該原住民族或部落依其組織型態及習慣選派之。

2. 代表人為基於其所屬原住民族或部落之利益，依本條例及本辦法之規定，辦理與智慧創作專用權申請相關事宜之人。

3. 代表人受原住民族或部落之委任，應忠實執行其職務，並盡善良管理人之注意義務。

4. 代表人是否受有報酬及其內容，由該原住民族或部落依其組織型態及習慣定之。

5. 代表人不能執行職務或怠於執行職務，經主管機關通知後三十日未改善者，主管機關得促請選任代表人之原住民族或部落，依其組織型態及習慣重新選派代表人。

(四) 申請：

1. 智慧創作之申請，由選任代表人為之。但有下列情事之一者，主管機關得主動協調有利害關係之原住民族或部落，選任代表人提出申請：

(1) 智慧創作具有高度價值但未有原住民族或部落提出申請。

(2) 瀕臨消失或已受侵害或顯有受侵害之虞之智慧創作，而有急迫登記之必要。

(3) 得為申請人之原住民族或部落業已消失。

2. 智慧創作之申請，應由申請人備具下列文件，向主管機關提出：

(1) 申請書。

(2) 選任代表人之身分證明、證明文件、授權書或部落會議紀錄。

(3) 智慧創作說明書，得輔以照片或視聽媒體。

(4) 必要之圖式、樣本等原件或重製品。

(5) 其他有助於說明傳統智慧創作之相關文件。

3. 智慧創作申請書應載明下列事項：
    (1)智慧創作之名稱、種類。
    (2)申請人及欲取得智慧創作專用權之原住民族或部落。
    (3)代表人姓名、地址。
    (4)委任代理人者，其姓名及事務所。
    (5)智慧創作內容之摘要說明。
4. 智慧創作說明書應載明下列事項：
    (1)智慧創作之名稱、種類。
    (2)申請人及欲取得智慧創作專用權之原住民族或部落。
    (3)智慧創作之內容，包括下列項目：
        A.符合本辦法規定之特徵、範圍。
        B.智慧創作之歷史意義、現存利用方式及未來發展。
        C.智慧創作與申請人之社會、文化關聯，包括身份關係、習俗及禁忌等。
        D.與智慧創作申請人社會脈絡密切相關，不宜公開之理由。
5. 申請智慧創作，應以每一個智慧創作提出一個申請。但屬於相同種類或同一概念者，或結合數種類為一智慧創作成果表現者，得合併申請為單一智慧創作。

(五) 審查：
1. 主管機關為審查智慧創作之申請，得遴聘（派）有關機關人員、專家學者及原住民代表，辦理智慧創作之認定及其他法令規定事項，其中原住民代表不得少於二分之一。
2. 主管機關於審議智慧創作申請案時，得依申請或依職權通知申請人限期為下列各款之行為：
    (1)至指定地點說明。
    (2)為必要之實作、補送模型或樣品。實作得以媒體紀錄形式為之。
    (3)至現場或指定地點實地勘查。
3. 申請案經審議後，應備具理由作成審定書送達代表人或其代理人。
4. 認定智慧創作時，應參考下列基準：
    (1)該申請認定之文化成果表達，足以表現出應認定歸屬之原住民族或部落之個性特徵，及應與該原住民族或部落之環境、文化、社會特質具有相當程度之關聯性，而足以代表其社群之特性。

(2)應具有世代相傳之歷史性，該世代未必須有絕對之時間長度，成果表現亦無須具有不變或固定之成分。但申請之原住民族或部落，應說明申請時對於該智慧創作之管領及利用狀態。

(3)文化成果應能以客觀之形式表現，且不以附著於特定物質或材料者為限。

5. 依規認定為智慧創作，其歸屬關係超過一個原住民族或部落時，應認定由該多數原住民族或部落共同取得智慧創作。若該申請認定之文化成果表達，不能確定與任何個別原住民族或部落之個性特徵有相當程度之關聯性時，應認定歸屬於全部原住民族。

(六) **登記及公告：**

1. 不符本條例或本辦法所規定之程式而無法補正或回復原狀，或經主管機關認定不符智慧創作之認定基準者，應為不予登記之審定。

2. 經審查認定應予登記之智慧創作，應為准予登記之審定，並應公告之。經公告之智慧創作，任何人均得申請閱覽、抄錄、攝影或影印其審定書、說明書、圖式及全部檔案資料。但主管機關依法令或職權認定應予保密者，包括不宜公開之圖式及全部檔案資料內容，不在此限。

3. 主管機關對審定登記之智慧創作，應辦理公告。前項公告，應載明下列事項：

(1)申請案號及申請日。

(2)智慧創作之名稱及相關說明。

(3)准予登記理由及其法令依據。

(4)智慧創作專用權人名稱。

(5)智慧創作之內容及不宜公開之理由。

(6)智慧創作證書號數。

(7)公告日。

4. 智慧創作專用權人名稱依法變更時，主管機關應依職權主動協助歸屬其權利之原住民族或部落，備具證明之相關文件，向主管機關申請專用權人變更之登記。

5. 智慧創作登記公告後，應由主管機關填具智慧創作登記簿冊，載明下列事項：

(1)智慧創作之名稱、種類。

(2)智慧創作專用權人名稱。

(3)准予登記理由及其法令依據。

(4)智慧創作說明。

(5)智慧創作證書號數及核發日。補發證書時，其事由及補發日。

(6)智慧創作財產權為專屬授權時，被授權人姓名或名稱、國籍、住居所或營業所。

(7)智慧創作財產權專屬授權契約之要點，包括地域、時間及範圍等。

(8)授權登記之日期。

(9)其他相關事項。

(七) **證書及標記：**

1. 經准予登記之智慧創作，應由主管機關核發智慧創作專用權證書。

2. 智慧創作專用權證書，應載明下列事項：

(1)申請案號。

(2)智慧創作之名稱、種類。

(3)智慧創作專用權人名稱。

(4)智慧創作內容摘要。

(5)智慧創作專用權證書號數。

(6)核發日期。

(7)證書上並應記載「智慧創作之特徵、範圍及使用規則，應以智慧創作登記簿冊上智慧創作之說明為準」字樣。

3. 登記事項變更，致證書內容應予修改者，主管機關應核發新證書。

4. 智慧創作專用權證書滅失、遺失或毀損致不堪使用者，智慧創作專用權人應以書面敘明理由，申請補發或換發。

5. 智慧創作經准予登記時，主管機關應依職權授與智慧創作專用權認證標記。

(八) **註銷、撤銷或廢止：**

1. 有下列情事之一時，主管機關得註銷智慧創作專用權證書：

(1)經行政或司法爭訟程序，智慧創作專用權經撤銷確定。

(2)智慧創作專用權依法認定應歸屬於其他智慧創作專用權人，或應與其他智慧創作專用權人共有。

(3)證書申請人經證實非屬於真正智慧創作專用權人。

(4)證書之其他內容與事實不符而不能依法補正。

(5)前項註銷，應公告之。

2. 經主管機關核發認證標記者，有下列情形之一時，主管機關得撤銷或廢止其認證標記：

    (1)有前條專用權證書經註銷之情事。

    (2)其他不應授與而授與認證標記之情事。

(九) **施行**：本辦法自中華民國一百零四年三月一日起施行。

三、原住民族傳統智慧創作保護共同基金收支保管及運用辦法

(一) **依據**：本辦法係依據原住民族傳統智慧創作保護條例第十四條第一項規定訂定之。

(二) **目的**：智慧創作保護共同基金（以下簡稱共同基金）之設置與其收支、保管及運用，應以促進原住民族或部落之文化保護及發展為目的。

(三) **共同基金之來源如下**：

1. 智慧創作專用權之收入。

2. 政府之補助。

3. 受贈收入。

4. 共同基金之孳息及收入。

5. 其他有關收入。

(四) **共同基金應用於取得智慧創作專用權之原住民族或部落之下列用途**：

1. 傳統文化保存及推廣。

2. 文化出版品之發行。

3. 文化網站之建置及傳播。

4. 文化及教育機構或團體之補助。

5. 辦理就學獎助學金及助學貸款。

6. 從事文化藝術活動、經營相關事業之贊助及文化藝術工作者之培育、協助創業或獎助。

7. 維護智慧創作專用權之訴訟或其他法律費用之支出。

8. 其他有關支出。

(五) **本基金之運用範圍如下**：

1. 存放於公營銀行或主管機關指定之金融機構。

2. 購買政府公債、國庫券或其他短期票券。

(六) **委員會**：

1. 共同基金之收支、保管及運用，應設智慧創作保護共同基金管理委員會（以下簡稱管理委員會），置委員五人至三十一人，其中一人為召集人，任期二年，期滿得續任。

2. 管理委員會委員及召集人應由取得智慧創作專用權之原住民族或部落依其組織型態及習慣選派之。

3. 管理委員會應至少每三個月召開一次，必要時得召開臨時會議，均由召集人召集之。召集人因故不能出席時，得指定委員一人代理之。

4. 管理委員會之任務如下：

   (1)共同基金收支、保管及運用之審議。

   (2)共同基金年度計畫之規劃及審議。

   (3)共同基金年度預算及決算之審議。

   (4)共同基金運用執行情形之考核。

   (5)其他有關事項。

5. 管理委員會應置執行秘書一人，組長及幹事若干人，分組辦事，由取得智慧創作專用權之原住民族或部落依其組織型態及習慣選派之。

6. 管理委員會委員為無給職。但其執行業務必要之交通費或出席費，不在此限。

7. 管理委員會委員應忠實執行其職務，並就其職務上知悉之事項，負有保密義務。

(七) **預算及結算**：

1. 共同基金之預算編製、執行及決算編造，應依相關法令規定辦理。

2. 管理委員會應於每年年終造具收支表冊，公布周知，並送主管機關備查。

3. 共同基金結束時，應予結算，其餘存權益應歸入原住民族綜合發展基金。

四、原住民族文化資產處理辦法

(一) **法令依據**：文化資產保存法（以下簡稱本法）第十三條規定訂定之。

(二) **主管機關**：在中央為文化部；在直轄市為直轄市政府；在縣（市）為縣（市）政府。但自然地景及自然紀念物之中央主管機關為行政院農業委員會。

(三) **原住民族主管機關**：在中央為原住民族委員會，在直轄市為直轄市政府；在縣（市）為縣（市）政府。

(四) **解釋名詞**：原住民族文化資產，係指具原住民族文化特性及價值並經本法第十三條所稱指定或登錄之文化資產。

(五) **業務會商**：主管機關應會商原住民族主管機關辦理原住民族文化資產之保存工作，尊重各原住民族文化特性及價值體系，並依其歷史、語言、藝術、生活習慣、社會制度、生態資源及傳統知識，辦理相關保存、維護措施及活動。

(六) **部落共同辦理**：主管機關、原住民族文化資產所有人或管理機關依本法或相關法令規定辦理原住民族文化資產保存之策劃及實施，應會同原住民族文化資產所屬之原住民族、相關部落或其他傳統組織共同辦理。

(七) **補助依據**：主管機關為保存與維護原住民族文化資產，得補助原住民族、部落或其他傳統組織進行文化資產調查、採集、整理、研究、推廣、保存、維護、傳習及其他本法規定之相關事項。

(八) **審查程序**：主管機關依本法規定進行普查或接受個人、團體提報原住民族文化資產，應尊重文化資產所屬原住民族、部落或其他傳統組織之意願，並提供其專業諮詢。主管機關依本法普查或接受個人、團體提報具原住民族文化資產價值者，應辦理下列審查程序：

1. 會同原住民族主管機關、相關原住民族、部落或其他傳統組織及利益團體，進行現場勘查或訪查。

2. 辦理公聽會、說明會或其他適當方式諮商所屬原住民族、部落或其他傳統組織。

3. 作成是否列冊追蹤之決定並通知提報人。

(九) **專案小組**：主管機關依本法規定進行文化資產指定、登錄之審議前，應依據文化資產類別、文化特性與民族屬性組成專案小組，就審議項目與基準，及指定登錄範圍之影響進行評估。前項專案小組由主管機關會同原住民族主管機關遴聘（派）有關機關人員、專家學者及原住民代表，其中具原住民身分者不得少於二分之一。

(十) **審議會置委員**：主管機關為審議各類原住民族文化資產之指定、登錄、廢止及其他本法規定之重大事項，應設原住民族文化資產審議會，專責審議原住民族文化資產。審議會置委員九人至二十一人，由主管機關會同原住民族主管機關，按審議個案需求以任務編組組成，並依個案文化資產類別與族群歸屬，遴聘（派）有關機關人員、專家學者及原住民代表，其中原

住民代表不得少於二分之一；並應有三分之二以上為非機關人員。審議會置召集人一人，由主管機關首長或其指派之代表兼任。會議由召集人擔任主席，召集人不克出席或迴避時，由出席委員互推一人為主席。審議會以每三個月召開一次會議為原則，必要時得召開臨時會議。

(十一) **登錄基準**：原住民族文化資產之指定或登錄，除依各類別審議基準外，應依下列基準為之：

1. 表現原住民族歷史重要或具代表性之文化意義。
2. 表現原住民族土地的重要關聯性。
3. 表現特定原住民族、部落或其他傳統組織之文化顯著性。
4. 表現世代相傳的歷史性。

前項基準，主管機關得依原住民族文化特性與差異性，另定補充規定。

(十二) **無形資產認定**：主管機關辦理原住民族無形文化資產及保存技術保存者之認定，按下列方式為之：

1. 會同原住民族主管機關、相關原住民族、部落或其他傳統組織，進行現場勘查或訪查。
2. 調查所涉原住民族文化與被提報之保存者之社會、文化關聯，包括身分關係、習俗及禁忌等。
3. 保存者之認定，主管機關應自列冊日起六個月內，諮商文化資產所屬原住民族、部落或其他傳統組織。

(十三) **優先登錄**：本法第十三條第二款之審議，應優先以系統性或複合型之型式指定或登錄原住民族文化資產。原住民族文化資產以系統性或複合型之型式指定或登錄者，其文化資產保存之策劃及共同事項之處理，由文化部會同中央原住民族主管機關，並經諮商有關原住民族、部落或其他傳統組織後決定之。

(十四) **智慧創作專用權人優先**：原住民族文化資產前經原住民族傳統智慧創作保護條例認定登記為傳統智慧創作者，其保存者以該智慧創作專用權人為優先。

(十五) **管理維護**：

1. 原住民族有形文化資產之管理維護，管理機關（構）應會商原住民族主管機關與所涉原住民族、部落或其他傳統組織，擬具管理維護計畫，並得委託部落公法人、社團法人或財團法人管理及維護。前項管理維護計畫，依本法各類文化資產規定辦理。

2.原住民族無形文化資產之保存維護，主管機關應會商所涉原住民族、部落或其他傳統組織，擬具保存維護計畫，就其中瀕臨滅失者詳細製作紀錄、傳習，或採取為保存維護所需之適當措施，並得委託部落公法人、社團法人或財團法人保存及維護。前項保存維護計畫得包括無形文化資產之相關物件、工具及文化場所。

3.原住民族主管機關得委託專業團體或學術機構，辦理原住民族文化資產管理維護之輔導、培訓。

4.有形文化資產之指定或登錄，有限制原住民利用原住民族土地或自然資源者，應依原住民族基本法第二十一條規定辦理。

(十六) **資產再利用**：原住民族文化資產之修復或再利用計畫，除依本法各類文化資產所定之辦理事項為之外，應諮商當地原住民族、部落或其他傳統組織，並邀請參與計畫之擬定、執行與管理。

(十七) **委託辦理**：

1.主管機關依本法進行考古遺址監管保護，應諮商當地原住民族、部落或其他傳統組織，並得委託部落公法人、社團法人或財團法人參與考古遺址監管保護計畫之訂定、執行與管理。

2.考古遺址所在之原住民族、部落或其他傳統組織，享有在合理時間及符合前項監管保護計畫規範內容時，近用考古遺址與檢視、察考考古遺址之權利。

3.主管機關對人員出入原住民族考古遺址之管制或對當地社群近用考古遺址之限制，應尊重當地原住民族信仰、傳統習慣。

(十八) **會同建檔**：主管機關應會同原住民族主管機關建立原住民族文化資產資料庫，匯集原住民族文化資產資訊，並提供保存原住民族文化、學術研究、公眾教育使用。

歷年考題

(　　) **1** 依原住民族傳統智慧創作保護條例的規定，原住民族之傳統智慧創作申請人以下列何者為限？　(A)原住民族或部落　(B)原住民或部落者老　(C)原住民族地方自治團體或公法人　(D)原住民族文化發展協會或基金會。　　　　　　　　　　　　　　　【108年原住民特考三等】

(　) **2** 有關原住民族智慧創作專用權之敘述，下列何者正確？　(A)拋棄之智慧創作專用權，歸於全民享有　(B)智慧創作專用權依法得為強制執行標的　(C)智慧創作專用權不得為讓與、設定質權　(D)其收入不應納入原住民族綜合發展基金。　【108年原住民特考四等】

(　) **3** 有關原住民族之智慧創作與智慧創作專用權之敘述，下列何者錯誤？　(A)經認定為智慧創作，但不能認定屬於特定原住民族或部落者，應登記為全部原住民族　(B)智慧創作專用權指智慧創作財產權及智慧創作人格權　(C)智慧創作，應由主管機關建立登記簿，並予以公告之　(D)智慧創作專用權，應保護4.0年，經申請者得展延之。　【108年原住民特考四等】

(　) **4** 下列關於原住民族智慧創作專用權之敘述，何者錯誤？　(A)智慧創作專用權非經主管機關同意，不得拋棄　(B)拋棄之智慧創作專用權，歸屬於全部原住民族享有　(C)智慧創作專用權人消失者，其專用權之保護，視同存續　(D)智慧創作專用權人消失者，其專用權歸屬於其繼承人享有。　【109年原住民特考三等】

(　) **5.** 關於原住民族傳統智慧創作之保護，下列敘述何者錯誤？
(A)智慧創作，包括原住民族傳統之宗教祭儀、民俗技藝
(B)智慧創作之申請人，包括原住民族、部落或原住民個人
(C)智慧創作專用權，指智慧創作財產權及智慧創作人格權
(D)智慧創作專用權人如消失者，其專用權之保護，視同存續，歸屬於全部原住民族享有。　【109年原住民特考四等】

(　) **6.** 為保護原住民族之傳統智慧創作（以下簡稱智慧創作），促進原住民族文化發展，關於原住民族傳統智慧創作保護條例，下列敘述何者錯誤？　(A)智慧創作申請人以原住民族或部落為限　(B)智慧創作經認定屬於申請人及其他特定原住民族或部落者，自登記之日起，由申請人及其他特定原住民族或部落共同取得智慧創作專用權　(C)智慧創作之專用權得任意拋棄並歸屬於全部原住民族享有　(D)智慧創作專用權為全部原住民族取得者，其智慧創作專用權之收入，應納入原住民族綜合發展基金。　【109年原住民特考五等】

(　) **7** 依據原住民族傳統智慧創作保護條例,智慧創作專用權人消失時,其專用權應如何歸屬？　(A)其專用權歸屬於全部原住民族享有　(B)其專

用權歸屬智慧創作專用權人之繼承人享有，無繼承人者歸國家享有
(C)其專用權歸屬智慧創作專用權人戶籍所在之原住民鄉(區)享有
(D)其專用權逕歸屬國家享有。　　　　　　　　　　【109年原住民特考五等】

(　) **8** 下列關於原住民族傳統智慧創作保護條例所規定之智慧創作權之說
明，下列何者錯誤？　(A)智慧創作權之智慧創作，指原住民族傳統
之宗教祭儀、音樂、舞蹈、歌曲、雕塑、編織、圖案、服飾、民俗
技藝或其他文化成果之表達　(B)智慧創作專用權於智慧創作完成時
即受該條例之保護　(C)智慧創作專用權，指智慧創作財產權及智慧
創作人格權　(D)智慧創作專用權不得為讓與、設定質權及作為為強
制執行之標的。　　　　　　　　　　　　　　　　【109年原住民特考五等】

(　) **9** 關於侵害原住民族傳統智慧創作專用權之效果，下列敘述何者正確？
(A)只要符合原住民族傳統智慧創作保護條例第16條合理使用之條
件，就不致生侵害專用權之結果　(B)侵害原住民族傳統智慧創作專
用權，最重得處六個月以上，三年以下之有期徒刑　(C)專用權被侵
害之請求權自知有侵害及損害賠償義務人時起，二年間不行使而消
滅　(D)專用權被侵害之請求權人僅得請求賠償所能證明之實際損害
額，若無從證明者即不得為主張。　　　　　　　【105年原住民特考四等】

(　)**10** 原住民族文化資產之指定或登錄基準，除依各類別審議基準外，不包
括下列何者？　(A)表現原住民族土地的重要關聯性　(B)表現傑出
普世性價值　(C)表現世代相傳的歷史性　(D)表現原住民族歷史重
要或具代表性之文化意義。　　　　　　　　　　【106年原住民特考三等】

(　)**11** 原住民族文化資產前經原住民族傳統智慧創作保護條例認定登記為傳
統智慧創作者，其保存者之認定，應如何為之？
(A)由該文化資產所屬部落依部落會議決定之
(B)以該智慧創作專用權人為優先
(C)由主管機關會同中央原住民族主管機關決定之
(D)由主管機關諮商文化資產所屬原住民族、部落或其他傳統組織決
定之。　　　　　　　　　　　　　　　　　　　【106年原住民特考三等】

( ) **12** 原住民族有形文化資產之管理維護，依法得委託下列組織為之，但不包括何者？ (A)部落公法人 (B)部落傳統組織 (C)社團法人 (D)財團法人。 【106年原住民特考三等】

( ) **13** 主管機關為保存與維護原住民族文化資產，得補助辦理文化資產調查、採集、整理、研究、推廣、保存、維護、傳習等，其補助對象，不包括下列何者？ (A)原住民族 (B)部落 (C)鄉（鎮、市、區）公所 (D)原住民族傳統組織。 【106年原住民特考三等】

( ) **14** 原住民族傳統智慧創作之種類，不包含下列那一種？
(A)達悟族拼板舟
(B)賽夏族矮靈祭
(C)布農族八部合音
(D)泰雅族狩獵文化。 【106年原住民特考四等】

( ) **15** 依原住民族語言能力認證辦法第6條規定，族語能力之認證方式為何？ (A)由族長出具族語學習證明 (B)由原就讀學校出具族語學習證明 (C)需經認證單位為族語能力測驗或審查 (D)需提出原住民族血統證明。 【106年原住民特考四等】

( ) **16** 為協助原住民社會發展設置原住民族綜合發展基金，下列關於該基金之敘述何者錯誤？ (A)基金經費來源由政府循預算程序撥款 (B)基金可提供原住民經濟貸款 (C)原住民族地區溫泉取用費提撥款，僅可專供原住民族地區溫泉資源開發、經營、利用之規劃、輔導及獎勵支出用途之用 (D)全部原住民族取得之智慧創作專用權收入，僅可專供原住民族就業基金支出用途之用。【106年原住民特考四等】

( ) **17** 下列何者依原住民族傳統智慧創作保護條例所定，得為智慧創作申請保護之申請人？ (A)原住民族、部落 (B)直轄市政府 (C)縣（市）政府 (D)原住民族委員會。 【106年原住民特考五等】

（　　）**18** 原住民族傳統智慧創作保護條例之主管機關，下列何者正確？
(A)教育部
(B)經濟部
(C)文化部
(D)原住民族委員會。　　　　　　　　　　　【106年原住民特考五等】

（　　）**19** 關於原住民智慧創作專用權受侵害之救濟，下列敘述何者錯誤？
(A)智慧創作專用權人對於有侵害其權利之虞者，得請求防止之
(B)因故意或過失不法侵害智慧創作專用權者，負損害賠償責任
(C)被害人不易證明實際損害額者，得請求法院給予新臺幣五百元之
損害賠償　(D)智慧創作專用權受侵害者，得請求銷燬侵害智慧創作
之物。　　　　　　　　　　　　　　　　　【107年原住民特考三等】

（　　）**20** 依據現行原住民族傳統智慧創作保護條例，下列何者不屬於智慧創作
專用權人享有之智慧創作人格權？　(A)就其智慧創作專有公開發表
之創作人格權　(B)就其智慧創作專有表示專用權人名稱之創作人格
權　(C)就其智慧創作專有表示專有權人異動之創作人格權　(D)專有
禁止他人以歪曲、割裂、竄改或其他方法改變其智慧創作之內容、
形式或名目致損害其名譽之創作人格權。【107年原住民特考四等】

（　　）**21** 請問原住民族工作權保障法中，未提到下列那一項內容？　(A)原住
民合作社　(B)智慧創作　(C)比例進用原則　(D)公共工程及政府採
購之保障。　　　　　　　　　　　　　　　【107年原住民特考四等】

（　　）**22** 有關智慧創作專用權之敘述，下列何者正確？　(A)智慧創作專用
權得為讓與或設定質權　(B)智慧創作專用權得為強制執行標的
(C)智慧創作專用權非經主管機關同意不得拋棄　(D)拋棄之智慧創
作專用權，歸屬於國家。　　　　　　　　　【107年原住民特考五等】

（　　）**23** 依原住民族傳統智慧創作保護條例規定，若某種智慧創作係由阿美
族族群中之海岸阿美部落與秀姑巒阿美部落共同提出，但經審評後
該智慧創作「無法認定應屬於這同為阿美族群兩個部落中之任一部
落」，以原住民族傳統智慧創作保護條例第7條第1項第3款精神意

涵，該智慧創作專用權應登記為阿美族兩個部落中之何者？

(A)原住民族委員會

(B)全部排灣族

(C)全部阿美族

(D)全部鄒族。　　　　　　　　　　　　【107年原住民特考五等】

(　　)24 依原住民族傳統智慧創作保護條例規定，因故意或過失不法侵害智慧創作專用權者，負損害賠償責任，損害賠償請求權，自請求權人知有損害及賠償義務人時起，幾年間不行使而消滅？　(A)1年　(B)2年　(C)3年　(D)5年。　　　　　　　　　　【107年原住民特考五等】

解答及解析

1 (A)。依原住民族傳統智慧創作保護條例第6條規定，智慧創作申請人以原住民族或部落為限，故本題答(A)。

2 (C)。依原住民族傳統智慧創作保護條例第12條規定，拋棄之智慧創作專用權，歸屬於全部原住民族享有，非全民所有，故(A)錯誤；同法第11條，智慧創作專用權不得為讓與、設定質權及作為為強制執行之標的，故(B)錯誤、(C)正確；同法第14條，智慧創作專用權為全部原住民族取得者，其智慧創作專用權之收入，應納入原住民族綜合發展基金，故(D)錯誤。故本題答(C)。

3 (D)。依原住民族傳統智慧創作保護條例第15條規定，智慧創作專用權，應永久保護之，非僅限40年，故本題答(D)。

4 (D)。依原住民族傳統智慧創作保護條例第15條規定，智慧創作專用權人消失者，其專用權之保護，視同存續；其專用權歸屬於全部原住民族享有，非其繼承人，本題答(D)。

5 (B)。依原住民族傳統智慧創作保護條例第6條規定，智慧創作申請人以原住民族或部落為限，不包含個人，故本題答(B)。

6 (C)。依原住民族傳統智慧創作保護條例第6條規定，智慧創作申請人以原住民族或部落為限，故(A)正確；同條例第7條規定，智慧創作經認定屬於申請人及其他特定原住民族或部落者，自登記之日起，由申請人及其他特定原住民族或部落共同取得智慧創作專用權，故(B)正確；同條例第12條規定，智慧創作專用權非經主管機關同意，不得

拋棄，故(C)錯誤；同條例第14條規定，智慧創作專用權為全部原住民族取得者，其智慧創作專用權之收入，應納入原住民族綜合發展基金，(D)正確。故本題答(C)。

7 (A)。 依原住民族傳統智慧創作保護條例第15條規定，智慧創作專用權人消失者，其專用權歸屬於全部原住民族享有。故本題答(A)。

8 (B)。 依原住民族傳統智慧創作保護條例第4條規定，智慧創作應經主管機關認定並登記，始受本條例之保護。非創作完成即受保護，故本題答(B)。

9 (C)。 依原住民族傳統智慧創作保護條例第18條規定，因故意或過失不法侵害智慧創作專用權者，負損害賠償責任，其賠償請求權，自請求權人知有損害及賠償義務人時起，二年間不行使而消滅。故本題答(C)。

10 (B)。 依原住民族文化資產處理辦法第10條規定，原住民族文化資產之指定或登錄，除依各類別審議基準外，應依下列基準為之：
一、表現原住民族歷史重要或具代表性之文化意義。
二、表現原住民族土地的重要關聯性。
三、表現特定原住民族、部落或其他傳統組織之文化顯著性。
四、表現世代相傳的歷史性。
不含普世價值，故本題答(B)。

11 (B)。 依原住民族文化資產處理辦法第13條規定，原住民族文化資產前經原住民族傳統智慧創作保護條例認定登記為傳統智慧創作者，其保存者以該智慧創作專用權人為優先。故本題答(B)。

12 (B)。 依原住民族文化資產處理辦法第14條規定，原住民族有形文化資產之管理維護，得委託部落公法人、社團法人或財團法人管理及維護。不含部落傳統組織，故本題答(B)。

13 (C)。 依原住民族文化資產處理辦法第6條，主管機關為保存與維護原住民族文化資產，得補助原住民族、部落或其他傳統組織進行文化資產調查、採集、整理、研究、推廣、保存、維護、傳習及其他本法規定之相關事項。不含鄉鎮市公所，故本題答(C)。

14 (D)。 依原住民族傳統智慧創作保護實施辦法第2條規定，該條例所稱智慧創作之種類及內容包含宗教祭儀、音樂、舞蹈、歌曲、雕塑、編織、圖案、服飾、民俗技藝法，不包含狩獵文化，故本題答(D)。

15 (C)。 依原住民族語言能力認證辦法第6條規定，族語能力認證方式為測驗或審查，故本題答(C)。

16 (D)。 依原住民族傳統智慧創作保護條例第10條規定，智慧創作專用權為全部原住民族取得者，其智慧創作專用權之收入，應納入原住民族

綜合發展基金，並以促進原住民族或部落文化發展之目的為運用。非專供原住民族就業基金支出用途，故本題答(D)。

17 (A)。依原住民族傳統智慧創作保護條例第6條規定，申請人以原住民族或部落為限，故本題答(A)。

18 (D)。依原住民族傳統智慧創作保護條例第2條規定，該條例所稱主管機關為原住民族委員會。故本題答(D)。

19 (C)。(A)原住民族傳統智慧創作保護條例第17條規定。(B)原住民族傳統智慧創作保護條例第18條規定。(C)無規定。(D)原住民族傳統智慧創作保護條例第20條規定。故本題答(C)。

20 (C)。原住民族傳統智慧創作保護條例第10條規定，智慧創作專用權人享有下列智慧創作人格權：

一、就其智慧創作專有公開發表之創作人格權。

二、就其智慧創作專有表示專用權人名稱之創作人格權。

三、專有禁止他人以歪曲、割裂、竄改或其他方法改變其智慧創作之內容形式或名目致損害其名譽之創作人格權。

其中不含異動之創作人格權，故本題答(C)。

21 (B)。智慧創作屬原住民族傳統智慧創作保護條例規範，故本題答(B)。

22 (C)。(A)原住民族傳統智慧創作保護條例第11條，智慧創作專用權不得為讓與、設定質權及作為為強制執行之標的。(B)同上。(C)正確。(D)原住民族傳統智慧創作保護條例第12條，拋棄之智慧創作專用權，歸屬於全部原住民族享有。故本題答(C)。

23 (C)。依原住民族傳統智慧創作保護條例第7條第1項第3款規定，智慧創作不能認定屬於特定原住民族或部落者，應登記為全部原住民族，並自登記之日起，由全部原住民族取得智慧創作專用權。故本題答(C)。

23 (B)。依原住民族傳統智慧創作保護條例第18條規定，因故意或過失不法侵害智慧創作專用權者，負損害賠償責任；損害賠償請求權，自請求權人知有損害及賠償義務人時起，二年間不行使而消滅。故本題答(B)。

Notes

第三篇　衛生福利

第一章　公務人員晉用

依據出題頻率分為：A頻率高 B頻率中 C頻率低

【課前提要】原住民族工作權保障法乃係政府採購法之特別法，其目的乃係透過立法的目的排除採購法中不利於原住民的因素，以達到為促進原住民就業、保障原住民工作權、保障原住民經濟生活三大目標，就考試而言，特別法原本就較具考試價值，本章內容值得熟讀。

本章重點分析

一般政府機關之晉用★★	1. 晉用對象：約僱人員、駐衛警察、技工、駕駛、工友、清潔工、收費管理員及其他不須具公務人員任用資格之非技術性工級職務。	
	2. 比例原則	(1) 每滿五十人未滿一百人，應有原住民一人。 (2) 晉用人員經列為出缺不補者，各該人員不予列入總額計算之。
原住民地區之晉用★★	1. 晉用對象：約僱人員、駐衛警察、技工、駕駛、工友、清潔工、收費管理員及其他不須具公務人員任用資格之非技術性工級職務。	
	2. 比例原則	(1) 不得低於現有員額之百分之二。 (2) 晉用人員經列為出缺不補者，各該人員不予列入總額計算之。
原住民地區	原住民族傳統居住，具有原住民族歷史淵源及文化特色，經中央主管機關報請行政院核定之地區。★★★	
優先晉用	各級主管機關、公共職業訓練機構、公立就業服務機構及涉及原住民族工作權保障法之目的事業主管機關，應指派人員辦理原住民工作權益相關事宜，並應優先晉用原住民。	

課文精讀

一、一般政府機關之晉用

各級政府機關、公立學校及公營事業機構,除位於澎湖、金門、連江縣外,其僱用下列人員之總額,每滿**一百人**應有原住民一人:

法規一點靈

原住民族工作權保障法

(一) 約僱人員。　　　　　　　　(二) 駐衛警察。

(三) 技工、駕駛、工友、清潔工。　(四) 收費管理員。

(五) 其他不須具公務人員任用資格之非技術性工級職務。

二、比例原則

(一) **比例原則**:晉用人員之總額,每滿五十人未滿一百人之各級政府機關、公立學校及公營事業機構,應有原住民一人。

(二) **出缺不補**:晉用人員經各級政府機關、公立學校及公營事業機構列為出缺不補者,各該人員不予列入前項總額計算之。

—■■ 老師的話 ■■—

一、政府訂定原住民族工作權保障法的目的有三:1.為促進原住民就業,2.保障原住民工作權,3.保障原住民經濟生活。

二、原住民族工作權保障法所稱主管機關:1.在中央為原住民族委員會,2.在直轄市為直轄市政府,3.在縣(市)為縣(市)政府。

三、政府訂定原住民族工作權保障法的對象,為具有原住民身分者,其身分之認定,以依原住民身分法第11條第1項規定,於戶籍資料記載為山地原住民或平地原住民者。

選擇題

(　　) 1. 依原住民族工作權保障法的規定,各級政府機關、公立學校及公營事業機構,其僱用下列人員之總額,每滿一百人應有原住民一人,以下何者非僱用對象: (A)收費管理員　(B)技工、駕駛、工友、清潔工　(C)約僱人員　(D)辦事員。

( )│2. 依原住民族工作權保障法第4條第2項的規定，僱用不須具公務人員
　　　任用資格之非技術性工級職務，晉用人員之總額，每滿五十人未
　　　滿一百人之機關，應有原住民幾人？　(A)1人　(B)2人　(C)3人
　　　(D)4人。

解析

1.**D**。依原住民族工作權保障法第4條的規定，各級政府機關所僱用對象，係
　　以勞工為主，辦事員乃公職考試及格任用之公務人員，並非屬勞工。

2.**A**。依原住民族工作權保障法第4條第1項的規定，僱用人員之總額每滿
　　一百人應有原住民一人，係指全項的總額；第4條第2項的規定，每
　　滿五十人未滿一百人，應有原住民一人，係指各款人員之總額，請
　　注意其差別。

申論題

依「原住民族工作權保障法」之規定，各級政府機關、公立學校及公營事業
機構，其僱用人員針對原住民有何優惠措施？試簡述之。

答 依「原住民族工作權保障法」第4條之規定，各級政府機關、公立學校及
　公營事業機構，除位於澎湖、金門、連江縣外，其僱用下列人員之總額，
　每滿一百人應有原住民一人：
　(一) 約僱人員。　　　　　　　　(二) 駐衛警察。
　(三) 技工、駕駛、工友、清潔工。　(四) 收費管理員。
　(五) 其他不須具公務人員任用資格之非技術性工級職務。

三、原住民地區之晉用

原住民地區之各級政府機關、公立學校及公營事業機構，其僱用下列人員之總
額，應有**三分之一**以上為原住民：
(一) 約僱人員。　　　　　　　　(二) 駐衛警察。
(三) 技工、駕駛、工友、清潔工。　(四) 收費管理員。
(五) 其他不須具公務人員任用資格之非技術性工級職務。

四、比例原則

(一) **出缺不補**：原住民地區晉用之各款人員，經各級政府機關、公立學校及公營事業機構列為出缺不補者，各該人員不予列入前述總額計算之。

(二) **比例原則**：原住民地區之各級政府機關、公立學校及公營事業機構，進用須具公務人員任用資格者，其進用原住民人數應不得低於現有員額之<u>百分之二</u>，並應於原住民族工作權保障法施行後三年內完成。但現有員額未達比例者，俟非原住民公務人員出缺後，再行進用。

▶◆ 老師的話 ◆◀

一、各級政府機關、公立學校及公營事業機構依規定僱用、進用原住民人數之計算方式，以每月一日參加勞工保險之原住民族工作權保障法第4條第1項及第5條第1項各款人員及每月一日參加公教人員保險之原住民族工作權保障法第5條第3項人員之合計總額為準。但經資遣或退休而仍繼續參加勞工保險、公教人員保險者，不予計入。

二、依規僱用、進用原住民人數之計算，由各級政府機關、公立學校、公營事業機構人事單位協助辦理。

三、依原住民族工作權保障法第5條第1項、第3項及第12條第1項規定計算應僱用、進用之原住民人數，未達整數者，不予計入。

選擇題

( )　1. 依原住民族工作權保障法之規定，原住民地區之各級政府機關、公立學校及公營事業機構，其僱不須具公務人員任用資格之非技術性工級職務用人員之總額，應有多少比例以上為原住民：　(A)1/4　(B)1/3　(C)1/2　(D)2/3。

( )　2. 原住民地區之各級政府機關，進用須具公務人員任用資格者，其進用原住民人數應不得低於現有員額之百分之二，並應於原住民族工作權保障法施行後幾年內完成：　(A)1年　(B)2年　(C)3年　(D)4年。

解析

1. **B**。參考原住民族工作權保障法第5條。

2. **C**。參考原住民族工作權保障法第5條。

申論題

依「原住民族工作權保障法」之規定，於原住民地區之各級政府機關、公立學校及公營事業機構，僱用人員針對原住民有何優惠措施？試簡述之。

答 依「原住民族工作權保障法」第5條之規定，原住民地區之各級政府機關、公立學校及公營事業機構，其僱用下列人員之總額，應有三分之一以上為原住民：

(一)約僱人員。　　　　　　　　　　(二)駐衛警察。

(三)技工、駕駛、工友、清潔工。　　(四)收費管理員。

(五)其他不須具公務人員任用資格之非技術性工級職務。

五、原住民地區

原住民族工作權保障法所稱原住民地區，指原住民族傳統居住，具有原住民族歷史淵源及文化特色，經中央主管機關（行政院原住民族委員會）報請**行政院**核定之地區。

六、優先晉用

各級主管機關、公共職業訓練機構、公立就業服務機構及本法涉及之目的事業主管機關，應指派人員辦理原住民工作權益相關事宜，並應優先晉用原住民。

選擇題

(　) 1. 原住民族工作權保障法所稱原住民地區，指原住民族傳統居住，具有原住民族歷史淵源及文化特色，經中央主管機關報請行政院核定之地區，下列何者為非：　(A)新北市烏來區　(B)苗栗縣南庄鄉　(C)台東縣台東市　(D)高雄市大寮區。

(　) 2. 依原住民族工作權保障法之規定，各級主管機關應指派人員辦理原住民工作權益相關事宜，其人員進用有無優惠原住民之規定：

(A)無　(B)有，應指派人員辦理原住民工作權益相關事宜，其指派人員並應優先進用原住民　(C)有，應優先進用原住民，惟免指派人員辦理原住民工作權益相關事宜　(D)無，但應指派人員辦理原住民工作權益相關事宜。

解析

1.**D**。依行政院原住民族委員會91年1月23日台（91）原民企第9101402號函，為落實「原住民族工作權保障法」有關「原住民地區」條文之規定，擬具之「原住民地區」不包含高雄縣大寮鄉。（註：台北縣已升格為新北市；高雄縣已與高雄市合併升格為直轄市。）

2.**B**。參考原住民族工作權保障法第6條。

● 老師的話 ●

依行政院原住民族委員會91年1月23日台(91)原民企第9101402號函，為落實「原住民族工作權保障法」有關「原住民地區」條文之規定，擬具「原住民地區」之具體範圍如下：

三十個山地鄉包括：台北縣烏來鄉、桃園縣復興鄉、新竹縣尖石鄉、五峰鄉、苗栗縣泰安鄉、台中縣和平鄉、南投縣信義鄉、仁愛鄉、嘉義縣阿里山鄉、高雄縣桃源鄉、三民鄉、茂林鄉、屏東縣三地門鄉、瑪家鄉、霧台鄉、牡丹鄉、來義鄉、泰武鄉、春日鄉、獅子鄉、台東縣達仁鄉、金峰鄉、延平鄉、海端鄉、蘭嶼鄉、花蓮縣卓溪鄉、秀林鄉、萬榮鄉、宜蘭縣大同鄉、南澳鄉。（註：台北縣已升格為新北市；高雄縣已與高雄市合併升格為直轄市；桃園縣已於2014年12月25日改制為直轄市。）

二十五個平地原住民鄉（鎮、市）包括：新竹縣關西鎮、苗栗縣南庄鄉、獅潭鄉、南投縣魚池鄉、屏東縣滿洲鄉、花蓮縣花蓮市、光復鄉、瑞穗鄉、豐濱鄉、吉安鄉、壽豐鄉、鳳林鎮、玉里鎮、新城鄉、富里鄉、台東縣台東市、成功鎮、關山鎮、大武鄉、太麻里鄉、卑南鄉、東河鄉、長濱鄉、鹿野鄉、池上鄉。

申論題

一、依「原住民族工作權保障法」之規定，何為原住民地區？試簡述之。

答 依「原住民族工作權保障法」第5條之規定，該法所稱原住民地區，係指原住民族傳統居住，具有原住民族歷史淵源及文化特色，經中央主管機關報請行政院核定之地區。

二、依「原住民族工作權保障法」之規定，各級政府機關、公立學校及公營事業機構，其僱用人員針對原住民有何優惠措施？試申論之。

答 (一) 一般政府機關之進用：

　1. 各級政府機關、公立學校及公營事業機構，除位於澎湖、金門、連江縣外，其僱用下列人員之總額，每滿一百人應有原住民一人：

　　(1)約僱人員。　　　　　　　　　　(2)駐衛警察。

　　(3)技工、駕駛、工友、清潔工。　　(4)收費管理員。

　　(5)其他不須具公務人員任用資格之非技術性工級職務。

　2. 比例原則：

　　(1)比例原則：進用人員之總額，每滿五十人未滿一百人之各級政府機關、公立學校及公營事業機構，應有原住民一人。

　　(2)出缺不補：進用人員經各級政府機關、公立學校及公營事業機構列為出缺不補者，各該人員不予列入前項總額計算之。

(二) 原住民地區之進用：

　1. 原住民地區之各級政府機關、公立學校及公營事業機構，其僱用下列人員之總額，應有三分之一以上為原住民：

　　(1)約僱人員。

　　(2)駐衛警察。

　　(3)技工、駕駛、工友、清潔工。

　　(4)收費管理員。

　　(5)其他不須具公務人員任用資格之非技術性工級職務。

2. 比例原則：

(1)出缺不補：原住民地區進用之各款人員，經各級政府機關、公立學校及公營事業機構列為出缺不補者，各該人員不予列入前項總額計算之。

(2)比例原則：原住民地區之各級政府機關、公立學校及公營事業機構，進用須具公務人員任用資格者，其進用原住民人數應不得低於現有員額之百分之二，並應於原住民族工作權保障法施行後三年內完成。但現有員額未達比例者，俟非原住民公務人員出缺後，再行進用。

歷年考題

(　　) **1** 下列機關、學校、機構，如其僱用約僱人員103人，何者無僱用原住民之義務？ (A)澎湖縣政府 (B)國立臺灣大學 (C)台灣電力股份有限公司 (D)交通部臺灣鐵路管理局。 【109年原住民特考三等】

(　　) **2** 關於原住民合作社，下列敘述何者錯誤？ (A)政府應依原住民群體工作習性，設立各種性質之原住民合作社 (B)原住民合作社之原住民社員須超過該合作社社員總人數百分之八十以上 (C)原住民合作社依法經營者，得依法免徵所得稅及營業稅 (D)原住民合作社之營運發展經費得由各級政府酌予補助。 【109年原住民特考三等】

(　　) **3** 原住民地區之公營事業機構，僱用約僱人員、駐衛警察等法律規定人員之總額，應受下列何種限制？
(A)每滿一百人應有原住民一人
(B)進用原住民人數應不得低於現有員額之百分之二
(C)應有二分之一以上為原住民
(D)應有三分之一以上為原住民。 【109年原住民特考三等】

(　　) **4.** 關於原住民之比例進用，下列敘述何者正確？
(A)各級政府機關、公立學校及公營事業機構，包括澎湖，其僱用特定人員之總額，每滿100人應有原住民1人

(B)原住民地區之各級政府機關、公立學校及公營事業機構，其僱
　　用特定人員之總額，應有1/4以上為原住民

(C)原住民地區之各級政府機關、公立學校及公營事業機構，其進
　　用須具公務人員任用資格者，其進用原住民人數應不得低於現
　　有員額之百分之2

(D)原住民地區之各級政府機關、公立學校及公營事業機構，其進
　　用須具公務人員任用資格者，應於原住民族工作權保障法施行
　　後5年內完成比例進用。　　　　　　　　　【109年原住民特考四等】

(　) **5** 原住民族工作權保障法保障對象不包括下列何者？
(A)戶籍資料記載為原住民
(B)戶籍資料記載為山地原住民
(C)戶籍資料記載為平地原住民
(D)原住民之非原住民配偶。　　　　　　　　　【106年原住民特考五等】

(　) **6** 下列何者非屬原住民族工作權保障法所定僱用總額，每滿一百人應
有原住民一人之機關？　(A)各級政府機關　(B)公立學校　(C)公營
事業機構　(D)私立學校。　　　　　　　　　【106年原住民特考五等】

(　) **7** 依據原住民族工作權保障法規定，各級機關僱用下列何種人員之總
額，每滿一百人應有原住民一人？
(A)警察
(B)具公務員任用資格之技工
(C)服務志工
(D)清潔人員。　　　　　　　　　　　　　　【107年原住民特考五等】

(　) **8** 有關原住民合作社之敘述，下列何者錯誤？　(A)原住民合作社，指原
住民社員超過該合作社社員總人數百分之七十五以上者　(B)政府應
依原住民群體工作習性，輔導原住民設立各種性質之原住民合作社，
以開發各項工作機會　(C)原住民合作社之籌設、社員之培訓及營運
發展等事項，應由各目的事業主管機關輔導辦理　(D)原住民合作社
依法經營者，得免徵所得稅及營業稅。　　　　　【107年原住民特考五等】

解答及解析

1 (A)。依原住民族工作權保障法第4條規定，各級政府機關、公立學校及公營事業機構，除位於澎湖、金門、連江縣外，其僱用下列人員之總額，每滿一百人應有原住民一人，因澎湖縣政府屬前列機關但書性質，故本題答(A)。

2 (A)。依原住民族工作權保障法第7條規定，政府應依原住民群體工作習性，輔導原住民設立各種性質之原住民合作社，以開發各項工作會。少了輔導二字，故本題答(A)。

3 (D)。依原住民族工作權保障法第5條規定，原住民地區之各級政府機關、公立學校及公營事業機構，其僱用約僱人員、駐衛警察人員之總額，應有三分之一以上為原住民，故本題答(D)。

4 (C)。依原住民族工作權保障法第4條規定，各級政府機關、公立學校及公營事業機構，除位於澎湖、金門、連江縣外，其僱用下列人員之總額，每滿一百人應有原住民一人，故(A)錯；依第5條規定，原住民地區之各級政府機關、公立學校及公營事業機構，進用須具公務人員任用資格者，其進用原住民人數應不得低於現有員額之百分之二，而非1/4，故(B)錯，(C)正確；依第5條規定，應於該法施行後三年內完成，而非五年，故(D)錯。故本題答(C)。

5 (D)。依原住民族工作權保障法施行細則第2條規定，本法第二條所稱具有原住民身分者，以依原住民身分法第十一條第一項規定，於戶籍資料記載為山地原住民或平地原住民者。不包含其非原住民配偶。故本題答(D)。

6 (D)。第原住民族工作權保障法第4條規定，各級政府機關、公立學校及公營事業機構，除位於澎湖、金門、連江縣外，其僱用人員之總額，每滿一百人應有原住民一人，不包含私立學校。故本題答(D)。

7 (D)。依原住民族工作權保障法第4條規定，各級政府機關、公立學校及公營事業機構，除位於澎湖、金門、連江縣外，其僱用下列人員之總額，每滿一百人應有原住民一人：
一、約僱人員。
二、駐衛警察。
三、技工、駕駛、工友、清潔工。
四、收費管理員。
五、其他不須具公務人員任用資格之非技術性工級職務。
故本題答(D)。

8 (A)。依原住民族工作權保障法第7條規定，原住民合作社，指原住民社員超過該合作社社員總人數百分之八十以上者。故本題答(A)。

第二章　原住民合作社及採購保障

依據出題頻率分為：A頻率高 B頻率中 C頻率低

【課前提要】本章應注意合作社社員原住民總人數之比率、免稅期間、原住民合作社輔導小組之職責、未達政府採購法公告金額之採購方式及得標廠商僱用原住民之比例等。

本章重點分析

合作社 成立 ★★	1. 成立宗旨：以開發原住民各項工作機會。 2. 名詞定義：社員超過社員總人數80% 以上者。★★ 3. 免徵稅賦：但自原住民族採購法施行之日起六年內應免徵所得稅及營業稅。★ 4. 營運補助：由各級政府酌予補助。 5. 考核獎勵：由中央目的事業主管機關會同中央主管機關（行政院原住民族委員會）定之。
原住民 合作社 輔導小組	1. 講解合作社法及相關法令。 2. 扶助原住民設立合作社。 3. 定期追蹤輔導。 4. 長期諮詢機構。 5. 其他輔導事項。
專屬採購 ★★	1. 專屬採購：未達政府採購法公告金額之採購，應由原住民個人、機構、法人或團體承包。 2. 員工保障：得標廠商，於履約期間僱用原住民人數不得低於總人數1%。 3. 員工訓練：規定僱用之原住民於待工期間，應辦理職前訓練。 4. 代金繳納：得標廠商進用原住民人數未達標準者，應向原住民族綜合發展基金之就業基金繳納代金。

課文精讀

一、合作社成立

(一) **成立宗旨**：政府應依原住民群體工作習性，輔導原住民設立各種性質之原住民合作社，以開發各項工作機會。

(二) **名詞定義**：原住民合作社，指原住民社員超過該合作社社員總人數**百分之八十**以上者。

(三) **免徵稅賦**：原住民合作社依法經營者，得免徵所得稅及營業稅。但自原住民族採購法施行之日起六年內應免徵所得稅及營業稅。

(四) **營運補助**：原住民合作社之營運發展經費得由各級政府酌予補助。

(五) **考核獎勵**：各級目的事業主管機關應定期辦理原住民合作社考核，成績優良者，應予獎勵，其考核及獎勵辦法，由中央目的事業主管機關會同行政院原住民族委員會定之。

━━●■ 老師的話 ■●━━

一、原住民族工作權保障法第8條所稱原住民合作社依法經營者，係指依合作社法及其相關法令規定設立、經營，且原住民社員符合本法第7條第3項所定比率之合作社。

二、原住民合作社依規定免徵所得稅及營業稅期間，自中華民國90年11月2日起至中華民國96年11月1日止。

三、原住民合作社設立後，因社員出社、退社、除名或新社員之加入，致原住民社員人數未達法定比率者，應繳納未達比率月份之所得稅及營業稅，其應繳納之所得稅，應以當年度所得額依規定稅率計算之稅額為準，按未達比率月份占全年之比例計算之。

選擇題

(　　) 1. 依原住民族工作權保障法的規定，原住民合作社，係指原住民社員超過該合作社社員總人數百分多少以上者：　(A)30%　(B)40%　(C)60%　(D)80%。

( ) 2. 原住民合作社依法經營者,得免徵所得稅及營業稅。但自原住民族
採購法施行之日起幾年內應免徵所得稅及營業稅: (A)3年 (B)4
年 (C)5年 (D)6年。

解析

1. **D**。依原住民族工作權保障法第7條規定,原住民合作社,指原住民社員
超過該合作社社員總人數百分之八十以上者。

2. **D**。依原住民族工作權保障法第8條規定,原住民合作社依法經營者,得
免徵所得稅及營業稅。但自本法施行之日起六年內應免徵所得稅及
營業稅。

申論題

依「原住民族工作權保障法」之規定,何為「原住民合作社」?其成立宗旨
為何?試簡述之。

答 (一) 名詞定義:依「原住民族工作權保障法」第7條第3項之規定,原住
民合作社,係指原住民社員超過該合作社社員總人數百分之八十以
上者。

(二) 成立宗旨:依「原住民族工作權保障法」第7條第1項之規定,政府應
依原住民群體工作習性,輔導原住民設立各種性質之原住民合作社,
以開發各項工作機會。

二、原住民合作社輔導小組

各級政府應設置原住民合作社輔導小組,其職責如下:

(一) 為原住民講解合作社法及相關法令。

(二) 扶助原住民符合合作社法第9條之設立行為及登記種類之規定。

(三) 原住民合作社成立後,定期追蹤輔導合作社之運作。

(四) 為原住民合作社之長期諮詢機構。

(五) 其他有關原住民合作社之輔導事項。

申論題

依「原住民族工作權保障法」成立之原住民合作社輔導小組，其職掌為何？
試簡述之。

答 依「原住民族工作權保障法」第10條之規定，各級政府應設置原住民合作
社輔導小組，其職責如下：
(一) 為原住民講解合作社法及相關法令。
(二) 扶助原住民符合合作社法第9條之設立行為及登記種類之規定。
(三) 原住民合作社成立後，定期追蹤輔導合作社之運作。
(四) 為原住民合作社之長期諮詢機構。
(五) 其他有關原住民合作社之輔導事項。

三、專屬採購

(一) 專屬採購：各級政府機關、公立學校及公營事業機構，辦理位於原住民地
區未達政府採購法公告金額之採購，應由原住民個人、機構、法人或團體
承包。但原住民個人、機構、法人或團體無法承包者，不在此限。

(二) 員工保障：依政府採購法得標之廠商，於國內員工總人數逾**一百人**者，應
於履約期間僱用原住民，其人數不得低於總人數百分之一。

(三) 員工訓練：規定僱用之原住民於待工期間，應辦理職前訓練；其訓練費用
應由政府補助；其補助條件、期間及數額，由**中央勞工主管機關**（行政院
勞委會）另以辦法定之。

(四) 代金繳納：得標廠商進用原住民人數未達標準者，應向**原住民族綜合發展
基金**之就業基金繳納代金。

◆‧老師的話‧◆

一、原住民地區採購：指履約地點位於原住民地區之採購。

二、未達政府採購法公告金額之採購：指金額未達政府採購法第13條第3項所定公告金額之採購。

三、原住民機構、法人或團體：指經政府立案，其負責人為原住民，且原住民社員、會員、理監事、董監事之人數及其持股比率，各達百分之八十以上，經申請各該目的事業主管機關證明者，其中原住民合作社指依原住民工作權保障法第7條第3項規定認定之，而其目的事業主管機關之證明，其有效期間為三個月。

四、所稱無法承包，指符合下列情形之一者：
    (一) 屬政府採購法第22條第1項第1款至第4款、第6款至第8款、第13款及第16款規定之情形者。
    (二) 依規定辦理二次招標無法決標者。

五、職前訓練：指依政府採購法得標之廠商對進用之原住民於投入工作前所提供有關工作技能及工作安全之訓練。

選擇題

(　) 1. 下列何者非屬依原住民族工作權保障法設立原住民合作社輔導小組之職責：　(A)為原住民講解合作社法及相關法令　(B)扶助原住民符合合作社法第九條之設立行為及登記種類之規定　(C)原住民合作社成立後，定期追蹤輔導合作社之運作　(D)辦理原住民保留地增編業務。

(　) 2. 依政府採購法得標之廠商，於國內員工總人數逾一百人者，應於履約期間僱用原住民，其人數不得低於總人數多少：　(A)1%　(B)2%　(C)3%　(D)4%。

解析

1.**D**。參考原住民族工作權保障法第10條。

2.**A**。依原住民族工作權保障法第12條規定，依政府採購法得標之廠商，於國內員工總人數逾一百人者，應於履約期間僱用原住民，其人數不得低於總人數【百分之一】。

申論題

依「原住民族工作權保障法」之規定，位於原住民地區針對未達政府採購法公告金額之採購，有否照顧原住民之規定？試簡述之。

答 依「原住民族工作權保障法」第11條之規定，各級政府機關、公立學校及公營事業機構，辦理位於原住民地區未達政府採購法公告金額之採購，應由原住民個人、機構、法人或團體承包。但原住民個人、機構、法人或團體無法承包者，不在此限。

歷年考題

( ) 1 依原住民族工作權保障法之規定，原住民合作社乃指原住民社員至少應超過該合作社社員總人數多少比例以上？
(A)百分之五十以上者
(B)百分之六十以上者
(C)百分之七十以上者
(D)百分之八十以上者。 【104年原住民特考五等】

( ) 2 依原住民族工作權保障法相關規定，下列敘述何者錯誤？ (A)依政府採購法投標之廠商，員工總人數逾一百人者，應於投標時證明僱用原住民人數不低於百分之一 (B)依政府採購法得標之廠商，進用原住民人數未達標準，應向原住民族綜合發展基金之就業基金繳納代金 (C)原住民勞工因非志願性失業致生活陷入困境者，得依中央勞工主管機關訂定之條件申請臨時工作 (D)各級政府機關、公立學校及公營事業機構依原住民族工作權保障法僱用原住民時，得函請各級主管機關推介。 【105年原住民特考五等】

( ) 3 原住民族工作權保障法關於原住民就業之促進，下列敘述何者正確？
(A)政府應依原住民群體工作習性，輔導原住民設立各種性質之原住民合作社。此所稱原住民合作社，指原住民社員超過該合作社社員70%

以上者　　(B)原住民合作社依法經營者，自原住民族工作權保障法施行之日起5年內應免繳所得稅及營業稅　　(C)依政府採購法得標之廠商，於國內員工總人數逾100人者，應於履約期間僱用不得低於總人數1%之原住民，未達標準者，應向原住民族綜合發展基金之就業基金繳納怠金　　(D)民間機構僱用原住民50人以上者，得置社會工作人員，提供職場諮商及生活輔導。　　　　　　　　　　　【109年原住民特考四等】

解答及解析

1 (D)。依原住民族工作權保障法第7條規定，原住民合作社，指原住民社員超過該合作社社員總人數百分之八十以上者。故本題答(D)。

2 (A)。依原住民族工作權保障法第12條規定，依政府採購法得標之廠商，於國內員工總人數逾一百人者，應於履約期間僱用原住民，其人數不得低於總人數百分之一。是履約期間而非投標時，故本題答(A)。

3 (D)。依原住民族工作權保障法第7條規定，原住民合作社，指原住民社員超過該合作社社員總人數百分之八十以上者，而非70%，故(A)錯；第8條規定，原住民合作社依法經營者，得免徵所得稅及營業稅。但自本法施行之日起六年內應免徵所得稅及營業稅，而非5年，故(B)錯；第12條規定，依政府採購法得標之廠商，於國內員工總人數逾一百人者，應於履約期間僱用原住民，其人數不得低於總人數百分之一，未達標準者，應向原住民族綜合發展基金之就業基金繳納代金，而非怠金，故(C)錯；第17條規定，民間機構僱用原住民五十人以上者，得置社會工作人員，提供職場諮商及生活輔導，完全正確，故本題答(D)。

第三章 促進就業

依據出題頻率分為：A**頻率高** B**頻率中** C**頻率低**

【課前提要】本章注意原住民就業促進委員會成立方式、就業輔導、職業訓練、職場諮商與輔導等，並注意相關數據及主管機關。

本章重點分析

原住民就業促進委員會 ★	1. 原住民就業促進委員會：中央主管機關（原住民族委員會）應設置原住民就業促進委員會。 2. 就業輔導：政府應鼓勵公、民營機構辦理原住民就業服務。 3. 就業調查：中央主管機關應定期辦理原住民就業狀況調查。
職業訓練 ★	1. 職業訓練：中央勞工主管機關（勞動部）得視需要獎勵設立職業訓練機構。 2. 生活津貼：中央勞工主管機關（勞動部）應提供原住民參加各種職業訓練之機會。 3. 提升專業：原民會對原住民取得技術士證照者，應予獎勵。 4. 技藝訓練：原民會應依原住民各族群之文化特色辦理。
職場諮商與輔導 ★	1. 職場諮商：民間機構僱用原住民五十人以上者，得置社會工作人員。 2. 臨時工作：原住民勞工因非志願性失業致生活陷入困境者，得申請臨時工作。

課文精讀

一、原住民就業促進委員會

(一) **原住民就業促進委員會**：原民會應設置原住民就業促進委員會，規劃、研究、諮詢、協調、推動、促進原住民就業相關事宜；其設置要點，由原民會另定之。

(二) **就業輔導**：政府應鼓勵公、民營機構辦理原住民就業服務，提供就業諮詢、職場諮商、就業媒合及生活輔導。

(三) **就業調查**：原民會應定期辦理原住民就業狀況調查；各級主管機關應建立原住民人力資料庫及失業通報系統，以利推介原住民就業或參加職業訓練。

申論題

依「原住民族工作權保障法」之規定，原住民就業促進委員會成立之宗旨為何？對於公、民營機構辦理原住民就業服務，政府應採何種態度？

答 (一) 依「原住民族工作權保障法」第13條第1項之規定，行政院原住民族委員會應設置原住民就業促進委員會，規劃、研究、諮詢、協調、推動、促進原住民就業相關事宜；其設置要點，由該會另定之。

(二) 依「原住民族工作權保障法」第13條第2項之規定，政府應鼓勵公、民營機構辦理原住民就業服務，提供就業諮詢、職場諮商、就業媒合及生活輔導。

二、職業訓練

(一) **職業訓練**：勞動部得視需要獎勵設立職業訓練機構，為原住民辦理職業訓練。

(二) **生活津貼**：勞動部應依原住民就業需要，提供原住民參加各種職業訓練之機會；於其職業訓練期間，並得提供生活津貼之補助，其補助條件及數額，由勞委會定之。

(三) 提升專業：原民會對原住民取得技術士證照者，應予獎勵，以確保並提升其專業技能，其獎勵辦法，由該會定之。

(四) 技藝訓練：原民會應依原住民各族群之文化特色，辦理各項技藝訓練，發展文化產業，以開拓就業機會。

━━■ 老師的話 ■━━

一、直轄市及縣（市）主管機關得視業務需要，比照原住民族工作權保障法第13條第1項規定，設任務編組之原住民就業促進委員會。

二、主管機關之認定：(1)原住民就業促進委員會：原住民族委員會設立；(2)就業調查：原住民族委員會辦理；(3)職業訓練、生活津貼：勞動部；(4)技術士證照、技藝訓練：原住民族委員會。

選擇題

( )　1. 依原住民族工作權保障法規定成立之原住民就業促進委員會，下列何者非其服務業務項目： (A)規劃與研究 (B)諮詢與協調 (C)推動與促進 (D)補償與救濟。

( )　2. 依原住民族工作權保障法規定，政府應依原住民就業需要，提供原住民參加各種職業訓練之機會；於其職業訓練期間，並得提供生活津貼之補助，其補助條件及數額，由何機關定之： (A)行政院原住民族委員會 (B)內政部 (C)勞動部 (D)教育部。

解析

1.**D**。參考原住民族工作權保障法第13條。

2.**C**。原住民族工作權保障法第15條規定，補助條件及數額，由勞動部定之；獎勵辦法，由行政院原住民族委員會定之。

三、職場諮商與輔導

(一) **職場諮商**：民間機構僱用原住民**五十人**以上者，得置社會工作人員，提供職場諮商及生活輔導；其費用，由政府補助之，其補助辦法，由行政院原住民族委員會定之。

(二) **臨時工作**：原住民勞工因非志願性失業致生活陷入困境者，得申請臨時工作；其申請條件，由中央勞工主管機關定之。

四、自由港區貿易

自由港區事業僱用勞工總人數中，應僱用**百分之三**具有原住民身分者。

━━■◆ 老師的話 ◆■━━

一、民間機構僱用原住民置社會工作人員，政府補助之助辦法，由【原住民族委員會】定之。

二、原住民勞工因非志願性失業致生活陷入困境者申請臨時工作之條件，由【勞動部】定之。

選擇題

(　) 1. 依原住民族工作權保障法規定，民間機構僱用原住民幾人以上者，得置社會工作人員，提供職場諮商及生活輔導：　(A)20人　(B)30人　(C)40人　(D)50人。

(　) 2. 依原住民族工作權保障法規定，原住民勞工因非志願性失業致生活陷入困境者，得申請臨時工作；其申請條件，由何機關定之：(A)行政院原住民族委員會　(B)內政部　(C)勞委會　(D)教育部。

解析

1.**D**。參考原住民族工作權保障法第17條。

2.**C**。參考原住民族工作權保障法第18條。

申論題

依「原住民族工作權保障法」之規定，原住民之職業訓練、生活津貼、提升專業、技藝訓練之中央主管機關分屬那個單位？試簡述之。

答 依「原住民族工作權保障法」第15、16條之規定，原住民之職業訓練、生活津貼、提升專業、技藝訓練之中央主管機關分述如下：

(一)職業訓練：行政院勞工委員會得視需要獎勵設立職業訓練機構，為原住民辦理職業訓練。

(二)生活津貼：行政院勞工委員會應依原住民就業需要，提供原住民參加各種職業訓練之機會；於其職業訓練期間，並得提供生活津貼之補助。

(三)提升專業：行政院原住民族委員會對原住民取得技術士證照者，應予獎勵，以確保並提升其專業技能。

(四)技藝訓練：行政院原住民族委員會應依原住民各族群之文化特色，辦理各項技藝訓練，發展文化產業，以開拓就業機會。

歷年考題

( )　**1** 依原住民族工作權保障法第17條之規定，民間機構僱用原住民50人以上者，得置下列何種人員？　(A)生涯規劃人員　(B)工安管理人員　(C)護理工作人員　(D)社會工作人員。　　　【104年原住民特考五等】

( )　**2** 關於原住民族工作權保障法促進就業之規定，下列敘述何者錯誤？(A)中央主管機關應定期辦理原住民就業狀況調查　(B)中央主管機關應提供原住民參加各種職業訓練之機會　(C)中央主管機關應依原住民各族群之文化特色，辦理各項技藝訓練　(D)各級地方政府應配合、辦理原住民就業促進之宣導。　　　【107年原住民特考三等】

( )　**3** 依據原住民族委員會辦理原住民職業訓練實施要點規定，承辦單位辦理各類原住民職業訓練計畫時，受訓學員應具原住民身分，且人數須達多少人？

(A)15人　　　　　　　　　　(B)20人
(C)25人　　　　　　　　　　(D)30人。　　　【108年原住民特考三等】

(　　) **4** 依原住民族工作權保障法規定，關於促進原住民就業，下列敘述何者錯誤？　(A)中央主管機關應設置原住民就業促進委員會　(B)中央主管機關應定期辦理原住民就業狀況調查　(C)各級主管機關應建立原住民人力資料庫及失業通報系統　(D)中央主管機關應依原住民就業需要，提供原住民參加職業訓練之機會。　　　　【109年原住民特考三等】

(　　) **5.** 為促進原住民族就業，原住民族工作權保障法設有專章規範，關於中央主管機關原住民族委員會應辦理、設置事項，下列敘述何者錯誤？　(A)應設置原住民就業促進委員會，規劃、研究、諮詢、協調、推動、促進原住民就業相關事宜　(B)應定期辦理原住民就業狀況調查　(C)應依原住民各族群之文化特色，辦理各項技藝訓練，發展文化產業，以開拓就業機會　(D)應設立職業訓練機構，為原住民辦理職業訓練。　　　　【109年原住民特考五等】

解答及解析

1 (D)。依原住民族工作權保障法第17條規定，民間機構僱用原住民五十人以上者，得置社會工作人員，提供職場諮商及生活輔導。故本題答(D)。

2 (B)。依原住民族工作權保障法第15條規定，中央勞工主管機關應依原住民就業需要，提供原住民參加各種職業訓練之機會。中央勞工主管機關是勞動部，而非中央主管機關行政院原住民委員會，故本題答(B)。

3 (A)。依原住民族委員會辦理原住民族職業訓練實施要點第4條規定，受訓學員應具原住民身分，每班開班人數應達十五人以上，故本題答(A)。

4 (D)。依原住民族工作權保障法第15條規定，中央勞工主管機關應依原住民就業需要，提供原住民參加各種職業訓練之機會，而非中央主管機關，故本題答(D)。

5 (D)。依原住民族工作權保障法第15條規定，中央勞工主管機關得視需要獎勵設立職業訓練機構，為原住民辦理職業訓練。換言之，為原住民辦理職業訓練機構是勞動部而非原住民族委員會，故本題答(D)。

第四章 勞資爭議及救濟

依據出題頻率分為：A頻率高 B頻率中 C頻率低

【課前提要】本章歷屆考試較少出現，但是並非就表示不重要，還是有很多重點可
以出題，多注意各段「老師的話」。

本章重點分析

爭議仲裁 ★★	1. 仲裁原則：依據勞資爭議處理法。 2. 勞資權利爭議仲裁：勞資權利事項與調整事項之爭議，勞方當事人有三分之一以上為原住民時，其調解委員或仲裁委員應有相當之保障名額。
勞資糾紛輔助 ★	1. 糾紛扶助：　(1) 法律諮詢 　　　　　　　(2) 提供律師及必要之訴訟費 2. 保障名額：依據勞資爭議處理法第30條規定。
就業基金 ★	就業基金之來源如下： 1. 政府循預算程序之撥款。 2. 依本法規定所繳納之代金。 3. 本基金之孳息收入。 4. 其他有關收入。
就業安定基金 管理委員會	中央主管機關辦理原住民就業服務及職業訓練事宜所需經費，得提工作計畫及經費需求，送就業安定基金管理委員會審議通過後支應之。
代金繳納 ★	1. 原則：未達法定比例者，應每月繳納代金。 2. 例外：經依規函請各級主管機關推介者，於主管機關未推介進用人員前，免繳代金。 3. 代金計算：依差額人數乘以每月基本工資計算。 4. 強制執行：依法應繳納之代金，經通知限期繳納而仍不繳納者，依法移送強制執行。

獎勵辦法	各級政府機關、公立學校、公營事業機構及依政府採購法之得標廠商僱用原住民人數，超出規定比例者，應予獎勵；其獎勵辦法，由中央主管機關定之。

課文精讀

一、爭議仲裁

(一) **仲裁原則**：原住民勞資爭議，依據「勞資爭議處理法」規定辦理。

(二) **勞資權利爭議仲裁**：勞資權利事項與調整事項之爭議，勞方當事人有**三分之一**以上為原住民時，有關勞委會及各級主管機關指派之調解委員或仲裁委員之規定如下：

　　1. **調解程序**：主管機關指派三人，應**至少一人**為具有原住民身分者。

　　2. **仲裁程序**：勞委會及原民會指派代表三人至五人，應**至少一人至二人**為具有原住民身分者。

------- 老師的話 -------

一、原住民勞資爭議之調處，應注意調解委員或仲裁委員原住民代表比例。

二、調處之主管機關為行政院勞委會。

選擇題

(　)　依原住民族工作權保障法規定，原住民勞資爭議，依何法規定辦理：(A)勞資爭議處理法　(B)政府採購法　(C)鄉鎮調解委員會處理辦理　(D)原住民族教育法。

解析

A。參考原住民族工作權保障法第20條。

申論題

> 原住民勞資爭議，係依據何種規定辦理？勞資權利事項與調整事項之爭議，勞方當事人有三分之一以上為原住民時，有關勞工主管機關及各級主管機關指派之調解委員或仲裁委員之規定為何？

答 (一) 仲裁原則：依「原住民族工作權保障法」第20條之規定，原住民勞資爭議，依據「勞資爭議處理法」規定辦理。

(二) 勞資權利爭議仲裁：依「原住民族工作權保障法」第20條之規定，勞資權利事項與調整事項之爭議，勞方當事人有三分之一以上為原住民時，有關勞工主管機關及各級主管機關指派之調解委員或仲裁委員之規定如下：

　　1. 調解程序：主管機關指派三人，應至少一人為具有原住民身分者。

　　2. 仲裁程序：勞資爭議處理法之主管機關及中央主管機關指派代表三人至五人，應至少一人至二人為具有原住民身分者。

二、勞資糾紛輔助

(一) **糾紛扶助**：原住民在工作職場發生就業歧視或勞資糾紛，各級主管機關應予以下列扶助，其補助辦法，由**原民會**定之：

　　1. 法律諮詢。

　　2. 提供律師及必要之訴訟費。

(二) **保障名額**：直轄市、縣（市）政府依據勞資爭議處理法第30條規定推薦核備之仲裁委員名單中，應至少**一人至五人**為具有原住民身分者。

三、就業基金

(一) **依據**：原民會應於原住民族綜合發展基金項下設置**就業基金**，作為辦理促進原住民就業權益相關事項；其收支、保管及運用辦法，由**行政院**定之。

(二) **基金來源**：就業基金之來源如下：
　　1. 政府循預算程序之撥款。
　　2. 依原住民族工作權保障法規定所繳納之代金。
　　3. 本基金之孳息收入。
　　4. 其他有關收入。

選擇題

( )　1. 原住民在工作職場發生就業歧視或勞資糾紛，各級主管機關應予以
　　　　扶助，扶助項目下列何者為非：　(A)法律諮詢　(B)提供律師及必
　　　　要之訴訟費　(C)勞資糾紛調解　(D)以上均是。

( )　2. 依原住民族工作權保障法規定，中央主管機關應於原住民族綜合發展
　　　　基金項下設置就業基金，其就業基金之來源，下列何者為非：　(A)
　　　　政府循預算程序之撥款　(B)依原住民族工作權保障法規定所繳納之
　　　　代金　(C)就業基金之孳息收入　(D)原住民保留地租金收益款。

　解析
　　1.**C**。參考原住民族工作權保障法第21條。
　　2.**D**。參考原住民族工作權保障法第23條。

申論題

依「原住民族工作權保障法」之規定，行政院原住民族委員會應於原住民族綜合發展基金項下設置就業基金，其基金來源為何？

答 依據「原住民族工作權保障法」第23條之規定，行政院原住民族委員會應
　　於原住民族綜合發展基金項下設置就業基金，作為辦理促進原住民就業權
　　益相關事項，其基金來源如下：
　　(一) 政府循預算程序之撥款。
　　(二) 依原住民族工作權保障法規定所繳納之代金。
　　(三) 本基金之孳息收入。
　　(四) 其他有關收入。

━━●┤ 老師的話 ┤●━━

　　就業基金乃設立在原住民族綜合發展基金項下（產業經濟篇），保管的辦法係由「行政院」訂之；就業基金之來源包含4項，請熟記。

四、就業安定基金管理委員會

原民會辦理原住民就業服務及職業訓練事宜所需經費，得提工作計畫及經費需求，送就業安定基金管理委員會審議通過後支應之。

五、代金繳納

(一) **原則**：原住民族工作權保障法施行**三年**後，各級政府機關、公立學校及公營事業機構僱用原住民之人數，未達法定比例者，應每月繳納代金。
(二) **例外**：經依規函請各級主管機關推介者，於主管機關未推介進用人員前，免繳代金。
(三) **代金計算**：依差額人數乘以每月基本工資計算。
(四) **強制執行**：依法應繳納之代金，經通知限期繳納而仍不繳納者，依法移送強制執行。

六、獎勵辦法

各級政府機關、公立學校、公營事業機構及依政府採購法之得標廠商僱用原住民人數，超出規定比例者，應予獎勵；其獎勵辦法，由**原民會**定之。

━━●┤ 老師的話 ┤●━━

一、代金之繳納，注意原則、例外及計算方式。
二、各級政府機關、公立學校、公營事業機構及依政府採購法之得標廠商僱用原住民人數，超出規定比例者，應予獎勵；其獎勵辦法，由行政院原住民族委員會定之。

選擇題

( )　1. 依原住民族工作權保障法規定，中央主管機關辦理原住民就業服務及職業訓練事宜所需經費，得提工作計畫及經費需求，送何單位審議通過後支應之：　(A)就業安定基金管理委員會　(B)原住民保留地土地權利審查委員會　(C)行政院原住民族委員會委員　(D)原住民族綜合發展基金管理委員會。

( )　2. 原住民族工作權保障法施行幾年後，各級政府機關、公立學校及公營事業機構僱用原住民之人數，未達法定比例者，應每月繳納代金：(A)1年　(B)2年　(C)3年　(D)4年。

解析

1.**A**。參考原住民族工作權保障法第23條。

2.**C**。參考原住民族工作權保障法第24條。

申論題

依「原住民族工作權保障法」之規定，行政院原住民族委員會辦理原住民就業服務及職業訓練事宜所需經費應如何支應？試簡述之？

答 依據「原住民族工作權保障法」第23條之規定，行政院原住民族委員會辦理原住民就業服務及職業訓練事宜所需經費，得提工作計畫及經費需求，送就業安定基金管理委員會審議通過後支應之。

歷年考題

( )　1 依原住民族工作權保障法第24條之規定，各級政府機關、公立學校及公營事業機構僱用原住民之人數，未達第4條及第5條所定比例者，將受下列何種處分？　(A)應每月繳納罰金　(B)應每月繳納代金　(C)將受刑事追訴　(D)原住民族委員會將強制該單位僱用原住民。　　　　　　　　　　　　　　　　　　【104年原住民特考五等】

( ) **2** 有關原住民勞資權利事項與調整事項之爭議，如勞方當事人有三分之一以上原住民時，下列敘述何者正確？ (A)於調解程序，主管機關應指派調解委員3至5人 (B)於調解程序主管機關所指派之調解委員，至少應有3人以上具原住民身分 (C)於仲裁程序，由勞資爭議處理法主管機關及中央主管機關指派仲裁委員3至5人 (D)於仲裁程序主管機關所指派仲裁委員，至少應有3人以上具原住民身分。 【106年原住民特考四等】

( ) **3** 有關於原住民於原住民保留地取得承租權、無償使用權或依法已設定之耕作權、地上權、農育權之權利變動，下列敘述何者錯誤？ (A)得由原住民之繼承人繼承 (B)得贈與原受配戶內之原住民 (C)得贈與原住民三親等內之原住民 (D)得出租於原住民之姻親。 【109年原住民特考五等】

解答及解析

1 (B)。依原住民族工作權保障法第24條規定，本法施行三年後，各級政府機關、公立學校及公營事業機構僱用原住民之人數，未達第四條及第五條所定比例者，應每月繳納代金。故本題答(B)。

2 (C)。依原住民族工作權保障法第20條規定，原住民勞資爭議，依據勞資爭議處理法規定辦理。但勞資權利事項與調整事項之爭議，勞方當事人有三分之一以上為原住民時，有關勞工主管機關及本法各級主管機關指派之調解委員或仲裁委員之規定如下：
一、調解程序：主管機關指派三人，應至少一人為具有原住民身分者。
二、仲裁程序：勞資爭議處理法之主管機關及中央主管機關指派代表三人至五人，應至少一人至二人為具有原住民身分者。
故本題答(C)。

3 (D)。依原住民保留地開發管理辦法第15條規定，原住民於原住民保留地取得承租權、無償使用權或依法已設定之耕作權、地上權、農育權，除繼承或贈與於得為繼承之原住民、原受配戶內之原住民或三親等內之原住民外，不得轉讓或出租。故本題答(D)。

第四篇　土地管理

第一章　土地權利賦予

依據出題頻率分為：A頻率高 B頻率中 C頻率低

【課前提要】土地乃人民基本財產權，同理可知，原住民保留地乃原住民的根本，現行的原住民土地政策，著重於權利賦予，透過他項權利的設定，將土地所有權移轉予原住民，故本章內容極為重要，宜應熟讀。

本章重點分析

主管機關 ★	1. 中央為**原住民族委員會**；在直轄市為直轄市政府；在縣（市）為縣（市）政府。 2. 有關農業事項，中央由行政院農業委員會會同中央主管機關辦理。 3. 執行機關為鄉（鎮、市、區）公所。
總登記 ★	1. 囑託登記：所有權人為中華民國，管理機關為行政院原住民族委員會。 2. 管理機關變更登記：已完成總登記，經劃編、增編為原住民保留地之公有土地，應辦理管理機關變更登記為行政院原住民族委員會。
土地權利審查委員會 ★	1. 原住民保留地土地權利糾紛之調查及調處事項。 2. 原住民保留地土地分配、收回、所有權移轉、無償使用或機關學校使用申請案件之審查事項。 3. 原住民保留地改配土地補償之協議事項。 4. 申請租用原住民保留地之審查事項。
面積計畫	1. 設定耕作權之土地，每人一公頃。★ 2. 設定地上權之土地，每人一點五公頃。★

課文精讀

一、主管機關

(一) 在中央為**原住民族委員會**；在直轄市為直轄市政府；在縣（市）為縣（市）政府。

(二) 有關農業事項，中央由行政院農業委員會會同**中央主管機關**辦理。

(三) 執行機關為**鄉（鎮、市、區）公所**。

法規一點靈

原住民保留地開發管理辦法

二、解釋名詞

(一) **原住民保留地**：指為保障原住民生計，推行原住民行政所保留之原有山地保留地及經依規定劃編，增編供原住民使用之保留地。

(二) **原住民**：指山地原住民及平地原住民（原住民身分之認定，依原住民身分法之規定）。

三、總登記

(一) **囑託登記**：原住民保留地之總登記，由直轄市、縣（市）主管機關囑託當地登記機關為之；其所有權人為中華民國，管理機關為行政院原住民族委員會，並於土地登記簿標示部其他登記事項欄註明原住民保留地。

(二) **管理機關變更登記**：已完成總登記，經劃編、增編為原住民保留地之公有土地，由直轄市、縣（市）主管機關會同原土地管理機關，囑託當地登記機關，辦理管理機關變更登記為行政院原住民族委員會，並依規定註明原住民保留地。

━━■◆ 老師的話 ◆■━━

一、原住民保留地開發管理辦法規定之主管機關：
　　1.在中央為原住民族委員會
　　2.在直轄市為直轄市政府
　　3.在縣（市）為縣（市）政府
　　4.執行機關為鄉（鎮、市、區）公所。

二、原住民保留地開發管理辦法規定之原住民保留地，係包含在「原住民族基本法」的原住民族土地內。

三、原住民保留地之總登記所有權人為中華民國，管理機關為原住民族委員會，土地登記簿標示部註明原住民保留地。

四、原住民保留地開發管理辦法係依「山坡地保育利用條例」第37條規定訂定。

選擇題

( )　1. 依據原住民保留地開發管理辦法規定，其主管機關在中央為原住民族委員會，而其執行機關為：　(A)原住民族委員會　(B)內政部　(C)直轄市、縣（市）政府　(D)鄉（鎮、市、區）公所。

( )　2. 依據原住民保留地開發管理辦法規定，為保障原住民生計，推行原住民行政所保留之原有山地保留地及經依規定劃編，增編供原住民使用之土地，稱之：　(A)原住民族地區　(B)原住民族土地　(C)原住民保留地　(D)原住民族傳統領域。

解析

1.**D**。參考原住民保留地開發管理辦法第2條規定。

2.**C**。參考原住民保留地開發管理辦法第3條規定。

申論題

何謂原住民保留地？依「原住民保留地開發管理辦法」規定，原住民保留地之主管機關為何？

答 (一) 依「原住民保留地開發管理辦法」第3條規定，所稱原住民保留地，係指為保障原住民生計，推行原住民行政所保留之原有山地保留地及經依規定劃編，增編供原住民使用之保留地。

　　(二) 依「原住民保留地開發管理辦法」第2條規定，原住民之主管機關分述如下：

　　　1. 在中央為原住民族委員會；在直轄市為直轄市政府；在縣（市）為縣（市）政府。

2. 有關農業事項，中央由行政院農業委員會會同中央主管機關辦理。

3. 執行機關為鄉（鎮、市、區）公所。

四、土地權利審查委員會

(一) 原住民保留地所在之鄉（鎮、市、區）公所應設原住民保留地土地權利審查委員會，掌理下列事項：

1. 原住民保留地土地權利糾紛之調查及調處事項。

2. 原住民保留地土地分配、收回、所有權移轉、無償使用或機關學校使用申請案件之審查事項。

3. 原住民保留地改配土地補償之協議事項。

4. 申請租用原住民保留地之審查事項。

(二) **保障名額**：原住民保留地土地權利審查委員會之委員，應有**五分之四**為原住民（其設置要點，由行政院原住民族委員會定之）。

(三) **審查及核定**：原住民保留地申請案件應提經原住民保留地土地權利審查委員會審查者，鄉（鎮、市、區）公所應於受理後一個月內送請該委員會審查；委員會應於一個月內審查完竣，並提出審查意見，屆期未提出者，由鄉（鎮、市、區）公所逕行報請上級主管機關核定。

老師的話

有關原住民保留地土地權利審查委員會之相關規定，除參考原住民保留地開發管理辦法第6條之外，行政院原住民族委員會於88年6月30日台（88）原民企字第8810289號函訂定之「鄉（鎮、市、區）原住民保留地土地權利審查委員會設置要點」，亦是參考之重點。

選擇題

( )　1. 依規定原住民保留地所在之鄉（鎮、市、區）公所應設原住民保留地土地權利審查委員會，所掌理事項，下列何者為非：　(A)原住民保留地土地權利糾紛之調查及調處事項　(B)原住民保留地土地分配、收回、所有權移轉、無償使用或機關學校使用申請案件之審查事項　(C)原住民保留地改配土地補償之協議事項　(D)原住民保留地抵押權之設定。

( )｜2. 依規定原住民保留地申請案件，鄉（鎮、市、區）公所應於受理後
多久內送請原住民保留地土地權利審查委員會審查：　(A)一個月
(B)二個月　(C)三個月　(D)四個月。

解析

1.**D**。參考原住民保留地開發管理辦法第6條規定。

2.**A**。參考原住民保留地開發管理辦法第6條規定。

申論題

原住民保留地土地權利審查委員會如何成立？其掌理事項為何？

答 (一) 原住民保留地土地權利審查委員會之成立，依據「鄉（鎮、市、區）
原住民保留地土地權利審查委員會設置要點」第3條規定，其成立（設
置）方式如下：

1. 該會置主任委員一人，由鄉（鎮、市、區）長兼任；委員八人至十
人，由鄉（鎮、市、區）公所就鄉（鎮、市、區）公所轄內之公正
人士或原住民社區推舉熟諳法令之熱心公益人士聘兼之。

2. 該委員應有五分之四為原住民，聘期與鄉（鎮、市、區）長任期
同，人員之聘兼並應報縣（市）政府備查。

(二) 依「原住民保留地開發管理辦法」第6條規定，委員會掌理下列事項：

1. 原住民保留地土地權利糾紛之調查及調處事項。

2. 原住民保留地土地分配、收回、所有權移轉、無償使用或機關學校
使用申請案件之審查事項。

3. 原住民保留地改配土地補償之協議事項。

4. 申請租用原住民保留地之審查事項。

五、面積計算

(一) 原住民依規定申請設定耕作權或地上權，其面積應以申請時，戶內之原住
民人口數合併計算，每人最高限額如下：

1. 設定耕作權之土地，每人**一公頃**。

2. 設定地上權之土地，每人**一點五公頃**。

(二) 合併計算：耕作權與地上權用地兼用者，應合併比例計算面積。

(三) 最高限額：依規設定之土地權利面積，不因申請後分戶及各戶人口之增減
而變更；其每戶面積合計不得超過**二十公頃**。但基於地形限制，得為**百分
之十**以內之增加。

六、公有土地增規劃編

原住民於中華民國七十七年二月一日前即使用其祖先遺留且目前仍繼續使用之
公有土地，得自公布實施之日起，申請增編或劃編原住民保留地；平地鄉原住
民宗教團體於中華民國七十七年二月一日前即使用原住民族遺留且目前仍繼續
作宗教建築設施使用之公有土地，得申請增編原住民保留地。

前項土地如有下列情形之一者，不得增劃編為原住民保留地：

(一) 依土地法第十四條規定不得私有之土地。但原住民申請經公產管理機關同
意配合提供增、劃編原住民保留地者、已奉核定增、劃編為原住民保留地
者，不在此限。

(二) 依水利法第八十三條規定公告屬於尋常洪水位行水區域之土地。

選擇題

( )　1. 原住民依規定申請設定耕作權，其面積應以申請時戶內之原住民人
口數合併計算，每人最高限額多少：　(A)每人0.5公頃　(B)每人1
公頃　(C)每人1.5公頃　(D)每人2公頃。

( )　2. 依規設定之土地權利面積，不因申請後分戶及各戶人口之增減而變
更；其每戶面積合計不得超過二十公頃。但基於地形限制，得為多
少以內之增加：　(A)10%　(B)20%　(C)30%　(D)40%。

解析

1.**B**。參考原住民保留地開發管理辦法第10條規定。

2.**A**。參考原住民保留地開發管理辦法第10條規定。

歷年考題

( ) **1** 依據原住民保留地開發管理辦法規定,原住民保留地所在之鄉(鎮、市、區)公所應設原住民保留地土地權利審查委員會,下列何者非該委員會的權責? (A)增劃編原住民保留地 (B)原住民保留地土地權利糾紛之調查及調處事項 (C)原住民保留地無償取得所有權、分配、收回之審查事項 (D)申請租用、無償使用原住民保留地之審查事項。 【108年原住民特考五等】

( ) **2** 依據原住民保留地開發管理辦法規定,原住民申請無償取得原住民保留地所有權,在依區域計畫法編定為農牧用地、養殖用地或依都市計畫法劃定為農業區、保護區,並供農作、養殖或畜牧使用之土地,最高申請限額為每人多少公頃? (A)0.5公頃 (B)1公頃 (C)1.5公頃 (D)2公頃。 【108年原住民特考五等】

( ) **3** 依據公有土地劃編原住民保留地要點規定,原住民在何時間點前即已使用其祖先遺留且迄今仍繼續使用之公有土地,可檢附相關證明文件,向土地所在地之鄉(鎮、市、區)公所申請劃編為原住民保留地? (A)68年2月1日 (B)70年2月1日 (C)75年2月1日 (D)77年2月1日。 【108年原住民特考五等】

( ) **4** 原住民保留地所在之鄉(鎮、市、區)公所,依原住民保留地開發管理辦法之規定,應設原住民保留地土地權利審查委員會(下稱土審會),下列有關土審會之設置與掌理事項說明,何者錯誤?
(A)土審會委員應有五分之四為原住民
(B)申請租用公有原住民保留地之審查
(C)機關學校申請使用公有原住民保留地之審查
(D)土審會委員由鄉(鎮、市、區)公所逕就鄉(鎮、市、區)公所轄內之公正人士或原住民社區推舉熟諳法令之熱心公益人士聘兼之。 【108年原住民特考五等】

（　　）**5** 依原住民保留地開發管理辦法（以下簡稱本辦法）規定，關於原住民保留地，下列敘述何者正確？　(A)本辦法所稱原住民，限於山地原住民　(B)原住民保留地之總登記，由中央主管機關囑託當地登記機關為之　(C)原住民保留地之所有權人為中華民國　(D)原住民保留地之管理機關為當地地方政府。　　　【109年原住民特考三等】

（　　）**6** 下列何者不屬於公有土地劃編原住民保留地要點實施之地區？
(A)花蓮縣花蓮市　(B)宜蘭縣南澳鄉　(C)臺中市霧峰區　(D)新竹縣關西鎮。　　　　　　　　　　　　　【109年原住民特考五等】

（　　）**7** 下列何者並非「原住民保留地開發管理辦法」之主管機關？
(A)鄉鎮市公所
(B)直轄市政府
(C)縣市政府
(D)原住民族委員會。　　　　　　　　　【109年原住民特考五等】

解答及解析

1 (A)。依原住民保留地開發管理辦法第6條規定，原住民保留地所在之鄉（鎮、市、區）公所設置原住民保留地土地權利審查委員會，掌理下列事項：一、原住民保留地土地權利糾紛之調查及調處事項。二、原住民保留地無償取得所有權、分配、收回之審查事項。三、申請租用、無償使用原住民保留地之審查事項。四、申請撥用公有原住民保留地之審查事項。五、原住民保留地分配土地補償之協議事項。不包含增劃編，故本題答(A)。

2 (B)。依原住民保留地開發管理辦法第10條規定，原住民申請無償取

得原住民保留地所有權，依區域計畫法編定為農牧用地、養殖用地或依都市計畫法劃定為農業區、保護區，並供農作、養殖或畜牧使用之土地，最高限額每人一公頃，故本題答(B)。

3 (D)。依公有土地劃編原住民保留地要點第3條規定，原住民於七十七年二月一日前即已使用其祖先遺留且迄今仍繼續使用之公有土地，檢附相關證明文件，向土地所在地之鄉（鎮、市、區）公所申請劃編為原住民保留地。故本題答(D)。

4 (D)。依鄉鎮市區原住民保留地土地權利審查委員會設置要點第3條

規定，該會置主任委員一人，由鄉（鎮、市、區）長兼任；委員八人至十二人，由鄉（鎮、市、區）公所依下列程序聘兼之：(一)各鄉（鎮、市、區）公所應通知轄內各原住民村（里）或部落依慣俗於二個月內推舉公正人士或熟諳法令之熱心公益人士二人，由鄉（鎮、市、區）公所就各原住民村（里）或部落推舉之人士中擇定並聘兼之。但各村（里）或部落未於二個月內完成推舉者，逕由鄉（鎮、市、區）公所就轄內之公正人士或熟諳法令之熱心公益人士聘兼之。換言之，未於二個月內完成推舉者才逕行推舉，故本題答(D)。

5 (C)。依原住民保留地開發管理辦法第4條規定，所稱原住民，指山地原住民及平地原住民，非單指山地原住民；第5條規定，原住民保留地之總登記，由直轄市、縣（市）主管機關囑託當地登記機關為之，非中央主管機關囑託；第5條規定，原住民保留地之總登記，由直轄市、縣（市）主管機關囑託當地登記機關為之，其所有權人為中華民國；第5條規定，管理機關為中央主管機關（即行政院原住民族委員會），非當地地方政府，故本題答(C)。

6 (C)。依公有土地劃編原住民保留地要點第2點規定，臺中市霧峰區不屬公有土地劃編原住民保留地之地區，故本題答(C)。

7 (A)。依原住民保留地開發管理辦法第2條規定，鄉（鎮、市、區）公所為該辦法之執行機關，而非主管機關，故本題答(A)。

第二章　土地管理

依據出題頻率分為：A頻率高 **B頻率中** C頻率低

【**課前提要**】本章內容除原住民保留地權利賦予之外，亦包含了土地的承租，並針對土地之違規使用訂定了相關的罰則，內容較為艱深，本章乃就原住民保留地開發管理辦法逐條分析及說明，希望有助讀者閱讀。

本章重點分析

工商經營	1. 基本原則：原住民因經營工商業，得租用依法得為建築使用之原住民保留地。	
	2. 例外禁止：事業計畫不得妨害環境資源保育、國土保安或產生公害。	
宗教建築	原住民因興辦宗教建築設施，得無償使用原住民保留地內依法得為建築使用之土地，使用期間不得超過九年，期滿後得續約使用，其使用面積不得超過零點三公頃。★	
轉讓禁止	1. 禁止原則：原住民取得原住民保留地之耕作權、地上權、承租權或無償使用權，除繼承或贈與於得為繼承之原住民、原受配戶內之原住民或三親等內之原住民外，不得轉讓或出租。	
	2. 權利變更登記 ★	(1) 原因：擴大原住民保留地經營面積便利農業經營。 (2) 程序：得經直轄市、縣（市）主管機關核准後交換使用，並辦理權利變更登記。
	3. 違規收回	(1) 已為耕作權或地上權登記者，訴請法院塗銷登記。 (2) 租用或無償使用者，終止其契約。
權利賦予	1. 賦予原則：依法取得之耕作權或地上權登記後繼續自行經營或自用滿五年，得向當地登記機關申請辦理所有權移轉登記。★	
	2. 都市計畫變更：於辦理所有權移轉登記前，因實施都市計畫或非都市土地變更編定使用土地類別時，仍得辦理所有權移轉登記與原耕作權人或地上權人。★	

移轉限制	1. 原則：其移轉之承受人以原住民為限。★ 2. 例外：政府指定之特定用途外。★	
權利收回	1. 收回原則：因死亡無人繼承、無力自任耕作、遷徙或轉業致不能繼續使用者，依規收回之地上權、耕作權。 2. 判決塗銷：耕作權、地上權之登記，應訴請法院塗銷。	
	3. 公告收回★	(1) 原受配面積不足，且與該土地具有傳統淵源關係者。 (2) 尚未受配者。 (3) 原受配土地面積較少者。
	4. 受配禁止：原住民有違法轉讓、轉租原住民保留地者，不得申請受配。★ 5. 限期收割：收回之原住民保留地，其土地改良物，由鄉（鎮、市、區）公所通知土地改良物之所有權人限期收割或拆除。★	

課文精讀

一、工商經營

(一) **基本原則**：原住民因經營工商業，得擬具事業計畫向鄉（鎮、市、區）公所申請，經原住民保留地土地權利審查委員會通過，核轉直轄市或縣（市）主管機關核准後，租用依法得為建築使用之原住民保留地，每一租期不得超過**九年**，期滿後得續租。

(二) **例外禁止**：前項事業計畫不得妨害環境資源保育、國土保安或產生公害。

二、宗教建築

原住民因興辦宗教建築設施，得於主管宗教機關核准後，擬具計畫向鄉（鎮、市、區）公所申請，經原住民保留地土地權利審查委員會通過後，核轉直轄市或縣（市）主管機關核准，無償使用原住民保留地內依法得為建築使用之土地，使用期間不得超過**九年**，期滿後得續約使用，其使用面積不得超過**零點三公頃**。

┉◆┉ 老師的話 ┉◆┉

一、原住民因經營工商業租用依法得為建築使用之原住民保留地之流程：申
　　請（擬具事業計畫）→申請（鄉、鎮、市）區公所→初審（原住民保留
　　地土地權利審查委員會）→核定（直轄市或縣（市）主管機關）
二、原住民因經營工商業租用依法得為建築使用之原住民保留地例外禁止情
　　事：1.妨害環境資源保育，2.妨害國土保安，3.產生公害。
三、原住民因興辦宗教建築設施，無償使用原住民保留地內依法得為建築使
　　用之土地之要件：1.主管宗教機關核准，2.擬具計畫向鄉（鎮、市、區）
　　公所申請，3.經原住民保留地土地權利審查委員會通過，4.直轄市或縣
　　（市）主管機關核准。

選擇題

（　）　1. 原住民因經營工商業，得擬具事業計畫向鄉（鎮、市、區）公所申
　　　　　請，經原住民保留地土地權利審查委員會通過，核轉直轄市或縣
　　　　　（市）主管機關核准後，租用依法得為建築使用之原住民保留地，
　　　　　下列何者非屬禁止承租之項目：　(A)事業計畫妨害環境資源保育
　　　　　　(B)事業計畫妨害國土保安　(C)事業計畫導致產生公害　(D)事
　　　　　業計畫妨礙原住民土地權利賦予。

（　）　2. 原住民因興辦宗教建築設施，得於主管宗教機關核准後，申請無償
　　　　　使用原住民保留地內依法得為建築使用之土地，使用期間不得超過
　　　　　幾年：　(A)5年　(B)7年　(C)9年　(D)10年。

解析

1.**D**。參考原住民保留地開發管理辦法第13條。

2.**C**。參考原住民保留地開發管理辦法第14條。

申論題

原住民因經營工商業，得否申請承租原住民保留地？其程序為何？

答 (一) 承租程序：依「原住民保留地開發管理辦法」第13條規定，原住民因
經營工商業，得擬具事業計畫向鄉（鎮、市、區）公所申請，經原住
民保留地土地權利審查委員會通過，核轉直轄市或縣（市）主管機關
核准後，租用依法得為建築使用之原住民保留地，每一租期不得超過
九年，期滿後得續租。

(二) 例外禁止：原住民因經營工商業，申請承租原住民保留地，其事業計
畫不得妨害環境資源保育、國土保安或產生公害。

三、轉讓禁止

(一) **禁止原則**：原住民取得原住民保留地之耕作權、地上權、承租權或無償使
用權，除繼承或贈與於得為繼承之原住民、原受配戶內之原住民或三親等
內之原住民外，不得轉讓或出租。

(二) **權利變更登記**：原住民為擴大原住民保留地經營面積或便利農業經營，得
經直轄市、縣（市）主管機關核准後交換使用，並辦理權利變更登記。

(三) **違規收回**：原住民違反規定轉讓或出租者，除得由鄉（鎮、市、區）公所
收回原住民保留地外，應依下列規定處理之：

1. 已為耕作權或地上權登記者，訴請法院塗銷登記。
2. 租用或無償使用者，終止其契約。

四、權利賦予

(一) **賦予原則**：依法取得之耕作權或地上權登記後繼續自行經營或自用滿五
年，經查明屬實者，由行政院原住民族委員會會同耕作權人或地上權人，
向當地登記機關申請辦理所有權移轉登記。

(二) **都市計畫變更**：於辦理所有權移轉登記前，因實施都市計畫或非都市土地
變更編定使用土地類別時，仍得辦理所有權移轉登記與原耕作權人或地上
權人。

五、移轉限制

原住民取得原住民保留地所有權後，除政府指定之特定用途外，其移轉之承受人以**原住民**為限。

━━━•◆ 老師的話 ◆•━━━

一、原住民取得原住民保留地所有權後，除政府指定之特定用途外，其移轉之承受人以原住民為限，其政府指定之特定用途，指政府因興辦土地徵收條例規定之各款事業需要。

二、禁止事項：(一)私有原住民保留地；其移轉之承受人以原住民為限。(二)耕作權、地上權、承租權或無償使用權：繼承或贈與於得為繼承之 原住民、原受配戶內之原住民或三親等內之原住民為限。

選擇題

( )　1. 原住民違反規定轉讓或出租者，除得由鄉（鎮、市、區）公所收回原住民保留地外，已為耕作權或地上權登記者，應如何處理之：(A)仍請鄉（鎮、市、區）公所收回　(B)訴請法院塗銷登記　(C)囑託地政事務所辦理權利移轉登記　(D)限期辦理耕作權或地上權移轉登記。

( )　2. 依法取得之耕作權或地上權登記後繼續自行經營或自用滿五年，得申請辦理所有權移轉登記，但於辦理所有權移轉登記前，因實施都市計畫或非都市土地變更編定使用土地類別時，應如何處理：(A)仍得辦理所有權移轉登記與原耕作權人或地上權人　(B)政府無償收回該土地　(C)政府收回該土地，但應給予補償　(D)政府以鄰近相同土地與原住民辦理交換。

解析

1.**B**。參考原住民保留地開發管理辦法第16條。

2.**A**。參考原住民保留地開發管理辦法第17條。

申論題

原住民取得原住民保留地之耕作權、地上權、承租權或無償使用權，有無處分上之限制？如違反規定轉讓或出租者，將受何種罰則？

答 (一) 轉讓或出租限制：依「原住民保留地開發管理辦法」第15條規定，原住民取得原住民保留地之耕作權、地上權、承租權或無償使用權，除繼承或贈與於得為繼承之原住民、原受配戶內之原住民或三親等內之原住民外，不得轉讓或出租。

(二) 違規收回：原住民違反規定轉讓或出租者，除得由鄉（鎮、市、區）公所收回原住民保留地外，應依下列規定處理之：

　　1. 已為耕作權或地上權登記者，訴請法院塗銷登記。

　　2. 租用或無償使用者，終止其契約。

六、權利收回

(一) **收回原則**：原住民取得耕作權、地上權、承租權或無償使用權之原住民保留地，因死亡無人繼承、無力自任耕作、遷徙或轉業致不能繼續使用者，經原住民保留地土地權利審查委員會通過後，由**鄉（鎮、市、區）公所收回之**。

(二) **判決塗銷**：耕作權、地上權之登記，應訴請法院塗銷。但於存續期間屆滿後，由直轄市或縣（市）主管機關囑託登記機關辦理塗銷登記。

(三) **公告收回**：依規定收回之原住民保留地，得由鄉（鎮、市、區）公所公告三十日後，按下列順序辦理改配與轄區內之原住民：

　　1. 原受配面積不足，且與該土地具有傳統淵源關係者。

　　2. 尚未受配者。

　　3. 原受配土地面積較少者。

(四) **受配禁止**：原住民有違法轉讓、轉租原住民保留地者，不得申請受配。

(五) **限期收割**：收回之原住民保留地，其土地改良物，由鄉（鎮、市、區）公所通知土地改良物之所有權人限期收割或拆除；逾期未收割或拆除者，由鄉（鎮、市、區）公所逕行處理；前項土地改良物為合法栽種或建築者，

經鄉（鎮、市、區）公所估定其價值，由新受配人補償原土地改良物所有權人後承受。

選擇題

( )　1. 原住民取得耕作權、地上權、承租權或無償使用權之原住民保留地，因何種原因致不能繼續使用者，由鄉（鎮、市、區）公所依規收回，下列何者為非：　(A)因死亡無人繼承　(B)無力自任耕作　(C)遷徙或轉業　(D)自願放棄。

( )　2. 依原住民保留地開發管理辦法規定，依規收回之原住民保留地，得由鄉（鎮、市、區）公所公告三十日後，按序辦理改配與轄區內之原住民，下列何者為非：　(A)原受配面積不足，且與該土地具有傳統淵源關係者　(B)尚未受配者　(C)原受配土地面積較少者　(D)依土地公告現值辦理配售。

解析

1.**D**。參考原住民保留地開發管理辦法第19條。

2.**D**。參考原住民保留地開發管理辦法第20條。

申論題

一、原住民取得耕作權、地上權、承租權或無償使用權之原住民保留地，因死亡無人繼承、無力自任耕作、遷徙或轉業致不能繼續使用者，政府之處理方式為何？

答 (一) 收回原則：依「原住民保留地開發管理辦法」第19條規定，原住民取得耕作權、地上權、承租權或無償使用權之原住民保留地，因死亡無人繼承、無力自任耕作、遷徙或轉業致不能繼續使用者，經原住民保留地土地權利審查委員會通過後，由鄉（鎮、市、區）公所收回之。

(二) 判決塗銷：依前述辦理收回耕作權、地上權之登記，應訴請法院塗銷。但於存續期間屆滿後，由直轄市或縣（市）主管機關囑託登記機關辦理塗銷登記。

(三)重新分配：依前述規定收回之原住民保留地，得由鄉（鎮、市、區）
　　公所公告三十日後，按下列順序辦理改配與轄區內之原住民：
　　1. 原受配面積不足，且與該土地具有傳統淵源關係者。
　　2. 尚未受配者。
　　3. 原受配土地面積較少者。

━━◆ 老師的話 ◆━━

原住民保留地開發管理辦法第19條全文如下：「原住民取得耕作權、地上
權、承租權或無償使用權之原住民保留地，因死亡無人繼承、無力自任耕
作、遷徙或轉業致不能繼續使用者，經原住民保留地土地權利審查委員會通
過後，由鄉（鎮、市、區）公所收回之。
前項耕作權、地上權之登記，應訴請法院塗銷。但於存續期間屆滿後，由直
轄市或縣（市）主管機關囑託登記機關辦理塗銷登記。」
該條文第1項說公所收回，第2項前段又說訴請法院塗銷（誰塗銷），第2項後
段又說屆滿由直轄市或縣（市）主管機關囑託登記機關辦理塗銷登記，前後3
種版本，實在令人無所適從。

二、原住民依法如何無償取得原住民保留地？依「原住民保留地開發管理辦法」第18條規定，原住民取得原住民保留地所有權後，除政府指定之特定用途外，其移轉之承受人以原住民為限，所謂「政府指定之特定用途」悉為何？試申論之。

答(一)無償取得：依「原住民保留地開發管理辦法」第17條規定，原住民依
　　　法取得之耕作權或地上權登記後繼續自行經營或自用滿五年，經查明
　　　屬實者，由原住民族委員會會同耕作權人或地上權人，向當地登記機
　　　關申請辦理所有權移轉登記。
　(二)移轉限制：依「原住民保留地開發管理辦法」第18條規定，原住民取
　　　得原住民保留地所有權後，除政府指定之特定用途外，其移轉之承受
　　　人以原住民為限。其所謂政府指定之特定用途，指政府因興辦土地徵
　　　收條例第3條規定之各款事業需要，包括：

1. 國防事業。　　　　　　　2. 交通事業。

3. 公用事業。　　　　　　　4. 水利事業。

5. 公共衛生及環境保護事業。

6. 政府機關、地方自治機關及其他公共建築。

7. 教育、學術及文化事業。　8. 社會福利事業。

9. 國營事業。　　　　　　　10. 其他依法得徵收土地之事業。

歷年考題

(　　) **1** 依原住民保留地開發管理辦法之規定，收回之原住民保留地，得由鄉（鎮、市、區）公所公告後，辦理改配轄區內之原住民，下列改配順序何者正確？　(A)原受配面積不足，且與該土地具有傳統淵源關係者→尚未受配者→原受配土地面積較少者　(B)原受配面積不足，且與該土地具有傳統淵源關係者→原受配土地面積較少者→尚未受配者　(C)尚未受配者→原受配面積不足，且與該土地具有傳統淵源關係者→原受配土地面積較少者　(D)尚未受配者→原受配土地面積較少者→原受配面積不足，且與該土地具有傳統淵源關係者。　　【104年原住民特考五等】

(　　) **2** 小林（阿美族人，男）與小美（漢族）結婚後，生下小英，小英因從父姓而取得原住民身分，後來小林與小美離婚，小英改姓母姓而喪失原住民身分。請問，小林過世後，登記在其名字下的原住民保留地會如何？
(A)由小英繼承
(B)由小英及小美繼承
(C)由鄉（鎮、市、區）公所收回之
(D)由原住民族委員會收回之。　　【104年原住民特考五等】

(　　) **3** 下列何者為原住民保留地之所有權人？
(A)地方政府
(B)原住民族
(C)原住民族部落
(D)中華民國。　　【106年原住民特考五等】

(　　) **4** 按原住民保留地開發管理辦法之規定,原住民申請設定耕作權或地上權,其面積應以申請時戶內之原住民人口數合併計算,每戶面積合計不得超過二十公頃。但基於地形限制,得為多少比率以內之增加?
(A)百分之十五以內
(B)百分之二十以內
(C)百分之十以內
(D)百分之二以內。　　　　　　　　　　【107年原住民特考五等】

(　　) **5** 依據原住民保留地開發管理辦法之規定,原住民申請無償取得原住民保留地所有權之土地,其依法得為建築使用者,每戶土地面積最高限額為:　(A)一點五公頃　(B)一公頃　(C)零點五公頃　(D)零點一公頃。　　　　　　　　　　【109年原住民特考五等】

解答及解析

1 (A)。依原住民保留地開發管理辦法第20條規定,依本辦法收回之原住民保留地,得由鄉(鎮、市、區)公所公告三十日後,按下列順序辦理改配與轄區內之原住民:一、原受配面積不足,且與該土地具有傳統淵源關係者。二、尚未受配者。三、原受配土地面積較少者。故本題答(A)。

2 (C)。依原住民取得耕作權、地上權、承租權或無償使用權之原住民保留地,因死亡無人繼承、無力自任耕作、遷徙或轉業致不能繼續使用者,經原住民保留地土地權利審查委員會通過後,由鄉(鎮、市、區)公所收回之。故本題答(C)。

3 (D)。依原住民保留地開發管理辦法第18條規定,原住民取得原住民保留地所有權後,除政府指定之特定用途外,其移轉之承受人以原住民為限。換言之,能當原住民保留地所有權人只有二種,原住民和中華民國,故本題答(D)。

4 (C)。依原住民保留地開發管理辦法第10條規定,土地權利面積,不因申請後分戶及各戶人口之增減而變更;其每戶面積合計不得超過二十公頃。但基於地形限制,得為百分之十以內之增加。故本題答(C)。

5 (D)。依原住民保留地開發管理辦法第10條規定,原住民申請無償取得原住民保留地所有權,依法得為建築使用之土地,每戶零點一公頃。故本題答(D)。

第三章 土地開發、利用及保育

依據出題頻率分為：A頻率高 B頻率中 C頻率低

【課前提要】有關原住民保留地礦業、土石、觀光遊憩、加油站、農產品集貨場倉儲設施之興建、工業資源之開發、原住民文化保存或社會福利事業之興辦，「原住民保留地開發管理辦法」納入非原住民的興辦方式，包含新租、續租及補償方式等，都是本章課文重點。

本章重點分析

開發利用原則	1. 開發原則：原住民族委員會、直轄市、縣（市）政府對轄區內原住民保留地，得根據發展條件及土地利用特性，規劃訂定各項開發、利用及保育計畫。 2. 開發方式：得採合作、共同或委託經營方式辦理。
公地撥用	1. 公地撥用：政府因公共造產或指定之特定用途需用公有原住民保留地時，得辦理撥用。★ 2. 撤銷撥用：原住民保留地經辦理撥用後，違反原計費使用者亦得撤銷撥用。★
工商開發	1. 優先開發原則：項目包含原住民保留地礦業、土石、觀光遊憩、加油站、農產品集貨場倉儲設施之興建、工業資源之開發、原住民文化保存或社會福利事業之興辦。★

工商開發	2. 應附文件 ★	(1) 分年開發或興辦計畫。 (2) 申請用地配置圖。 (3) 土地登記簿謄本。 (4) 輔導原住民就業或轉業計畫。

	3. 公告周知：鄉（鎮、市、區）公所先公告三十日。★ 4. 輔導措施：行政院原住民族委員會應訂定輔導措施。★ 5. 續租申請：免檢送相關書件，並免依規辦理公告。★

工商開發	6.原住民參與：原住民已取得土地所有權者，應協議計價層報直轄市、縣（市）主管機關同意後參與投資；投資權利移轉時，其受讓人以原住民為限。 7.協議計價：原住民已取得耕作權、地上權或承租權，應協議計價給予補償。	
	8.租約終止	(1) 未依開發或興辦計畫開發或興辦，且未報經核准變更計畫或展延開發、興辦期限者。 (2) 違反計畫使用者。 (3) 轉租或由他人頂替者。 (4) 其他於租約中明定應終止租約之情事者。
非原住民承租	1.承租原則：已租用原住民保留地繼續自耕或自用者，得繼續承租。★ 2.變更編定之土地承租：因都市計畫新訂、變更或非都市土地變更編定為建築用地之已出租耕作、造林土地續訂租約。★ 3.自用住宅承租：非原住民得租用轄區依法得為建築使用之原住民保留地作為自住房屋基地。★ 4.轉讓禁止：依規租用之原住民保留地，不得轉租或由他人受讓其權利。★	

課文精讀

一、開發利用原則

(一) **開發原則**：原住民族委員會、直轄市、縣（市）政府對轄區內原住民保留地，得根據發展條件及土地利用特性，規劃訂定各項開發、利用及保育計畫。

(二) **開發方式**：原住民保留地開發、利用及保育計畫，得採合作、共同或委託經營方式辦理。

二、公地撥用

(一) **公地撥用**：政府因公共造產或指定之特定用途需用公有原住民保留地時，得由需地機關擬訂用地計畫，申請該管鄉（鎮、市、區）公所提經原住民保留地土地權利審查委員會擬具審查意見並報請上級主管機關核

定後，辦理撥用。但公共造產用地，以轄有原住民保留地之鄉（鎮、市、區）公所需用者為限；農業試驗實習用地，以農業試驗實習機關或學校需用者為限。

(二) **撤銷撥用**：原住民保留地經辦理撥用後，有國有財產法第39條各款情事之一者，行政院原住民族委員會應即通知財政部國有財產署層報行政院撤銷撥用。原住民保留地撤銷撥用後，應移交原住民族委員會接管。

■■ 老師的話 ■■

一、公有原住民保留地撥用核定程序：需地機關擬訂用地計畫→申請（該管鄉、鎮、市、區公所）→原住民保留地土地權利審查委員會審查→原住民族委員會核定→辦理撥用。

二、國有財產法第39條全文如下：非公用財產經撥為公用後，遇有左列情事之一者，應由財政部查明隨時收回，交財政部國有財產署接管。但撥用土地之收回，應由財政部呈請行政院撤銷撥用後為之：

(一) 用途廢止時。
(二) 變更原定用途時。
(三) 於原定用途外，擅供收益使用時。
(四) 擅自讓由他人使用時。
(五) 建地空置逾一年，尚未開始建築時。

選擇題

( )　1. 依據原住民保留地開發管理辦法之規定，原住民保留地開發、利用及保育計畫，得採何種方式辦理：　(A)合作方式　(B)共同經營　(C)委託經營　(D)以上皆是。

( )　2. 政府因公共造產或指定之特定用途需用公有原住民保留地時，得由何機關擬訂用地計畫，申請辦理撥用：　(A)供地機關　(B)需地機關　(C)原住民保留地中央主管機關　(D)原住民保留地縣市主管機關。

解析

1.**D**。參考原住民保留地開發管理辦法第21條。
2.**B**。參考原住民保留地開發管理辦法第23條。

申論題

一、依「原住民保留地開發管理辦法」之規定，政府機關開發原住民保留地之原則為？其開發方式包含那些？

答 (一) 開發原則：依「原住民保留地開發管理辦法」第21條第1項之規定，原住民族委員會、直轄市、縣（市）政府對轄區內原住民保留地，得根據發展條件及土地利用特性，規劃訂定各項開發、利用及保育計畫。

　　(二) 開發方式：依「原住民保留地開發管理辦法」第21條第2項之規定，原住民保留地開發、利用及保育計畫，得採合作、共同或委託經營方式辦理。

二、公有原住民保留地可否辦理公地撥用？有否撤銷撥用之機制？

答 (一) 公地撥用：依「原住民保留地開發管理辦法」第23條第1項之規定，政府因公共造產或指定之特定用途需用公有原住民保留地時，得由需地機關擬訂用地計畫，申請該管鄉（鎮、市、區）公所提經原住民保留地土地權利審查委員會擬具審查意見並報請上級主管機關核定後，辦理撥用。但公共造產用地，以轄有原住民保留地之鄉（鎮、市、區）公所需用者為限；農業試驗實習用地，以農業試驗實習機關或學校需用者為限。

　　(二) 撤銷撥用：依「原住民保留地開發管理辦法」第23條第2項之規定，原住民保留地經辦理撥用後，有國有財產法第39條各款情事之一者，原住民族委員會應即通知財政部國有財產署層報行政院撤銷撥用。原住民保留地撤銷撥用後，應移交原住民族委員會接管。

三、工商開發

(一) **優先開發原則**：為促進原住民保留地礦業、土石、觀光遊憩、加油站、農產品集貨場倉儲設施之興建、工業資源之開發、原住民文化保存或社會福利事業之興辦，在不妨礙國土保安、環境資源保育、原住民生計及原住民行政之原則下，優先輔導原住民開發或興辦。

(二) **應附文件**：原住民為前項開發或興辦，申請租用原住民保留地時，應檢具開發或興辦計畫圖說，申請該管鄉（鎮、市、區）公所提經原住民保留地土地權利審查委員會審查通過，層報行政院原住民族委員會核准，並俟取得目的事業主管機關核准開發或興辦文件後，租用原住民保留地；每一租期不得超過**九年**，期滿後得依原規定程序申請續租。前項開發或興辦計畫圖說，包括下列文件：

1. 分年開發或興辦計畫。
2. 申請用地配置圖，並應標示於比例尺不小於五千分之一之地形圖及地籍套繪圖。
3. 土地登記簿謄本。
4. 輔導原住民就業或轉業計畫。

(三) **公告周知**：公、民營企業或未具原住民身分者（以下簡稱非原住民）申請承租開發或興辦，應由鄉（鎮、市、區）公所先公告三十日，公告期滿無原住民申請時，始得依規定辦理。

(四) **輔導措施**：原住民族委員會應訂定輔導措施，輔導原住民就業或轉業計畫。

(五) **續租申請**：依規申請續租範圍係屬原核准開發或興辦範圍及開發或興辦方式，且其申請續租應檢附之文件與原申請開發或興辦承租檢附之文件相同，於申請書並敘明參用原申請文件者，得免檢送相關書件，並免依規辦理公告。

(六) **原住民參與**：依規定申請開發或興辦時，原住民已取得土地所有權者，應協議計價層報直轄市、縣（市）主管機關同意後參與投資；投資權利移轉時，其受讓人以原住民為限。

(七) **協議計價**：原住民已取得耕作權、地上權或承租權，應協議計價給予補償，並由原土地管理機關囑託當地登記機關辦理耕作權或地上權之塗銷登記。

(八) **租約終止**：依規辦理原住民保留地工商開發之原住民保留地承租人有下列情形之一者，應終止租約收回土地，其所投資之各項設施不予補償：

1. 未依開發或興辦計畫開發或興辦，且未報經核准變更計畫或展延開發、興辦期限者。
2. 違反計畫使用者。
3. 轉租或由他人頂替者。
4. 其他於租約中明定應終止租約之情事者。

---- 老師的話 ----

一、原住民保留地開發管理辦法第24條規定，原住民為前項開發或興辦，申請租用原住民保留地之作業流程：
申請（檢具開發或興辦計畫圖說）→初審（該管鄉、鎮、市、區公所）→審查（原住民保留地土地權利審查委員會）→直轄市或縣市政府→核准（原住民族委員會）→取得目的事業主管機關核准開發或興辦文件→訂定租用契約（每一租期不得超過九年）。

二、依規定申請開發或興辦時，原住民已取得土地所有權者，其權利有二：
1.應協議計價層報直轄市、縣（市）主管機關同意後參與；2.投資投資權利移轉時，其受讓人以原住民為限。

三、依規辦理原住民保留地工商開發之原住民保留地承租人違規（約）使用者，有二項罰則：1.終止租約收回土地；2.其所投資之各項設施不予補償。

選擇題

( ) 1. 在不妨礙國土保安、環境資源保育、原住民生計及原住民行政之原則下，為促進原住民保留地之開發，其優先輔導原住民興辦項目，下列何者為非： (A)原住民保留地礦業、土石 (B)原住民保留地觀光遊憩、加油站、農產品集貨場倉儲設施之興建 (C)原住民保留地工業資源之開發、原住民文化保存 (D)原住民保留地商業區開發。

( ) 2. 依規辦理原住民保留地工業資源開發之原住民保留地承租人有何情形，應終止租約收回土地，其所投資之各項設施不予補償，下列何者為非： (A)未依開發或興辦計畫開發或興辦，且未報經核准變更計畫或展延開發、興辦期限者 (B)違反計畫使用者 (C)轉租或由他人頂替者 (D)未輔導原住民就業。

解析

1.**D**。參考原住民保留地開發管理辦法第24條。

2.**D**。參考原住民保留地開發管理辦法第27條。

申論題

試簡述原住民申請原住民保留地礦業、土石等事業之興辦，如須租用原住民保留地時，應附文件為何？

答 (一) 優先開發原則：為促進原住民保留地礦業、土石、觀光遊憩、加油站、農產品集貨場倉儲設施之興建、工業資源之開發、原住民文化保存或社會福利事業之興辦，在不妨礙國土保安、環境資源保育、原住民生計及原住民行政之原則下，優先輔導原住民開發或興辦。

(二)應附文件：原住民為工商礦業之開發或興辦，申請租用原住民保留地時，應檢具開發或興辦計畫圖說，申請該管鄉（鎮、市、區）公所提經原住民保留地土地權利審查委員會審查通過，層報行政院原住民族委員會核准，並俟取得目的事業主管機關核准開發或興辦文件後，租用原住民保留地；每一租期不得超過九年，期滿後得依原規定程序申請續租。前項開發或興辦計畫圖說，包括下列文件：

1. 分年開發或興辦計畫。

2. 申請用地配置圖，並應標示於比例尺不小於五千分之一之地形圖及地籍套繪圖。

3. 土地登記簿謄本。

4. 輔導原住民就業或轉業計畫。

四、非原住民承租

(一) **承租原則**：非原住民在原住民保留地開發管理辦法施行前已租用原住民保留地繼續自耕或自用者，得繼續承租。

(二) **變更編定之土地承租**：因都市計畫新訂、變更或非都市土地變更編定為建築用地之已出租耕作、造林土地於續訂租約時，其續租面積每戶不得超過**零點零三公頃**。

(三) **自用住宅承租**：非原住民在轄有原住民保留地之鄉（鎮、市、區）內設有戶籍者，得租用該鄉（鎮、市、區）內依法得為建築使用之原住民保留地作為自住房屋基地，其面積每戶不得超過**零點零三公頃**。

(四) **轉讓禁止**：依規租用之原住民保留地，不得轉租或由他人受讓其權利；違反規定者，應終止租約收回土地。

五、租金收取

原住民保留地之租金，由當地直轄市或鄉（鎮、市、區）公庫代收，作為原住民保留地管理及經濟建設之用；其租金之管理及運用計畫，由行政院原住民族委員會定之。

六、限制開發補償

原住民使用之原住民保留地及其所有之地上改良物，因政府興辦公共設施，限制其使用或採伐林木，致其權益受損時，應予補償。

七、抵押容許

原住民依法於原住民保留地取得之土地或設定之地上權，得為抵押權之標的物。

選擇題

( )　1. 依據原住民保留地開發管理辦法之規定，非原住民得繼續承租原住民保留地之要件，下列何者為非：　(A)非原住民在原住民保留地開發管理辦法施行前已租用在案　(B)租用原住民保留地目的為繼續自耕或自用者　(C)承租客體為原住民保留地　(D)承租主體包含原住民及非原住民。

( )　2. 非原住民在轄有原住民保留地之鄉（鎮、市、區）內設有戶籍者，得租用該鄉（鎮、市、區）內依法得為建築使用之原住民保留地作

為自住房屋基地，其面積每戶不得超過幾公頃：　(A)0.03公頃
(B)0.05公頃　(C)0.07公頃　(D)0.09公頃。

解析

1.**D**。參考原住民保留地開發管理辦法第28條。

2.**A**。參考原住民保留地開發管理辦法第28條。

•══■ 老師的話 ■══•

一、依據原住民保留地開發管理辦法規定，原住民使用之原住民保留地及其
　　所有之地上改良物，因政府興辦公共設施，限制其使用或採伐林木，致
　　其權益受損時，應予補償；惟補償的標準，該辦法並無明文規定。
二、非原住民承租原則：原住民保留地開發管理辦法施行前→繼續承租。
　　變更編定為建築用地之續租→面積每戶不得超過0.03公頃。
　　租用建地作為自住房屋基地→面積每戶不得超過0.03公頃。
　　違規轉租或由他人受讓其權利→終止租約收回土地。

申論題

一、非原住民得否承租原住民保留地？其相關禁止轉讓的規定為何？

答 (一) 承租原則：依「原住民保留地開發管理辦法」第28、29條規定，非原
　　　住民在原住民保留地開發管理辦法施行前已租用原住民保留地繼續自
　　　耕或自用者，得繼續承租。
　(二) 變更編定之土地承租：因都市計畫新訂、變更或非都市土地變更編定
　　　為建築用地之已出租耕作、造林土地於續訂租約時，其續租面積每戶
　　　不得超過零點零三公頃。
　(三) 自用住宅承租：非原住民在轄有原住民保留地之鄉（鎮、市、區）內設
　　　有戶籍者，得租用該鄉（鎮、市、區）內依法得為建築使用之原住民保
　　　留地作為自住房屋基地，其面積每戶不得超過零點零三公頃。
　(四) 轉讓禁止：依規租用之原住民保留地，不得轉租或由他人受讓其權
　　　利；違反規定者，應終止租約收回土地。

二、原住民依「原住民保留地開發管理辦法」第24條規定申請原住民保留地礦業、土石等事業之興辦，如須租用原住民保留地，其情形與該辦法第13條有何不同？試申論之。

答 (一) 相關法規：

1. 第13條：原住民因經營工商業，得擬具事業計畫向鄉（鎮、市、區）公所申請，經原住民保留地土地權利審查委員會通過，核轉直轄市或縣（市）主管機關核准後，租用依法得為建築使用之原住民保留地，每一租期不得超過九年，期滿後得續租。

   前項事業計畫不得妨害環境資源保育、國土保安或產生公害。

2. 第24條：為促進原住民保留地礦業、土石、觀光遊憩、加油站、農產品集貨場倉儲設施之興建、工業資源之開發、原住民文化保存或社會福利事業之興辦，在不妨礙國土保安、環境資源保育、原住民生計及原住民行政之原則下，優先輔導原住民開發或興辦。

   原住民為前項開發或興辦，申請租用原住民保留地時，應檢具開發或興辦計畫圖說，申請該管鄉（鎮、市、區）公所提經原住民保留地土地權利審查委員會審查通過，層報原住民族委員會核准，並俟取得目的事業主管機關核准開發或興辦文件後，租用原住民保留地；每一租期不得超過九年，期滿後得依原規定程序申請續租。

   前項開發或興辦計畫圖說，包括下列文件：

   (1)分年開發或興辦計畫。

   (2)申請用地配置圖，並應標示於比例尺不小於五千分之一之地形圖及地籍套繪圖。

   (3)土地登記簿謄本。

   (4)輔導原住民就業或轉業計畫。

   公、民營企業或未具原住民身分者（以下簡稱非原住民）申請承租開發或興辦，應由鄉（鎮、市、區）公所先公告三十日，公告期滿無原住民申請時，始得依前二項規定辦理。

   行政院原住民族委員會應訂定輔導措施，規範第3項第4款之輔導原住民就業或轉業計畫。

(二)性質分析

	第13條	第24條
申請對象	原住民	原住民、公、民營企業或未具原住民身分者
申請標的	原住民保留地	得為建築使用之原住民保留地
經營項目	工商業	礦業、土石、觀光遊憩、加油站、農產品集貨場倉儲設施之興建、工業資源之開發、原住民文化保存或社會福利事業之興辦
申請流程	申請人擬具事業計畫向鄉（鎮、市、區）公所申請，經原住民保留地土地權利審查委員會通過，核轉直轄市或縣（市）主管機關核准後，租用依法得為建築使用之原住民保留地。	申請除檢具開發或興辦計畫圖説，申請該管鄉（鎮、市、區）公所提經原住民保留地土地權利審查委員會審查通過，層報行政院原住民族委員會核准之外，並應俟取得目的事業主管機關核准開發或興辦文件後，始得租用原住民保留地。
租期	每一租期不得超過九年，期滿後得續租。	每一租期不得超過九年，期滿後得續租。
禁止事宜	事業計畫不得妨害環境資源保育、國土保安或產生公害。	在不妨礙國土保安、環境資源保育、原住民生計及原住民行政之原則下，優先輔導原住民開發或興辦。

歷年考題

(　　) **1** 關於原住民保留地辦理撥用之敘述，下列何者錯誤？
(A)撥用計畫應由該管鄉（鎮、市、區）公所提經原住民保留地土地權利審查委員會審查，並報請上級主管機關核定
(B)原住民保留地撤銷撥用後，應移交財政部國有財產局接管
(C)原住民保留地經辦理撥用後，變更原定用途時，中央主管機關應即通知財政部國有財產局層報行政院撤銷撥用

(D)轄有原住民保留地之鄉（鎮、市、區）公所，得申請公共造產用
地之撥用。　　　　　　　　　　　　　【101年原住民特考三等】

(　　)　**2** 為落實原住民族土地權與自然資源的有效運用，按原住民保留地開
發管理辦法的規定，原住民保留地所在之鄉（鎮、市、區）公所應
設原住民保留地土地權利審查委員會，該原住民保留地土地權利審
查委員會之委員，應有多少比例為原住民？ (A)五分之四 (B)三
分之二 (C)四分之三 (D)二分之一。 【107年原住民特考五等】

(　　)　**3** 依據原住民保留地開發管理辦法之規定，原住民保留地內天然林產
物經直轄市或縣（市）主管機關專案核准採取之情形，下列敘述何
者錯誤？ (A)政府機關為搶修緊急災害或修建山地公共設施所需
用材 (B)原住民於直轄市、縣（市）主管機關劃定之區域內受託有
償採取副產物或其所需自用材 (C)原住民為栽培菌類或製造手工藝
所需竹木 (D)造林、開墾或作業之障礙木每公頃立木材積平均在
三十立方公尺以下者。 【109年原住民特考五等】

解答及解析

1 (B)。本題逐條解析如下：(1)依「原住民保留地開發管理辦法」第23條第1項規
定，政府因公共造產或指定之特定用途需用公有原住民保留地時，得由需地
機關擬訂用地計畫，申請該管鄉（鎮、市、區）公所提經原住民保留地土地
權利審查委員會擬具審查意見並報請上級主管機關核定後，辦理撥用，故A
正確。(2)依「原住民保留地開發管理辦法」第23條第2項規定，原住民保留
地經辦理撥用後，有國有財產法第39條各款情事之一者，中央主管機關應即
通知財政部國有財產署層報行政院撤銷撥用。原住民保留地撤銷撥用後，應
移交中央主管機關接管。其中央主管機關依「原住民保留地開發管理辦法」
第2條規定，係指原住民族委員會，而非財政部國有財產局，故B錯誤。(3)
依「原住民保留地開發管理辦法」第23條第2項規定，原住民保留地經辦理
撥用後，有國有財產法第39條各款情事之一者，中央主管機關應即通知財
政部國有財產署層報行政院撤銷撥用，故C正確。(4)依「原住民保留地開
發管理辦法」第23條第1項規定，公共造產用地，以轄有原住民保留地之鄉
（鎮、市、區）公所需用者為限，故D正確。故本題答(B)。

2 (A)。依鄉鎮市區原住民保留地土地權利審查委員會設置要點第3條規定，委員八人至十人，由鄉（鎮、市、區）公所就鄉（鎮、市、區）公所轄內之公正人士或原住民社區推舉熟諳法令之熱心公益人士聘兼之，人員應有五分之四為原住民。故本題答(A)。

3 (B)。依原住民保留地開發管理辦法第34條規定，原住民於直轄市、縣（市）主管機關劃定之區域內無償採取副產物或其所需自用材，得向鄉（鎮、市、區）公所申請，經直轄市或縣（市）主管機關專案核准採取之。是無償而非有償，故本題答(B)。

Notes

第四章　溫泉開發

依據出題頻率分為：A頻率高 B頻率中 C頻率低

【課前提要】溫泉開發在溫泉法施行後現已成大熱門，為照顧原住民的權益，依據「溫泉法」第14條規定訂定「原住民個人或團體經營原住民族地區溫泉輔導及獎勵辦法」，專屬原住民的開發條款自屬重要。

本章重點分析

開發原則	1. 會同辦理：應會同中央原住民族主管機關辦理。★ 2. 保障名額：聘僱員工十人以上者，應聘僱十分之一以上原住民。★
用詞定義	原住民族地區、原住民個人、原住民團體。
輔導及獎勵對象	在原住民族地區經營溫泉之當地原住民個人或團體。
資源調查	得委託專業團體或學術機構調查及評估，並輔導當地原住民個人或團體經營。
技術輔導或經費補助	1. 溫泉量及水質測量。 2. 溫泉區土地規劃。 3. 取用設備及管線設備。 4. 擬具溫泉開發計畫書、溫泉地質報告書及溫泉使用現況報告書。 5. 以溫泉作為農業栽培、地熱利用、生物科技或其他目的之使用。
貸款補助	1. 利息補貼：得申請百分之一貸款利率之利息補貼。★ 2. 申請限制：利息補貼同一申請人得申請一次，並以三年為限。★
委託辦理	1. 溫泉專業及周邊產業人才培訓。 2. 辦理國內或國際同業觀摩交流。 3. 成立輔導小組。 4. 建置溫泉綜合資訊網絡。
預算編列	由原住民族綜合發展基金之溫泉取用費每年提撥百分之六十支應之。★

課文精讀

一、開發原則

(一) 會同辦理：政府事業機關於原住民族地區劃設溫泉區時，中央觀光主管機關及各目的事業主管機關應會同原民會辦理。

(二) 基金提撥：為保育及永續利用溫泉，除依水利法或礦業法收取相關費用外，主管機關應向溫泉取供事業或個人徵收溫泉取用費，其位於原住民族地區內所徵收溫泉取用費，應提撥至少**三分之一**納入行政院原住民族綜合發展基金，作為原住民族發展經濟及文化產業之用；直轄市、縣（市）主管機關徵收之溫泉取用費，除提撥原住民族地區三分之一外，應再提撥**十分之一**予中央主管機關設置之溫泉事業發展基金，供溫泉政策規劃、技術研究發展及國際交流用途使用。

(三) 保障名額：於原住民族地區經營溫泉事業，其聘僱員工十人以上者，應聘僱**十分之一**以上原住民。

━◆━ 老師的話 ━◆━

於原住民族地區經營溫泉事業，其聘僱員工10人以上者，應聘僱1/10以上原住民，其業者包括政府、民間團體及個人。

選擇題

( )　1. 依溫泉法規定，於原住民族地區劃設溫泉區時，中央觀光主管機關及各目的事業主管機關應會同何機關辦理？ 　(A)內政部　(B)國家公園管理處　(C)經濟部觀光局　(D)原住民族委員會。

( )　2. 依溫泉法規定，原住民族地區之溫泉得輔導及獎勵當地原住民個人或團體經營，其輔導及獎勵辦法，由何單位定之： 　(A)內政部　(B)國家公園管理處　(C)經濟部觀光局　(D)原住民族委員會。

解析

1.**D**。參考溫泉法第14條。

2.**D**。參考溫泉法第14條。

二、用語定義

(一) **原住民族地區**：指經行政院依原住民族工作權保障法第5條第4項規定核定之原住民地區。

(二) **原住民個人**：指依據原住民身分法規定具有原住民身分之個人。

(三) **原住民團體**：指經政府立案，其負責人為原住民，且原住民社員、會員、理監事、董監事之人數及其持股比率，各達百分之八十以上之法人、機構或其他團體。但原住民合作社指原住民社員超過該合作社社員總人數百分之八十以上者。

三、輔導及獎勵對象

為在原住民族地區經營溫泉之當地原住民個人或團體。

━━■ 老師的話 ■━━

一、原住民個人或團體經營原住民族地區溫泉輔導及獎勵辦法所規定的「原住民族地區」、「原住民個人」，與原住民族工作權保障法及原住民身分法規定相同。

二、輔導及獎勵對象之要件：1.須在原住民族地區；2.須從事經營溫泉；3.須為當地原住民個人或團體。

選擇題

( )　1. 依據原住民族工作權保障法第5條規定，所稱原住民族傳統居住，具有原住民族歷史淵源及文化特色，經中央主管機關報請行政院核定之地區，係為：　(A)原住民族地區　(B)原住民族土地　(C)原住民保留地　(D)原住民族傳統領域。

( )　2. 依據「原住民個人或團體經營原住民族地區溫泉輔導及獎勵辦法」規定，為在原住民族地區經營溫泉之輔導及獎勵對象為：　(A)全國原住民　(B)當地原住民　(C)當地原住民團體　(D)當地原住民個人或團體。

解析

1.**A**。參考原住民族工作權保障法第5條規定。

2.**D**。參考原住民個人或團體經營原住民族地區溫泉輔導及獎勵辦法第3條。

> 依溫泉法之規定，主管機關應如何向溫泉取供事業或個人徵收溫泉取用費？又如何能照顧地區原住民權益？

答 依溫泉法第11條之規定，為保育及永續利用溫泉，除依水利法或礦業法收取相關費用外，主管機關應向溫泉取供事業或個人徵收溫泉取用費，其位於原住民族地區內所徵收溫泉取用費，應提撥至少三分之一納入原住民族綜合發展基金，作為原住民族發展經濟及文化產業之用；直轄市、縣（市）主管機關徵收之溫泉取用費，除提撥原住民族地區三分之一外，應再提撥十分之一予中央主管機關設置之溫泉事業發展基金，供溫泉政策規劃、技術研究發展及國際交流用途使用。

四、資源調查

原住民族委員會得委託專業團體或學術機構在原住民族地區辦理溫泉資源調查及評估其經營可行性，並輔導當地原住民個人或團體經營。

五、技術輔導或經費補助

原住民個人或團體辦理下列事項，得申請技術輔導或經費補助：

(一) 溫泉量及水質測量。

(二) 溫泉區土地規劃。

(三) 取用設備及管線設備。

(四) 擬具溫泉開發計畫書、溫泉地質報告書及溫泉使用現況報告書。

(五) 以溫泉作為農業栽培、地熱利用、生物科技或其他目的之使用。

╭─────────────── ▪ 老師的話 ▪ ───────────────╮

原住民個人或團體經營原住民族地區溫泉得申請技術輔導或經費補助項目，
除取用設備及管線設備屬硬體設施補助之外，其餘多為規劃案及資源調查之
補助，性質屬規劃費。

╰───╯

選擇題

( )　1. 依規得委託專業團體或學術機構在原住民族地區辦理溫泉資源調查
　　　　及評估其經營可行性，並輔導當地原住民個人或團體經營的政府機
　　　　關為：　(A)原住民族委員會　(B)交通部觀光局　(C)經濟部　(D)
　　　　內政部。

( )　2. 下列何項非原住民個人或團體經營原住民族地區溫泉得申請技術輔
　　　　導或經費補助項目：　(A)溫泉量及水質測量　(B)溫泉區土地規劃
　　　　(C)取用設備及管線設備　(D)觀光旅遊路線之規劃。

解析

　1.**A**。參考原住民個人或團體經營原住民族地區溫泉輔導及獎勵辦法第4條。

　2.**D**。參考原住民個人或團體經營原住民族地區溫泉輔導及獎勵辦法第5條。

申論題

依據原住民個人或團體經營原住民族地區溫泉輔導及獎勵辦法規定，原住民個人或團體辦理何種事項，得申請技術輔導或經費補助？

答 依據原住民個人或團體經營原住民族地區溫泉輔導及獎勵辦法第5條規
　定，原住民個人或團體辦理下列事項，得申請技術輔導或經費補助：
　(一) 溫泉量及水質測量。
　(二) 溫泉區土地規劃。
　(三) 取用設備及管線設備。
　(四) 擬具溫泉開發計畫書、溫泉地質報告書及溫泉使用現況報告書。
　(五) 以溫泉作為農業栽培、地熱利用、生物科技或其他目的之使用。

六、貸款補助

(一) **利息補貼**：原住民個人或團體為經營溫泉取供事業或溫泉使用事業向銀行貸款，得申請百分之一貸款利率之利息補貼。

(二) **申請限制**：利息補貼同一申請人得申請一次，並以**三年**為限。

七、申請輔導

原住民個人或團體申請技術輔導、經費補助或利息補貼，應擬具申請書及計畫書，向所在地之鄉（鎮、市、區）公所提出申請，鄉（鎮、市、區）公所應於十日內陳報縣（市）政府，縣（市）政府應於二十日內完成審查並擬具審查意見，陳報原住民族委員會審核。

```
━━■ 老師的話 ■━━

申請作業流程：
申請→鄉（鎮、市、區）公所（10日）→縣（市）政府（20日）→原住民族
委員會
```

選擇題

( )　1. 原住民個人或團體為經營溫泉取供事業或溫泉使用事業向銀行貸款，得申請百分之一貸款利率之利息補貼；利息補貼同一申請人得申請一次，並以幾年為限：　(A)1年　(B)2年　(C)3年　(D)4年。

( )　2. 鄉（鎮、市、區）公所於受理原住民個人或團體申請技術輔導、經費補助或利息補貼之申請，於幾日內陳報縣（市）政府：　(A)5日　(B)7日　(C)10日　(D)20日。

解析

1.**C**。參考原住民個人或團體經營原住民族地區溫泉輔導及獎勵辦法第6條。

2.**C**。參考原住民個人或團體經營原住民族地區溫泉輔導及獎勵辦法第7條。

八、委託辦理

原住民族委員會為協助原住民個人或團體永續經營溫泉事業，得視實際需要，辦理下列事項，並得委託民間團體辦理：

(一) 溫泉專業及周邊產業人才培訓。

(二)辦理國內或國際同業觀摩交流。

(三)成立輔導小組。

(四)建置溫泉綜合資訊網絡。

九、預算編列

政府依規輔導業者經營所需經費，由原住民族綜合發展基金之溫泉取用費每年提撥百分之六十及原住民族委員會編列預算支應之。

十、結合項目

原住民族委員會為發展原住民族地區之溫泉，得結合社區或部落居民，輔導興辦溫泉民宿、社區或部落公共浴池、文化產業、生態產業、特色產業及其他溫泉觀光事項，促進社區或部落之整體發展。

••▶ 老師的話 ◀••

一、政府依規輔導業者開發溫泉經營所需經費為：由原住民族綜合發展基金之溫泉取用費，每年提撥百分之六十及原住民族委員會編列預算支應之。

二、原住民族委員會為發展原住民族地區之溫泉，得結合社區或部落居民，輔導興辦項目為：1.溫泉民宿、2.社區或部落公共浴池、3.文化產業、4.生態產業、5.特色產業、6.其他溫泉觀光事項。

選擇題

( )　1. 原住民族委員會為協助原住民個人或團體永續經營溫泉事業，得視實際需要辦理事項，並得委託民間團體辦理，下列何者為非：(A)溫泉專業及周邊產業人才培訓　(B)辦理國內或國際同業觀摩交流　(C)成立輔導小組　(D)傳統產業技藝訓練。

(　　) 2. 政府依規輔導業者經營所需經費，由原住民族綜合發展基金之溫
　　　　泉取用費每年提撥多少比例及原住民族委員會編列預算支應之：
　　　　(A)40%　(B)50%　(C)60%　(D)70%。

解析

1.**D**。參考原住民個人或團體經營原住民族地區溫泉輔導及獎勵辦法第8條。

2.**C**。參考原住民個人或團體經營原住民族地區溫泉輔導及獎勵辦法第
　　10條。

申論題

行政院原住民族委員會為協助原住民個人或團體永續經營溫泉事業，得委託
民間團體辦理事項為何？

答 依據原住民個人或團體經營原住民族地區溫泉輔導及獎勵辦法第8條規
　　定，原住民族委員會為協助原住民個人或團體永續經營溫泉事業，得視
　　實際需要，辦理下列事項，並得委託民間團體辦理：(一)溫泉專業及周邊
　　產業人才培訓。(二)辦理國內或國際同業觀摩交流。(三)成立輔導小組。
　　(四)建置溫泉綜合資訊網絡。

歷年考題

(　　) **1** 原住民個人或團體為經營溫泉取供事業或溫泉使用事業，得申請政
　　　　府何種優惠？
　　　　(A)向銀行貸款，得申請百分之五貸款利率之利息補貼
　　　　(B)向銀行貸款，得申請百分之一貸款利率之利息補貼
　　　　(C)向銀行貸款，得申請政府協助信用擔保
　　　　(D)向銀行貸款，得申請減免全額手續費。　　【100年原住民特考四等】

(　　) **2** 天然災害發生後，國有林竹木漂流至國有林區域外時，如何處置？
(A)由林務單位通知警方加強巡守，直至全數清理完畢，私人不得撿拾竊取
(B)由地方政府就地估算拍賣，讓得標廠商自行加工處理
(C)由當地政府於1個月內清理註記完畢，如未能於1個月清理註記完畢，則開放當地居民自由撿拾清理
(D)於災後由當地居民撿拾交還當地鄉公所辦理拍賣，拍賣所得充作撿拾工資及重建工程經費。　　【100年原住民特考五等】

(　　) **3** 依溫泉法規定，在原住民族地區徵收之溫泉取用費，應提撥納入行政院原住民族綜合發展基金之比例為何？
(A)至少五分之三
(B)至少四分之一
(C)至少三分之一
(D)至少二分之一。　　【100年原住民特考五等】

(　　) **4** 依溫泉法之規定，如於原住民族地區經營溫泉事業之業者，應如何聘僱原住民員工？　(A)其聘僱員工5人以上者，應聘僱五分之一以上原住民　(B)其聘僱員工10人以上者，應聘僱十分之一以上原住民　(C)其聘僱員工20人以上者，應聘僱五分之一以上原住民　(D)其聘僱員工30人以上者，應聘僱十分之一以上原住民。　　【100年原住民特考五等】

(　　) **5** 依原住民個人或團體經營原住民族地區溫泉輔導及獎勵辦法規定，原住民個人或團體得申請技術輔導或經費補助的項目中，那一項不包含在內？　(A)溫泉量及水質測量　(B)溫泉區土地規劃　(C)取用設備及管線設備　(D)擬定溫泉開發效益營業計畫貸款申請書。　　【104年原住民特考三等】

(　　) **6** 輔導及獎勵原住民團體經營原住民族地區溫泉，所稱原住民團體，係指經政府立案，其負責人為原住民，且原住民社員、會員、理監事、董監事之人數及持股比例，必須各達多少以上之法人、機構或其他團體？　(A)百之五十　(B)百分之六十　(C)百分之七十
(D)百分之八十。　　【109年原住民特考四等】

(　　) **7** 於原住民族地區經營溫泉事業，其聘僱員工十人以上者，應聘僱多少比例以上之原住民？　(A)十分之一　(B)五分之一　(C)三分之一　(D)二分之一。　　　　　　　　【109年原住民特考五等】

解答及解析

1 (B)。依「原住民個人或團體經營原住民族地區溫泉輔導及獎勵辦法」第6條規定，原住民個人或團體為經營溫泉取供事業或溫泉使用事業向銀行貸款，得申請百分之一貸款利率之利息補貼，故本題答(B)。

2 (C)。依「森林法」第15條規定，天然災害發生後，國有林竹木漂流至國有林區域外時，當地政府需於一個月內清理註記完畢，未能於一個月內清理註記完畢者，當地居民得自由撿拾清理，故本題答(C)。

3 (C)。依「溫泉法」第11條第2項規定，位於原住民族地區內所徵收溫泉取用費，應提撥至少三分之一納入行政院原住民族綜合發展基金，作為原住民族發展經濟及文化產業之用，故本題答(C)。

4 (B)。依「溫泉法」第14條第3項規定，於原住民族地區經營溫泉事業，其聘僱員工十人以上者，應聘僱十分之一以上原住民，故本題答(B)。

5 (D)。依原住民個人或團體經營原住民族地區溫泉輔導及獎勵辦法第5條規定，原住民個人或團體辦理下列事項，得申請技術輔導或經費補助：一、溫泉量及水質測量。二、溫泉區土地規劃。三、取用設備及管線設備。四、擬具溫泉開發計畫書、溫泉地質報告書及溫泉使用現況報告書。五、以溫泉作為農業栽培、地熱利用、生物科技或其他目的之使用。其中不包含貸款項目。故本題答(D)。

6 (D)。依原住民個人或團體經營原住民族地區溫泉輔導及獎勵辦法第2條規定，原住民團體係指經政府立案，其負責人為原住民，且原住民社員、會員、理監事、董監事之人數及其持股比率，各達百分之八十以上之法人、機構或其他團體。故本題答(D)。

7 (A)。依溫泉法第14條規定，於原住民族地區經營溫泉事業，其聘僱員工十人以上者，應聘僱十分之一以上原住民。故本題答(A)。

第五章　禁伐補償

依據出題頻率分為：A頻率高 B頻率中 C**頻率低**

【**課前提要**】原住民保留地禁伐補償及造林回饋條例為新頒法律，應特別注意。

本章重點分析

依據	1. 原住民保留地禁伐補償及造林回饋事宜。 2. 國土保安、涵養水資源、綠化環境、自然生態保育。 3. 因應氣候變遷、減輕天然災害之目標。 4. 受益者付費、受限者補償之原則。 5. 配合政府造林、育林之政策、守護原住民傳統智慧。
主管機關	1. 主管機關：原住民族委員會。 2. 執行機關：在中央為行政院農業委員會林務局，在地方為直轄市、縣（市）政府。 3. 受理機關：造林所在地所屬鄉（鎮、市、區）公所。
補償及回饋項目	1. 劃定為禁伐區域之禁伐補償事宜。 2. 編定為林業用地或農牧用地之造林獎勵事宜。
申請	申請人應每年填具禁伐補償金申請書，並檢附下列文件，向造林所在地之受理機關申請： 1. 土地登記簿謄本、地籍圖謄本。 2. 國民身分證影本。 3. 申請人非土地所有人，應提出他項權利證明書或承租契約書。
復育時機	申請人接到種苗配撥通知後，應於限期內提領，並迅即施行造林，以提高造林成活率。未於限期內提領種苗者，視為放棄。

造林回饋金	1.造林獎勵者： 　(1)第一年每公頃新臺幣十二萬元。 　(2)第二年至第六年，每年每公頃新臺幣四萬元。 　(3)第七年至第二十年，每年每公頃新臺幣二萬元。 　(4)第二十一年以後者，依禁伐補償額度。 2.禁伐補償者： 　(1)民國105年起，每公頃新臺幣二萬元。 　(2)民國106年以後，每年每公頃新臺幣三萬元。
核准造林	符合下列條件，按其造林年度發給造林獎勵金： 1.所植樹種及株數符合規定基準，並正常生長於土地。 2.位屬山坡地，無超限利用。 3.租地造林地無違約使用土地情形。
機關輔導	新植造林完成三個月後，應向受理機關提出報告。
補償金返還	下列各款情事之一者，命造林人返還已領取之禁伐補償金及造林獎勵金： 1.擅自拔除或毀損林木。 2.砍伐成樹而為造林之情事。 3.檢測不合格未依執行機關所定期限改善。 4.同一地點已接受其他機關發給造林直接給付。 5.新植造林地自核定參加年度起，連續三年未實施造林或檢測均不合格者。但因病、蟲害、天然災害等不可抗力因素所導致者，不在此限。

課文精讀

一、依據

為處理原住民保留地禁伐補償及造林回饋事宜，進而達成國土保安、涵養水資源、綠化環境、自然生態保育及因應氣候變遷、減輕天然災害之目標，並依據受益者付費、受限者補償之原則，以及配合政府造林、育林之政策、守護原住民傳統智慧，促進原住民族經濟事業之發展，特制定原住民保留地禁伐補償及造林回饋條例。

二、主管機關

(一) **主管機關**：原住民族委員會。
(二) **稱執行機關**：在中央為行政院農業委員會林務局，在地方為直轄市、縣（市）政府。
(三) **受理機關**：造林所在地所屬鄉（鎮、市、區）公所。

三、補償及回饋項目

(一) 原住民保留地經劃定為禁伐區域之禁伐補償事宜。
(二) 原住民保留地經編定為林業用地或農牧用地之造林獎勵事宜。
前項獎勵、補償事宜，由行政院編列預算，交由執行機關辦理之。
原住民保留地之所有人或具原住民身分之原住民保留地合法使用人，得依本條例規定申請禁伐補償金、免費供應種苗、造林回饋金及長期低利貸款。

四、申請

申請人應每年填具禁伐補償金申請書，並檢附下列文件，向造林所在地之受理機關申請，受理機關初審通過後，轉請執行機關辦理現場勘查，經確認有撫育天然苗木或造林苗木之事實，且無荒廢、濫墾、濫伐之情事，應予實施補償之必要者，予以核准：
(一) 土地登記簿謄本、地籍圖謄本。但能以電腦完成提供網路查詢者，得免予檢附。
(二) 國民身分證影本。
(三) 申請人非土地所有人，應提出他項權利證明書或承租契約書。
前項所定申請者為各鄉（鎮、市、區）公所山地保留地使用清冊記載有案之原住民或其繼承人，免附土地登記簿謄本。
同一地點已接受其他機關發給造林直接給付或造林獎勵金，不得申請禁伐補償金。
前項審查申請補償之程序、條件及其他應遵行事項之辦法，由主管機關會同中央林政主管機關定之。

五、復育時機

申請人接到種苗配撥通知後，應於限期內提領，並迅即施行造林，以提高造林成活率。未於限期內提領種苗者，視為放棄。

同一土地申請免費供應種苗，以一次為限。但因種苗種植後死亡需補植者，不在此限。

申請人有下列情事之一者，應依執行機關所定價格賠償：

(一) 已接受執行機關以外之其他機關無償配撥種苗而無充分理由再受配。

(二) 將配撥種苗轉售圖利或無正當理由不造林。

申請人得自備樹苗參與造林，政府不再提供免費供應種苗。

六、造林回饋金

依本條例申請造林回饋金，其土地面積應為零點一公頃以上。造林回饋金之額度如下：

(一) **造林獎勵者：**

　　1. 第一年每公頃新臺幣十二萬元。

　　2. 第二年至第六年，每年每公頃新臺幣四萬元。

　　3. 第七年至第二十年，每年每公頃新臺幣二萬元。

　　4. 第二十一年以後者，依禁伐補償額度。

(二) **禁伐補償者：**

　　未申請造林獎勵之林業用地造植林木樹齡超過六年者，由造林所在地之受理機關清查並造冊通知申請人及辦理切結後，每年每公頃發給補償費：

　　1. 民國一百零五年起，每公頃新臺幣二萬元。

　　2. 民國一百零六年以後，每年每公頃新臺幣三萬元。

　　造林面積不足一公頃者，按面積比例發給，並算至公頃以下二位數為止，餘數四捨五入。

七、核准造林

經依規定核准造林者（以下稱造林人），其造林經執行機關檢測符合下列條件，按其造林年度發給造林獎勵金：

(一) 所植樹種及株數符合規定基準，並正常生長於土地。

(二) 位屬山坡地，無超限利用。

(三) 租地造林地無違約使用土地情形。

前項之樹種、每公頃栽植株數及其檢測之基準，由主管機關會同中央執行機關參酌原住民傳統山林智慧及生活慣俗定之。

八、機關輔導

執行機關及受理機關應輔導造林人善加管理經營造林木，使之長大成林。

造林人於新植造林完成三個月後，應向受理機關提出報告。經受理機關轉請執行機關採系統取樣法實施檢測，各執行機關應派員會同受理機關，依據所提出之報告，排定日期，赴實地核對地籍圖，檢查造林情形，實測造林面積，將實際檢測結果拍照存證，登記於造林登記及檢查紀錄卡。

經檢測不符合前條第1項規定者，該年度造林獎勵金不予發給，並由各執行機關輔導造林人限期改善。

造林人依前項規定於限期內改善完成並經檢測合格者，得依造林改善完成年度發給造林獎勵金。

新植造林自第三年起，執行機關得將造林檢測作業委由受理機關辦理，並由執行機關每年辦理抽測。

九、補償金返還

執行機關於核准造林人之申請時，應於核准文件內載明有下列各款情事之一者，廢止其禁伐補償金及造林獎勵金之核准；經廢止禁伐補償金及造林獎勵金之核准者，命造林人返還已領取之禁伐補償金及造林獎勵金：

(一) 擅自拔除或毀損林木。

(二) 砍伐成樹而為造林之情事。

(三) 檢測不合格未依執行機關所定期限改善。

(四) 同一地點已接受其他機關發給造林直接給付。

(五) 新植造林地自核定參加年度起，連續三年未實施造林或檢測均不合格者。
但因病、蟲害、天然災害等不可抗力因素所導致者，不在此限。

十、原住民族依生活慣俗採取森林產物規則

(一) 依據：本規則依森林法（以下簡稱本法）第十五條第四項規定訂定之。

(二) 適用對象：

原住民族依其生活慣俗採取森林產物，包括下列對象：

1. 原住民族基本法第二條第二款所稱原住民。

2. 原住民族基本法第二條第四款所稱部落。

3. 原住民族工作權保障法施行細則第八條規定之原住民機構、法人或團體（以下合稱原住民團體）。

(三) 生活慣俗：

本法第十五條第四項所稱生活慣俗，指下列原住民族傳統文化、祭儀或自用之非營利行為：

1. 生命禮俗：出生禮、命名禮、成年禮、婚禮、喪禮及其他因各生命階段變動而舉行之禮俗行為。

2. 祭儀：有關於農、林、漁、牧生產活動，傳統社會制度運作及傳統宗教信仰之祭祀禮儀行為。

3. 生活需要：食、衣、住、行、育、樂、醫藥行為。

4. 其他經原住民族主管機關認定與傳統文化有關之行為。

5. 前述生活慣俗之認定有疑義時，由受理機關函請原住民族主管機關協助認

(四) 核准機關：

依本規則得採取森林產物之區域，為原住民族地區之國有林地及公有林地。依本規則提案採取森林產物之受理機關及核准採取之主管機關如下：

1. 國有林由土地管理機關受理；中央主管機關核准。

2. 公有林由土地所有機關、公法人受理；直轄市、縣（市）政府核准。

3. 部落、原住民團體依生活慣俗需要採取森林產物，應向受理機關提案並經主管機關核准。

4. 原住民採取森林主產物或第六條第二項所定物種時，應由其所屬部落或原住民團體提案；為自用採取第六條第二項所定物種以外之森林副產物者，免提案。

(五) 提案申請：

部落或原住民團體於其所在地或毗鄰之鄉（鎮、市）、直轄市山地原住民區內，為生活慣俗需要採取屬原住民族地區國、公有林地之森林產物，應

編具採取森林產物計畫提案書（以下簡稱提案書），並檢附下列文件，於
預定採取之日三個月前向森林產物所在地之受理機關提案：

1. 參加採取之原住民名冊及其身分證明文件。

2. 採取森林產物之自主管理機制或公約。

3. 提案書及前二款經部落會議同意之決議文件。未設部落會議者，檢附該
   部落或原住民團體所在地鄉（鎮、市）、直轄市山地原住民區公所出具
   未設置部落會議之證明文件及直轄市、縣（市）政府出具之原住民機構
   法人或團體證明書。三、說明所採取森林產物使用之地點及期間。

(六) 限期補正提案文件有不齊全或其他得補正之情形，受理機關應通知提案人
限期補正；屆期未補正或補正未完備者，應轉送主管機關辦理。受理機關
對提案書內容，應依下列程序辦理初審：

1. 派員調查及評估森林狀況。

2. 必要時徵詢專家學者、有關機關意見。

3. 公告提案書內容至少十四日。但屬臨時性需要者，公告期間得縮短為五日。

4. 利害關係人於前項第三款公告期間得以書面載明姓名或名稱及地址，附
   具理由向該受理機關提出異議。受理機關對於前項異議，應邀集提案人
   與利害關係人及有關機關召開協調會議。協調會議以二次為限。

(七) 展延申請：

無法於採運許可證所定採運期間內完成採運作業者，應於期限屆滿五日前
向受理機關以書面申請展延，逾期不予受理。受理機關受理後應轉送主管
機關辦理。

前項展延森林產物採運之期間，不得超過採運許可證所定期間之二分之
一。展延以一次為限。因天災或其他不應歸責於提案人之事由，致提案人
無法進行採運作業時，提案人得於其原因消滅後十日內，經由受理機關向
主管機關申請補足不能作業之日數。逾採運期間未完成採運作業者，提案
人應於期限屆滿後十日內以書面向受理機關申請重新發給採運許可證，逾
期不予受理。

歷年考題

(　　) **1** 依據原住民保留地禁伐補償及造林回饋條例規定，申請造林回饋金之造林獎勵者，第一年每公頃金額為多少？　(A)新臺幣2萬元　(B)新臺幣4萬元　(C)新臺幣10萬元　(D)新臺幣12萬元。　【108年原住民特考五等】

(　　) **2** 按原住民保留地禁伐補償實施辦法之規定，補償對象不包括下列何者？　(A)原住民保留地之所有人　(B)具原住民身分之原住民保留地承租人　(C)具原住民身分之原住民保留地地上權人　(D)不具原住民身分之原住民保留地合法使用人。　【108年原住民特考五等】

(　　) **3** 關於原住民族採取森林產物之敘述，下列何者錯誤?(A)原則上應為有償採取　(B)應編具採取森林產物計畫提案書依規定提案　(C)提案經審查符合規定者，應發給森林產物採取許可證　(D)已獲得採運許可證者，所採取之森林產物得供作營利使用。　【109年原住民特考三等】

(　　) **4** 依原住民保留地禁伐補償條例，關於原住民保留地之禁伐及補償規定，下列敘述何者錯誤？　(A)原住民保留地依法編定為林業用地或適用林業用地管制者，由主管機關劃定為禁伐區域並公告之　(B)禁伐補償金核發後，申請人喪失原住民身分者，應撤銷禁伐補償，並命受領人按月依比例返還當年度之禁伐補償金　(C)由原住民族委員會建立禁伐補償資訊管理系統　(D)申請人非土地所有權人者不得申請。　【109年原住民特考五等】

(　　) **5** 依據原住民保留地禁伐補償條例之規定，下列何者並非主管機關劃定為原住民保留地禁伐區域並公告之要件？　(A)依法編定為林業用地或適用林業用地管制　(B)依法劃設為保護區或水源特定區　(C)依法劃設為國家公園之區域　(D)依法劃設為農業用地或適用農業用地管制。　【109年原住民特考五等】

(　　) **6** 依據原住民保留地禁伐補償條例規定，禁伐補償金核發後，下列何者並非地方執行機關應撤銷禁伐補償之事由？
(A)因颱風過境致禁伐土地之竹、木覆蓋率未達七成

(B)因土地所有權人在同一地號之土地，於受領禁伐補償金後，因限制使用或促進利用而重複領取其他中央機關發給獎勵金、補償或補助

(C)受領人於受領禁伐補償金後，喪失所有權或合法使用權

(D)申請人喪失原住民身分。　　　　【109年原住民特考五等】

解答及解析

1 (D)。原住民保留地禁伐補償及造林回饋條例第6條規定，造林獎勵者第一年每公頃新臺幣十二萬元，故本題答(D)。

2 (D)。依原住民保留地禁伐補償條例第3條規定，原住民保留地經劃定為禁伐區域或受造林獎勵二十年期間屆滿，其具原住民身分之所有權人或合法使用權人，得申請禁伐補償，不具原住民身分者無權申請，故本題答(D)。

3 (D)。依原住民族依生活慣俗採取森林產物規則第15條規定，採取森林產物供作營利使用，主管機關應不予核准採取；已核准發給採運許可證者，應予撤銷或廢止。故本題答(D)。

4 (D)。依原住民保留地禁伐補償條例第3條規定，原住民保留地其具原住民身分之所有權人或合法使用權人，得申請禁伐補償，非僅限土地所有權人申請，故本題答(D)。

5 (D)。依原住民保留地禁伐補償條例第5條規定，原住民保留地符合下列條件之一者，由主管機關劃定為禁伐區域並公告之：一、依法編定為林業用地或適用林業用地管制。二、依法劃設為保護區或水源特定區。三、依法劃設為國家公園之區域。四、其他經主管機關認定有實施禁伐之必要。其中不包含農業用地，故本題答(D)。

6 (A)。依原住民保留地禁伐補償條例第7條規定，禁伐補償金核發後，有下列情形之一者，地方執行機關應撤銷禁伐補償，並命受領人按月依比例返還當年度之禁伐補償金：一、竹、木擅自拔除、採取或毀損致覆蓋率未達七成。但因病蟲害、天然災害或其他不可歸責於受領人之情形所致，不在此限。二、同一地號或自其分割出之原住民保留地，於受領禁伐補償金後，因限制使用或促進利用而受有其他中央機關發給獎勵金、補償或補助。三、受領人於受領禁伐補償金後，喪失所有權或合法使用權。四、申請人喪失原住民身分。不包含颱風過境，故本題答(A)。

第六章　非都市土地原住民保留地住宅興建審查作業要點

依據出題頻率分為：A頻率高 B頻率中 C頻率低

【課前提要】非都市土地使用管制規則於修正公布第30、45條後，原住民族委員會即著手訂定非都市土地原住民保留地住宅興建審查作業要點，乃屬於原住民族專有的行政命令，有其參考之價值。

本章重點分析

依據	非都市土地使用管制規則第30條第4項、第45條規定。
主管機關	直轄市、縣（市）政府原住民族事務主管機關。
案件申請	應檢附下列文件： 1. 申請書。 2. 現戶戶籍謄本（含配偶、未成年子女）。 3. 申請人及其配偶、同一戶內未成年子女財產歸戶資料。 4. 興辦事業計畫書。 5. 簡易水土保持申報書（非屬山坡地範圍者免附）。
案件核准	經直轄市、縣（市）政府依審查表審查符合規定者，應核發興辦事業計畫核准文件，並副知中央原住民族主管機關。
案件駁回	1. 申請人未具原住民身分。 2. 申請人依非都市土地使用管制規則第46條規定取得政府興建住宅。 3. 申請土地非屬農牧用地、養殖用地或林業用地。 4. 非屬申請人私有土地。 5. 申請人曾依本要點完成變更編定為適當使用地。 6. 申請人及其配偶、同一戶內未成年子女已有合法自用住宅。 7. 申請人於土地所在地直轄市、縣(市)戶籍登記未連續滿二年。 8. 申請興建自用住宅興辦事業計畫之建築基地面積超過三百三十平方公尺。 9. 其他經審查不符合法令規定者。

回饋機制	依農業發展條例第12條規定繳交農業用地變更回饋金。
變更期限	1. 核准之日起二年內向直轄市、縣（市）政府地政主管機關申請用地變更編定。 2. 核准變更使用之土地，應於三年內完成住宅興建。 3. 展期最長以三年為限。
輔導機制	1. 直轄市、縣（市）政府核准興辦事業計畫。 2. 依區域計畫法第21條規定處以罰鍰後，得專案輔導合法化。

課文精讀

一、依據

為審查原住民保留地申請興建住宅之興辦事業計畫，依非都市土地使用管制規則第30條第4項、第45條規定，訂定非都市土地原住民保留地住宅興建審查作業要點。

法規一點靈

非都市土地原住民保留地住宅興建審查作業要點

二、主管機關

直轄市、縣（市）政府原住民族事務主管機關。

三、案件申請

申請人應檢附下列文件一式五份向土地所在地直轄市、縣（市）政府提出申請：
(一) 申請書。
(二) 現戶戶籍謄本（含配偶、未成年子女）。
(三) 申請人及其配偶、同一戶內未成年子女財產歸戶資料。
(四) 興辦事業計畫書。
(五) 簡易水土保持申報書（非屬山坡地範圍者免附）。

四、案件核准

經直轄市、縣（市）政府依審查表審查符合規定者，應核發興辦事業計畫核准文件，並副知中央原住民族主管機關。

五、案件駁回

申請案有下列情形之一者，駁回申請案並敘明理由通知申請人：

(一) 申請人未具原住民身分。

(二) 申請人依非都市土地使用管制規則第46條規定取得政府興建住宅。

(三) 申請土地非屬農牧用地、養殖用地或林業用地。

(四) 非屬申請人私有土地。

(五) 申請人曾依本要點完成變更編定為適當使用地。

(六) 申請人及其配偶、同一戶內未成年子女已有合法自用住宅。

(七) 申請人於土地所在地直轄市、縣(市)戶籍登記未連續滿二年。

(八) 申請興建自用住宅興辦事業計畫之建築基地面積超過三百三十平方公尺。

(九) 其他經審查不符合法令規定者。

六、回饋機制

依規定申請用地變更編定者，應依農業發展條例第12條規定繳交農業用地變更回饋金。但原住民保留地依農業用地回饋金撥繳及分配利用辦法應繳交之農業用地變更回饋金得不予計收。

七、變更期限

申請人接獲興辦事業計畫核准通知後，應於核准之日起二年內向直轄市、縣（市）政府地政主管機關申請用地變更編定。經核准變更使用之土地，應於三年內完成住宅興建，逾期未完成者，得報經目的事業主管機關同意展期，最長以三年為限。

八、輔導機制

土地使用現況不符合非都市土地使用管制規定者，於直轄市、縣（市）政府核准興辦事業計畫，並依區域計畫法第21條規定處以罰鍰後，得專案輔導合法化，依非都市土地使用管制規則規定申請變更編定為適當用地。

第七章　共管

依據出題頻率分為：A頻率高 B頻率中 C頻率低

【課前提要】原住民族地區資源共同管理辦法是原住民族基本法頒訂後，第一個完成增訂的辦法，有許多創新的理論，值得研究。

本章重點分析

原住民族地區資源共同管理辦法	依據	原住民族基本法第22條規定訂定之。
	定義 ★	1. 資源治理機關：係指各中央目的事業主管機關於原住民族地區成立之國家公園、國家風景特定區、林業區、生態保育區、遊樂區及其他資源治理區域之管理機關。 2. 當地原住民族：係指於資源治理機關治理區域內之鄉（鎮、市）轄區設籍之原住民。
	程序	公告（公聽會）→同意→劃定。
	部落會議 ★	1. 公聽會舉行後三十日內召開。 2. 需逾過半數部落會議議決同意。 3. 未於規定期間內召開部落會議議決者，當地鄉（鎮、市）公所應於三十日內召集之。 4. 部落會議議決結果，應於七日內由鄉（鎮、市）公所提報。 5. 議決為否決者，中央目的事業主管機關得修正計畫書內容，重行辦理公告。
	共管機制 ★	1. 相關計畫之研議。 2. 有關資源治理業務行政興革之建議。 3. 資源使用與管理之協調與溝通事項。 4. 有關部落提案涉及資源管理之研議事項。 5. 有關資源共同管理機制之會議決議之管制考核。 6. 其他資源管理之重大事項。
	溯及既往	本法施行前已設置之資源治理機關，得依前述規定與當地原住民族建立共同管理機制。

課文精讀

一、共管

(一) 依據

原住民族地區資源共同管理辦法依原住民族基本法第22條規定訂定之。

(二) 定義

本辦法之用詞定義如下：

1. 資源治理機關：係指各中央目的事業主管機關於原住民族地區成立之國家公園、國家風景特定區、林業區、生態保育區、遊樂區及其他資源治理區域之管理機關。

2. 當地原住民族：係指於資源治理機關治理區域內之鄉（鎮、市）轄區設籍之原住民。

(三) 程序

中央目的事業主管機關於劃定資源治理區域前，應將計畫目的、範圍、經營管理及與當地共管事項等計畫內容，於治理區域內鄉（鎮、市）公告閱覽及舉行公聽會，並經當地原住民族同意後，始得劃定資源治理區域。

(四) 部落會議

1. 當地原住民族之部落得於前條第1項公聽會舉行後**三十日**內召開部落會議議決是否同意。

2. 當地原住民族同意，需逾過半數部落會議議決同意。但資源治理區域涵蓋二個以上鄉（鎮、市）其同意需逾過半數鄉（鎮、市）部落會議議決同意。

3. 當地原住民族之部落未於第1項規定期間內召開部落會議議決者，當地鄉（鎮、市）公所應於**三十日**內召集之。

4. 部落會議議決結果，應於**七日**內由鄉（鎮、市）公所提報縣（市）政府轉送中央目的事業主管機關公告之。

5. 當地原住民族議決為否決者，中央目的事業主管機關得修正計畫書內容，重行辦理公告閱覽、公聽會及部落會議。

(五) 建立共管機制

中央目的事業主管機關設置資源治理機關後，應遴聘（派）當地原住民族代表、資源治理機關代表及專家學者，與原住民族建立共同管理機制，其任務如下：

1. 有關資源治理機關涉及當地原住民族之中長程計畫（草案）及年度執行計畫之研議。
2. 有關資源治理業務行政興革之建議。
3. 有關資源治理地區資源使用與管理之協調與溝通事項。
4. 有關部落提案涉及資源管理之研議事項。
5. 有關資源共同管理機制之會議決議之管制考核與成效檢討。
6. 其他資源管理之重大事項。

前項所遴聘之當地原住民族代表應由當地原住民族部落推舉，其人數應達委員總人數**二分之一**以上。

(六) **溯及既往**

本法施行前已設置之資源治理機關，得依前述規定與當地原住民族建立共同管理機制。

二、原住民族土地或部落範圍土地劃設辦法

(一) **依據**：本辦法依原住民族基本法（以下簡稱本法）第二十一條第四項規定訂定之。

(二) **主管機關**

1. 本辦法所稱主管機關：在中央為原住民族委員會；在直轄市為直轄市政府；在縣（市）為縣（市）政府。
2. 本辦法所稱執行機關為鄉（鎮、市、區）公所。

(三) **用詞定義**

1. 原住民族土地：指本法第二條所稱之原住民族傳統領域土地及既有原住民保留地。
2. 原住民族傳統領域土地：指經依本辦法所定程序劃定之原住民族傳統祭儀、祖靈聖地、部落及其獵區與墾耕或其他依原住民族文化、傳統習慣等特徵可得確定其範圍之公有土地。
3. 部落範圍土地：指本法第二十一條所稱之部落及其周邊一定範圍內之公有土地經中央主管機關核定之部落範圍並依本辦法所定程序劃定毗鄰部落之生活領域範圍。

(四) **土地劃設小組**

原住民族土地或部落範圍土地劃設小組（以下簡稱劃設小組）由執行機關協助部落組成，其人員組成如下：

1. 鄉（鎮、市、區）公所代表。

2. 當地部落會議或部落領袖推派之部落代表若干人。

3. 專家學者。

4. 其他有助劃設工作之相關人士。

5. 經中央主管機關核定之部落或民族，得自組劃設小組，並報請執行機關備查後依本辦法辦理劃設作業。

6. 劃設人員具有原住民身分者，不得少於總數二分之一，總人數並以十五人為原則。

(五) **執行機關應協助辦理之工作項目如下**

1. 組成劃設小組。

2. 彙整劃設資料及資訊化作業。

3. 辦理召開部落會議之行政事宜。

4. 辦理計畫申請及經費核銷作業。

5. 其他原住民族土地劃設及相關行政事宜。

(六) **公私配合**

1. 劃設小組為劃設原住民族土地或部落範圍土地，須進入或通過相關土地實施勘查或繪製作業時，其所有權人、占有人、管理人或使用人應予以配合。但進入國防設施用地或其他法律明定需經相關機關同意者，應經該國防設施用地或相關土地管理機關同意，並依各該法律規定辦理。

2. 劃設小組為辦理前項之勘查或繪製作業，執行機關應協助於事前將勘查範圍及土地座落以書面通知公有土地管理機關、使用人或所有權人，並於現場出示執行職務相關之證明文件。

3. 因實施第一項之勘查或繪製作業，致土地所有人或使用人遭受損失者，應予補償。補償金額依協議為之。

(七) **劃設小組之工作事項如下**

1. 參照中央主管機關公開之原住民族傳統領域土地調查範圍或其他資料事證，確認劃設之區位與範圍。

2. 記錄各必要座標點位並視需要辦理現場勘查繪製作業。

3. 建置數位化劃設成果及地理資訊圖資。

4. 整理相關文獻、口述等資料，建構數位資料。

(八) **核定及實施**

1. 執行機關於辦理劃設作業前，應研提劃設計畫書，報請中央主管機關核定後實施。

2. 經中央主管機關核定之部落或民族，得自行研提劃設計畫書，送請執行機關轉請中央主管機關核定後實施。

(九) **劃設計畫書應載明事項如下：**

1. 計畫緣起及目標。　　　　　　2. 辦理單位。

3. 實施劃設部落或民族。　　　　4. 實施期程。

5. 工作項目。　　　　　　　　　6. 執行方式及程序。

7. 經費概算。　　　　　　　　　8. 預期成果。

(十) **辦理劃設作業之程序如下：**

1. 劃設小組應將劃設之成果提請部落會議以公共事項方式討論並視需要通知毗鄰部落代表與會，經部落會議議決通過後，交由執行機關報請直轄市、縣（市）主管機關辦理書面審查。

2. 直轄市、縣（市）主管機關應於受理提報後三十日內依第七條規定辦理書面審查，如有缺漏或不盡詳實者，應請執行機關轉交劃設小組補正，未補正者得予退件；審查完竣之案件，直轄市、縣（市）主管機關應研提審查意見後提報中央主管機關辦理。

3. 中央主管機關於受理提報並經會商公有土地管理機關討論後，應將劃設成果公告之，並刊登政府公報或新聞紙。

4. 會商作業及處理劃設作業產生之爭議，應由中央主管機關組成劃設商議小組會商協調，必要時得由中央主管機關報請行政院協調之。

5. 劃設商議小組之組成人員，應包含當地部落或民族代表、專家學者、原住民族行政機關及土地管理機關代表。

(十一) **其他**

1. 為保存勘查、繪製及劃設等成果，中央主管機關應建立資訊系統資料庫及網頁供公眾查詢。中央主管機關為推動劃設作業，得培訓劃設人員及提供適當行政資源。

2. 劃設之範圍界線採不埋樁為原則。但認有埋設界樁之必要時，得於重要座標點位選擇堅固、可長久保存之界樁埋設，並於界樁上註明其代表意義及相關資訊。

3. 劃設成果經核定公告後，執行機關、部落或民族得依據其他新事證或相關資料，依本辦法相關規定辦理變更劃設作業。
4. 主管機關得委託法人或機關團體協助辦理原住民族土地或部落範圍土地之劃設作業，並應依本辦法規定程序辦理。

歷年考題

(　　) 1 依據原住民族地區資源共同管理辦法第6條規定，中央目的事業主管機關設置資源治理機關後，應遴聘（派）當地原住民族代表、資源治理機關代表及專家學者，與原住民族建立共同管理機制，其所遴聘之當地原住民族代表應由當地原住民族部落推舉，其人數應達委員總人數至少多少以上？　(A)三分之二　(B)二分之一　(C)四分之三　(D)五分之二。　　　　　　　　　　　【102年原住民特考五等】

(　　) 2 依據原住民族地區資源共同管理辦法規定，下列有關中央目的事業主管機關設置資源治理機關之敘述，何者錯誤？　(A)應於該區域內舉行公聽會　(B)應將計畫內容公告閱覽　(C)應與原住民族建立共同管理機制，當地原住民族代表至少應達委員總數三分之一以上　(D)召開部落會議或由鄉鎮市公所召開會議議決同意。　　　【102年原住民特考五等】

(　　) 3 依原住民族地區資源共同管理辦法，下列敘述何者錯誤？　(A)資源治理機關係指各中央目的事業主管機關於原住民族地區成立之國家公園、國家風景特定區、林業區、生態保育區、遊樂區及其他資源治理區域之管理機關　(B)中央目的事業主管機關於劃定資源治理區域前，應將計畫目的、範圍、經營管理及與當地共管事項等計畫內容，於治理區域內鄉（鎮、市）公告閱覽及舉行公聽會，始得劃定資源治理區域　(C)中央目的事業主管機關設置資源治理機關後，應遴聘（派）當地原住民族代表、資源治理機關代表及專家學者，與原住民族建立共同管理機制　(D)有關資源治理機關涉及當地原住民族之中長程計畫（草案）及年度執行計畫（草案）之研議是共同管理機制中之其中一項任務。　　　　　　　　　　　【104年原住民特考三等】

( ) **4** 依原住民族地區資源共同管理辦法規定，中央目的事業主管機關設置資源治理機關後，應遴聘當地原住民族代表、資源治理機關代表及專家學者與原住民族建立共同管理機制，所遴聘當地原住民族代表應由當地原住民族部落推舉，其人數應達委員總人數幾分之幾以上？
(A)五分之一　　　　　　　(B)四分之一
(C)三分之一　　　　　　　(D)二分之一。 【104年原住民特考四等】

( ) **5** 依「原住民族土地或部落範圍土地劃設辦法」劃設之原住民族傳統領域土地，下列何者非屬之？
(A)原住民族傳統祭儀地
(B)原住民族祖靈聖地
(C)部落墾耕地
(D)原住民保留地。 【106年原住民特考三等】

( ) **6** 依「原住民族土地或部落範圍土地劃設辦法」之規定，執行機關應協助辦理之工作項目，下列何者非屬之？　(A)傳統領域範圍的調查　(B)辦理召開部落會議之行政事宜　(C)彙整劃設資料及資訊化作業　(D)組成劃設小組。 【106年原住民特考三等】

( ) **7** 依「諮商取得原住民族部落同意參與辦法」之規定，下列有關「部落成員」之敘述，何者正確？　(A)指年滿18歲且設籍於部落區域範圍之原住民　(B)指年滿20歲且設籍於部落區域範圍之原住民　(C)指年滿20歲且具中華民國國籍之原住民　(D)指年滿20歲且設籍於原住民族傳統領域範圍之原住民。 【106年原住民特考三等】

( ) **8** 政府於原住民族地區劃設國家公園時，下列敘述何者錯誤？　(A)應將計畫目的等內容於治理區域內鄉（鎮、市）公所公告閱覽及舉行公聽會　(B)需經當地原住民族同意後，始得劃定資源治理區域　(C)於公聽會舉行後30日內召開部落會議議決是否同意　(D)當地原住民族同意，需逾2／3部落會議議決同意。 【106年原住民特考四等】

解答及解析

1 (B)。依「原住民族地區資源共同管理辦法」第6條規定，……前項所遴聘之當地原住民族代表應由當地原住民族部落推舉，其人數應達委員總人數二分之一以上。

2 (C)。依「原住民族地區資源共同管理辦法」第6條規定，中央目的事業主管機關設置資源治理機關後，應遴聘（派）當地原住民族代表、資源治理機關代表及專家學者，與原住民族建立共同管理機制，其任務如下：……前項所遴聘之當地原住民族代表應由當地原住民族部落推舉，其人數應達委員總人數二分之一以上。

3 (B)。依原住民族地區資源共同管理辦法第3條，中央目的事業主管機關於劃定資源治理區域前，應將計畫目的、範圍、經營管理及與當地共管事項等計畫內容，於治理區域內鄉鎮（鎮、市）公告閱覽及舉行公聽會，並經當地原住民族同意後，始得劃定資源治理區域。題目並無經當地原住民族同意字樣，故本題答(B)。

4 (D)。依原住民族地區資源共同管理辦法第6條規定，所遴聘之當地原住民族代表應由當地原住民族部落推舉，其人數應達委員總人數二分之一以上。故本題答(D)。

5 (D)。依原住民族土地或部落範圍土地劃設辦法第3條規定，原住民族傳統領域土地：指經依本辦法所定程序劃定之原住民族傳統祭儀、祖靈聖地、部落及其獵區與墾耕或其他依原住民族文化、傳統習慣等特徵可得確定其範圍之公有土地。不包原住民保留地，故本題答(D)。

6 (A)。依原住民族土地或部落範圍土地劃設辦法第5條規定，執行機關應協助辦理之工作項目如下：
一、組成劃設小組。
二、彙整劃設資料及資訊化作業。
三、辦理召開部落會議之行政事宜。
四、辦理計畫申請及經費核銷作業。
五、其他原住民族土地劃設及相關行政事宜。
不含傳統領域範圍之調查，故本題答(A)。

7 (B)。依諮商取得原住民族部落同意參與辦法第2條規定，部落成員：指年滿二十歲且設籍於部落區域範圍之原住民。故本題答(B)。

8 (D)。依原住民族地區資源共同管理辦法第4條規定，當地原住民族同意，需過半數部落會議議決同意。故本題答(D)。

第五篇　產業經濟

第一章　基金收支保管及運用

依據出題頻率分為：A頻率高 B頻率中 C頻率低

【課前提要】為保障原住民權益，提供原住民就（創）業的另一個資金取得管道，設置原住民族綜合發展基金，有其必要性，惟基金之貸放仍有其基本原則要遵守，本章特為基金之來源、用途、管理委員會成立方式做一詳細的說明。

本章重點分析

設置 目的	為協助原住民多元化社會健全發展。
基金之 來源 ★	1. 由政府循預算程序之撥款。 2. 原住民族土地賠償、補償、收益款、土地資源開發營利所得及相關法令規定之提撥款。 3. 原住民族地區溫泉取用費提撥款。 4. 全部原住民取得之智慧創作專用權收入。 5.原住民族就業基金收入。　　　　6.受贈收入。 7. 本基金之孳息收入。　　　　　　8.其他有關收入。
基金之 用途 ★★	1. 原住民經濟產業貸款： 　(1)原住民經濟產業貸款。　　　　(2)原住民青年創業貸款。 　(3)原住民微型經濟活動貸款。 2. 原住民信用保證業務： 　(1)原住民經濟產業貸款信用保證。 　(2)原住民建購、修繕住宅貸款信用保證。 3. 天然災害原住民住宅重建專案貸款。 4. 原住民族土地內從事土地開發、資源利用、生態保育、學術研究與限制原住民族利用原住民族土地及自然資源之回饋或補償支出。 5. 原住民族地區溫泉資源開發、經營、利用之規劃、輔導及獎勵支出。 6.促進原住民族或部落文化發展支出。 7. 原住民族就業基金支出。　　　　8.管理及總務支出。 9. 其他有關支出。

管理委員會	1. 管理委員會設置：原住民族綜合發展基金設原住民族綜合發展基金管理委員會。 2. 召開會議：每三個月開會一次，必要時得召開臨時會議。	
	任務職掌	1.基金收支、保管及運用之審議。 2.基金年度預算及決算之審議。 3.基金運用執行情形之考核。4.其他有關事項。

課文精讀

一、設置目的

為協助原住民族社會發展，依原住民族基本法第十八條規定，設置原住民族綜合發展基金，並依預算法第二十一條規定，訂定原住民族綜合發展基金收支保管及運用辦法。

法規一點靈

原住民族綜合發展基金收支保管及運用辦法

二、特種基金

原住民族綜合發展基金為預算法第4條第1項第2款所定之特種基金，編製附屬單位預算；下設原住民族就業基金，編製附屬單位預算之分預算，以原住民族委員會為主管機關。

三、基金之來源如下

(一) 由政府循預算程序之撥款。　　(二) 住宅租售及相關業務收益款。

(三) 原住民族土地賠償、補償、收益款、土地資源開發營利所得及相關法令規定之提撥款。

(四) 原住民族地區溫泉取用費提撥款。

(五) 全部原住民族取得之智慧創作專用權收入。

(六) 原住民族就業基金收入。

(七) 人體研究計畫諮詢及取得原住民族或其所屬特定群體（以下簡稱目標群體）同意，約定就研究結果所衍生商業利益之回饋金。

(八) 受贈收入。　　　　　　　　(九)本基金之孳息收入。

(十) 其他有關收入。

四、基金之用途如下

(一) **原住民經濟貸款：**

　　1. 原住民經濟產業貸款。　　　　　2. 原住民青年創業貸款。

　　3. 原住民微型經濟活動貸款。

(二) **原住民信用保證業務：**

　　1. 原住民經濟產業貸款信用保證。

　　2. 原住民建購、修繕住宅貸款信用保證。

(三) 天然災害原住民住宅重建專案貸款。

(四) 住宅之興辦、租售、建購及修繕。

(五) 人體研究計畫目標群體之健康醫療照護或其他相關用途支出。

(六) 原住民族土地內從事土地開發、資源利用、生態保育、學術研究與限制原住民族利用原住民族土地及自然資源之回饋或補償支出。

(七) 原住民族地區溫泉資源開發、經營、利用之規劃、輔導及獎勵支出。

(八) 促進原住民族或部落文化發展支出。

(九) 原住民族就業基金支出。

(十) 管理及總務支出。

(十一) 其他有關支出。

歷年考題

(　　) **1** 下列何者不屬於原住民族綜合發展基金的業務範圍？
　　　　(A)保障原住民族傳播及媒體近用權
　　　　(B)原住民族地區溫泉資源開發及獎勵支出
　　　　(C)原住民族就業基金支出
　　　　(D)原住民微型經濟及青年創業貸款。　　　【100原住民特考三等】

(　　) **2** 下列何者不是原住民族綜合發展基金收支保管及運用辦法之用途？
　　　　(A)原住民族經濟產業貸款
　　　　(B)原住民族地區溫泉資源開發、經營
　　　　(C)原住民族就業基金支出
　　　　(D)原住民族文化事業發展。　　　　　　【100原住民特考五等】

（　）**3** 下列何者不是原住民族綜合發展基金之來源？　(A)原住民族地區溫泉取用費提撥款　(B)公益彩券收入　(C)原住民族就業基金收入　(D)由政府循預算程序之撥款。　　【101原住民特考三等】

（　）**4** 依據原住民族綜合發展基金收支保管及運用辦法中，下列何者非屬原住民族綜合發展基金之基金用途：　(A)原住民經濟貸款　(B)原住民信用保證業務　(C)原住民族就業基金支出　(D)原住民族學生助學貸款。　　【102原住民特考四等】

（　）**5** 政府應設原住民族綜合發展基金，辦理原住民族經濟發展業務及輔導事業機構；請問下列何者非屬基金之來源？　(A)國內營業稅之收入　(B)政府循預算程序之撥款　(C)原住民族就業基金收入　(D)原住民族地區溫泉取用費提撥款。　　【102原住民特考五等】

（　）**6** 有關原住民族綜合發展基金的經費來源，下列敘述何者錯誤？　(A)原住民族在原住民族地區獵捕野生動物、採取礦石之營利行為　(B)依政府採購法得標之廠商，進用原住民人數未達法定標準者　(C)由中央政府循預算程序之撥款、住宅租售及相關業務收益款　(D)政府於原住民族之土地從事土地開發、資源利用之營利所得。

解答及解析

1 (A)。依「原住民族綜合發展基金收支保管及運用辦法」第5條規定，基金業務範圍不包含保障原住民族傳播及媒體近用權，故本題答(A)。

2 (D)。依「原住民綜合發展基金收支保管及運用辦法」第5條規定，原住民族綜合發展基金之用途包含原住民經濟貸款、原住民信用保證業務、天然災害原住民住宅重建專案貸款、原住民族土地內從事土地開發、資源利用、生態保育、學術

研究與限制原住民族利用原住民族土地及自然資源之回饋或補償支出、原住民族地區溫泉資源開發、經營、利用之規劃、輔導及獎勵支出、促進原住民族或部落文化發展支出、原住民族就業基金支出、管理及總務支出及其他有關支出等項目，其中並未包含原住民族文化事業發展，故本題答(D)。

3 (B)。依「原住民族綜合發展基金收支保管及運用辦法」第4條規定，

原住民族綜合發展基金之來源，不包含公益彩券收入，故本題答(B)。

4 (D)。依「原住民族綜合發展基金收支保管及運用辦法」第5條規定，本基金之用途如下：一、原住民經濟貸款。二、原住民信用保證業務。三、天然災害原住民住宅重建專案貸款。四、原住民族土地內從事土地開發、資源利用、生態保育、學術研究與限制原住民族利用原住民族土地及自然資源之回饋或補償支出。五、原住民族地區溫泉資源開發、經營、利用之規劃、輔導及獎勵支出。六、促進原住民族或部落文化發展支出。七、原住民族就業基金支出。八、管理及總務支出。九、其他有關支出。不包含原住民族學生助學貸款。

5 (A)。依「原住民族綜合發展基金收支保管及運用辦法」第4條規定，本基金之來源如下：一、由政府循預算程序之撥款。二、原住民族土地賠償、補償、收益款、土地資源開發營利所得及相關法令規定之提撥款。三、原住民族地區溫泉取用費提撥款。四、全部原住民族取得之智慧創作專用權收入。五、原住民族就業基金收入。六、受贈收入。七、本基金之孳息收入。八、其他有關收入。其中不包含國內營業稅之收入。

6 (A)。依原住民族綜合發展基金收支保管及運用辦法第4條規定，該基金之來源如下：一、由政府循預算程序之撥款。二、住宅租售及相關業務收益款。三、原住民族土地賠償、補償、收益款、土地資源開發營利所得及相關法令規定之提撥款。四、原住民族地區溫泉取用費提撥款。五、全部原住民族取得之智慧創作專用權收入。六、原住民族就業基金收入。七、人體研究計畫諮詢及取得原住民族或其所屬特定群體（以下簡稱目標群體）同意，約定就研究結果所衍生商業利益之回饋金。八、受贈收入。九、本基金之孳息收入。十、其他有關收入。其中不包含在原住民族地區獵捕野生動物、採取礦石之營利，故本題答(A)。

第二章　基金信用保證業務處理

依據出題頻率分為：A頻率高 B頻率中 C頻率低

【課前提要】原住民族綜合發展基金為協助原住民擔保不足或無擔保之貸款，政府特訂定「原住民族綜合發展基金信用保證業務處理要點」，辦理原住民貸款信用保證業務，本章內容相關數據及項目值得參考。

本章重點分析

制訂依據		「原住民族綜合發展基金信用保證業務處理要點」，辦理原住民貸款信用保證業務，以原住民族委員會為主管機關。
保證總額		原住民族綜合發展基金信用保證總額度以該信用保證資金淨值十倍為限。★
貸款種類及方向	經濟事業貸款信用保證★	1. 保證類別：政府機關政策性經濟事業貸款及一般性經濟事業貸款。 2. 保證範圍：貸款之本金、利息及法定之訴訟費用。 3. 保證額度：每一借款人最高以不超過新台幣一百萬元為限。 4. 保證成數：貸款本金、利息及法定訴訟費用最高保證十成。 5. 保證對象：年滿二十歲具完全行為能力之原住民個人。 6. 保證費率： 　(1) 無擔保者，基本費率倍數為百分之〇‧三五。 　(2) 提供擔保品者，基本費率倍數為百分之〇‧一五。

貸款種類及方向	住宅貸款信用保證	1. 保證類別：政府機關政策性住宅貸款及一般性住宅貸款。 2. 保證範圍：貸款之本金、利息及法定之訴訟費用。 3. 保證額度及成數如下： 　(1) 建購自用住宅每戶保證額度上限，臺北市為三百五十萬元，臺北市以外地區為二百二十萬元。 　　A. 一般建築用地之建購住宅。 　　B. 原住民保留地之建購住宅。 　(2) 修繕住宅每戶貸款上限為八十萬元。 4. 保證對象：滿二十歲具完全行為能力之原住民個人。 5. 保證費率： 　(1) 無擔保者，基本費率倍數為百分之〇・三五。 　(2) 提供擔保品者，基本費率倍數為百分之〇・一五。

◤ 課文精讀

一、制訂依據

原住民族綜合發展基金為協助原住民擔保不足或無擔保之貸款，特依據行政院88年11月3日台88內字第40540號及90年4月4日台90疆字第019272號函暨原住民族綜合發展基金收支保管及運用辦法第5條第1款訂定「原住民族綜合發展基金信用保證業務處理要點」，辦理原住民貸款信用保證業務，以原住民族委員會為主管機關。

法規一點靈

原住民族綜合發展基金信用保證業務處理要點

二、保證總額

原住民族綜合發展基金信用保證總額度以該信用保證資金淨值十倍為限。

╾╼ 老師的話 ╾╼

一、原住民族綜合發展基金信用保證業務處理要點訂定的目的有二項：1.協助原住民擔保不足；2.協助原住民無擔保之貸款。

二、受託辦理原住民族綜合發展基金信用保證貸款業務之承辦金融機構，除另有約定外，應依該要點辦理；該點未盡事宜，適用其他法令。

選擇題

( )　1. 原住民族綜合發展基金為協助原住民擔保不足或無擔保之貸款，特依據原住民族綜合發展基金收支保管及運用辦法第5點第1款訂定：(A)原住民族綜合發展基金信用保證業務處理要點　(B)原住民綜合發展基金貸款須知　(C)原住民族綜合發展基金貸款業務處理要點(D)原住民綜合發展基金呆帳收回獎勵要點。

( )　2. 依據原住民族綜合發展基金信用保證業務處理要點規定，原住民族綜合發展基金信用保證總額度以該信用保證資金淨值幾倍為限：(A)七倍　(B)八倍　(C)九倍　(D)十倍。

解析

1. **A**。參考原住民族綜合發展基金信用保證業務處理要點第1點。
2. **D**。參考原住民族綜合發展基金信用保證業務處理要點第3點。

申論題

原住民族綜合發展基金信用保證總額度為多少？試簡述之。

答 依據原住民族綜合發展基金信用保證業務處理要點第3點規定，原住民族綜合發展基金信用保證總額度以該信用保證資金淨值十倍為限。

三、貸款種類及方向

原住民族綜合發展基金信用保證之業務分為經濟事業貸款及住宅貸款兩種，其保證類別、範圍、額度、成數、對象及保證費率規定分別如下：

(一) 經濟事業貸款信用保證部分：

　1. 保證類別：

　　(1)政府機關政策性經濟事業貸款、一般性經濟事業貸款。

　　(2)押標金及履約保證金保證，其分包工程、勞務、財物等採購情形及差額保證金、保固保證金不予保證。

2. 保證範圍：授信之本金、利息及法定之訴訟費用，但利息最高以六個月為限。

3. 保證額度：

　(1)經濟事業貸款：每一借款人（含本人、配偶及未成年子女）最高以不超過新臺幣一百萬元為限。

　(2)押標金及履約保證金保證：

　　A.每一合作社每年得循環動用，最高不超過新臺幣五十萬元。

　　B.最近一年經營或兼營與主營業務有關之承攬契約金額在新臺幣五百萬元（含）以上之合作社，每年得循環動用，最高不超過新臺幣一百萬元。

4. 保證成數：授信之本金、利息及法定訴訟費用最高保證十成。

5. 保證對象：

　(1)經濟事業貸款：年滿**二十歲**具完全行為能力之原住民個人（含本人、配偶及未成年子女），每戶申請經濟事業貸款之信用保證以一人為限。

　(2)押標金及履約保證金保證：依法設立之原住民合作社，且其理事長最近一年內不得有受票據交換所拒絕往來處分。

6. 保證費率：

　(1)經濟事業貸款：

　　A.無擔保者，基本費率倍數為**百分之〇・三五**。

　　B.提供擔保品者，基本費率倍數為**百分之〇・一五**。

　　前二項計算方式為保證金額（萬元）乘以簡捷查索表之保證費乘以保證基本費率倍數。一次總繳優待百分之五十，由借款人負擔。

　(2)押標金及履約保證金保證手續費率：按押標金及履約保證金額百分之〇・三五收取，委由承貸機構代收，並提供每件實收手續費用百分之四十予承貸機構。

━━━◄▪ 老師的話 ▪►━━━

一、經濟事業貸款信用保證，其保證額度之每一借款人，包含本人、配偶及未成年子女。

二、經濟事業貸款信用保證部分，其保證對象為年滿二十歲具完全行為能力之原住民個人，包含本人、配偶及未成年子女。

選擇題

(　) 1. 原住民族綜合發展基金信用保證之業務，有關經濟事業貸款信用保證之保證範圍部分，包含貸款之本金、利息及法定之訴訟費用，但利息最高以幾個月為限？　(A)五個月　(B)六個月　(C)七個月　(D)八個月。

(　) 2. 現行政府辦理原住民族綜合發展基金信用保證之業務，有關保證費率部分，下列何者正確？　(A)無擔保者，基本費率倍數為百分之〇‧三五；提供擔保品者，基本費率倍數為百分之〇‧一五　(B)無擔保者，基本費率倍數為百分之〇‧一五；提供擔保品者，基本費率倍數為百分之〇‧三五　(C)無擔保者，基本費率倍數為百分之〇‧二五；提供擔保品者，基本費率倍數為百分之〇‧一五　(D)無擔保者，基本費率倍數為百分之〇‧一五；提供擔保品者，基本費率倍數為百分之〇‧二五。

解析
1.**B**。參考原住民族綜合發展基金信用保證業務處理要點第5點。
2.**A**。參考原住民族綜合發展基金信用保證業務處理要點第5點。

申論題

原住民族綜合發展基金信用保證之業務有關經濟事業貸款信用保證部分，其保證類別、範圍、額度、成數、對象及保證費率規定為何？試簡述之。

答 依據「原住民族綜合發展基金信用保證業務處理要點」第5點規定，有關經濟事業貸款，其保證類別、範圍、額度、成數、對象及保證費率規定如下：
(一) 保證類別：
　1. 政府機關政策性經濟事業貸款、一般性經濟事業貸款。
　2. 押標金及履約保證金保證，其分包工程、勞務、財物等採購情形及差額保證金、保固保證金不予保證。
(二) 保證範圍：授信之本金、利息及法定之訴訟費用，但利息最高以六個月為限。

(三)保證額度：

　　1.經濟事業貸款：每一借款人（含本人、配偶及未成年子女）最高以不超過新臺幣一百萬元為限。

　　2.押標金及履約保證金保證：

　　　(1)每一合作社每年得循環動用，最高不超過新臺幣五十萬元。

　　　(2)最近一年經營或兼營與主營業務有關之承攬契約金額在新臺幣五百萬元（含）以上之合作社，每年得循環動用，最高不超過新臺幣一百萬元。

(四)保證成數：授信之本金、利息及法定訴訟費用最高保證十成。

(五)保證對象：

　　1.經濟事業貸款：年滿二十歲具完全行為能力之原住民個人（含本人、配偶及未成年子女），每戶申請經濟事業貸款之信用保證以一人為限。

　　2.押標金及履約保證金保證：依法設立之原住民合作社，且其理事長最近一年內不得有受票據交換所拒絕往來處分。

(六)保證費率：

　　1.經濟事業貸款：

　　　(1)無擔保者，基本費率倍數為百分之〇・三五。

　　　(2)提供擔保品者，基本費率倍數為百分之〇・一五。

　　　前二項計算方式為保證金額（萬元）乘以簡捷查索表之保證費乘以保證基本費率倍數。一次總繳優待百分之五十，由借款人負擔。

　　2.押標金及履約保證金保證手續費率：按押標金及履約保證金額百分之〇・三五收取，委由承貸機構代收，並提供每件實收手續費用百分之四十予承貸機構。

(二) **住宅貸款信用保證部分：**

　　1.保證類別：政府機關政策性住宅貸款及一般性住宅貸款，貸款項目包括購置住宅貸款、建築住宅貸款（有購地需求者，包含購地及建築所需經費之貸款；無購地需求者，僅得申貸建築所需之經費）、修繕住宅貸款。

　　2.保證範圍：貸款之本金、利息及法定之訴訟費用，但利息最高以六個月為限。

3. 保證額度及成數如下：

(1)建購自用住宅每戶保證額度上限，臺北市為**三百五十萬元**，臺北市以外地區為**二百二十萬元**。

　　甲、一般建築用地之建購住宅：承辦金融機構核貸金額不得超過其建購價格九成（貸款上限），承辦金融機構得就扣除擔保放款值外，於保證額度上限內移送本基金保證十成。

　　乙、原住民保留地之建購住宅：承辦金融機構核貸金額不得超過建購價格九成（貸款上限），承辦金融機構得於保證額度上限內移送本基金保證十成。

(2)修繕住宅每戶貸款上限為八十萬元，承辦金融機構得就核估借款人修繕住宅所需金額於不超過貸款上限移送本基金保證十成。

4. 保證對象：滿二十歲具完全行為能力之原住民個人，每戶（含本人、配偶及未成年子女）申請建購或修繕住宅貸款之信用保證以一戶為限。若為政策性住宅貸款，悉依政府機關政策性住宅貸款相關規定辦理。

5. 保證費率：

(1)無擔保者，基本費率倍數為**百分之〇‧三五**（計算方式為保證金額（萬元）乘以簡捷查索表之保證費乘以保證基本費率倍數。一次總繳優待50%，由借款人負擔）。

(2)提供擔保品者，基本費率倍數為**百分之〇‧一五**（計算方式為保證金額（萬元）乘以簡捷查索表之保證費乘以保證基本費率倍數。一次總繳優待50%，由借款人負擔）。

選擇題

( )　1. 原住民族綜合發展基金信用保證之業務，有關住宅貸款信用保證部分，政府機關政策性住宅貸款及一般性住宅貸款，貸款項目下列何者為非：　(A)購置住宅貸款　(B)建築住宅貸款　(C)修繕住宅貸款　(D)重建住宅貸款。

( )　2. 原住民族綜合發展基金信用保證之業務，有關住宅貸款信用保證部分，臺北市為三百五十萬元，臺北市以外地區為幾萬元：　(A)一百二十萬元　(B)二百二十萬元　(C)二百五十萬元　(D)三百五十萬元。

解析

1.**D**。參考原住民族綜合發展基金信用保證業務處理要點第5-1點。

2.**B**。參考原住民族綜合發展基金信用保證業務處理要點第5-1點。

═══◆ 老師的話 ◆═══

一、住宅貸款信用保證部分，保證類別分：1.政府機關政策性住宅貸款；2.一般性住宅貸款。

二、貸款項目包括：1.購置住宅貸款；2.建築住宅貸款；3.修繕住宅貸款。

三、保證範圍包含：1.貸款之本金；2.利息；3.法定之訴訟費用。

四、保證費率：1.無擔保者，基本費率倍數為0.35%；2.提供擔保品者，基本費率倍數為0.15%。

申論題

原住民族綜合發展基金信用保證之業務有關住宅貸款信用保證部分，其保證類別、範圍、額度、成數、對象及保證費率規定為何？試簡述之。

答 依據「原住民族綜合發展基金信用保證業務處理要點」第5-1點規定，有關住宅貸款信用保證部分，其保證類別、範圍、額度、成數、對象及保證費率規定如下：

(一)保證類別：政府機關政策性住宅貸款及一般性住宅貸款，貸款項目包括購置住宅貸款、建築住宅貸款（有購地需求者，包含購地及建築所需經費之貸款；無購地需求者，僅得申貸建築所需之經費）、修繕住宅貸款。

(二)保證範圍：貸款之本金、利息及法定之訴訟費用，但利息最高以六個月為限。

(三)保證額度及成數如下：

　　1. 建購自用住宅每戶保證額度上限，臺北市為三百五十萬元，臺北市以外地區為二百二十萬元。

　　　(1)一般建築用地之建購住宅：承辦金融機構核貸金額不得超過其建購價格九成（貸款上限），承辦金融機構得就扣除擔保放款值外，於保證額度上限內移送本基金保證十成。

(2) 原住民保留地之建購住宅：承辦金融機構核貸金額不得超過建購價格九成（貸款上限），承辦金融機構得於保證額度上限內移送本基金保證十成。

2. 修繕住宅每戶貸款上限為八十萬元，承辦金融機構得就核估借款人修繕住宅所需金額於不超過貸款上限移送本基金保證十成。

(四) 保證對象：滿二十歲具完全行為能力之原住民個人，每戶（含本人、配偶及未成年子女）申請建購或修繕住宅貸款之信用保證以一戶為限。若為政策性住宅貸款，悉依政府機關政策性住宅貸款相關規定辦理。

(五) 保證費率：

1. 無擔保者，基本費率倍數為百分之〇‧三五（計算方式為保證金額（萬元）乘以簡捷查索表之保證費乘以保證基本費率倍數。一次總繳優待50%，由借款人負擔）。

2. 提供擔保品者，基本費率倍數為百分之〇‧一五（計算方式為保證金額（萬元）乘以簡捷查索表之保證費乘以保證基本費率倍數。一次總繳優待50%，由借款人負擔）。

四、原住民族綜合發展基金信用保證業務之權責機關及職責分工

(一) 主管機關：**原住民族委員會**。

(二) 承辦金融機構：**受託之金融機構**。

(三) 協辦機關：直轄市、縣（市）政府及直轄市區、鄉（鎮、市、區）公所。

五、申請應附文件

(一) 原住民信用保證申請書一份：應將借款人貸款項目之類別、核貸利率、可供之擔保品、貸款期間、還款方式、借款用途及目前營運或收支概況等詳實填列於信用保證申請書中。

(二) 借、保戶信用調查表各一份，或以承貸機構徵信調查書表替代。

(三) 承貸機構批覆書影本一份。

(四) 切結書一份。

(五) 其他必要文件。

━━ 老師的話 ━━

一、承辦金融機構對於原住民族綜合發展基金對申請信用保證案件，其處理情形結果為：1.經審核符合相關規定者，應簽發審核通知書；2.手續欠缺者，應函請補正不合規定者，應附理由函復不予保證。

二、貸款申請保證，其提供擔保品者，承辦金融機構應於申請保證文件中，列明擔保品放款值及抵押權設定情形；承辦金融機構對於信用保證貸款，於必要時，得就借款人已提供之擔保品追加設定次順位抵押權；若為原住民保留地若無法設定抵押部分，經本基金委託金融機構同意者，得以切結方式取得抵押權設定或免辦理抵押權設定。

選擇題

(　)　1. 原住民族綜合發展基金信用保證業務，其協辦單位為：　(A)直轄市　(B)縣（市）政府　(C)直轄市區、鄉（鎮、市、區）公所　(D)以上皆是。

(　)　2. 原住民申請原住民族綜合發展基金信用保證，其申請應附文件中信用保證申請之填寫，不包含下列何項目：　(A)貸款項目之類別、核貸利率　(B)可供之擔保品、貸款期間　(C)營運計畫　(D)目前營運或收支概況。

解析

1.**D**。參考原住民族綜合發展基金信用保證業務處理要點第6點。

2.**C**。參考原住民族綜合發展基金信用保證業務處理要點第8點。

申論題

申請原住民族綜合發展基金信用保證業務，其應附文件為何？試簡述之。

答 依據「原住民族綜合發展基金信用保證業務處理要點」第8點規定，申請應附文件如下：

(一)原住民信用保證申請書一份：應將借款人貸款項目之類別、核貸利率、可供之擔保品、貸款期間、還款方式、借款用途及目前營運或收支概況等詳實填列於信用保證申請書中。
(二)借、保戶信用調查表各一份，或以承貸機構徵信調查書表替代。
(三)承貸機構批覆書影本一份。
(四)切結書一份。
(五)其他必要文件。

六、未產生經濟效益原住民保留地認定標準

(一) **依據**：社會救助法第5-2條第2項規定。
(二) **定義**：社會救助法所稱原住民保留地，指依原住民保留地開發管理辦法第5條第1項規定於土地登記簿標示部其他登記事項欄註記為原住民保留地者。
(三) **未產生經濟效益**：社會救助法所稱未產生經濟效益之原住民保留地，係指原住民取得所有權之下列土地：
1. 依區域計畫法施行細則第15條編定為林業用地、交通用地、水利用地、古蹟用地、生態保護用地、國土保安用地、墳墓用地、暫未編定用地。
2. 依都市計畫法劃定為水源特定區計畫、保護區、風景區、公共設施保留地及既成道路之土地。
3.其他經直轄市、縣（市）主管機關認定未產生經濟效益之土地。
(四) **申請**：原住民低收入戶向戶籍所在地直轄市、縣（市）主管機關申請社會救助時，直轄市、縣（市）主管機關應就申請人檢附之不動產清冊所列土地，如屬非都市土地者，應函請土地所在地地政事務所查註其使用地類別；如屬都市土地者，應函請土地所在地鄉（鎮、市、區）公所查註其都市計畫使用分區，以作為依前條規定，審核是否列入未產生經濟效益之原住民保留地及不列入家庭不動產之範圍。

老師的話

「未產生經濟效益原住民保留地認定標準」雖然只是行政院原住民族委員會於95年3月份發布的一個行政命令，但涉及原住民申請補助相關權益認定，極具考試價值。

歷年考題

(　　) **1** 依原住民族綜合發展基金信用保證業務處理要點規定，其基金信用
保證之業務分為下列那二種貸款業務？
(A)經濟事業貸款（含保證）及住宅貸款二種
(B)經濟事業貸款（含保證）及農業貸款二種
(C)信用貸款及住宅貸款二種
(D)投資貸款及創業貸款二種。　　　　　　　【99原住民特考五等】

(　　) **2** 行政院原住民族委員會主管之「原住民族綜合發展基金」，下列何
者非屬該基金之用途？　(A)原住民經濟產業貸款、原住民青年創業
貸款、原住民微型經濟活動貸款　(B)原住民學生助學貸款　(C)原
住民建購、修繕住宅貸款信用保證　(D)原住民經濟產業貸款信用保
證。　　　　　　　　　　　　　　　　　　【101年原住民特考四等】

(　　) **3** 原住民族綜合發展基金信用保證之經濟事業貸款，每一借款人最高以不
超過新臺幣多少為限？　(A)100萬　(B)200萬　(C)300萬　(D)400萬。
　　　　　　　　　　　　　　　　　　　　【106年原住民特考五等】

解答及解析

1 (A)。參考原住民族綜合發展基金信用保證業務處理要點第4點。

2 (B)。依「原住民族綜合發展基金信用保證業務處理要點」第5點規定，該基金信
用保證之業務分為經濟事業貸款（含保證）、住宅貸款二種，經濟事業貸款
又分為政策性經濟事業貸款、一般性經濟事業貸款。其中不包含助學貸款，
故本題答(B)。

3 (A)。依原住民族綜合發展基金信用保證業務處理要點第5條規定，經濟事業貸
款：每一借款人（含本人、配偶及未成年子女）最高以不超過新臺幣一百萬
元為限。故本題答(A)。

第三章　基金貸款業務

依據出題頻率分為：A頻率高 B頻率中 C頻率低

【課前提要】原住民族委員會為辦理原住民族綜合發展基金各項業務，協助原住民經濟社會健全發展，特訂定「原住民族綜合發展基金貸款業務處理要點」，本章內容相關數據及項目值得參考。

本章重點分析

制訂原則	原住民族委員會為辦理原住民族綜合發展基金各項業務，協助原住民族經濟社會健全發展。
權責機關企業	1.主管機關：原住民族委員會。 2.執行機關： 　(1)直轄市、縣（市）政府：負責受理本基金貸款案件，審查借款人事業計畫書、追蹤借款人事業計畫之執行及催繳貸款本息。 　(2)直轄市區、鄉（鎮、市、區）公所，協助追蹤借款人事業計畫之執行及催繳貸款本息。 　(3)受託經辦本貸款業務之經辦機構：依照委託契約書或原民會專案計畫，負責本貸款案件之徵信、審核、貸放、催收及編製相關報表送原民會。
貸款類別	1.經濟產業貸款。★ 2.青年創業貸款。★ 3.原住民微型經濟活動貸款。★ 4.其他依行政院核定之貸款項目。★

貸款對象	最近三年內曾參加下列單位所舉辦之創業輔導課程或創業相關活動至少二十小時或二學分以上，並提出證明文件： 1.教育部登記有案之公私立大專院校及其推廣部、育成中心。 2.政府機關或其委託之單位。 3.設立宗旨與創業或企業經營輔導有關，並經經濟部中小企業處認可之法人、團體。	年滿二十歲至六十五歲本國籍之原住民，於申請本貸款前三年內有左方情形並有經營事實者，得申辦本貸款。
		年滿二十歲至四十五歲之本國籍之原住民，於申請本貸款前三年內有左方情形者，於事業籌設期間至依法完成公司登記、商業登記或立案後八個月內，得申辦青年創業貸款之準備金及開辦費。
	原住民微型經濟活動貸款	依原住民微型經濟活動貸款要點訂之。
貸款利率	按中華郵政股份有限公司二年期定期儲金機動利率加0.125%，機動計息。★	
貸款額度	1.小規模商業：最高50萬元。 2.農作物、林業、水產養殖、漁撈及畜牧類生產：週轉金最高100萬元；資本支出最高300萬元。 3.依法辦理公司、商業登記、立案或從事各項靠行、連鎖、加盟事業者：週轉金最高300萬元（經原民會、中小企業創新育成中心或其他政府專案計畫所輔導培育之企業，最高貸款金最高額400萬元）；資本支出最高1200萬元。 4.原住民合作社符合下列條件之一者，最高300萬元： 　(1)於申貸當年度依「合作事業獎勵規則」取得乙等以上成績者。 　(2)於申貸當年度依「合作事業獎勵規則」取得丙等以上成績者，貸款金額不得超過其承攬政府採購案契約總額之十分之一。 5.各產業之青年創業貸款：最高200萬元。	
貸款期限與寬限期	原住民族綜合發展基金貸款業務處理要點第4點第1項各類貸款之資本支出，貸款期限最長十五年，含寬限期最長三年；其餘貸款期限最長七年，含寬限期最長一年。	
貸款還款方式	本貸款依本息按月平均攤還；但從事農作物、林業、水產養殖、漁撈及畜牧類生產之借款人，本息得以每半年為一期平均攤還。	

課文精讀

一、制訂原則

法規一點靈

原住民族綜合發展基金貸款業務處理要點

原住民族委員會為辦理原住民族綜合發展基金各項業務，協助原住民經濟社會健全發展，特訂定「原住民族綜合發展基金貸款業務處理要點」。

二、基金貸款業務之權責機關與職責分工

(一) 主管機關：原住民族委員會，負責本基金制度規章、資金籌措及運用、基金收支保管運用、貸款年度預算、決算及會計事務之處理。

(二) 執行機關

　　1. 直轄市、縣（市）政府：負責受理本基金貸款案件，審查借款人事業計畫書、追蹤借款人事業計畫之執行及催繳貸款本息。

　　2. 直轄市區、鄉（鎮、市、區）公所，協助追蹤借款人事業計畫之執行及催繳貸款本息。

　　3. 受託經辦本貸款業務之經辦機構：依照委託契約書或原民會專案計畫，負責本貸款案件之徵信、審核、貸放、催收及編製相關報表送原民會。

老師的話

一、有關原住民族委員會負責辦理原住民族綜合發展基金各項業務，依據原住民族綜合發展基金貸款業務處理要點之規定，係包含：1.基金制度規章；2.資金籌措及運用；3.基金收支保管運用；4.貸款年度預算；5.決算及會計事務之處理。

二、有關執行機關部分：1.直轄市、縣（市）政府係負責「督導」；2.直轄市區、鄉（鎮、市、區）公所係負責「協助」基金貸款案件。

三、承辦金融機構負責之業務，包含依照委託契約書或原民會專案計畫負責本基金貸款案件之：1.徵信、2.審核、3.貸放、4.催收、5.編製有關表報送原民會。

選擇題

（　）　1. 原住民族委員會為辦理原住民族綜合發展基金各項業務，協助原住民經濟社會健全發展，特訂定：　(A)原住民族綜合發展基金信用保證業務處理要點　(B)原住民綜合發展基金貸款須知　(C)原住民族綜合發展基金貸款業務處理要點　(D)原住民族綜合發展基金呆帳收回獎勵要點。

（　）　2. 依據原住民族綜合發展基金貸款業務處理要點規定，負責受理原住民族綜合發展基金貸款案件，審查借款人事業計畫書、追蹤借款人事業計畫之執行及協助催繳貸款本息工作為何機關：　(A)行政院原住民族委員會　(B)直轄市、縣（市）政府　(C)直轄市區、鄉（鎮、市、區）公所　(D)承辦金融機構。

解析

1.**C**。參考原住民族綜合發展基金貸款業務處理要點第1條。

2.**B**。參考原住民族綜合發展基金貸款業務處理要點第2條。

申論題

依「原住民族綜合發展基金貸款業務處理要點」之規定，原住民族綜合發展基金貸款業務之執行機關為何？並簡述其工作性質。

答　依據「原住民族綜合發展基金貸款業務處理要點」第2條之規定，原住民族綜合發展基金貸款業務之執行機關及其工作性質概述如下：

(一)直轄市、縣（市）政府：負責受理本基金貸款案件，審查借款人事業計畫書、追蹤借款人事業計畫之執行及催繳貸款本息。

(二)直轄市區、鄉（鎮、市、區）公所，協助追蹤借款人事業計畫之執行及催繳貸款本息。

(三)受託經辦本貸款業務之經辦機構：依照委託契約書或原民會專案計畫，負責本貸款案件之徵信、審核、貸放、催收及編製相關報表送原民會。

三、基金貸款類別

(一) 經濟產業貸款。　　　　　　(二) 青年創業貸款。

(三) 原住民微型經濟活動貸款。　(四) 其他依行政院核定之貸款項目。

四、基金貸款對象

(一) **經濟產業貸款**：凡實際從事經濟事業之原住民個人、原住民公司行號、原住民組成之合作社及其他相關機構等者。

(二) **青年創業貸款**：原住民個人或公司行號負責人，年齡**在二十歲以上四十五歲以下**，並參加政府職業訓練取得結業證書或技術檢定合格證書或相關職業執照者。

━◆▪ 老師的話 ▪◆━

貸款對象：

一、原住民個人：須具有完全行為能力者，且年滿二十歲。

二、公司行號：相關合夥人（或股東）須為原住民，並以其負責人或法定代理人為申請人。

三、原住民組成之合作社：其社員應百分之八十以上具有原住民身分，且其負責人或法定代理人須具有原住民身分，並以其為申請人。

四、其他相關機構：係指經目的事業主管機關登記有案之幼兒園、補習班、托兒所、托嬰中心、兒童課後托育中心、老人養護機構、身心障礙收容所或養護所等或經行政院原住民族委員會認定之相關機構，其相關合夥人或董（監）事須皆為原住民，且其負責人或法定代理人須具有原住民身分，並以其為申請人。

選擇題

( )　1. 依據原住民族綜合發展基金貸款業務處理要點規定，經濟產業貸款對象，下列何者為非：　(A)原住民個人　(B)原住民公司行號　(C)原住民組成之合作社　(D)原住民部落。

(　)│2. 依據原住民族綜合發展基金貸款業務處理要點規定，原住民個人或
　　　公司行號負責人年齡在二十歲以上四十五歲以下，並參加政府職業
　　　訓練取得結業證書或技術檢定合格證書或相關職業執照者，得申
　　　請：(A)經濟產業貸款　(B)青年創業貸款　(C)經濟產業貸款及青
　　　年創業貸款均可　(D)行政院專案核定之貸款。

解析
1. **D**。參考原住民族綜合發展基金貸款業務處理要點第4條。
2. **B**。參考原住民族綜合發展基金貸款業務處理要點第4條。

申論題

有關原住民族綜合基金其貸款類別分為那幾項？試簡述之。

答 依據「原住民族綜合發展基金貸款業務處理要點」第4條之規定，原住民
族綜合發展基金貸款類別概述如下：
(一)經濟產業貸款。
(二)青年創業貸款。
(三)其他依行政院核定之貸款項目。

五、基金貸款利率

(一) 承辦金融機構核貸借款人之利率按本基金規定之利率辦理。
(二) 核貸金額新台幣三百萬元（含）以下者，其貸款年息為百分之二。
(三) 核貸金額超過三百萬元者，其貸款年息為百分之二點五。

六、基金貸款最高額度

(一) 擔保貸款額度最高以**一千萬元**為限。
(二) 無擔保貸款部分，最高以**三百萬元**為限。

七、基金貸款期限

依借款人事業計畫用途核定,週轉性用途最長**六年**,資本性用途最長**十五年**。

▶■◀ 老師的話 ▶■◀

一、經獲貸之各項貸款者,且其貸款本息繳納正常,欲計畫擴大原經營事業時,可再申貸。惟增貸額度與原借款額度合計不得超過貸款最高額度,申請方式同第一次。

二、原住民族綜合發展基金貸款並非一成不變,必要時仍依據現況檢討改變之。

選擇題

(　) 1. 依據原住民族綜合發展基金貸款業務處理要點規定,核貸金額新台幣三百萬元(含)以下者,其貸款年息為: (A)百分之一 (B)百分之二 (C)百分之三 (D)百分之四。

(　) 2. 依據原住民族綜合發展基金貸款業務處理要點規定,下列何者正確: (A)擔保貸款額度最高以一千萬元為限 (B)無擔保貸款部分,最高以五百萬元為限 (C)依借款人事業計畫用途核定,週轉性用途最長十五年 (D)依借款人事業計畫用途核定,資本性用途最長六年。

解析

1.**B**。參考原住民族綜合發展基金貸款業務處理要點第5條。

2.**A**。參考原住民族綜合發展基金貸款業務處理要點第6、7條。

申論題

有關原住民族綜合基金其貸款利率如何計算?試簡述之。

答 依據「原住民族綜合發展基金貸款業務處理要點」第5條之規定,原住民族綜合發展基金貸款利率概述如下:

(一)核貸金額新台幣三百萬元(含)以下者,其貸款年息為百分之二。

(二)核貸金額超過三百萬元者,其貸款年息為百分之二點五。

八、基金貸款申請方式

由借款人填具本基金貸款計畫申請書，檢附有關文件，向事業地之直轄市區、鄉（鎮、市、區）公所提出申請，經直轄市區、鄉（鎮、市、區）公所初審符合規定者，即函送承辦金融機構當地分支機構辦理徵信、審核、貸放手續。

九、基金貸款擔保方式及連帶保證人資格

(一) 擔保方式：
　　1. 擔保貸款：借款戶應提供十足擔保品。
　　2. 無擔保貸款：借款人應覓具妥實連帶保證人二人，或移送財團法人農業信用保證基金。
(二) 連帶保證人應具有代償能力或其每月固定收益之四分之三達借款人每月應攤還本息。

十、基金貸款還款方式與寬緩期限方式

(一) **利息還款方式**：借款人可按下列方式擇一辦理。
　　1. 利息：按月繳納；本金按月平均攤還。
　　2. 本息按月分期平均攤還。
(二) **因事業需要得申請寬緩，期限如下**：
　　1. 貸款期限六年（含）以下者，寬緩期一年。
　　2. 貸款期限六年以上未滿十年者，寬緩期二年。
　　3. 貸款期限十年以上者，寬緩期三年。
(三) **逾期罰則**：未按期攤還本息時，自逾期之日起六個月以內，加貸放利率百分之十；逾六個月以上者，其超過六個月部分加貸款利率百分之二十計付違約金。

━━◆ 老師的話 ◆━━

一、借款人如需申請寬緩，應於開始申貸時，貸款計畫申請書內詳實填列。
二、申請無擔保貸款之情形有二：1.借款人應覓具妥實連帶保證人二人；2.移送財團法人農業信用保證基金。

三、直轄市、縣（市）政府對借款人之事業經營狀況，應督同直轄市區、鄉（鎮、市、區）公所隨時調查之，並提供必要之輔導。輔導情形應詳實填入本基金貸款輔導處理紀錄表中，並建檔供原民會督導查核。

四、基金貸款之展延方式：1.借款人遇天然災害、經濟因素或不可抗力時，得申請展延貸款償還期限，最長展延五年；2.展延之申請由直轄市區、鄉（鎮、市、區）公所受理並認定後，函送原承辦金融機構當地分支機構辦理；3.遇重大天然災害或不可抗力時，原民會得視實際需要展延貸款償還期限。

選擇題

(　) 1. 依據原住民族綜合發展基金貸款業務處理要點規定，申請無擔保貸款者，借款人應覓具妥實連帶保證人幾人：　(A)1人　(B)2人　(C)3人　(D)免保證人。

(　) 2. 依據原住民族綜合發展基金貸款業務處理要點規定，因事業需要得申請寬緩，下列何者為非：　(A)貸款期限六年（含）以下者，寬緩期一年　(B)貸款期限六年以上未滿十年者，寬緩期二年　(C)貸款期限十年以上者，寬緩期三年　(D)貸款期限十五年以上者，寬緩期四年。

解析

1.**B**。參考原住民族綜合發展基金貸款業務處理要點第9條。

2.**D**。參考原住民族綜合發展基金貸款業務處理要點第11條。

申論題

有關原住民族綜合基金其因事業需要得申請寬緩之期限為何？試簡述之。

答 依據「原住民族綜合發展基金貸款業務處理要點」第11條之規定，原住民族綜合發展基金因事業需要得申請寬緩之期限概述如下：

(一)貸款期限六年（含）以下者，寬緩期一年。

(二)貸款期限六年以上未滿十年者，寬緩期二年。

(三)貸款期限十年以上者，寬緩期三年。

歷年考題

( ) **1** 下列何者不是「原住民族綜合發展基金」之來源？
(A)政府循預算程序之撥款
(B)原住民就業基金收入
(C)受贈收入
(D)中央原住民族主管機關租金收入。（95年原住民特考四等）

( ) **2** 擬申請原住民族綜合發展基金青年創業貸款，以下何者非屬申請之要件？
(A)原住民個人或事業團體負責人年齡在四十五歲以下
(B)取得政府職業訓練結業證書或技術檢定合格證書
(C)取得相關職業執照
(D)無擔保貸款應覓具妥實連帶保證人三人。【102年原住民特考五等】

解答及解析

1 (D)。參考原住民族綜合發展基金收支保管及運用辦法第4條。

2 (D)。依「原住民族綜合發展基金貸款業務處理要點」第4條規定，沒說連保證3人。青年創業貸款：原住民個人或公司行號負責人年齡在二十歲以上四十五歲以下，並參加政府職業訓練取得結業證書或技術檢定合格證書或相關職業執照者。

第四章　中低收入戶建購、修繕住宅補助

依據出題頻率分為：A頻率高 **B頻率中** C頻率低

【課前提要】原住民族委員會（以下簡稱本會）為協助經濟弱勢原住民改善居住環境，維護居住安全，提高生活品質，特訂定「原住民族委員會補助經濟弱勢原住民建購及修繕住宅作業要點」。本章內容相關數據及項目值得參考。

本章重點分析

制定目的	1. 協助經濟弱勢原住民改善居住環境。 2. 維護居住安全。 3. 提高生活品質
主辦與 執行機關	1. 主辦機關：直轄市、縣（市）政府。 2. 執行機關：鄉（鎮、市、區）公所。
申請人條件	1. 年滿二十歲，具有行為能力之原住民。 2. 建購住宅：建購住宅未逾二年，且不曾接受政府其他住宅補助者。 3. 修繕住宅：自用住宅使用年限超過七年，且近五年內不曾接受政府補助者。
申請標準	1. 家庭總收入按全家人口平均分配，每人每月未超過中央、直轄市主管機關公告當年度最低生活費標準二倍者。 2. 全家人口未超過一人時，存款本金及有價證券按面額計算之合計金額為新臺幣二百五十萬元，每增加一人，增加新臺幣二十五萬元。 3. 家庭之不動產未超過中央、直轄市主管機關公告當年度中低收入戶家庭不動產限額；其金額如低於新臺幣六百五十萬元，以六百五十萬元為準。但未產生經濟效益之原住民保留地，經直轄市、縣（市）主管機關認定者，不列入計算。

補助項目與補助金額	1. 建購住宅：每戶補助二十萬元。 2. 修繕住宅：每戶最多補助十萬元。
申請建購補助應附文件	1. 申請人同一址之全戶戶口名簿（影本），並須經執行單位確認並註記「與正本相符」字樣、機關名稱及承辦人署名。 2. 全戶所得稅證明及財產證明各二份。 3. 建購房屋之建物登記謄本。 4. 未獲政府其他住宅補助切結書。 5. 住宅照片。 6. 領款收據及申請人郵局或金融機構之活期存款帳戶封面影本。
申請修繕補助應附文件	1. 申請人同一址之全戶戶口名簿（影本），並須經執行單位確認並註記「與正本相符」字樣、機關名稱及承辦人署名。 2. 全戶所得稅證明及財產證明各二份。 3. 修繕房屋之建物登記謄本。 4. 擬欲修繕住宅位置照片 5. 設施設備改善所需之工程、材料、工資等估價單。 6. 最近五年未曾獲政府其他住宅補助切結書。 7. 領款收據及申請人郵局或金融機構之活期存款帳戶封面影本。
申請方式	1. 申請：向戶籍所在地之執行單位鄉申請。 2. 初審：執行機關受理申請後，應依本要點規定，儘速完成調查及初審後，提送主辦機關核定。 3. 核定：核定申請人之帳戶。（建構） 4. 撥款：請申請人逕行施工，檢據送主辦機關核銷憑撥補助款。（修繕）

課文精讀

一、制定目的

原住民族委員會（以下簡稱本會）為協助經濟弱勢原住民改善居住環境，維護居住安全，提高生活品質，依據「原住民族基本法」第16條規定訂定「原住民族委員會補助經濟弱勢原住民建購及修繕住宅作業要點」。

法規一點靈

原住民族委員會補助經濟弱勢原住民建購及修繕住宅作業要點

二、主辦與執行機關

(一) **主辦機關**：直轄市、縣（市）政府。

(二) **執行機關**：鄉（鎮、市、區）公所。

三、申請人應具備各款條件

(一) 年滿二十歲，具有行為能力之原住民。

(二) 申請建購、修繕住宅者係房屋所有權人或由具原住民身分之配偶申請，並具有下列事實者：

1. 建購住宅：

(1)建購住宅未逾二年（以政府會計年度起始日往前推算二年），且不曾接受政府其他住宅補助者（不含內政部辦理之各項住宅貸款補貼）。

(2)本人、配偶及共同生活之直系親屬均無其他自有住宅。惟經查其另有房屋座落紀錄，房屋課稅現值，依持分面積比例計算在新臺幣十萬元以下者或原自用住宅遭火災或天然災害受損而無法居住者，得視為無其他自有住宅。

(3)房屋登記原因應以興建（第一次登記）、買賣（拍賣）取得；其用途登記並須為住宅、農舍或含「住」字樣，且確實自有居住者。

2. 修繕住宅：

(1)自有住宅屋齡超過七年，且因老舊或衛生設備欠缺，亟待修繕。但遭受火災或天然災害者不在此限。

(2)本人、配偶及共同生活之直系親屬均無其他自有住宅，且近五年內不曾接受政府其他住宅補助者（不含內政部辦理之各項住宅貸款補貼）。

(三) 家庭總收入按全家人口平均分配，每人每月未超過中央、直轄市主管機關公告當年度最低生活費標準二倍者。

(四) 全家人口未超過一人時，存款本金及有價證券按面額計算之合計金額為新臺幣二百五十萬元，每增加一人，增加新臺幣二十五萬元。

(五) 家庭之不動產未超過中央、直轄市主管機關公告當年度中低收入戶家庭不動產限額；其金額如低於新臺幣六百五十萬元，以六百五十萬元為準。但未產生經濟效益之原住民保留地，經直轄市、縣（市）主管機關認定者，不列入計算。

前項所定申請本補助之標準，如遇有特殊情形者，得由執行機關依行政程序報請中央主管機關專案核定。

━━◆▶ 老師的話 ◀◆━━

一、原住民族委員會補助經濟弱勢原住民建購及修繕住宅作業要點所稱家庭總收入，係指全家人口之工作收入、存款利息、不動產收益及其他收入之總額。

二、全家人口之工作收入以實際收入為主，若各類所得資料無法查知者，依下類規定辦理：

　　(一) 國民中小學教師及職業軍人薪資所得應檢附薪資證明單，若無證明單者依照全國軍公教員工待遇支給要點規定計算。

　　(二) 如無所得資料者，依行政院勞工委員會最近一年公布職類別薪資調查報告之平均薪資計算，如上述報告未列職類別者，一律以各業員工平均薪資計算。

　　(三) 若從事雜項工作無法歸類其薪資標準者，參照直轄市、縣（市）政府調查社會救助雜工標準計算之。

三、所稱全家人口存款本金及有價證券按面額計算之合計金額未超過一定數額者，係指全家人口存款金及有價證券按面額計算之合計未超過一人時為新台幣二百五十萬元，此後每增加一人，增加新台幣二十五萬。

四、全家人口，依下列各款認定：

　　(一) 申請人及其配偶、子女及共同生活之父母，但子女已入贅或出嫁者，不予計算。

　　(二) 申請人如無子女，由孫子女扶養者，以實際扶養之孫子女列為全家人口。

　　(三) 全家人口具有下列情形者，不計全家人口：

　　　　1.應徵召在營服役者。

　　　　2.在學領有公費者。

　　　　3.因案服刑或保安處分六個月以上，執行未滿者。

　　　　4.家庭人口行蹤不明，已向警察機關報案，並持有證明者。

　　　　5.不得在臺灣地區工作之非本國籍配偶或大陸地區配偶。

選擇題

(　　) 1. 原住民族委員會為協助經濟弱勢原住民改善居住環境，維護居住安全，提高生活品質，特訂定：　(A)原住民族委員會補助經濟弱勢原住民建購及修繕住宅作業要點　(B)原住民族綜合基金貸款業務處理要點　(C)原住民族綜合發展基金信用保證業務處理要點　(D)原住民族綜合發展基金收支保管及運用辦法。

(　　) 2. 原住民申請中低收入戶原住民建購住宅補助，下列要件何者為非：(A)申請人需年滿二十歲具原住民身分者　(B)建購住宅未逾二年 (C)本人、配偶及共同生活之直系親屬均無其他自有住宅　(D)全家人口存款金及有價證券按面額計算之合計未超過一人時為新台幣三百萬元。

解析

1.**A**。參考原住民族委員會補助經濟弱勢原住民建購及修繕住宅作業要點第1點。

2.**D**。參考原住民族委員會補助經濟弱勢原住民建購及修繕住宅作業要點第3點。

申論題

有關原住民申請經濟弱勢原住民建購及修繕住宅補助，其申請人應具備條件為何？試簡述之。

答 依據「原住民族委員會補助經濟弱勢原住民建購及修繕住宅作業要點」第3點之規定，原住民申請經濟弱勢原住民建購及修繕住宅補助，其申請人應具備條件概述如下：

(一)年滿二十歲，具有行為能力之原住民。

(二)申請建購、修繕住宅者係房屋所有權人或由具原住民身分之配偶申請，並具有下列事實者：

1. 建購住宅：
   (1) 建購住宅未逾二年（以政府會計年度起始日往前推算二年），且不曾接受政府其他住宅補助者（不含內政部辦理之各項住宅貸款補貼）。
   (2) 本人、配偶及共同生活之直系親屬均無其他自有住宅。惟經查其另有房屋座落紀錄，房屋課稅現值，依持分面積比例計算在新臺幣十萬元以下者或原自用住宅遭火災或天然災害受損而無法居住者，得視為無其他自有住宅。
   (3) 房屋登記原因應以興建（第一次登記）、買賣（拍賣）取得；其用途登記並須為住宅、農舍或含「住」字樣，且確實自有居住者。
2. 修繕住宅：
   (1) 自有住宅屋齡超過七年，且因老舊或衛生設備欠缺，亟待修繕。但遭受火災或天然災害者不在此限。
   (2) 本人、配偶及共同生活之直系親屬均無其他自有住宅，且近五年內不曾接受政府其他住宅補助者（不含內政部辦理之各項住宅貸款補貼）。

(三) 家庭總收入按全家人口平均分配，每人每月未超過中央、直轄市主管機關公告當年度最低生活費標準二倍者。

(四) 全家人口未超過一人時，存款本金及有價證券按面額計算之合計金額為新臺幣二百五十萬元，每增加一人，增加新臺幣二十五萬元。

(五) 家庭之不動產未超過中央、直轄市主管機關公告當年度中低收入戶家庭不動產限額；其金額如低於新臺幣六百五十萬元，以六百五十萬元為準。但未產生經濟效益之原住民保留地，經直轄市、縣（市）主管機關認定者，不列入計算。

四、補助項目與補助金額

(一) 建購住宅：每戶補助**二十萬元**。
(二) 修繕住宅：每戶最多補助**十萬元**。

五、申請人應具備文件

(一) 申請補助建購住宅者

1. 申請人同一址之全戶戶口名簿（影本），並須經執行單位確認並註記「與正本相符」字樣、機關名稱及承辦人署名。
2. 全戶所得稅證明及財產證明各二份（若有低收入戶證明或戶內老人有中低收入戶老年生活津貼證明，檢附中低收入戶證明即可）。
3. 建購房屋之建物登記謄本。
4. 未獲政府其他住宅補助切結書。
5. 住宅照片（顯示門牌及室內居住狀況）。
6. 領款收據及申請人郵局或金融機構之活期存款帳戶封面影本。

(二) 申請補助修繕住宅者：

1. 申請人同一址之全戶戶口名簿（影本），並須經執行單位確認並註記「與正本相符」字樣、機關名稱及承辦人署名。
2. 全戶所得稅證明及財產證明各二份（若有低收入戶證明或戶內老人有中低收入戶老年生活津貼證明，檢附中低收入戶證明即可）。
3. 修繕房屋之建物登記謄本。無法提出建物登記謄本證明其房屋所有權者，得以房屋稅籍或檢附水費或電費繳費收據及經由村（里、區）長出具該房屋確為申請人所有且有居住事實之證明。
4. 擬欲修繕住宅位置照片（每處一張）。
5. 設施設備改善所需之工程、材料、工資等估價單。如申請人提具估價單確有困難，得由鄉（鎮、市、區）公所協助估價。
6. 最近五年未曾獲政府其他住宅補助切結書。
7. 領款收據及申請人郵局或金融機構之活期存款帳戶封面影本。

(三)經濟弱勢戶資格審核標準，請參閱「原住民族委員會補助經濟弱勢原住民建購及修繕住宅作業要點」第7點。

╴▶ 老師的話 ◀╴

原住民族委員會補助經濟弱勢原住民建購及修繕住宅作業要點第7點
經濟弱勢戶資格審核標準：

一、本要點所稱全家人口，依下列各款認定：

(一) 申請人、配偶及共同生活之直系親屬，但子女已入贅或出嫁者，不
予計算。

(二) 申請人如無子女，由孫子女扶養者，以實際扶養之孫子女列為全家
人口。

(三) 全家人口具有下列情形者，不計全家人口：

1.應徵召在營服役或替代役現役。

2.在學領有公費者。

3.因案服刑或保安處分六個月以上，執行未滿者。

4.家庭人口行蹤不明，已向警察機關報案，並持有證明者。

5.不得在臺灣地區工作之非本國籍配偶或大陸地區配偶。

(四) 全家人口數須二人以上，惟無配偶及直系親屬，年滿五十歲之獨居
個人，得申請修繕住宅補助。

二、本要點所稱家庭總收入，指下列各款之總額：

(一) 工作收入，依下列規定計算：

1.依全家人口當年度實際工作收入並提供薪資證明核算。無法提出
薪資證明者，依最近一年度之財稅資料所列工作收入核算。

2.最近一年度之財稅資料查無工作收入，且未能提出薪資證明者，
依臺灣地區職類別薪資調查報告各職類每人月平均經常性薪資核
算。原住民之工作所得應依中央原住民族事務主管機關公布之原
住民就業狀況調查報告，按一般民眾主要工作所得與原住民主要
工作所得之比例核算。但核算結果未達基本工資者，依基本工資
核算。

3.未列入臺灣地區職類別薪資調查報告各職類者，依勞動部公布之
最近一年各業初任人員每月平均經常性薪資核算。

4.有工作能力未就業者，依基本工資核算。但經公立就業服務機構
認定失業者，其失業期間得不計算工作收入，所領取之失業給
付，仍應併入其他計算。

(二) 動產及不動產之收益。

(三) 其他收入：前二款以外非屬社會救助給付之收入。

三、本要點所稱有工作能力，指十六歲以上，未滿五十五歲，而無下列情事之一者：

(一) 二十五歲以下仍在國內就讀空中大學、高級中等以上進修學校、在職班、學分班、僅於夜間或假日上課、遠距教學以外之學校，致不能工作。

(二) 身心障礙致不能工作。

(三) 罹患嚴重傷、病，必須三個月以上之治療或療養致不能工作。

(四) 因獨自照顧特定身心障礙或罹患特定病症且不能自理生活之共同生活或受扶養親屬，致不能工作。

(五) 獨自扶養六歲以下之直系血親卑親屬致不能工作。

(六) 婦女懷胎六個月以上至分娩後二個月內，致不能工作。

(七) 受監護、輔助宣告。

選擇題

( )　1. 依據中低收入戶原住民建購、修繕住宅補助要點規定，補助建購及修繕住宅最高金額分別為：　(A)補助建購新台幣15萬元，補助修繕新台幣10萬元　(B)補助建購新台幣6萬元，補助修繕新台幣15萬元　(C)補助建購新台幣20萬元，補助修繕新台幣10萬元　(D)補助建購新台幣10萬元，補助修繕新台幣20萬元。

( )　2. 依據中低收入戶原住民建購、修繕住宅補助要點規定，申請補助修繕住宅者應附繳文件，下列何者為非：　(A)全戶所得稅證明及財產證明各二份　(B)擬欲修繕住宅位置照片　(C)申請人一年內全戶戶籍謄本　(D)最近五年未曾獲政府其他修繕補助切結書。

解析

1. **C**。參考原住民族委員會補助經濟弱勢原住民建購及修繕住宅作業要點第4點。

2. **C**。參考原住民族委員會補助經濟弱勢原住民建購及修繕住宅作業要點第5點。

申論題

有關原住民申請經濟弱勢原住民建購住宅補助，其申請人應附文件為何？試簡述之。

答 依據原住民族委員會補助經濟弱勢原住民建購及修繕住宅作業要點第5點之規定，原住民申請經濟弱勢原住民建購住宅補助，其申請人應附文件概述如下：

(一)申請人同一址之全戶戶口名簿（影本），並須經執行單位確認並註記「與正本相符」字樣、機關名稱及承辦人署名。

(二)全戶所得稅證明及財產證明各二份（若有低收入戶證明或戶內老人有中低收入戶老年生活津貼證明，檢附中低收入戶證明即可）。

(三)建購房屋之建物登記謄本。

(四)未獲政府其他住宅補助切結書。

(五)住宅照片（顯示門牌及室內居住狀況）。

(六)領款收據及申請人郵局或金融機構之活期存款帳戶封面影本。。

六、申請方式

(一) **申請**：申請人戶籍應與自有住宅同址，填具申請表並備齊應備文件向戶籍所在地之執行單位鄉申請。

(二) **初審**：執行機關受理申請後，應依本要點規定，儘速完成調查及初審後，提送主辦機關核定。

(三) **核定**：核定申請建購住宅補助個案後，由主辦單位逕撥補助款至核定申請人之帳戶。

(四) **撥款**：核定申請修繕住宅補助個案後，請申請人逕行施工，俟施工完竣後報請執行機關驗收、填具住宅改善施工結算明細表及檢附收據、支出原始憑證（含住宅施工前、中、後之照片各乙張），連同核定影本及原申請表件，送主辦機關核銷憑撥補助款。

選擇題

( )　1. 民眾依規申請中低收入戶原住民建購、修繕住宅補助，其受理申請
　　　　單位為：　(A)申請人戶籍所在地鄉（鎮、市、區）公所　(B)申請
　　　　人戶籍所在地核定之銀行（庫）　(C)直轄市、縣（市）政府　(D)
　　　　行政院原住民族委員會。

( )　2. 依據中低收入戶原住民建購、修繕住宅補助要點規定，核定申請
　　　　「建購住宅補助」個案後，其撥款方式為：　(A)由申請人戶籍所
　　　　在地核定之銀行（庫）逕撥補助款至核定申請人之帳戶　(B)由行
　　　　政院原住民族委員會，由該會逕撥補助款至核定申請人之帳戶
　　　　(C)由直轄市、縣（市）政府提送名冊送行政院原住民族委員會，
　　　　由該會逕撥補助款至核定申請人之帳戶　(D)由直轄市、縣（市）
　　　　政府逕撥補助款至核定申請人之帳戶。

解析
1.**A**。參考中低收入戶原住民建購、修繕住宅補助要點第7條。
2.**D**。參考中低收入戶原住民建購、修繕住宅補助要點第7條。

申論題

有關原住民申請經濟弱勢原住民建購及修繕住宅補助，其申請作業流程為
何？試簡述之。

答 依據「原住民族委員會補助經濟弱勢原住民建購及修繕住宅作業要點」第
　6點之規定，原住民申請經濟弱勢原住民建購及修繕住宅補助，其申請作
　業流程概述如下：
　(一)申請：申請人戶籍應與自有住宅同址，填具申請表並備齊應備文件向
　　　戶籍所在地之執行單位鄉申請。
　(二)初審：執行機關受理申請後，應依本要點規定，儘速完成調查及初審
　　　後，提送主辦機關核定。

(三)核定：核定申請建購住宅補助個案後，由主辦單位逕撥補助款至核定申請人之帳戶。

(四)撥款：核定申請修繕住宅補助個案後，請申請人逕行施工，俟施工完竣後報請執行機關驗收、填具住宅改善施工結算明細表及檢附收據、支出原始憑證（含住宅施工前、中、後之照片各乙張），連同核定影本及原申請表件，送主辦機關核銷憑撥補助款。

歷年考題

(　)　原住民中低收入戶申請建購住宅，每戶補助幾萬元？
(A)10萬元　　　　　　　(B)20萬元
(C)30萬元　　　　　　　(D)40萬元。　【106年原住民特考五等】

解答及解析

(B)。依原住民族委員會補助經濟弱勢原住民建購及修繕住宅作業要點第4條規定，建購住宅：每戶補助二十萬元。故本題答(B)。

第五章　微型貸款

依據出題頻率分為：A頻率高 **B頻率中** C頻率低

【課前提要】原住民族委員會為提供原住民微型經濟活動貸款融資管道及舒緩原住民個人或家庭小額週轉資金問題，特訂定「原住民微型經濟活動貸款要點」。

本章重點分析

目的	1. 提供原住民微型經濟活動貸款融資管道。 2. 舒緩原住民個人或家庭小額週轉資金問題。
資格	原則：年滿二十歲至六十五歲，有行為能力，無信用不良紀錄。★
金額	申請人之貸款金額最高新臺幣三十萬元。★
擔保	免擔保品及保證人。★
利率	貸款利率為年息百分之二。★
還款	本付息方式為本息按月平均攤還。
期限	貸款之期限為五年。但申請人因需要得申請本金寬緩，期限最長一年。★
展延	遇天然災害、經濟因素或不可抗力時，得申請展延；最長展延五年。
撥付	貸款資金撥付方式依申請人實際需要一次或分次撥付。

課文精讀

一、目的

原住民族委員會(以下簡稱本會)為提供原住民微型經濟活動貸款融資管道及舒緩原住民個人或家庭小額週轉資金問題，特訂定「原住民微型經濟活動貸款要點」。

法規一點靈

原住民微型
經濟活動貸
款要點

二、定義

(一) **經辦機構**：係指承辦原住民微型經濟活動貸款（以下簡稱本貸款）之金融機構。

(二) **生產用途**：係指購置或租用生產設備、租用營業場所或營運週轉金等發展小型經濟事業所需。

(三) **消費用途**：係指生活改良及家計週轉。

三、資格

年滿**二十歲至六十五歲**，有行為能力，無信用不良紀錄且符合下列情形之一之原住民，得檢具申請書及所需文件向經辦機構申請本貸款：

(一) 從事農林、漁牧、工商業之個人經營，其資格符合政府之規定者。

(二) 受僱於農林、漁牧、工商業者或軍公教人員，且受僱同一單位（不含關係企業）年資滿半年以上者，檢具勞工保險卡或公務人員保險卡影本。

四、金額

申請人之貸款金額最高**新臺幣三十萬元**。

五、擔保

本貸款免擔保品及保證人。

六、利率

本貸款利率為年息**百分之二**，但本會得視需要公告調整。

七、還款

本貸款還本付息方式為本息按月平均攤還。本貸款之本金寬緩方式由申請人於申請時，敘明於「原住民微型經濟活動貸款申請書」向經辦機構申請。未按期攤還本息時，經辦機構應自逾期之日起六個月以內，以貸放利率加百分之十計算違約金；逾六個月以上者，其超過六個月部分以貸放利率加百分之二十計算違約金。

八、期限

本貸款之期限為**五年**。但申請人因需要得申請本金寬緩，期限最長一年。

九、展延

借款人遇天然災害、經濟因素或不可抗力時，得由經辦機構轉請行政院原住民族委員會同意本金展延；最長展延五年。經辦機構受理本貸款展延案件後，應於十個工作日內敘明准駁之事實及理由，報行政院原住民族委員會核定。

十、撥付

本貸款資金撥付方式依申請人實際需要一次或分次撥付。

十一、經辦機構應依下列方式受理貸款案件

(一) 協助申請人填具「原住民微型經濟活動貸款申請書」，影本應分送行政院原住民委員會備查。

(二) 要求申請人於申請書上切結若有重覆申貸並逾申貸金額上限之情形，其超過第四點所定金額上限者，以年利率百分之五計算利息。

(三) 於受理後十個工作日內依申請金額及還款年限，審酌申請人還款能力，並於完成審查後，敘明准駁之事實及理由，報行政院原住民族委員會核定。經辦機構受理本貸款，其額度不得超過本會控管額度，各經辦機構之控管額度上限由本會視需要個別核定。

十二、逾放比

本貸款之逾放比率達**百分之十**以上時，行政院原住民族委員會得暫停受理本貸款之申請。

十三、資金來源

本貸款由原住民族綜合發展基金出資貸放，並支付各經辦機構代辦手續費。

歷年考題

(　) **1** 依原住民微型經濟活動貸款要點規定，提供原住民貸款金額，生產用途上限是：
(A)30萬元　　　　　　　　(B)40萬元
(C)50萬元　　　　　　　　(D)60萬元。　　【100年原住民特考三等】

(　) **2** 依原住民微型經濟活動貸款要點，借款人遇天然災害、經濟因素或不可抗力時，得由經辦機構轉請行政院原住民族委員會同意本金展延，最長展延為幾年？
(A)3年　　　　　　　　　(B)4年
(C)5年　　　　　　　　　(D)6年。　　　【101年原住民特考四等】

(　) **3** 政府為提供原住民微型經濟活動貸款融資管道，及舒緩原住民個人或家庭小額週轉資金問題，提供生產用途貸款金額上限為最高新臺幣幾萬元？
(A)30萬元　　　　　　　　(B)50萬元
(C)70萬元　　　　　　　　(D)100萬元。　【104年原住民特考四等】

(　) **4** 依原住民微型經濟活動貸款要點之規定，原住民個人或家庭如係購置或租用生產設備、租用營業場所或營運週轉金等發展小型經濟事業所需，則其貸款金額上限，下列何者正確？　(A)最高新臺幣10萬元　(B)最高新臺幣15萬元　(C)最高新臺幣20萬元　(D)最高新臺幣30萬元。
　　　　　　　　　　　　　　　　　　　　【104年原住民特考五等】

(　　) **5** 依原住民微型經濟活動貸款要點相關規定，下列敘述何者正確？ (A)本要點為提供原住民發展小型經濟事業所需，不包括家計週轉用途　(B)申請人為年滿20歲至65歲有行為能力之原住民，且無信用不良紀錄者　(C)本貸款為達清償目的，以徵提擔保品或保證人為原則　(D)本貸款由原住民微型經濟基金出資貸放，並支付各經辦機構代辦手續費。　　　　　　　　　　　　　　【105年原住民特考五等】

(　　) **6** 莫那今年45歲，為了照顧失能的母親辭去保險公司的工作，他計畫返鄉創業，在自有的土地上經營農場，從事有機農業，依據原住民微型經濟活動貸款要點規定，他最多可向原住民族委員會申請多少金額的貸款？　(A)新臺幣15萬元　(B)新臺幣20萬元　(C)新臺幣30萬元　(D)新臺幣40萬元。

解答及解析

1 (A)。參考原住民微型經濟活動貸款要點第3點。

2 (C)。依「原住民微型經濟活動貸款要點」第9條規定，借款人遇天然災害、經濟因素或不可抗力時，得由經辦機構轉請原民會同意本金展延；最長展延五年，故本題答(C)。

3 (A)。依原住民微型經濟活動貸款要點第4條規定，生產用途貸款金額上限最高新臺幣三十萬元。故本題答(A)。

4 (D)。依原住民微型經濟活動貸款要點第4條規定，生產用途：最高新臺幣三十萬元。故本題答(D)。

5 (B)。依原住民微型經濟活動貸款要點第3條規定，年滿二十歲至六十五歲具有行為能力之原住民，並無信用不良紀錄者，得向經辦機構申請貸款，故本題答(B)。

6 (C)。依原住民微型經濟活動貸款要點第4條規定，年滿二十歲至六十五歲具有行為能力之原住民，並無信用不良紀錄者，生產用途最高貸款金額新臺幣三十萬元，故本題答(C)。

壹、綜合規劃處主管法規

依據出題頻率分為：A頻率高 B頻率中 C頻率低

一 中華民國憲法增修條文

民國94年6月10日公布

為因應國家統一前之需要，依照憲法第27條第1項第3款及第174條第1款之規定，增修本憲法條文如左：

第1條　中華民國自由地區選舉人於立法院提出憲法修正案、領土變更案，經公告半年，應於<u>三個月</u>內投票複決，不適用憲法第4條、第174條之規定。

憲法第25條至第34條及第135條之規定，停止適用。

第2條　總統、副總統由中華民國自由地區全體人民直接選舉之，自中華民國八十五年第九任總統、副總統選舉實施。總統、副總統候選人應聯名登記，在選票上同列一組圈選，以得票最多之一組為當選。在國外之中華民國自由地區人民返國行使選舉權，以法律定之。

總統發布行政院院長與依憲法經立法院同意任命人員之任免命令及解散立法院之命令，無須行政院院長之副署，不適用憲法第37條之規定。

總統為避免國家或人民遭遇緊急危難或應付財政經濟上重大變故，得經行政院會議之決議發布緊急命令，為必要之處置，不受憲法第43條之限制。但須於發布命令後<u>十日</u>內提交立法院追認，如立法院不同意時，該緊急命令立即失效。

總統為決定國家安全有關大政方針，得設國家安全會議及所屬國家安全局，其組織以法律定之。

總統於立法院通過對行政院院長之不信任案後<u>十日</u>內，經諮詢立法院院長後，得宣告解散立法院。但總統於戒嚴或緊急命令生效期間，不得解散立法院。立法院解散後，應於<u>六十日</u>內舉行立法委員選舉，並於選舉結果確認後<u>十日</u>內自行集會，其任期重新起算。

總統、副總統之任期為四年，連選得連任一次，不適用憲法第47條之規定。

副總統缺位時，總統應於三個月內提名候選人，由立法院補選，繼任至原任期屆滿為止。

總統、副總統均缺位時，由行政院院長代行其職權，並依本條第1項規定補選總統、副總統，繼任至原任期屆滿為止，不適用憲法第49條之有關規定。

總統、副總統之罷免案，須經全體立法委員<u>四分之一</u>之提議，全體立法委員<u>三分之二</u>之同意後提出，並經中華民國自由地區選舉人總額過半數之投票，有效票過半數同意罷免時，即為通過。

立法院提出總統、副總統彈劾案，聲請司法院大法官審理，經憲法法庭判決成立時，被彈劾人應即解職。

第3條　行政院院長由總統任命之。行政院院長辭職或出缺時，在總統未任命行政院院長前，由行政院副院長暫行代理。憲法第55條之規定，停止適用。

行政院依左列規定，對立法院負責，憲法第57條之規定，停止適用：

一、行政院有向立法院提出施政方針及施政報告之責。立法委員在開會時，有向行政院院長及行政院各部會首長質詢之權。

二、行政院對於立法院決議之法律案、預算案、條約案，如認為有窒礙難行時，得經總統之核可，於該決議案送達行政院<u>十日</u>內，移請立法院覆議。立法院對於行政移請覆議案，應於送達十五日內作成決議。

如為休會期間，立法院應於<u>七日</u>內自行集會，並於開議<u>十五日</u>內作成決議。覆議案逾期未議決者，原決議失效。覆議時，如經全體立法委員<u>二分之一</u>以上決議維持原案，行政院院長應即接受該決議。

三、立法院得經全體立法委員<u>三分之一</u>以上連署，對行政院院長提出不信任案。不信任案提出<u>七十二小時</u>後，應於<u>四十八小時</u>內以記名投票表決之。如經全體立法委員<u>二分之一</u>以上贊成，行政院院長應於<u>十日</u>內提出辭職，並得同時呈請總統解散立法院；不信任案如未獲通過，<u>一年</u>內不得對同一行政院院長再提不信任案。

國家機關之職權、設立程序及總員額，得以法律為準則性之規定。

各機關之組織、編制及員額，應依前項法律，基於政策或業務需要決定之。

第4條　立法院立法委員自第七屆起一百一十三人，任期四年，連選得連任，於每屆任滿前三個月內，依左列規定選出之，不受憲法第64條及第65條之限制：

一、自由地區直轄市、縣市七十三人。每縣市至少一人。

二、自由地區平地原住民及山地原住民各**三人**。

三、全國不分區及僑居國外國民共三十四人。

前項第一款依各直轄市、縣市人口比例分配，並按應選名額劃分同額選舉區選出之。第三款依政黨名單投票選舉之，由獲得百分之五以上政黨選舉票之政黨依得票比率選出之，各政黨當選名單中，婦女不得低於二分之一。

立法院於每年集會時，得聽取總統國情報告。

立法院經總統解散後，在新選出之立法委員就職前，視同休會。

中華民國領土，依其固有疆域，非經全體立法委員**四分之一**之提議，全體立法委員**四分之三**之出席，及出席委員**四分之三**之決議，提出領土變更案，並於公告半年後，經中華民國自由地區選舉人投票複決，有效同意票過選舉人總額之半數，不得變更之。

總統於立法院解散後發布緊急命令，立法院應於三日內自行集會，並於開議七日內追認之。但於新任立法委員選舉投票日後發布者，應由新任立法委員於就職後追認之。如立法院不同意時，該緊急命令立即失效。

立法院對於總統、副總統之彈劾案，須經全體立法委員**二分之一**以上之提議，全體立法委員**三分之二**以上之決議，聲請司法院大法官審理，不適用憲法第90條、第100條及增修條文第7條第1項有關規定。

立法委員除現行犯外，在會期中，非經立法院許可，不得逮捕或拘禁。憲法第74條之規定，停止適用。

第5條　司法院設大法官**十五人**，並以其中一人為院長、一人為副院長，由總統提名，經立法院同意任命之，自中華民國九十二年起實施，不適用憲法第79條之規定。司法院大法官除法官轉任者外，不適用憲法第81條及有關法官終身職待遇之規定。

司法院大法官任期八年，不分屆次，個別計算，並不得連任。但並為院長、副院長之大法官，不受任期之保障。

中華民國九十二年總統提名之大法官，其中八位大法官，含院長、副院長，任期四年，其餘大法官任期為八年，不適用前項任期之規定。

司法院大法官，除依憲法第78條之規定外，並組成憲法法庭審理總統、副總統之彈劾及政黨違憲之解散事項。

政黨之目的或其行為，危害中華民國之存在或自由民主之憲政秩序者為違憲。

司法院所提出之年度司法概算，行政院不得刪減，但得加註意見，編入中央政府總預算案，送立法院審議。

第6條　考試院為國家最高考試機關，掌理左列事項，不適用憲法第83條之規定：

一、考試。

二、公務人員之銓敘、保障、撫卹、退休。

三、公務人員任免、考績、級俸、陞遷、褒獎之法制事項。

考試院設院長、副院長各一人，考試委員若干人，由總統提名，經立法院同意任命之，不適用憲法第84條之規定。

憲法第85條有關按省區分別規定名額，分區舉行考試之規定，停止適用。

第7條　監察院為國家最高監察機關，行使彈劾、糾舉及審計權，不適用憲法第90條及第94條有關同意權之規定。

監察院設監察委員二十九人，並以其中一人為院長、一人為副院長，任期六年，由總統提名，經立法院同意任命之。憲法第91條至第93條之規定停止適用。

監察院對於中央、地方公務人員及司法院、考試院人員之彈劾案，須經監察委員二人以上之提議，九人以上之審查及決定，始得提出，不受憲法第98條之限制。

監察院對於監察院人員失職或違法之彈劾，適用憲法第95條、第97條第2項及前項之規定。

監察委員須超出黨派以外，依據法律獨立行使職權。憲法第101條及第102條之規定，停止適用。

第8條　立法委員之報酬或待遇，應以法律定之。除年度通案調整者外，單獨增加報酬或待遇之規定，應自次屆起實施。

第9條　省、縣地方制度，應包括左列各款，以法律定之，不受憲法第108條第1項第1款、第109條、第112條至第115條及第122條之限制：

一、省設省政府，置委員九人，其中一人為主席，均由行政院院長提請總統任命之。

二、省設省諮議會，置省諮議會議員若干人，由行政院院長提請總統任命之。

三、縣設縣議會，縣議會議員由縣民選舉之。

四、屬於縣之立法權，由縣議會行之。

五、縣設縣政府，置縣長一人，由縣民選舉之。

六、中央與省、縣之關係。

七、省承行政院之命，監督縣自治事項。

台灣省政府之功能、業務與組織之調整，得以法律為特別之規定。

第10條　國家應獎勵科學技術發展及投資，促進產業升級，推動農漁業現代化，重視水資源之開發利用，加強國際經濟合作。

經濟及科學技術發展，應與環境及生態保護兼籌並顧。

國家對於人民興辦之中小型經濟事業，應扶助並保護其生存與發展。

國家對於公營金融機構之管理，應本企業化經營之原則；其管理、人事、預算、決算及審計，得以法律為特別之規定。

國家應推行全民健康保險，並促進現代和傳統醫藥之研究發展。

國家應維護婦女之人格尊嚴，保障婦女之人身安全，消除性別歧視，促進兩性地位之實質平等。

國家對於身心障礙者之保險與就醫、無障礙環境之建構、教育訓練與就業輔導及生活維護與救助，應予保障，並扶助其自立與發展。

國家應重視社會救助、福利服務、國民就業、社會保險及醫療保健等社會福利工作，對於社會救助和國民就業等救濟性支出應優先編列。

國家應尊重軍人對社會之貢獻，並對其退役後之就學、就業、就醫、就養予以保障。

教育、科學、文化之經費，尤其國民教育之經費應優先編列，不受憲法第164條規定之限制。

國家肯定多元文化，並積極維護發展原住民族語言及文化。

國家應依民族意願，保障原住民族之地位及政治參與，並對其教育文化、交通水利、衛生醫療、經濟土地及社會福利事業予以保障扶助並促其發展，其辦法另以法律定之。對於澎湖、金門及馬祖地區人民亦同。

國家對於僑居國外國民之政治參與，應予保障。

第11條　自由地區與大陸地區間人民權利義務關係及其他事務之處理，得以法律為特別之規定。

第12條　憲法之修改，須經立法院立法委員**四分之一**之提議，**四分之三**之出席，及出席委員**四分之三**之決議，提出憲法修正案，並於公告半年後，經中華民國自由地區選舉人投票複決，有效同意票過選舉人總額之半數，即通過之，不適用憲法第174條之規定。

二 原住民族基本法

民國107年6月20日修正公布

第1條　為**保障原住民族基本權利，促進原住民族生存發展，建立共存共榮之族群關係**，特制定本法。

第2條　本法用詞定義如下：
一、原住民族：係指既存於臺灣而為國家管轄內之傳統民族，包括**阿美族、泰雅族、排灣族、布農族、卑南族、魯凱族、鄒族、賽夏族、雅美族、邵族、噶瑪蘭族、太魯閣族**及其他自認為原住民族並經中央原住民族主管機關報請行政院核定之民族。
二、原住民：係指原住民族之個人。
三、原住民族地區：係指原住民傳統居住，具有原住民族歷史淵源及文化特色，經**中央原住民族主管機關**報請**行政院**核定之地區。

四、部落：係指原住民於原住民族地區一定區域內，依其傳統規範共同生活結合而成之團體，經**中央原住民族主管機關**核定者。

五、原住民族土地：係指原住民族傳統領域土地及既有原住民保留地。

第2-1條 為促進原住民族部落健全自主發展，部落應設部落會議。部落經中央原住民族主管機關核定者，為公法人。

部落之核定、組織、部落會議之組成、決議程序及其他相關事項之辦法，由中央原住民族主管機關定之。

第3條 行政院為審議、協調本法相關事務，應設置推動委員會，由**行政院院長**召集之。

前項推動委員會**三分之二之委員席次**，**由原住民族各族按人口比例分配**；其組織由**行政院**定之。

第4條 政府應依原住民族意願，保障原住民族之平等地位及自主發展，實行原住民族自治；其相關事項，另以法律定之。

第5條 國家提供充分資源，每年應寬列預算協助原住民族自治發展。自治區之自治權限及財政，除本法及自治相關法律另有規定外，準用地方制度法、財政收支劃分法及其他法律有關縣（市）之規定。

第6條 政府與原住民族自治間權限發生爭議時，由**總統府**召開協商會議決定之。

第7條 政府應依**原住民族意願**，本**多元、平等、尊重**之精神，保障原住民族教育之權利；其相關事項，另以法律定之。

第8條 直轄市及轄有原住民族地區之縣，其直轄市、縣政府應設原住民族專責單位，辦理原住民族事務；其餘之縣（市）政府得視實際需要，設原住民族專責單位或置專人，辦理原住民族事務。

前項原住民族專責單位，其首長應具原住民身分。

第9條 政府應設置原住民語言研究發展專責單位，並辦理族語能力驗證制度，積極推動原住民族語言發展。

政府提供原住民族優惠措施或辦理原住民族公務人員特種考試，得
於相關法令規定受益人或應考人應通過前項之驗證或具備原住民族
語言能力。

原住民族語言發展，另以法律定之。

第10條　政府應保存與維護原住民族文化，並輔導文化產業及培育專業人才。

第11條　政府於原住民族地區，應依**原住民族意願**，回復原住民族部落及山
川傳統名稱。

第12條　政府應保障**原住民族傳播及媒體近用權**，成立**財團法人原住民族文化
事業基金會**，規劃辦理原住民族專屬及使用族語之傳播媒介與機構。

前項基金會之設置及相關事項，另以法律定之。

第13條　政府對原住民族傳統之生物多樣性知識及智慧創作，應予保護，並
促進其發展；其相關事項，另以法律定之。

第14條　政府應依原住民族意願及環境資源特性，策訂原住民族經濟政策，
並輔導自然資源之保育及利用，發展其經濟產業。

第15條　政府應寬列預算並督促公用事業機構，積極改善原住民族地區之交通
運輸、郵政、電信、水利、觀光及其他公共工程。政府為辦理前項業務，
視需要得設置原住民族地區建設基金；其基金之運用辦法另定之。

第16條　政府應策訂原住民族住宅政策，輔導原住民建購或租用住宅，並積
極推動部落更新計畫方案。

第17條　政府應保障原住民族工作權，並針對原住民社會狀況及特性，提供
職業訓練，輔導原住民取得專門職業資格及技術士證照，健全原住
民就業服務網絡，保障其就業機會及工作權益，並獲公平之報酬與
升遷。

原住民族工作權之保障，另以法律定之。

第18條　政府應設原住民族綜合發展基金，辦理原住民族經濟發展業務、輔
導事業機構、住宅之興辦、租售、建購及修繕業務；其基金來源，
由中央政府循預算程序之撥款、住宅租售及相關業務收益款、原住

民族土地賠償、補償及收益款、相關法令規定之撥款及其他收入等充之。

第19條　原住民得在原住民族地區及經中央原住民族主管機關公告之海域依法從事下列非營利行為：

一、獵捕野生動物。　　　　二、採集野生植物及菌類。

三、採取礦物、土石。　　　四、利用水資源。

前項海域應由中央原住民族主管機關會商中央目的事業主管機關同意後公告。

第一項各款，以傳統文化、祭儀或自用為限。

第20條　政府承認原住民族土地及自然資源權利。

政府為辦理原住民族土地之調查及處理，應設置**原住民族土地調查及處理委員會**；其組織及相關事務，另以法律定之。

原住民族或原住民所有、使用之土地、海域，其回復、取得、處分、計畫、管理及利用等事項，另以法律定之。

第21條　政府或私人於原住民族土地或部落及其周邊一定範圍內之公有土地從事土地開發、資源利用、生態保育及學術研究，**應諮商並取得原住民族或部落同意或參與**，原住民得分享相關利益。

政府或法令限制原住民族利用前項土地及自然資源時，**應與原住民族、部落或原住民諮商，並取得其同意**；受限制所生之損失，應由該主管機關寬列預算補償之。

前二項營利所得，應提撥一定比例納入**原住民族綜合發展基金**，作為回饋或補償經費。

前三項有關原住民族土地或部落及其周邊一定範圍內之公有土地之劃設、諮商及取得原住民族或部落之同意或參與方式、受限制所生損失之補償辦法，由中央原住民族主管機關另定之。

第22條　政府於原住民族地區劃設國家公園、國家級風景特定區、林業區、生態保育區、遊樂區及其他資源治理機關時，應**徵得當地原住民族同意，並與原住民族建立共同管理機制**；其辦法，由**中央目的事業主管機關會同中央原住民族主管機關**定之。

第23條　政府應尊重原住民族選擇生活方式、習俗、服飾、社會經濟組織型態、資源利用方式、土地擁有利用與管理模式之權利。

第24條　政府應依原住民族特性，策訂原住民族公共衛生及醫療政策，將原住民族地區納入全國醫療網，辦理原住民族健康照顧，建立完善之長期照護、緊急救護及後送體系，保障原住民健康及生命安全。
　　　　政府應尊重原住民族傳統醫藥和保健方法，並進行研究與推廣。
　　　　政府應寬列預算，補助距離最近醫療或社福機構一定距離以上之原住民就醫、緊急醫療救護及後送，長期照護等醫療或社會福利資源使用之交通費用，其補助辦法，由中央目的事業主管機關定之。

第25條　政府應建立原住民族地區天然災害防護及善後制度，並劃設天然災害防護優先區，保障原住民族生命財產安全。

第26條　政府應積極辦理原住民族社會福利事項，規劃建立原住民族社會安全體系，並特別保障原住民兒童、老人、婦女及身心障礙者之相關權益。
　　　　政府對原住民參加社會保險或使用醫療及福利資源無力負擔者，得予補助。

第27條　政府應積極推行原住民族儲蓄互助及其他合作事業，輔導其經營管理，並得予以賦稅之優惠措施。

第28條　政府對於居住原住民族地區外之原住民，應對其健康、安居、融資、就學、就養、就業、就醫及社會適應等事項給予保障及協助。

第29條　政府為保障原住民族尊嚴及基本人權，應於國家人權法案增訂原住民族人權保障專章。

第30條　政府處理原住民族事務、制定法律或實施司法與行政救濟程序、公證、調解、仲裁或類似程序，應尊重原住民族之族語、傳統習俗、文化及價值觀，保障其合法權益，原住民有不諳國語者，應由通曉其族語之人為傳譯。
　　　　政府為保障原住民族之司法權益，得設置**原住民族法院或法庭**。

第31條　政府不得違反原住民族意願，在原住民族地區內存放有害物質。

第32條　政府除因立即而明顯危險外，**不得強行將原住民遷出其土地區域。**
　　　　前項強制行為，致原住民受有損失時，**應予合理安置及補償。**

第33條　政府應積極促進原住民族與國際原住民族及少數民族在經濟、社
　　　　會、政治、文化、宗教、學術及生態環境等事項之交流與合作。

第34條　主管機關應於本法施行後**三年內**，依本法之原則修正、制定或廢止
　　　　相關法令。
　　　　前項法令制（訂）定、修正或廢止前，由中央原住民族主管機關會
　　　　同中央目的事業主管機關，依本法之原則解釋、適用之。

第35條　本法自公布日施行。

三　原住民身分法

民國110年1月27日修正公布

第1條　為認定原住民身分，保障原住民權益，特制定本法。
　　　　本法未規定者，適用其他法律規定。

第2條　本法所稱原住民，包括山地原住民及平地原住民，其身分之認定，
　　　　除本法另有規定外，依下列規定：
　　　　一、山地原住民：臺灣光復前原籍在山地行政區域內，且戶口調查
　　　　　　簿登記其本人或直系血親尊親屬屬於原住民者。
　　　　二、平地原住民：臺灣光復前原籍在平地行政區域內，且戶口調查
　　　　　　簿登記其本人或直系血親尊親屬屬於原住民，並申請戶籍所在
　　　　　　地鄉（鎮、市、區）公所登記為平地原住民有案者。

第3條　原住民與非原住民結婚，除第9條另有規定外，原住民身分不喪失，
　　　　非原住民不取得原住民身分。

第4條　原住民與原住民結婚所生子女，取得原住民身分。
　　　　原住民與非原住民結婚所生子女，從具原住民身分之父或母之姓或
　　　　原住民傳統名字者，取得原住民身分。

第5條　原住民為非原住民收養者，除第9條另有規定外，其原住民身分不喪失。未滿七歲之非原住民為年滿四十歲且無子女之原住民父母收養者，得取得原住民身分。

本法施行前，未滿七歲之非原住民為原住民父母收養者，不受前項養父母須年滿四十歲且無子女規定之限制。

前二項之收養關係終止時，該養子女之原住民身分喪失。

第6條　原住民女子之非婚生子女，取得原住民身分。

前項非婚生子女經非原住民生父認領者，喪失原住民身分。但約定從母姓或原住民傳統名字者，其原住民身分不喪失。非原住民女子之非婚生子女，經原住民生父認領，且從父姓或原住民傳統名字者，取得原住民身分。

第7條　第4條第2項及前條第2項、第3項子女從具原住民身分之父、母之姓或原住民傳統名字，未成年時得由法定代理人協議或成年後依個人意願取得或變更，不受民法第1059條及姓名條例第1條第2項規定之限制。

前項子女嗣後變更為非原住民父或母之姓者，喪失原住民身分。第1項子女之變更從姓或取得原住民傳統名字，未成年時及成年後各以一次為限。

第8條　符合第二條、第四條、第五條或第六條規定取得原住民身分之要件，但於申請取得原住民身分前死亡者，其子女準用第四條第二項、第六條及前條之規定。

得依第四條或第六條規定申請改姓或取用原住民族傳統名字取得原住民身分，但於本法中華民國一百零九年十二月三十一日修正施行前死亡者，其子女於修正施行後二年內，準用第四條第二項、第六條及前條規定，取用原住民傳統名字，得取得原住民身分。

第9條　原住民有下列情形之一者，得申請喪失原住民身分：

一、原住民與非原住民結婚者。

二、原住民為非原住民收養者。

三、年滿二十歲，自願拋棄原住民身分者。

依前項規定喪失原住民身分者，除第3款情形外，得於婚姻關係消滅或收養關係終止後，檢具證明文件申請回復原住民身分。

依第1項申請喪失原住民身分者，其申請時之直系血親卑親屬之原住民身分不喪失。

第10條 **山地原住民與平地原住民結婚，得約定變更為相同之山地原住民或平地原住民身分；其子女之身分從之。**

未依前項規定約定變更為相同之原住民身分者，其子女於未成年時，得由法定代理人協議或成年後依個人意願，取得山地原住民或平地原住民身分。

第11條 原住民身分取得、喪失、變更或回復之申請，由戶政事務所受理，審查符合規定後，於戶籍資料內為原住民身分別及民族別之登記，並於登記後發生效力。

前項原住民之民族別認定辦法，由行政院定之。

第12條 因戶籍登記錯誤、遺漏或其他原因，誤登記為原住民身分或漏未登記為原住民身分者，**當事人戶籍所在地之戶政事務所應於知悉後，書面通知當事人為更正之登記**，或由當事人向戶籍所在地之戶政事務所申請查明，並為更正之登記。

第13條 本法自中華民國九十年一月一日施行。

本法中華民國一百零九年十二月三十一日修正條文，自公布日施行。

四 原住民民族別認定辦法

民國93年4月7日修正發布

第1條 本辦法依原住民身分法第11條第2項規定訂定之。

第2條 本辦法所稱民族別，指<u>阿美族</u>、<u>泰雅族</u>、<u>排灣族</u>、<u>布農族</u>、<u>卑南族</u>、<u>魯凱族</u>、<u>鄒族</u>、<u>賽夏族</u>、<u>雅美族</u>、<u>邵族</u>、<u>噶瑪蘭族</u>、<u>太魯閣族</u>及其他經行政院核定之民族。

第3條　本辦法所稱註記,指戶籍之登記。

第4條　原住民應註記民族別,並以註記一個為限。

第5條　原住民之民族別,除本辦法另有規定外,不得變更。

第6條　父母均為原住民,且屬於相同民族別者,其子女之民族別從之。
　　　　父母均為原住民,且屬於不同民族別者,其子女從父或母之民族別。
　　　　父母僅一方為原住民,具有原住民身分之子女,從具原住民身分之父或母之民族別。

第7條　因收養而取得原住民身分之養子女,其養父母屬於相同民族別者,從養父母之民族別;養父母屬於不同民族別者,其養子女從養父或養母之民族別。

第8條　原住民女子與原住民男子之非婚生子女,未經生父認領者,從母之民族別;經生父認領而父母屬於相同民族別者,其子女之民族別從之;經生父認領而父母屬於不同民族別者,其子女從父或母之民族別。
　　　　原住民女子與非原住民男子之非婚生子女,其取得原住民身分者,從母之民族別。
　　　　非原住民女子與原住民男子之非婚生子女,其取得原住民身分者,從父之民族別。

第9條　第6條第2項、第7條及前條第1項,原住民父母屬於不同民族別者,其子女之民族別,未成年時得由法定代理人協議或成年後得依個人意願取得或變更;其協議及變更,各以一次為限。
　　　　依前項規定變更民族別者,從其民族別之子女,應隨同變更。
　　　　行政院依第2條規定核定新民族別時,已註記民族別之成年人得依個人意願申請變更為該民族別,從其民族別之子女,應隨同變更。
　　　　前二項子女之隨同變更,不計入第1項所定一次之限制。

第10條　民族別之註記或註銷,應依當事人之申請,並由戶政事務所受理;審查符合規定後,於戶籍資料及戶口名簿內註記或註銷其民族別。但依第4項規定註記者,不在此限。

當事人提出前項之申請時，如有具原住民身分而未註記民族別之未成年子女，應依本辦法之規定，申請註記其子女之民族別。

當事人應依第2條規定之民族別，提出註記之申請。

行政院原住民族委員會得視實際需要，委託鄉（鎮、市、區）公所訪查未註記民族別者之民族別，戶政事務所應依訪查結果，註記當事人之民族別。

第11條 因錯誤、遺漏或其他原因，誤登記或漏未登記民族別者，當事人戶籍所在地之戶政事務所應於知悉後，通知當事人為更正之登記，或由當事人向戶籍所在地之戶政事務所申請查明，並為更正之登記。

當事人認其民族別註記錯誤者，得檢具其本身或其直系血親尊親屬臺灣光復前之戶籍資料或其他公文書之證明資料，申請更正。

第12條 本辦法自發布日施行。

五 原住民族委員會組織法

民國103年1月29日公布

行政院發布，本法自103年3月26日施行。

第1條 行政院為統合原住民族政策，保障原住民族權益，辦理原住民族業務，特設原住民族委員會（以下簡稱本會）。

第2條 本會掌理下列事項：

一、原住民族政策、制度、法規之綜合規劃、協調及推動。

二、原住民身分與原住民族之認定、部落之核定、原住民族自治與原住民族國際交流之規劃、審議、協調及推動。

三、原住民族教育、文化、語言保存與傳承及傳播媒體之規劃、審議、協調及推動。

四、原住民健康促進、社會福利、工作權保障、就業服務、法律服務之規劃、協調及推動。

五、原住民族經濟、觀光、產業、金融服務、住宅、原住
　　民族地區部落基礎建設與傳統智慧創作保護之規劃、協調及推動、原住
　　民族綜合發展基金之規劃、管理及輔導。

六、原住民族土地、海域、自然資源及傳統生物多樣性知識之調
　　查、規劃、協調、保護、利用、管理，原住民族傳統領域之研
　　究、調查、諮商、規劃、協調、公告、權益回復及糾紛處理。

七、所屬原住民族文化發展機構之督導、協調及推動。

八、其他有關原住民族事項。

第3條　本會置主任委員一人，特任，由原住民擔任；副主任委員三人，其
中二人職務比照簡任第十四職等，另一人職務列簡任第十四職等；
副主任委員中，二人應由原住民擔任，且職務列簡任第十四職等
者，應具原住民身分。

第4條　本會置委員十九人至二十九人，其中原住民族各族代表應至少一人
依聘用人員聘用條例聘用，其聘期隨主任委員異動而更易；餘均為
無給職，由主任委員提請行政院院長就原住民族代表、有關機關代
表及學者、專家派（聘）兼之，任期二年，任滿得連任，但委員為
有關機關代表者，其任期隨職務異動而更易。
前項委員，應有二分之一以上人數具原住民族身分。

第5條　本會置主任秘書，職務列簡任第十二職等。

第6條　本會各職稱之官等職等及員額，另以編制表定之。
前項人員，簡任、薦任、委任各官等人員具原住民身分者，均不得
低於百分之六十。本法所定進用原住民比例，現有員額未達比例
者，俟非原住民公務人員出缺後，再行進用補足。

第7條　本法施行日期，由行政院以命令定之。

六 原住民族委員會處務規程

修正日期：民國108年8月22日

第1條 原住民族委員會（以下簡稱本會）為處理內部單位之分工職掌，特訂定本規程。

第2條 主任委員綜理會務，並指揮、監督所屬人員；副主任委員襄助主任委員處理會務。

第3條 委員權責如下：
一、出席本會委員會議。
二、對委員會議提出本會相關議案。
三、對本會業務改進意見之提議。
依聘用人員聘用條例聘用之委員除前項規定權責外，另依主任委員之指派，辦理下列事項：
一、委員會議重要議案之先期審查。
二、原住民族政策、制度、計畫及方案之先期審查。
三、原住民族相關法規之先期審查。
四、相關機關原住民族事務之先期協調及聯繫。
五、主持或出席專案小組會議。
六、主持或參與族群相關之會議、調查、研究及協調。
七、參加族群歲時祭儀、民俗文化及傳統技藝展演慶典或活動。
八、其他交辦事項。

第4條 主任秘書權責如下：
一、文稿之綜核及代判。
二、機密及重要文件之處理。
三、各單位之協調及權責問題之核議。
四、重要會議之籌辦。
五、其他交辦業務。

第5條 技監、參事權責如下：

　　　　　一、計畫方案及法令之審議。

　　　　　二、技術性事務之審核、會核。

　　　　　三、業務之研究改進及重要政務之建議。

　　　　　四、出席各種重要會議。

　　　　　五、其他交辦事項。

第6條　本會設下列處、室：

　　　　　一、綜合規劃處，分四科辦事。　　二、教育文化處，分三科辦事。

　　　　　三、社會福利處，分三科辦事。　　四、經濟發展處，分三科辦事。

　　　　　五、公共建設處，分三科辦事。　　六、土地管理處，分四科辦事。

　　　　　七、秘書室，分二科辦事。　　　　八、人事室。

　　　　　九、政風室。　　　　　　　　　十、主計室。

第7條　綜合規劃處掌理事項如下：

　　　　　一、原住民族政策、制度、法規之綜合研究、規劃、協調及研議。

　　　　　二、原住民族自治之規劃、推動、自治行政之輔導、協調、監督及
　　　　　　　人員之訓練、考核、獎懲。

　　　　　三、原住民身分及原住民族認定之規劃、推動及審議。

　　　　　四、原住民族部落之核定、規劃、輔導、協調及審議。

　　　　　五、原住民族傳統習慣規範與制度之研究、保存及發展。

　　　　　六、本會研考業務之規劃及推動。

　　　　　七、國際與兩岸原住民族交流之規劃、協調及審議。

　　　　　八、本會資訊應用服務策略規劃及管理。

　　　　　九、其他有關原住民族綜合規劃事項。

第8條　教育文化處掌理事項如下：

　　　　　一、原住民民族教育、文化、語言政策與法規之規劃、擬訂、協調
　　　　　　　及審議。

　　　　　二、原住民族歷史、語言、文化資產、傳統技藝之研究、保存與傳
　　　　　　　承之規劃、推動、協調及審議。

　　　　　三、原住民族一般教育之統合、協調及審議。

　　　　　四、原住民體育政策、制度、法規之統合、協調及審議。

五、原住民人才培育與輔導之規劃、協調及審議。

六、原住民族傳播媒體與教育文化團體輔導之規劃、推動及審議。

七、原住民族教育文化機構之規劃、推動及審議。

八、自治區原住民族民俗藝文、傳統體育、文化資產、傳統組織、傳統宗教及語言文化之輔導。

九、財團法人原住民族文化事業基金會之營運監督。

十、其他有關原住民族教育文化事項。

第9條　社會福利處掌理事項如下：

一、原住民健康促進、社會福利、工作權保障政策與法規之規劃、協調及審議。

二、原住民健康促進、全民健保、國民年金與長期照護之協調及審議。

三、原住民族工作權保障之推動、協調、審議及督導。

四、原住民族就業代金之查核及徵收。

五、原住民族就業基金之規劃、管理及輔導。

六、原住民職業訓練及就業促進之協調及審議。

七、原住民急難救助及法律服務之協調及審議。

八、原住民族社會福利服務之協調及審議。

九、原住民族人民團體之聯繫及服務。

十、其他有關原住民族社會福利事項。

第10條　經濟發展處掌理下列事項：

一、原住民族經濟、產業、觀光、金融政策與法規之規劃、協調及審議。

二、原住民族綜合發展基金之規劃、管理及輔導。

三、原住民族融資、保險、儲蓄及原住民儲蓄互助社、金融規劃、協調及輔導。

四、自治區原住民族經濟、觀光、產業、金融、合作事業、合辦事業、公共造產事業、公用及公營事業之輔導。

五、原住民族技藝研習、培訓與產業經營之規劃及輔導。

六、原住民族影視音樂及創意產業之規劃、協調、執行及輔導。

七、原住民族土地開發、利用、經營等有關產業、金融、營運等經濟發展事項之規劃、協調及輔導。

八、原住民族傳統智慧創作保護之規劃、協調及推動。

九、其他有關原住民族經濟發展事項。

第11條 公共建設處掌理事項如下：

一、原住民族住宅、部落建設政策與法規之規劃、協調及審議。

二、原住民族地區部落建設之規劃、審議、管制、考核與輔導。

三、原住民族部落安全防治、防災、遷住之規劃、協調及輔導。

四、原住民族地區部落基礎環境之調查、規劃及協調。

五、原住民族地區部落基礎建設法令、技術規範與傳統工法之協調及審議。

六、原住民住宅改善、部落建築與都會區安置住所之規劃、協調、輔導及審議。

七、原住民族土地開發、利用、經營等有關基礎工程、營建等公共建設事項之規劃、協調及輔導。

八、其他有關原住民族公共建設事項。

第12條 土地管理處掌理事項如下：

一、原住民族土地、海域及自然資源政策、法制之研擬、協調及審議。

二、原住民保留地增編與劃編之規劃、協調及審議。

三、原住民族傳統領域之調查、研究、協調、劃定、規劃、爭議處理及審議。

四、原住民族地區自然資源之管理與共同管理之規劃、協調及審議。

五、原住民保留地建築用地統一規劃之協調及審議。

六、原住民保留地地權管理、權利賦予與原住民族傳統領域使用之規劃、協調、督導及審議。

七、原住民族傳統生物多樣性知識保護之協調及審議。

八、其他有關原住民族土地管理事項。

第13條 秘書室掌理事項如下：

一、印信典守及文書、檔案之管理。

二、出納、財務、營繕、採購及其他事務管理。

三、國會聯絡及媒體公關。

四、其他有關行政管理事項。

第14條　人事室掌理本會人事事項。

第15條　政風室掌理本會政風事項。

第16條　主計室掌理本會歲計、會計及統計事項。

第17條　本會辦理法制業務，設法規會為常設性任務編組，置執行秘書一人，由適當人員擔任；其內部組設及主管權責，另以設置要點定之。

第18條　本會處理業務，實施分層負責制度，依分層負責明細表逐級授權決定。

第19條　本規程自中華民國一百零三年三月二十六日施行。
　　　　　本規程修正條文自發布日施行。

七　行政院原住民族委員會文化園區管理局組織條例

民國91年1月30日修正公布

第1條　本條例依行政院原住民族委員會組織條例第7條之2規定制定之。

第2條　行政院原住民族委員會文化園區管理局（以下簡稱本局）掌理下列事項：
一、原住民文化資料與文物之蒐集、整理、研究、典藏、編印、陳列展示及促進學術交流事項。
二、原住民傳統工藝技術展示之策劃、展出及技術人才之訓練事項。
三、原住民音樂舞蹈及民俗活動之研究、編纂、策劃、演出及人才之訓練事項。
四、原住民傳統建築物與原住民生活形態展示管理及維護事項。
五、視聽資料之製作、使用及保管事項。
六、園區內公共設施與環境衛生之管理維護及遊客服務事項。
七、研考、議事、公共關係、文書、檔案、印信、出納、事務管理、財產管理等相關事項。

八、　其他有關原住民族文化維護保存、研究發展、學術研究及交流、社會教育活動事項。

第3條　本局設三組，分別掌理前條所列事項。

第4條　本局置局長一人，職務列簡任第十一職等至第十二職等，綜理局務，並指揮監督所屬人員。

第5條　本局置主任秘書一人，職務列薦任第九職等至簡任第十職等；組長三人，職務列薦任第八職等至第九職等；專員三人至四人，職務列薦任第七職等至第八職等；組員三人至四人，技士二人至三人，職務均列委任第五職等或薦任第六職等至第七職等；辦事員一人，職務列委任第三職等至第五職等；書記一人，職務列委任第一職等至第三職等。

第6條　本局置人事管理員一人，職務列委任第五職等至薦任第七職等，依法辦理人事管理事項。

第7條　本局置會計員一人，職務列委任第五職等至薦任第七職等，依法辦理歲計、會計及統計事項。

第8條　第4條至第7條所定列有官等、職等人員，其職務所適用之職系，依公務人員任用法第8條之規定，就有關職系選用之。

第9條　本局辦事細則，由本局擬訂，報請行政院原住民族委員會核定之。

第10條　本條例施行日期，由行政院以命令定之。

八　公務人員任用法（節錄）

民國108年4月3日修正公布

第28條　有下列情事之一者，不得任用為公務人員：
一、　未具或喪失中華民國國籍。
二、　具中華民國國籍兼具外國國籍。但其他法律另有規定者，不在此限。

三、動員戡亂時期終止後，曾犯內亂罪、外患罪，經有罪判決確定或通緝有案尚未結案。

四、曾服公務有貪污行為，經有罪判決確定或通緝有案尚未結案。

五、犯前二款以外之罪，判處有期徒刑以上之刑確定，尚未執行或執行未畢。但受緩刑宣告者，不在此限。

六、曾受免除職務懲戒處分。

七、依法停止任用。

八、褫奪公權尚未復權。

九、**經原住民族特種考試及格，而未具或喪失原住民身分。但具有其他考試及格資格者，得以該考試及格資格任用之。**

十、受監護或輔助宣告，尚未撤銷。

公務人員於任用後，有前項第一款至第九款情事之一者，應予免職；有第十款情事者，應依規定辦理退休或資遣。任用後發現其於任用時有前項各款情事之一者，應撤銷任用。

前項撤銷任用人員，其任職期間之職務行為，不失其效力；業已依規定支付之俸給及其他給付，不予追還。但經依第一項第二款情事撤銷任用者，應予追還。

九 地方制度法（節錄）

民國105年6月22日修正公布

第33條　直轄市議員、縣（市）議員、鄉（鎮、市）民代表分別由直轄市民、縣（市）民、鄉（鎮、市）民依法選舉之，任期四年，連選得連任。

直轄市議員、縣（市）議員、鄉（鎮、市）民代表名額，應參酌各該直轄市、縣（市）、鄉（鎮、市）財政、區域狀況，並依下列規定，於地方立法機關組織準則定之：

一、直轄市議員總額：

(一)區域議員名額：直轄市人口扣除原住民人口在**二百萬**人以下者，不得超過五十五人；超過二百萬人者，不得超過六十二人。

(二)原住民議員名額：有平地原住民人口在**二千人**以上者，應有平地原住民選出之議員名額；有山地原住民人口在**二千人**以上或改制前有山地鄉者，應有山地原住民選出之議員名額。

二、縣（市）議員總額：

(一)縣（市）人口在一萬人以下者，不得超過十一人；人口在二十萬人以下者，不得超過十九人；人口在四十萬人以下者，不得超過三十三人；人口在八十萬人以下者，不得超過四十三人；人口在一百六十萬人以下者，不得超過五十七人；人口超過一百六十萬人者，不得超過六十人。

(二)縣（市）有平地原住民人口在一千五百人以上者，於前目總額內應有平地原住民選出之縣（市）議員名額。有山地鄉者，於前目總額內應有山地原住民選出之縣議員名額。有離島鄉且該鄉人口在二千五百人以上者，於前目總額內應有該鄉選出之縣議員名額。

三、鄉（鎮、市）民代表總額：

(一)鄉（鎮、市）人口在一千人以下者，不得超過五人；人口在一萬人以下者，不得超過七人；人口在五萬人以下者，不得超過十一人；人口在十五萬人以下者，不得超過十九人；人口超過十五萬人者，不得超過三十一人。

(二)鄉（鎮、市）有平地原住民人口在**一千五百人**以上者，於前目總額內應有平地原住民選出之鄉（鎮、市）民代表名額。

直轄市議員由原住民選出者，以其行政區域內之原住民為選舉區，並得按平地原住民、山地原住民或在其行政區域內劃分選舉區。

臺北市第十一屆議員選舉，其原住民選舉區之變更，應於第十屆議員任期屆滿之日六個月前公告，不受公職人員選舉罷免法第37條第1項但書規定之限制。

各選舉區選出之直轄市議員、縣（市）議員、鄉（鎮、市）民代表名額達四人者，應有婦女當選名額一人；超過四人者，每增加四人增一人。

直轄市、縣（市）選出之山地原住民、平地原住民名額在**四人**以上者，應有婦女當選名額；超過四人者，每增加**四人**增一人。鄉（鎮、市）選出之平地原住民名額在四人以上者，應有婦女當選名額；超過四人者，每增加**四人**增一人。

依第1項選出之直轄市議員、縣（市）議員、鄉（鎮、市）民代表，應於上屆任期屆滿之日宣誓就職。該宣誓就職典禮分別由行政院、內政部、縣政府召集，並由議員、代表當選人互推一人主持之。其推選會議由曾任議員、代表之資深者主持之；年資相同者，由年長者主持之。

✚ 財團法人原住民族文化事業基金會設置條例

民國105年6月8日修正公布

第1條　為傳承原住民族文化教育、經營原住民族文化傳播媒體事業，特設財團法人原住民族文化事業基金會（以下簡稱本基金會），並制定本條例。

第2條　本基金會為財團法人，其設置依本條例之規定；本條例未規定者，適用民法及相關法律之規定。

第3條　本基金會之主管機關為原住民族委員會。

第4條　本基金會之業務範圍如下：
一、原住民族廣播、電視專屬頻道之規劃、製播、經營及普及服務。
二、原住民族文化及傳播出版品之發行及推廣。
三、原住民族文化傳播網站之建置及推廣。
四、原住民族文化、語言、藝術、傳播等活動之輔導、辦理及贊助。
五、原住民族文化、語言、藝術及傳播等工作者之培育及獎助。
六、其他與原住民族文化、語言、藝術事業及傳播媒體有關之業務。

原住民族廣播、電視專屬頻道所需用之電波頻率，由中央目的事業主管機關會同主管機關規劃分配之。

本基金會得委託經營無線電視之機構播送原住民族電視臺之節目及廣告，不受廣播電視法第4條第2項及公共電視法第7條第2項規定之限制。

第5條　本基金會之創立基金為新臺幣**五千萬元**，由**主管機關**編列預算捐助。

第6條　本基金會之經費來源如下：
一、國內外公私立機構、團體、法人或個人之捐贈。
二、政府編列預算之捐贈。
三、提供服務或從事原住民族文化傳播事業活動之收入。
四、基金運用之孳息收入。
五、受託代製節目之收入。
六、其他有關收入。

第7條　本基金會設董事會，置董事**十一人至十五人**；置董事長一人，由**董事互選**之。**董事長應具原住民身分**。

董事長對內綜理會務，主持董事會，對外代表本基金會。董事長因故不能執行職務時，由董事互推一人代理之。董事長因故不能執行職務逾三個月時，董事會得依決議解除其董事長職務。

第8條　本基金會設監事會，置監察人**三人至五人**，並互選一人為常務監察人。

第9條　董事、監察人人選之遴聘，依下列程序產生之：
一、由立法院推舉十一至十三名原住民族代表及社會公正人士組成董事、監察人審查委員會（以下簡稱審查委員會）。
二、由行政院依公開徵選程序提名董事、監察人候選人，提交審查委員會以公開程序全程連續錄音錄影經三分之二以上之多數同意後，送請行政院院長聘任之。

前項原住民族代表，不得少於審查會人數之二分之一。

審查委員會委員不得為政黨黨務工作人員、政務人員及選任公職人員。審查委員會委員應親自出席，不得委託他人代理出席。

董事之選任，應顧及原住民族之代表性，並考量傳播、教育、文化之專業性。

監察人應具有傳播、法律、會計或財務等相關經驗或學識。

前二項之董事、監察人，原住民族代表各不得少於二分之一。另應有工會代表一名擔任董事。

董事、監察人中屬同一政黨之人數各不得逾董事、監察人總額四分之一；董事、監察人於任期中不得參與政黨活動。

工會代表董事候選人之選任或罷免，應由本基金會工會自主決定，由行政院提名。其選任或罷免之程序辦法，由中央主管機關定之。

第10條　董事、監察人每屆任期三年，期滿得續聘之。董事、監察人因辭職、死亡或解聘致生缺額者，其所遺缺額，由主管機關依前條規定補聘之，補聘之董事、監察人，其任期至原任期屆滿為止。

第11條　董事、監察人除董事長為專任有給職外，均為無給職。

第12條　董事會掌理下列事項：
一、經營方針及年度重大工作計畫之核定。
二、年度預算及決算之審核。
三、捐助章程變更之擬定。
四、重要規章之審議。
五、不動產之取得、處分之核定。
六、重大人事之任免。
七、其他依本法或章程規定應由董事會掌理之事項。

董事會**每月**召開一次，董事長認為有必要或經**三分之一**以上董事之請求，得召開臨時會。

董事會之決議，應有**二分之一**以上董事出席，以出席董事過**半數**之同意行之。但第1項第1款至第6款之決議，應有董事總額過半數之同意。

第13條　監事會掌理下列事項：
一、業務、財務狀況之審核。
二、決算表冊之審核。
三、財物帳冊、文件及財產資料之稽核。

四、其他重大事項之審核或稽核。

第14條　有下列情形之一者，不得擔任董事：
一、公職人員。但公立各級學校及學術研究機構之教學與研究人員，不在此限。
二、政黨黨務工作人員。
三、無線及有線廣播電視事業之負責人或其主管級人員。
四、從事電台發射器材設備之製造、輸入或販賣事業者。
五、投資前二款事業，其投資金額合計超過所投資事業資本總額百分之五者。
六、審查委員會之委員。
七、非本國籍者。

第15條　董事、監察人應遵守利益迴避原則，不得假借職務上之權力、機會或方法圖謀本人或第三人之利益。
董事、監察人相互間，不得有或曾有配偶及三親等以內血親、姻親之關係。
董事、監察人之配偶及其三親等以內血親、姻親，不得擔任本基金會總務、會計及人事職務。

第16條　董事、監察人有下列情形之一者，主管機關應予解聘之：
一、執行職務違反法令或章程。
二、重大且明顯之不適任行為。
三、經合格醫師證明因疾病，致不能執行職務。
四、受監護、輔助或破產宣告。
五、受有期徒刑以上刑之判決確定。但受緩刑宣告或易科罰金者，不在此限。
六、其他經董事會決議認定有違反職務上義務或有不適於董事職位之行為者。

第17條　本基金會置執行長一人，副執行長一人至二人。
執行長由董事長提請董事會經三分之二以上董事同意後遴聘之；副執行長由執行長提請董事會同意後遴聘之。

執行長受董事會指揮監督，執行本基金會之業務；副執行長襄助執行長處理業務，於執行長因故不能執行職務時，代理其職務。

第15條規定，於執行長及副執行長準用之。

執行長及副執行長不得為現任公職人員或政黨職員，並不得從事營利事業或投資報紙、通訊社、廣播電視、電影、錄影帶或其他大眾傳播事業。

第18條 執行長或副執行長有下列情形之一，由董事會解聘之：
一、處分自有不動產、發射設備，或投資與原住民族電視經營目的有關之其他事業未經董事會之同意者。
二、受監護、輔助或破產宣告者。
三、經公立醫院證明認定身心障礙致不能執行職務者。
四、其他經董事會決議認定有違反職務上義務或有不適任職位之行為者。

第19條 本基金會捐助章程由主管機關訂定；變更時由董事會擬訂後，報請主管機關核定。

第20條 本基金會之會計年度，應與政府會計年度一致。

第21條 本基金會預算、決算之編審，依下列程序辦理：
一、年度開始前，應就年度經費，訂定工作計畫編列預算，提經董事會通過後，報請主管機關循預算程序辦理。
二、年度終了二個月內，應製作年度工作執行成果及收支決算，提經監事會審核、董事會通過後，報請主管機關循決算程序辦理。
三、本基金會之經費，於事業年度終了，除保留項目外，如有賸餘應列入基金餘額。

第22條 本基金會之經營方針、工作計畫、基金管理、經費使用、財產目錄、經會計師查核簽證之財務報表及其他有關經營狀況之文書，應備置於本基金會或公告於網路，以供民眾查閱。

前項公告項目，除經營方針、工作計畫於年度開始前四個月公告外，應於年度終了後三個月內公告。

第23條　本基金會因情事變更，致不能達到本條例設置目的時，由主管機關解散之，解散後其賸餘財產歸屬國庫。

第24條　法人或社會人士熱心捐助本基金者，應予獎勵；其辦法由主管機關定之。

第25條　本條例自公布日施行。
　　　　　本條例中華民國九十八年五月十二日修正之條文，自九十八年十一月二十三日施行。

十一　原住民族委員會原住民族文化發展中心組織法

民國104年12月16日公布

本法施行日期，由行政院以命令定之

第1條　原住民族委員會為辦理原住民族文化發展業務，特設原住民族文化發展中心（以下簡稱本中心）。

第2條　本中心掌理下列事項：
　　　　　一、原住民族文化資產、史料與傳統建築工藝之保存、研究、維護、活用及執行。
　　　　　二、原住民族文化藝術之典藏、展示表演、推廣及育成。
　　　　　三、原住民族音樂舞蹈及民俗活動之研究、編策劃、演出及人才之訓練事項。
　　　　　四、國家級原住民族樂舞團及場域之設置規劃、推動及管理。
　　　　　五、原住民族圖書、影音資料之徵集、整理、出版及數位化加值運用推廣。
　　　　　六、原住民族文化之社會教育及推廣。
　　　　　七、臺灣原住民族文化園區場館營運發展管理、督導及遊客服務。
　　　　　八、地方政府原住民族文物（化）館之輔導、評鑑及館際交流。
　　　　　九、其他有關原住民族文化發展事項。

第3條　本中心置主任一人，職務列簡任第十二職等至第十三職等，應具有原住民身分；副主任一人，職務列簡任第十一職等。

第4條　本中心各職稱之官等職等及員額，另以編制表定之。

第5條　本法施行日期，由行政院以命令定之。

十二　諮商取得原住民族部落同意參與辦法

發布日期：民國105年1月4日

第一章　總則

第1條　本辦法依原住民族基本法（以下稱本法）第二十一條第四項規定訂定之。

第2條　本辦法用詞，定義如下：
一、部落：指中央原住民族主管機關依本法第二條第四款規定核定之原住民族團體。
二、部落成員：指年滿二十歲且設籍於部落區域範圍之原住民。
三、同意事項：指本法第二十一條規定應諮商並取得原住民族或部落同意或參與之事項。
四、公共事項：指就前款以外，部落成員間相互協議共同遵守，或部落凝聚共識對外表示之事項。
五、原住民家戶：指設籍於部落區域範圍，有原住民一人以上之家戶。
六、原住民家戶代表：指年滿二十歲且具原住民身分之原住民家戶戶長，或由戶長指派年滿二十歲且具原住民身分之家屬一人。
七、申請人：指辦理同意事項之政府機關或私人。
八、關係部落：指因同意事項致其原住民族土地或自然資源權利受影響之部落。

第3條　本法第二十一條所稱土地開發、資源利用、生態保育、學術研究及限制原住民族利用等行為，指附件所列之行為。

中央原住民族主管機關應依申請人或部落之請求，或本於職權確認前項行為。

中央原住民族主管機關得邀集機關代表、學者專家、原住民族代表及部落代表協助辦理前項確認作業。

中央原住民族主管機關得委託其他機關、大專院校或醫療機構，確認第一項行為。

第4條　本法第二十一條所稱原住民族或部落同意，指過半數關係部落依本辦法召開部落會議議決通過；所稱原住民族或部落參與，指過半數關係部落依本辦法召開部落會議議決通過之參與機制。

第5條　部落設部落會議，其職權如下：
一、訂定、修正部落章程。
二、議決同意事項。
三、議決公共事項。
四、選任、罷免部落會議主席、部落幹部。
五、聽取部落幹部工作報告。
六、其他重要事項。

第6條　第一次部落會議由部落成員依下列順序擔任發起人：
一、傳統領袖。
二、各家（氏）族代表。
三、居民。
發起人應於第一次部落會議召集前十五日，以載明下列事項之書面通知部落成員，並公布於村（里）辦公處、部落公布欄及其他適當場所：
一、部落名稱。　　　　　二、部落章程草案或公共事項議案。
三、會議時間。　　　　　四、會議地點。

第7條　第一次部落會議之會議程序如下：
一、發起人宣布開會。
二、出席人員互選一人主持。
三、訂定部落章程。

四、依部落章程規定，選任部落會議主席、部落幹部。

五、散會。

本辦法施行前已成立部落會議者，準用本條訂定部落章程。

第8條　部落應訂定部落章程，並載明下列事項：

一、部落名稱。

二、部落會議主席之選任方式及連任限制。

三、部落成員認定基準及部落內部組織。

四、部落幹部之職稱、產生方式、任期、連任限制、被授權事項、範圍及決定方式。

五、部落會議召集之程序及方式。

六、議決公共事項之部落會議之出席資格、議決門檻或人數。

七、章程修正之程序。

八、其他重要事項。

部落章程得循傳統慣俗或並用原住民族語言書寫；其訂定、修正後，應送部落所在地之鄉（鎮、市、區）公所備查。

第9條　部落置部落會議主席一人，以部落成員為限，由部落會議選任之，負責召集並主持部落會議，任期二年，連選得連任一次。但部落章程另有任期或連任規定者，從其規定。

部落會議主席任期屆滿而未選任或不能召集時，準用第六條及第七條規定召集部落會議選任之。

第10條　部落得置部落幹部若干人，依傳統規範或部落需要，行使部落會議議決公共事項之部分權限。

前項部落幹部之職稱、產生方式、任期、連任限制、被授權事項、範圍及決定方式，應載明於部落章程。

部落幹部所為公共事項之決定，應載明於書面並署名後，公布於村（里）辦公處、部落公布欄及其他適當場所，並於最近一次部落會議中提出工作報告。

第11條　部落章程、部落會議所為決議及部落幹部所為決定之內容違反法令者，無效。

部落會議之召集、決議及部落幹部所為決定之程序或方法違反本辦法規定或部落章程者，無效。

部落會議對公共事項所為決議或部落幹部所為決定，內容涉及部落居民相互約定共同遵守之規範時，除法規另有規定或經當事人同意外，不得增加部落居民之義務或限制部落居民之權利；內容涉及對各級政府之行政興革之建議、行政法令之查詢、行政違失之舉發或行政上權益之維護等事項，具有代表部落提出行政程序法所定陳情之效力。

第二章　同意事項之召集及決議

第12條　部落會議議決同意事項，其召集之程序及方式、出席會議之資格、會議程序、議決門檻等事項，除其他法規另有規定外，適用本章規定。

第13條　申請人應檢具下列文件向同意事項所在地之鄉（鎮、市、區）公所申請召集部落會議：

一、同意事項之計畫、措施或法令草案。

二、當地原住民族利益分享機制、共同參與或管理機制。

三、其他與同意事項有關之事項。

同意事項所在地之鄉（鎮、市、區）公所認非屬同意事項時，準用第三條第二項辦理。

同意事項所在地之鄉（鎮、市、區）公所，應以載明同意事項之書面通知轄內之關係部落，並將受通知之關係部落名稱，於村（里）辦公處、部落公布欄及其他適當場所，公布三十日。

第14條　關係部落依下列原則認定之：

一、同意事項之座落地點或實施範圍，位於該部落之區域範圍者。

二、同意事項之衍生影響，擴及至該部落之區域範圍者。

關係部落由同意事項所在地之鄉（鎮、市、區）公所依前項規定認定之；認定有困難時，應敘明爭議事項及處理意見，報請中央原住民族主管機關認定。

中央原住民族主管機關及鄉（鎮、市、區）公所，得邀集機關代表、學者專家、原住民族代表及部落代表協助認定關係部落。

第15條 關係部落之部落會議主席自收受同意事項之通知，逾二個月未召集部落會議時，申請人得申請關係部落所在地之鄉（鎮、市、區）公所代行召集。但該公所為申請人時，應轉請直轄市、縣（市）政府代行召集；該公所及直轄市、縣（市）政府同為申請人時，應轉請中央原住民族主管機關代行召集。

第16條 申請人於部落會議召集前，應以公聽會、說明會或其他充分而有效傳遞資訊之適當方式，向關係部落之部落成員說明同意事項、共同參與及利益分享機制之內容及利弊得失，並應邀請利害關係人、專家學者或相關公益團體陳述意見。

申請人應彙整前項意見，於關係部落召集部落會議前二十日，送請關係部落所在地之鄉（鎮、市、區）公所備查。

第17條 部落會議主席應於召集前十五日，以書面通知原住民家戶及申請人。

前項通知應載明下列事項，必要時得並用原住民族語言書寫：

一、部落名稱。　　　　　二、同意事項。

三、會議時間。　　　　　四、會議地點。

五、會議議程。

關係部落所在地之鄉（鎮、市、區）公所應於部落會議召集前十日，將下列文件置於村（里）辦公處、部落公布欄及其他適當場所，供公眾閱覽、複印：

一、第一項之會議通知書。

二、申請時之原住民家戶清冊。

三、申請人依第十三條所提供之文件。

四、前條利害關係人、專家學者或相關公益團體之意見。

第18條 部落會議之會議程序如下：

一、部落會議主席宣布開會並指定記錄人員。但部落會議主席未出席或代行召集時，由出席人員互推一人主持。

二、主持人確認部落全體原住民家戶代表過半數出席。

三、申請人報告同意事項之計畫、措施、法令草案內容及共同參與、管理、利益分享機制。

四、出席人員陳述意見。

五、申請人回應意見。

六、表決同意事項。

七、主持人宣布表決結果。

八、散會。

部落已依前條第一項規定通知申請人，而申請人未列席時，免經前項第三款及第五款程序。

主持人確認出席之原住民家戶代表未過半數時，應即宣布流會，並記載於部落會議紀錄。

第19條　部落會議議決同意事項，以部落全體原住民家戶代表過半數出席，出席原住民家戶代表過半數贊成，為通過。

前項表決，應以投票不記名為之，並就贊成與反對兩面俱呈。但經出席原住民家戶代表過半數贊成，得改採舉手不記名表決。

第20條　部落會議應作成會議紀錄並附簽到簿。

前項會議紀錄，應載明下列事項：

一、部落名稱及召集事由。

二、部落會議之時間及地點。

三、主持人姓名。

四、記錄人員姓名。

五、申請人姓名。

六、實際出席之原住民家戶代表姓名。

七、主持人宣布流會時，應載明流會。

八、同意事項之表決結果。

九、其他應記載之事項。

第一項所列文件應由該次會議主持人於召開後十五日內分送原住民家戶、申請人及當地鄉（鎮、市、區）公所，並於村（里）辦公處、部落公布欄及其他適當場所，公布三十日。

第21條　關係部落得聯合召集部落會議議決同意事項。

前項部落會議，由關係部落之部落會議主席互選一人召集並主持；

由全體原住民家戶代表過半數出席，出席原住民家戶代表過半數贊成，為通過。

聯合部落會議之召集方式、會議程序、議決方式及會議紀錄，準用第十二條至前條規定。

第22條　為確保申請人履行其同意事項之共同參與或管理、利益分享機制，相關主管機關得以下列方式處理：

一、中央或地方目的事業主管機關作成同意事項之相關行政處分時，應將部落會議議決通過之共同參與或管理、利益分享機制，列為附款。

二、關係部落所在地之直轄市、縣（市）政府或鄉（鎮、市、區）公所，應將部落會議議決通過之共同參與或管理、利益分享機制，納入行政契約。

若申請人承諾之共同參與或管理、利益分享機制，發生爭議而未能依前項解決時，利害關係人得請求中央原住民族主管機關轉請有關機關協處。

第三章　公共事項之召集及決議

第23條　部落每年至少召開二次部落會議，但得視需要隨時召集。

部落會議議決公共事項，其召集之程序及方式、出席會議之資格、會議程序、議決門檻等事項，依部落章程規定；部落章程未規定，除本辦法另有規定外適用本章規定。

第24條　部落會議由部落會議主席召集；部落會議主席無法召集或不為召集時，由第六條得為發起人之人，召集該次部落會議，並由出席人員相互推舉一人主持。

部落成員五分之一以上，以書面請求部落會議主席召開部落會議時，部落會議主席應即召集部落會議。但部落章程有較低之規定者，從其規定。

部落會議主席收受前項請求逾二個月未召開部落會議時，前項請求人得準用第六條第二項規定召集部落會議，並由出席人員相互推舉一人主持。

第25條　部落會議通知應以書面載明該次會議討論事項，並公布於村（里）
　　　　　辦公處、部落公布欄及其他適當場所。

第26條　部落會議由部落會議主席主持。但部落會議主席因故不能出席時，
　　　　　由出席人員互推一人主持。
　　　　　部落會議以部落成員為出席人員；議決事項涉及部落成員以外之居
　　　　　民權益時，部落成員以外之居民得列席陳述意見。
　　　　　部落得邀請部落所在地之鄉（鎮、市、區）公所派員列席部落會議。

第27條　部落會議之會議程序如下：
　　　　　一、部落會議主席宣布開會並指定記錄人員。
　　　　　二、確認前次部落會議紀錄。
　　　　　三、報告事項。
　　　　　四、提案討論。
　　　　　五、臨時動議。
　　　　　六、散會。
　　　　　修正章程或選任、罷免部落會議主席及部落幹部之議案，不得以臨
　　　　　時動議提出。

第28條　部落會議由出席之部落成員過半數贊成，為通過。但部落章程有特
　　　　　別規定者，從其規定。

第29條　部落會議，應作成會議紀錄並附簽到簿。
　　　　　前項會議紀錄應載明下列事項：
　　　　　一、部落名稱。
　　　　　二、會議次別、時間及地點。
　　　　　三、主持人及出（列）席人員姓名。
　　　　　四、記錄人員姓名。
　　　　　五、前次會議紀錄確認結果。
　　　　　六、報告事項之案由及決定。
　　　　　七、討論事項之案由及決議。
　　　　　八、其他應記載之事項。
　　　　　第一項所列文件應由該次會議主持人於召開後十五日內分送原住民
　　　　　家戶及相關人員。

會議紀錄之內容如有遺漏或錯誤，參加該次部落會議之人，得於下次部落會議確認時，請求更正。

<h2 style="text-align:center">第四章　附則</h2>

第30條　部落會議議決同意事項時，部落所在地之鄉（鎮、市、區）公所應依部落會議主席之請求提供下列協助：
一、準備會議場地及布置。
二、製作開會通知單及分送。
三、輔導部落會議主席召集及召開部落會議。
四、指派人員擔任記錄人員及分送會議紀錄。
五、處理部落章程、部落會議紀錄及部落幹部決定之公布事宜。
六、其他部落所需之協助。
部落會議議決公共事項時，部落所在地之鄉（鎮、市、區）公所得視情形提供前項協助。
部落召集部落會議所需經費，由部落所在地之鄉（鎮、市、區）公所支應。
前項經費，由中央原住民族主管機關編列之基本設施維持費或鄉（鎮、市、區）公所依規費法規定向申請人收取規費支應。

第31條　部落章程、部落會議主席與部落幹部姓名、部落會議紀錄及部落幹部決定，應送部落所在地之鄉（鎮、市、區）公所備查；鄉（鎮、市、區）公所應按部落各別造冊保存。
部落會議決議內容具提起陳情效力者，部落所在地之鄉（鎮、市、區）公所應於收受會議紀錄後，依行政程序法第一百七十條至第一百七十三條規定妥處。

第32條　鄉（鎮、市、區）公所、合法立案團體或其他人員協助部落辦理部落會議成效優良者，中央原住民族主管機關得函請直轄市、縣（市）政府、鄉（鎮、市、區）公所表揚獎勵相關人員。

第33條　本辦法自發布日施行。

貳　教育文化處主管法規

依據出題頻率分為：A頻率高 B頻率中 C頻率低

一　原住民族教育法

民國108年6月19日修正公布

第一章　總則

第1條　根據憲法增修條文第十條之規定，政府應依原住民之民族意願，保障**原住民族教育之權利，培育原住民族所需人才，以利原住民族發展，特制定本法**。

第2條　原住民族教育，應以維護民族尊嚴、延續民族命脈、增進民族福祉及促進族群共榮為目的。政府應本於**多元、平等、自主、尊重之原則**，推動原住民族教育，並優先考量原住民族歷史正義及轉型正義之需求。原住民為原住民族教育之主體，原住民個人及原住民族集體之教育權利應予以保障。各級政府應採積極扶助之措施，確保原住民接受各級各類教育之機會均等，並建立符合原住民族需求之教育體系。

第3條　本法所稱教育主管機關：在中央為**教育部**；在直轄市為直轄市政府；在縣（市）為縣（市）政府。本法所稱原住民族主管機關：在中央為**原住民族委員會**；在直轄市為直轄市政府；在縣（市）為縣（市）政府。原住民族之一般教育，由教育主管機關規劃辦理；原住民族之民族教育，由原住民族主管機關規劃辦理，並會同教育主管機關為之。中央教育主管機關應指定原住民族一般教育專責單位；直轄市、縣（市）教育主管機關應指定原住民族一般教育專責單位或專人。前項指定專責單位或專人之條件，於本法施行細則定之。

第4條　本法用詞，定義如下：

一、原住民族教育：指原住民族之一般教育及民族教育之統稱。

二、民族教育：指依原住民族文化特性，對原住民學生所實施之民族知識教育。

三、一般教育：指前款民族教育外，對原住民學生所實施之一般性質教育。

四、原住民族學校：指以原住民族知識體系為主，依該民族教育哲學與目標實施教育之學校。

五、原住民重點學校：指原住民學生達一定人數或比率之高級中等以下學校。

六、原住民教育班：指為原住民學生教育需要，於一般學校中開設之班級。

七、原住民族教育師資：指於原住民族學校、原住民重點學校或原住民教育班擔任原住民族教育課程教學之師資。

八、部落、社區教育：指提供原住民族終身學習課程，促進原住民族文化之創新，培育部落與社區發展人才及現代化公民所實施之教育。

前項第五款之一定人數或比率，於本法施行細則定之。

第5條　為發展及厚植原住民族知識體系，中央原住民族主管機關應會商教育、科技、文化等主管機關，建構原住民族知識體系中長程計畫，並積極獎勵原住民族學術及各原住民族知識研究。前項中長程計畫，至少每五年通盤檢討一次，並公告之。

第6條　各級政府應鼓勵各級各類學校，以原住民族語言及適應原住民學生文化之教學方法，提供其教育需求。學校應運用行政活動及校園空間，推動原住民族及多元文化教育。

第7條　中央教育主管機關與中央原住民族主管機關應共同召開原住民族教育政策會，進行下列原住民族教育政策規劃之諮詢：

一、原住民族教育體系。

二、建構原住民族知識體系中長程計畫。

三、原住民族教育發展計畫。

四、原住民族教育相關事務跨部會協商。

五、其他有關原住民族教育事務。前項政策會委員組成，具原住民身分者不得少於**二分之一**，並應兼顧族群比率；任一性別委員人數不得少於委員總數**三分之一**。**中央教育主管機關與中央原住民族主管機關為協調**、溝通原住民族教育政策，得與直轄市、縣（市）政府（以下簡稱地方政府）定期辦理協調會報。

第8條　直轄市及所轄區域內有原住民族地區或原住民重點學校之縣（市），地方政府應召開直轄市、縣（市）原住民族教育審議會，進行地方原住民族教育事項之審議。前項審議會委員組成，具原住民身分者不得少於**二分之一**，並應兼顧族群比率；任一性別委員人數不得少於委員總數**三分之一**。

第9條　中央教育主管機關應會同中央原住民族主管機關，訂定原住民族教育發展計畫。地方政府應依前項計畫，參酌地方原住民族文化特性訂定教育方案，並報中央教育主管機關及中央原住民族主管機關備查。

第10條　各級政府得視地方原住民族文化特性及實施民族教育之必要，寬列原住民重點學校及原住民教育班員額編制。

國民教育階段之原住民重點學校，於徵得設籍於該學區成年原住民二分之一以上書面同意，始得合併或停辦學校；原住民重點學校為完全中學者，其國民教育階段亦同。

第11條　中央政府應寬列預算，專款辦理原住民族教育；其比率，合計不得少於**中央教育主管機關預算總額百分之一點九**，並依其需求逐年成長。前項預算之支用範圍，應以專屬原住民一般教育、民族教育及其相關積極扶助事項之經費為限；原住民族教育經費之支用範圍、編列方式及其他相關事項之辦法，由中央教育主管機關會同中央原住民族主管機關定之。各級政府應鼓勵國內外組織、團體及個人捐資興助原住民族教育。

第12條　各級政府依本法辦理原住民族地區高級中等以下學校有關民族教育之規劃及實施，應諮詢當地原住民族、部落或其他傳統組織。

第二章　就學

第13條　地方政府應於原住民族地區，普設公立幼兒園、非營利幼兒園、社區或部落互助教保服務中心，提供原住民幼兒教保服務之機會。地方政府應定期辦理非原住民族地區原住民族幼兒教育資源及需求之調查，並提供適當之教保服務。地方政府辦理非營利幼兒園，或社區、部落互助教保服務中心，需用國有土地或建築物者，得由國有財產管理機關以出租方式提供使用；其租金基準，按該土地與建築物當期依法應繳納之地價稅及房屋稅計收年租金。

第14條　原住民幼兒申請就讀公立幼兒園、非營利幼兒園、社區或部落互助教保服務中心時，有優先權。中央教育主管機關對於就讀公私立幼兒園、非營利幼兒園、社區或部落互助教保服務中心之原住民幼兒，視實際需要補助其就學費用；其補助辦法，由中央教育主管機關定之。為保障原住民幼兒學習其族語、歷史與文化機會及發揮部落照顧精神，地方政府應輔導或補助部落、法人、團體辦理社區互助式或部落互助式幼兒教保服務。地方政府辦理前項輔導或補助事項，應鼓勵以族語實施教保服務，中央原住民族主管機關及中央教育主管機關得視實際需要分別予以補助。直轄市、縣（市）社政主管機關應鼓勵、輔導、委託民間或自行辦理未滿二歲原住民幼兒之托育服務，中央衛生福利主管機關得視實際需要予以協助。

第15條　各級政府得視需要設立各級原住民族學校或原住民教育班，以利原住民學生就學，並維護其文化。前項原住民族學校設立事項，另以法律定之。

第16條　高級中等以下學校得辦理原住民學生住宿，由生活輔導人員管理之；其住宿及伙食費用，由中央教育主管機關編列預算全額補助。

第17條　高級中等以下學校應主動發掘原住民學生特殊潛能，並依其性向、專長，輔導其適性發展。前項所需輔導經費，由中央教育主管機關及中央原住民族主管機關分別編列預算酌予補助。

第**18**條　高級中等以下學校於原住民學生就讀時，應對其實施民族教育。前項學校實施民族教育所需經費，由中央原住民族主管機關編列預算補助。

第**19**條　地方政府應設立任務編組性質之原住民族教育資源中心，辦理原住民族教育課程、教材與教學方法之研發及推廣，並協助其主管之學校，發展符合當地原住民族之民族教育課程規劃與評量方式，及其他原住民族教育事務。前項原住民族教育資源中心所需經費，由中央教育主管機關及中央原住民族主管機關分別編列預算酌予補助。

第**20**條　各級教育主管機關為發展原住民族教育，得指定所屬公立高級中等以下學校，或由學校提出申請，準用學校型態實驗教育實施條例之規定，辦理學校型態實驗教育。大專校院、高級中等學校為推動前項教育之需要，得經教育主管機關許可後實施一貫制學制。

第**21**條　教育主管機關為發展原住民族教育，得指定所屬公立高級中等以下學校，或由學校提出申請，辦理部分班級實驗教育。前項部分班級實驗教育之辦法，由中央教育主管機關定之。

第**22**條　原住民族教育以政府辦理為原則，必要時，並得委託原住民族、部落、傳統組織或非營利之機構、法人或團體辦理，以保障原住民學生學習權。前項委託，準用公立高級中等以下學校委託私人辦理實驗教育條例之規定。

第**23**條　高級中等以上學校，應保障原住民學生入學及就學機會，必要時，得採額外保障辦理；公費留學並應提供名額，保障培育原住民之人才；其辦法，由中央教育主管機關定之。前項原住民公費留學保障名額之學門，中央教育主管機關應會商中央原住民族主管機關定之。

第**24**條　中央教育主管機關及中央原住民族主管機關應鼓勵大專校院設立原住民相關院、所、系、科、學位學程或專班，並得編列預算酌予補助。前項原住民相關院、所、系、科、學位學程或專班之設立標準，由中央教育主管機關定之。中央原住民族主管機關應每年辦理原住民學生高等教育人才需求領域調查，中央教育主管機關依調查結果鼓勵大專校院專案調高原住民學生外加名額比率或開設專班。

第25條　為建立原住民學生在校就學及生活之文化支持系統，並促進族群友善校園環境，大專校院之原住民學生達一定人數或比率者，中央教育主管機關應鼓勵設原住民族學生資源中心，並指定專責人員，以輔導其生活及學業；其人數或比率，由中央教育主管機關會同中央原住民族主管機關公告之。前項所需經費，中央教育主管機關及中央原住民族主管機關得視需要分別編列預算酌予補助。

第26條　原住民學生就讀高級中等學校者，應補助其助學金，就讀專科以上學校者，應減免其學雜費；其補助、減免及其他相關事項之辦法，由各該教育主管機關定之。各該教育主管機關應提供原住民學生教育獎助，並採取適當優惠措施，以輔導其就學。各大專校院應就其學雜費收入所提撥之學生就學獎助經費，優先協助清寒原住民學生。

第三章　課程

第27條　各級各類學校相關課程及教材，應採多元文化觀點，並納入原住民族歷史文化及價值觀，以增進族群間之瞭解及尊重。中央原住民族主管機關應會同中央教育主管機關，依各民族之族群及文化特性，訂定民族教育課程內容。

第28條　高級中等以下學校開設原住民族語文課程，應依十二年國民基本教育課程綱要辦理；其實施方式，由中央教育主管機關定之。高級中等以下學校為因應原住民學生修習原住民族語文課程需要，應鼓勵教師以原住民族語言進行教學。

第29條　各級政府對學前教育及十二年國民基本教育階段之學生，應提供學習原住民族語言、歷史、科學及文化之機會，並得依學校地區特性與資源，規劃原住民族知識課程及文化學習活動。

第30條　高級中等以下學校選編民族教育課程之教材，應尊重各原住民族文化特性與價值體系，並辦理相關課程之教學及學習活動。原住民族地區高級中等以下學校，其課程發展委員會之設置及民族教育課程之教材選編，應聘請當地原住民族或部落具原住民身分之代表參

與。前二項民族教育課程之教材選編，依地方需要，由直轄市、縣（市）原住民族教育審議會審議之。第四章師資

第31條　為保障原住民族教育師資之來源，中央教育主管機關應協調各師資培育之大學保留一定名額予原住民學生，並得依中央教育主管機關及地方政府之原住民族教育及族語師資需求，提供原住民公費生名額或設師資培育專班。前項原住民公費生取得教師證書後，應由中央教育主管機關或地方政府分發至學校服務，其族語專長應與分發任教學校之需求相符。原住民學生參與師資培育之大學公費生公開招生或校內甄選時，應取得中級以上原住民族語言能力證明書；原住民公費生畢業前，應取得中高級以上之原住民族語言能力證明書。

第32條　高級中等以下學校民族教育教師培育及資格之取得，依師資培育法及其相關法規之規定辦理。中央教育主管機關得協調師資培育之大學，辦理師資職前教育課程，提供於原住民重點學校或偏遠地區學校實際從事族語教學工作滿四學期且現職之族語老師、族語教學支援工作人員或代理教師進修機會。前項人員修畢師資職前教育課程成績及格者，由師資培育之大學發給修畢師資職前教育證明書，其具有大學畢業學歷，通過教師資格考試且修習教育實習成績及格者，由中央教育主管機關發給教師證書。但最近三年內於原住民重點學校或偏遠地區學校任族語老師、族語教學支援工作人員或代理教師累計滿四學期以上，表現優良，教學演示及格者，得免教育實習。依前項取得教師證書，並經公開甄選獲聘任為高級中等以下原住民重點學校或偏遠地區學校編制內合格專任教師者，應於原住民重點學校或偏遠地區學校任教民族教育課程至少六年，始得提出申請介聘至非原住民重點學校或非偏遠地區學校服務。

第33條　原住民重點學校於規定之專任教師編制員額內，以至少聘任一位具備前條第一項或第三項資格之教師為原則。

第34條　原住民重點學校及原住民教育班之專任教師甄選，應於當年度教師缺額一定比率聘任原住民各族教師。於本法中華民國一百零八年五月二十四日修正之條文施行後十年內，國民小學階段之原住民重點

學校聘任具原住民身分之教師比率，應不得低於學校教師員額三分
之一或不得低於原住民學生占該校學生數之比率；國民中學及高級
中等教育階段之原住民重點學校聘任具原住民身分之教師比率，不
得低於該校教師員額百分之五。第一項教師缺額一定比率，由各該
教育主管機關定之。原住民學生人數達全校學生人數二分之一之原
住民重點學校，其主任、校長，應優先聘任、遴選原住民族已具主
任、校長資格者。第一項及前項教師、主任、校長之聘任或遴選辦
法，由中央教育主管機關會同中央原住民族主管機關定之。第35條
各級各類學校為實施原住民族語言、文化及藝能教學，得遴聘原住
民族耆老或具相關專長人士支援教學；其認證辦法，由中央原住民
族主管機關定之。

第36條　中央原住民族主管機關應會同中央教育主管機關，定期辦理民族教
育研習工作，提升原住民族教育師資之專業能力。

第37條　原住民族教育師資應修習原住民族文化及多元文化教育課程，以增
進教學之專業能力；其課程、學分、研習時數及其他相關事項之辦
法，由中央原住民族主管機關會同中央教育主管機關定之。各級政
府應提供原住民族文化及多元文化研習機會，增進高級中等以下學
校教職員工多元文化與原住民族教育之基本知能及專業成長。擔任
族語教學之師資，應通過族語能力認證；其認證辦法，由中央原住
民族主管機關定之。

第五章　終身教育

第38條　各級政府與學校、社會教育機構及文化機構，應依原住民族需要，
結合公、私立機構、法人或團體，提供原住民終身學習及文化活動
機會。

第39條　地方政府得輔導原住民族、部落，或非營利之機構、法人、團體，
設立原住民族推廣教育機構，提供原住民下列教育：
一、識字教育。
二、各級學校補習或進修教育。

三、 民族技藝、特殊技能或職業訓練。

四、 家庭教育。

五、 語言文化教育。

六、 部落、社區教育。

七、 人權教育。

八、 性別平等教育。

九、 其他終身教育。前項第一款及第二款教育之費用，由中央政府全額補助；其他各款視需要補助之。

第40條 各級政府應依據原住民族家庭之需求，訂定及落實家庭教育推動計畫。第六章研究、評鑑、獎勵。

第41條 各級政府得設民族教育研究發展機構或委託相關學校、學術機構、團體，從事民族教育課程、教材與教學之實驗、研究與評鑑、研習及其他有關原住民族教育發展事項。原住民族教育之各項實驗、研究與評鑑，其規劃及執行，應有多數比率之具有原住民身分代表參與。

第42條 國家教育研究院所設原住民族教育研究中心，應負責原住民族教育相關研究之規劃及執行、並因應各級各類學校學生學習需要，就原住民族教育政策，提供諮詢。

第43條 各級教育主管機關推動教育政策，應促進全體國民認識與尊重原住民族，並得鼓勵、補助非營利之機構、法人或團體，對社會大眾進行原住民族及多元文化教育。政府機關、公營事業機構及政府捐助基金累計超過百分之五十之財團法人，應規劃實施原住民族及多元文化教育相關課程或活動，並鼓勵其員工參與。各級政府對於從事原住民族教育工作有卓越貢獻之學校、機構、團體及人員，應予獎勵。

第七章　附則

第44條 本法施行細則，由中央教育主管機關會同中央原住民族主管機關定之。

第45條 本法自公布日施行。

二 原住民族教育法施行細則

民國108年12月31日修正發布

第1條 本細則依原住民族教育法（以下簡稱本法）第四十四條規定訂定之。

第2條 民族教育之實施，應尊重各原住民族文化特性及價值觀，並依其歷史、語言、藝術、生活習慣、社會制度、生態資源及知識體系，辦理相關教育措施及活動。

第3條 直轄市、縣（市）教育主管機關依本法第三條第四項規定指定之原住民族一般教育專責單位或專人，應依下列規定辦理：
一、所轄區域內有原住民族地區或原住民重點學校者，應指定原住民族一般教育專責單位。
二、所轄區域內無原住民族地區及原住民重點學校者，應視實際需要，指定原住民族一般教育之專責單位或專人。前項專責單位之人員或專人，應尊重原住民族之主體性及文化獨特性，並熟悉原住民族教育事務。

第4條 本法第四條第一項第五款所定原住民重點學校，由高級中等以下學校各該教育主管機關，依下列規定認定之：
一、**在原住民族地區，該校原住民學生人數達學生總數三分之一以上者**。
二、**在非原住民族地區，該校原住民學生人數達一百人以上或達學生總數三分之一以上者。前項認定，應每三學年重新認定一次。**

第5條 本法第八條所定直轄市、縣（市）原住民族教育審議會，得依直轄市、縣（市）政府（以下簡稱地方政府）需要，就下列事項進行審議：
一、原住民族教育政策及方案之擬訂。
二、原住民族學校之設立。
三、高級中等以下學校民族教育課程之教材選編。
四、原住民族教育師資培訓、甄選等相關事項之規劃。
五、原住民族家庭教育推動計畫。

六、輔導設立原住民族推廣教育機構相關事項。

七、其他有關原住民族教育事務。

第6條　地方政府應於本法第九條第一項所定之原住民族教育發展計畫訂定後六個月內，將本法第九條第二項所定應訂定之原住民族教育方案，報中央教育主管機關及中央原住民族主管機關備查。

第7條　國民教育階段原住民重點學校之合併或停辦，應依本法第十條第二項規定，徵得設籍於該學區年滿二十歲原住民二分之一以上書面同意外，其餘辦理方式及程序，準用公立國民小學及國民中學合併或停辦準則之規定。

第8條　本法第十四條第一項所稱原住民幼兒，指當學年度九月一日滿二歲至入國民小學前者。本法第十四條第一項所定優先權之辦理方式如下：一、　原住民幼兒及其他依法優先入園登記人數，未超過該公立幼兒園、非營利幼兒園、社區或部落互助教保服務中心可招生名額：一律准其入園。二、　原住民幼兒及其他依法優先入園登記人數，超過該公立幼兒園、非營利幼兒園、社區或部落互助教保服務中心可招生名額：本公平、公正、公開原則採抽籤方式決定之，並應先行公告抽籤地點及時間。

第9條　本法第十六條所定生活輔導人員，應優先遴用專科以上學校畢業，並具有原住民身分者。各級教育主管機關應定期辦理前項人員之生活輔導知能研習。

第10條　本法第十八條第一項所定實施民族教育，以採多樣化方式，以正式授課為原則，並輔以相關課程及其他與原住民族文化有關之教育活動。

第11條　依本法第二十條第一項規定，各級教育主管機關為發展原住民族教育，得指定所屬公立高級中等以下學校，或由學校經校務會議通過後，提出申請，以學校為範圍，就行政運作、組織型態、設備設施、課程教學、學生入學、學習成就評量、學生事務及輔導等事項，辦理學校型態原住民族實驗教育，並準用學校型態實驗教育實施條例之下列規定：

一、第六條。

二、第七條第一項、第二項第一款至第五款、第七款、第八款、第十一款至第十七款及第三項第一款、第八條、第十條、第十一條第一項及第二項、第十二條。

三、第十四條第一項第一款第一目、第二目。

四、第十七條、第二十條第一項、第二十一條、第二十二條。

五、第二十三條第四項至第七項、第二十五條第二項至第四項及第二十六條。

第12條　依本法第二十二條委託原住民族、部落、傳統組織或非營利之機構、法人或團體辦理原住民族教育者，應準用公立高級中等以下學校委託私人辦理實驗教育條例第三條至第七條、第八條第一項及第二項、第九條至第三十條規定。但第三條第一項第二款、第三項、第六條第二項及第八條第一項第一款有關自然人之規定，不予準用。

第13條　各級主管機關為審議本法第二十條、第二十一條原住民族教育之實驗教育及第二十二條之委託事項，應召開原住民族實驗教育審議會。前項審議會置委員九人至二十五人，由各該主管機關就熟悉實驗教育之下列人員聘（派）兼之，其中第四款至第六款之委員人數合計不得少於委員總人數五分之二；具原住民身分之委員不得低於委員總人數之二分之一，並應兼顧族群比率；任一性別委員人數不得少於委員總人數三分之一：

一、教育行政機關代表

二、具有會計、財務金融、法律或教育專業之專家、學者。

三、校長及教師組織代表。

四、具有實驗教育經驗之校長或教學人員。

五、實驗教育家長代表、本人或子女曾接受實驗教育者。

六、實驗教育相關團體代表。第一項審議會之委員任期、續聘、補行聘（派）兼、主席產生準用學校型態實驗教育條例第五條第三項、第五項至第七項規定。第一項審議會，直轄市、縣（市）主管機關得併依本法第八條所召開之直轄市、縣（市）原住民族教育審議會辦理。

第14條　高級中等以下學校依本法第二十八條規定開設原住民族語文課程時，應充分應用以原住民族文化為導向之內容，視需要結合部落耆老共同教學，鼓勵家庭與部落全面參與。

第15條　各級政府依本法第二十九條規定提供學前教育及十二年國民基本教育階段之學生學習原住民族語言、歷史、科學及文化之機會，應規劃、協助並督導學前教育機構及高級中等以下學校，安排時數，實施教學。

第16條　原住民族地區高級中等以下學校依本法第三十條第二項規定應聘請當地原住民族或部落具原住民身分之代表，得以家長、社區人士、部落人士及專家學者之身分參與學校課程發展委員會，其比率由各校自訂。但不得低於十分之一。原住民族地區高級中等以下學校民族教育課程之教材選編，得以召開會議、辦理公聽會、研討會、說明會、問卷調查、實地訪問或其他適當方式諮詢當地原住民族、部落或其他傳統組織。

第17條　地方政府依本法第三十九條第一項規定輔導設立之原住民族推廣教育機構，應充分運用社會教育機構、學校、機關之組織及人力，並結合社會資源辦理之。

第18條　中央原住民族主管機關應會同中央教育主管機關，協調及整合原住民族文化、教育相關資源及資訊，並建置資源整合平臺，提供各政府機關、公營事業機構及政府捐助基金累計超過百分之五十之財團法人，依本法第四十三條第二項規定，規劃實施原住民族及多元文化教育相關課程或活動。

第19條　本細則自發布日施行。

三 原住民族語言能力認證辦法

民國109年3月25日修正發布

第1條 本辦法依原住民族教育法第三十七條第三項及原住民族語言發展法第十一條第二項規定訂定之。

第2條 原住民族語言能力（以下簡稱族語能力）指對原住民族語言**聽、說、讀、寫**之能力。

第3條 本辦法之主管機關為**原住民族委員會**。族語能力認證得委託學校或民間團體辦理認證工作。

第4條 族語能力認證分為**初級、中級、中高級、高級及優級**。

第5條 參加族語能力認證者，不受**國籍、族別及年齡**之限制，得擇前條任一等級認證。

第6條 族語能力認證方式如下：
一、測驗。　　　　　　　　二、審查。

第7條 族語能力認證之測驗之族語別、方言別、方式、範圍、配分及合格標準，由主管機關公告之。

第8條 具備下列資格之一者，得向主管機關申請族語能力認證審查：
一、擔任原住民族語言能力認證考試、原住民族族語能力認證測驗命題委員三次以上。
二、著有族語相關著作。前項審查方式由主管機關另訂之。

第9條 下列事項由試務委員會決議行之：
一、命題標準、評閱標準及審查標準之決定。
二、擬題及閱卷之分配。
三、考試成績之審查。
四、分數轉換之方式及標準之採用。
五、錄取或及格標準之決定。

六、彌封姓名冊、著作或發明及有關文件密號之開拆與核對。

七、錄取或及格人員之榜示。

八、其他應行討論事項。

第10條　族語能力認證合格者，由主管機關發給族語能力證明書，並載明下列事項：

一、合格人員之姓名及其身分證明文件字號。

二、主管機關、發文字號及年、月、日。

三、認證之族語別、方言別、及其認證等級。

第11條　本辦法自發布日施行。

四 原住民學生升學保障及原住民公費留學辦法

民國108年12月18日修正發布

第1條　本辦法依原住民族教育法第二十三條第一項、專科學校法第三十二條第一項及高級中等教育法第四十一條第一項規定訂定之。

第2條　本辦法所稱原住民學生或原住民，其認定依中央原住民族主管機關之有關規定。

第3條　原住民學生參加高級中等以上學校新生入學，除博士班、碩士班、學士後各學系招生不予優待外，依下列規定辦理；其入學各校之名額採外加方式辦理，不占各級教育主管機關原核定各校（系、科）招生名額：

一、高級中等學校、專科學校五年制：

(一)參加免試入學者，其超額比序總積分加**百分之十**計算。但取得原住民文化及語言能力證明者，超額比序總積分加**百分之三十五**計算。

(二)參加特色招生學科考試分發入學者，依其採計成績，以加
總分**百分之十**計算。但取得原住民文化及語言能力證明
者，以加總分**百分之三十五**計算。

(三)參加特色招生術科甄選入學者，依其採計成績，以加總分
百分之十計算。

二、技術校院四年制、二年制或專科學校二年制：

(一)參加登記分發入學者，以加總分**百分之十**計算。但取得原住民
文化及語言能力證明者，以加總分**百分之三十五**計算。

(二)參加登記分發以外之其他方式入學者，得由各校參採其原
住民族群文化學習歷程及多元表現成果，酌予考量優待。

三、大學：

(一)參加考試分發入學者，依其採計考試科目成績，以加原始
總分**百分之十**計算。但取得原住民文化及語言能力證明
者，以加原始總分**百分之三十五**計算。

(二)參加考試分發入學以外之其他方式入學者，得由各校參採
其原住民族群文化學習歷程及多元表現成果，酌予考量優
待。前項第一款第一目總積分經加分優待後進行比序，第
一款第二目、第三目、第二款及第三款經加分優待後分數
應達錄取標準。

第一項所定外加名額，以原核定招生名額外加**百分之二**計算，
其計算遇小數點時，採無條件進位法，取整數計算。但下列情
形之一者，其招生名額外加比率不受百分之二限制：一、成績
總分或總積分經加分優待後相同，如訂有分項比序或同分參酌
時，經比序或同分參酌至最後一項結果均相同者，增額錄取。
二、原住民聚集地區、重點學校及特殊科系，得衡酌學校資源
狀況、區域特性及入學管道，依原住民學齡人口分布情形及就
讀現況專案調高比率；其調高之比率，高級中等學校，由各該
教育主管機關定之；大專校院，由中央教育主管機關會商中央
原住民族主管機關、相關機關及大專校院定之。

第4條　原住民學生經依本辦法規定註冊入學後再轉校（院）轉系（科）者，不得再享受本辦法之優待。前項學生入學後因志趣不合或學習適應困難者，原肄業學校應輔導協助轉系。

第5條　以原住民身分報考高級中等以上學校者，其報考資格之審查，招生單位應連結中央教育主管機關電子查驗系統，取得當事人戶籍資料，作為辨識、審查之依據。招生單位未能連結前項電子查驗系統，或原住民身分尚待查驗時，招生單位得要求當事人提供全戶戶口名簿影本或三個月內申請之其他戶籍資料證明文件，並應明定於招生簡章。

第6條　原住民學生報考高級中等以上學校，如未以原住民族籍身分報名或未送繳前條規定之證件者，不予優待，事後不得以任何理由申請補辦或補繳。

第7條　各招生單位於招生放榜後，應將原住民學生報考及錄取人數編製統計表報請教育主管機關及原住民族主管機關備查。

第8條　依本辦法升學經查有冒籍情事或資格不符者，應由學校依相關法令開除其學籍，並議處有關人員。如涉偽造文書等違法行為，應依相關法令辦理。

第9條　中央教育主管機關舉辦公費留學考試時應提供原住民名額，以保障培育原住民人才。前項名額及其學門，由中央教育主管機關會商中央原住民族主管機關定之。

第10條　原住民報考中央教育主管機關舉辦之公費留學考試，其報考資格、成績計算、錄取基準及其他應遵行之事項，由中央教育主管機關會商中央原住民族主管機關定之。

第11條　本辦法自發布日施行。

五 公務人員特種考試原住民族考試規則

民國109年5月29日修正發布

第1條 本規則依公務人員考試法第七條第一項規定訂定之。

第2條 公務人員特種考試原住民族考試（以下簡稱本考試）分一等考試、二等考試、三等考試、四等考試及五等考試。

第3條 中華民國國民具有**原住民身分**，年滿十八歲，得應本考試五等考試，並得依附表一、二、三、四之規定，應本考試各等別考試。

自中華民國一百十年一月一日起，報名本考試應取得原住民族委員會核發之原住民族語言能力認證初級以上合格證書；自中華民國一百十三年一月一日起，報名本考試一、二、三等考試應取得原住民族委員會核發之原住民族語言能力認證中級以上合格證書。

第4條 本考試一等考試分三試舉行，第一試為筆試，第二試為著作或發明審查，第三試為口試。二等考試分二試舉行，第一試為筆試，第二試為口試。

本考試三等考試以筆試方式行之。

本考試四等考試監所管理員、法警類科分二試舉行，第一試為筆試，第二試為體能測驗。其餘類科以筆試方式行之。

本考試五等考試以筆試方式行之。

本考試採二試或三試程序之等別考試，各試均分別錄取。前一試錄取者，始得應下一試。

第5條 本考試各等別之類科及應試科目，分別依附表五、六、七、八、九之規定。

第6條 本考試四等考試監所管理員、法警類科考試之應考人於筆試錄取通知送達十四日內，應繳交試務機關指定之醫療機構所出具之體格檢查表。體格檢查不合格或未依規定期限繳交體格檢查表者，不得參加第二試。

前項體格檢查項目及標準，依附表十之規定。

第7條　本考試各等別考試總成績，一等考試以筆試成績百分之四十，著作或發明成績百分之三十五，口試成績百分之二十五合併計算之；二等考試以筆試成績百分之八十，口試成績百分之二十，合併計算之；三等、四等、五等考試以筆試成績計算之。

各等別考試筆試成績，一等考試以應試科目「英文」成績百分之二十，其餘應試科目成績各百分之四十合併計算之；二等、三等考試以普通科目每科成績乘以百分之十，專業科目平均成績乘以賸餘百分比合併計算之；四等、五等考試以各科目平均成績計算之。

本考試四等考試監所管理員、法警類科第二試體能測驗以心肺耐力測驗一千二百公尺跑走測驗之。其及格標準，男性應考人為五分五十秒以內；女性應考人為六分二十秒以內。體能測驗不計入本考試總成績。

應考人筆試成績有一科為零分、一等考試著作或發明成績未滿六十分、一等、二等考試口試成績未滿六十分，或總成績未達五十分或體能測驗未達及格標準者，均不予錄取。缺考之科目，視為零分。

第8條　本考試各等別依年度任用需求擇優錄取，並得視考試成績與需求增額錄取，列入候用名冊。

併採筆試與口試、筆試與體能測驗、筆試與著作發明審查及口試之等別，得依各類科需用名額與增額錄取需求，酌增筆試錄取名額。

一等考試第二試著作或發明成績六十分以上者，均予錄取。

本考試各試應錄取人數最後一名有同分者，一律錄取。

第9條　本考試錄取人員應依公務人員考試錄取人員訓練辦法之規定，施以訓練。

本考試五等考試錄事類科錄取人員，於訓練期滿前應繳交財團法人中華民國電腦技能基金會核發中文電腦打字每分鐘三十字以上之合格證明，或經實務訓練機關公開測驗中文電腦打字每分鐘三十字以上成績合格，未繳交合格證明或未達合格標準者，為訓練成績不及格。

本考試錄取人員訓練期滿成績及格，經公務人員保障暨培訓委員會核定後，由考試院發給考試及格證書，並由原住民族委員會分發任用。

第10條　本考試及格人員自取得考試及格資格之日起，實際任職**三年內**，應於原分發占缺任用機關（構）、學校任職。實際任職滿三年、未滿六年者，僅得轉調於原住民族工作權保障法所定之原住民地區，或辦理原住民族相關事務之各級機關（構）、學校任職。

前項轉調之限制，應於考試及格證書註明，並函請銓敘部查照。

第11條　本規則自發布日施行。

六　師資培育公費助學金及分發服務辦法（節錄）

修正日期：民國109年07月30日

第4條　各師資培育之大學應依中央主管機關核定公費生培育名額公開辦理招生或校內甄選，其錄取方式、名額、公費受領起訖時間與年限、所享權利、應履行及其他相關事項之義務、違反義務之處理與分發服務相關規定，應於招生簡章或甄選實施規定中定之。原住民學生參與前項為保障原住民族教育師資來源而辦理之公開招生或校內甄選時，依原住民族教育法第三十一條第三項規定，應取得中級以上原住民族語言能力證明書。各師資培育之大學辦理公費生培育，應落實該類科教師專業標準及服務精神之培養，並與中央主管機關及提報缺額、類別之直轄市、縣（市）主管機關建立合作輔導機制。

前項合作輔導機制，應包括共同規劃公費生應具備之教育專業知能、遴選教育實習機構及訂定輔導實施計畫。

第8條　公費生修業期間有下列情形之一者，應終止公費受領，並喪失接受分發之權利：

一、每學期修習教育專業課程或專門課程學分數未達二學分。

二、學業總平均成績，連續二學期未達班級排名前百分之三十。但成績達八十分以上，不在此限。

三、曾受申誡處分三次以上或記過以上處分。

四、畢業前未取得符合歐洲語言學習、教學、評量共同參考架構
（Common European Frame work of Reference for Languages：
learning，teaching，assessment）B1級以上英語相關考試檢定及
格證書。但有下列情形之一者，不在此限：
(一)離島地區公費生取得A2級以上英語相關考試檢定及格證書。
(二)原住民公費生。

五、每學年義務輔導學習弱勢、經濟弱勢或區域弱勢學生，未達
七十二小時。

六、畢業前未通過教學演示。

七、畢業前未符合中央、直轄市、縣（市）主管機關教育專業知能
需求。

八、原住民公費生畢業前未取得中高級以上原住民族語言能力證明書。

九、原住民公費生畢業前於部落服務實習未達八週。

十、原住民公費生畢業前未修畢原住民族文化、語言及教育相關課
程二十學分。前項第二款規定，於離島地區及原住民公費生之
第一學年成績，不適用之。離島地區及原住民公費生第二學年
起之學業成績未達第一項第二款規定，其學業總平均於班級排
名前百分四十或成績達七十五分以上者，得由師資培育之大學
進行適性評估，經中央、直轄市、縣（市）主管機關同意，保
有其公費生資格。公費生修業期間經就讀學校甄選為交換學
生，並經中央、直轄市、縣（市）主管機關同意者，得保留公
費生資格及延後分發，其期間至多一年。前項公費生於交換期
間應暫停公費受領，並以學期為單位暫停其權利及義務。

第12條　各師資培育之大學於公費生取得教師證書後，應造具公費合格教師
名冊，報中央主管機關備查。直轄市、縣（市）主管機關依第三條
第二項規定提報之師資缺額，由中央主管機關辦理公費生分發，各
直轄市、縣（市）主管機關不得拒絕；國立學校由中央主管機關逕
行分發。前項以外經中央主管機關依第三條第二項規定調整之公費
生培育名額，應協調直轄市、縣（市）主管機關或分發學校同意
後，辦理公費生分發。中央、直轄市、縣（市）主管機關接獲公費

生分發名額後，應參據各校教師需求名額、原住民族語言專長、學生成績及志願等，以公開、公平、公正方式分發至學校服務，並以一次為限。

七　高級中等以下學校原住民族語老師資格及聘用辦法

修正日期：民國109年6月28日

第1條　本辦法依原住民族語言發展法第二十二條第二項規定訂定之。第2條本辦法所稱原住民族語老師（以下簡稱族語老師），應取得原住民族委員會中華民國一百零二年十二月三十一日以前核發之原住民族語言能力認證考試合格證書，或一百零三年一月一日以後核發之原住民族語言能力認證測驗高級以上合格證書，並具備下列各款資格之一者，始得擔任：

一、原住民族委員會核發之原住民族語言能力認證合格人員研習結業證書。

二、直轄市、縣（市）政府核發之教學支援人員研習合格證書。

三、大學校院依原住民族語言師資培育計畫辦理核發之修畢學分證明書。第3條公立高級中等以下學校（以下簡稱學校）聘任專門從事原住民族語文（以下簡稱族語）教學之專職族語老師，應由各該學校之主管機關採聯合甄選方式為之。前項甄選作業，應以公平、公正及公開之方式辦理。學校聘任以部分時間擔任族語老師者，其聘任程序及權利義務，依國民中小學教學支援工作人員聘任辦法辦理；私立高級中等以下學校聘任族語老師者，亦同。

第4條　學校之主管機關辦理專職族語老師聯合甄選作業，應設甄選會；其任務如下：

一、審議甄選簡章及試場規則。　　二、確認作業程序。

三、督導試務工作。　　　　　　　四、審議錄取名單。

五、處理爭議事件。　　　　　　　六、其他有關甄選事項。

第5條 甄選會置委員七人至十七人，由學校之主管機關就學者專家、原住民族代表、學校代表及行政機關代表遴聘；任一性別委員人數不得少於委員總數三分之一。前項甄選會，由學校之主管機關首長或其指定之人員擔任召集人，並為委員。甄選會開會時，由召集人擔任主席；召集人因故未能出席時，得由召集人指定委員一人，或由出席委員互推一人擔任主席。甄選會應有三分之二以上委員出席，始得開會，並經出席委員過半數之同意，始得決議。

第6條 專職族語老師之甄選，至少應就筆試、口試、試教或實作，擇二種以上方式為之，並得就下列條件綜合考評：
一、族語能力認證等級。
二、參與族語教學研習經歷。
三、學歷。
四、族語教學活動經歷。
五、協助各機關推廣族語經歷。
六、族語及文化相關著作。
七、其他由學校之主管機關訂定之條件。

第7條 學校之主管機關依本辦法辦理專職族語老師甄選之簡章、名額及其他有關資訊，應於網站公告；自公告之日起至報名截止期間，不得少於五日（不包括例假日）。

第8條 學校之主管機關應將甄選錄取之人員名單，提供學校予以聘任。前項人員，除有第二十八條之三第一項各款情形之一者外，學校不得拒絕聘任。

第9條 專職族語老師每次聘期至少一學年，最長二學年；其聘期屆滿，符合下列規定者，由學校校長再聘之：
一、專職族語老師於聘期內經依第二十二條第一項辦理之年終考核為甲等。
二、經學校教師評審委員會審核通過，並報學校之主管機關同意。

第10條　專職族語老師，得由學校採合聘方式為之。合聘之專職族語老師專任學校為主聘學校，其他合聘學校為從聘學校；合聘之專職族語老師之學校，以不超過三校為原則。合聘之專職族語老師，應依主聘學校之需求，更換從聘學校。主聘學校與從聘學校，應就專職族語老師跨校相關工作項目，訂定協議書；主聘學校應將協議書內容及本辦法之規定，以書面方式通知合聘之專職族語老師。合聘之專職族語老師條件、聘期、教學活動及其他權利義務事項之規定，除本辦法另有規定外，由學校之主管機關定之。前項權利事項，得依實際需要，包括交通費之支給。

第11條　學校或主聘學校應與專職族語老師訂定契約；其契約應記載下列事項：
一、專職族語老師之權利義務。
二、擔任工作項目及工作考核。
三、契約期間薪資及支給方式。
四、其他必要事項。

第12條　專職族語老師於受聘期間，享有下列權利：
一、對學校族語教學及行政事項提供意見。
二、參與教學有關之研習或活動。
三、享受學校各種教學資源。
四、依法執行職務涉訟時，其服務學校應延聘律師為其辯護及提供法律上之協助。

第13條　專職族語老師於受聘期間，除應遵守法令履行聘約外，並負有下列義務：
一、遵守聘約規定，維護校譽。
二、積極維護學生受教之權益。
三、依有關法令及學校之安排，實施教學活動。
四、輔導或管教學生，導引其適性發展，並培養其健全人格。
五、嚴守職分，本於良知，發揚專業精神。
六、非依法律規定，不得洩漏學生個人或其家庭資料。
七、參加經指派與教學、行政有關之研習或活動、學校學術及社會教育活動。

八、其他依法令規定應盡之義務。

第14條　專職族語老師之薪資支給基準，規定如附表。專職族語老師取得原住民族委員會核發之原住民族語言能力認證測驗薪傳級或優級合格證書者，除按前項薪資支給基準支給薪資外，每人每月加發新臺幣三千元。專職族語老師年終工作獎金，比照當年度軍公教人員年終工作獎金發給注意事項規定辦理。專職族語老師如於年度中轉任軍公教人員年終工作獎金發給注意事項適用對象或比照發給對象，且於十二月一日仍在職者，由原學校按實際擔任專職族語老師之月數比例於不重領、不兼領原則下，發給年終工作獎金。

第15條　專職族語老師符合勞工保險條例、就業保險法或全民健康保險法所定資格者，學校應於聘約有效期間為其投保勞工保險、就業保險及全民健康保險。專職族語老師符合勞工退休金條例所定資格者，學校於聘約有效期間，應依勞工退休金條例規定，按月為其提繳退休金。

第16條　專職族語老師工作項目如下：
一、族語課程教學。
二、族語教學相關行政。
三、族語課程、教學或教材研發。
四、學生族語學習相關競賽及活動指導。
五、其他學校指派之工作。學校不得安排專職族語老師擔任導師、編制內主管職務或同意商借至機關服務。

第17條　專職族語老師每週基本授課節數為二十節。但有下列情形之一，報學校之主管機關核准者，每週得減教學節數：
一、減授四節：
　　(一)任教於學校型態原住民族實驗學校，負責該校實驗教育課程教材之規劃及研發。
　　(二)服務於偏遠地區學校分級及認定標準所定極度偏遠或特殊偏遠地區學校，統籌學校族語課程教學整體事務。
　　(三)教授之族語為當地少數方言別，並辦理該少數方言文化傳承之相關工作。

二、減授八節：教授之族語為原住民族委員會公告瀕危語別，並辦
理瀕危語別復振之相關工作。任教於學校型態原住民實驗學校
之專職族語老師，有教授民族教育課程，其課程節數，得合併
族語課程計算。專職族語老師教學節數逾第一項各該教學節數
者，得支給超節數鐘點費，每週以六節為限。

第18條　專職族語老師在職期間，應參與族語教學專業有關之研習，每學年至
少三十六小時，並取得證明。專職族語老師經學校主動薦送、指派或同
意，利用部分教學時間，進行與職務有關之進修、研究或研習，每週在
八小時以內，給予公假；其期間由學校視實際需要定之。

第19條　專職族語老師應專職於學校工作；其經學校核准者，得於公、私立
學校兼課，每週不得逾四小時，並應依規定請事假或休假。

第20條　專職族語老師之全學年服務日，比照行政院人事行政總處公告之行
政機關辦公日辦理；其休假，比照兼任行政職務教師之規定。專職
族語老師請假，除教師請假規則第四條第一項第五款、第十一款但
書、第十四款、第五條、第六條、第九條、第十條、第十二條、第
十七條及第十八條規定外，準用該規則之規定。

第21條　專職族語老師應接受考核；其考核類別如下：
一、平時考核：應就平時之工作、操行、敬業精神、工作成效、出
勤紀錄等項目考核，隨時根據具體事實，詳予記錄，並作為年
終考核之依據。
二、年終考核：應就敬業精神、團隊精神、工作成效、專業知能、
出勤紀錄、獎懲情形、完成本辦法規定相關研習時數及平時考
核情形等，綜合考核。
三、專案考核：專職族語老師有重大違失情事、受刑事處分或事、
病假合計超過二十八日時，應辦理專案考核。前項第三款所定
事、病假合計之日數，應扣除請家庭照顧假、生理假及因安胎
事由請假之日數。專職族語老師有第二十三條各款所定情形
者，學校應與其面談，就教學計畫、目標、方法及態度等，進
行溝通討論；面談內容及結果，應記錄於平時考核紀錄。

第22條　年終考核分為甲等、乙等及丙等；其各等第分數及規定如下：
一、甲等：八十分以上。其次學年薪資得提高一級。
二、乙等：七十分以上，未滿八十分。其次學年薪資留原薪級。
三、丙等：未滿七十分。其次學年薪資留原薪級，並不發給年終工作
　　獎金。專職族語老師聘用至學年度終了屆滿一學年者，應予年終
　　考核。任職滿一學期，未滿一學年者，另予考核；其考核項目、
　　各等分數，比照年終考核之規定辦理，次學年仍留原薪級。

第23條　專職族語老師有下列情形之一者，年終考核不得考列甲等：
一、不當管教學生。
二、有遲到、早退情形，合計超過三次。
三、有曠職之紀錄。
四、未經學校校長同意，擅自在外兼課兼職。
五、因病已達延長病假。
六、辦理業務不服從主管指揮或態度惡劣，致影響整體業務之完成
　　或推展。
七、影響學校聲譽，有具體之事實。
八、其他影響學生重大權益事項，且有具體之事實。

第24條　專職族語老師應接受考核；其考核，比照學校專任教師平時考核及
年終考核之規定辦理。

第25條　專職族語老師平時考核應分別於每年十一月及三月辦理，年終考核
應於每年七月三十一日前完成。

第26條　依本辦法辦理甄選及考核之人員，應確實保密，並遵守行政程序法
有關利益迴避之規定。

第27條　專職族語老師之權利義務，除本辦法另有規定外，視同為國民中小
學教學支援工作人員聘任辦法所定教學支援工作人員，為中央勞工
主管機關所定依教育人員法令進用編制外之教學人員。

第28條　專職族語老師有下列各款情形之一者，學校應予解聘，且終身不得
聘任為專職族語老師：

一、動員戡亂時期終止後，犯內亂、外患罪，經有罪判決確定。

二、服公務，因貪污行為經有罪判決確定。

三、犯性侵害犯罪防治法第二條第一項所定之罪，經有罪判決確定。

四、經學校性別平等教育委員會或依法組成之相關委員會調查確認有性侵害行為屬實。

五、經學校性別平等教育委員會或依法組成之相關委員會調查確認有性騷擾或性霸凌行為，有解聘及終身不得聘任為專職族語老師之必要。

六、受兒童及少年性剝削防制條例規定處罰，或受性騷擾防治法第二十條或第二十五條規定處罰，經學校性別平等教育委員會確認，有解聘及終身不得聘任為專職族語老師之必要。

七、經各級社政主管機關依兒童及少年福利與權益保障法第九十七條規定處罰，並經教師評審委員會確認，有解聘及終身不得聘任為專職族語老師之必要。

八、知悉服務學校發生疑似校園性侵害事件，未依性別平等教育法規定通報，致再度發生校園性侵害事件；或偽造、變造、湮滅或隱匿他人所犯校園性侵害事件之證據，經學校查證屬實。

九、偽造、變造或湮滅他人所犯校園毒品危害事件之證據，經學校查證屬實。

十、體罰或霸凌學生，造成其身心嚴重侵害。

十一、行為違反相關法規，經學校查證屬實，有解聘及終身不得聘任為專職族語老師之必要。專職族語老師有前項第一款至第三款規定情形之一者，免經教師評審委員會審議，並免報主管機關核准，予以解聘。專職族語老師有第一項第四款至第六款規定情形之一者，免經教師評審委員會審議，由學校逕報主管機關核准後，予以解聘。專職族語老師有第一項第七款或第十款規定情形之一者，應經教師評審委員會委員三分之二以上出席及出席委員二分之一以上之審議通過，並報主管機關核准後，予以解聘；有第一項第八款、第九款或第十一款規定情形之一者，應經教師評審委員會委員三分之二以上出席及出席委員三分之二以上之審議通過，並報主管機關核准後，予以解聘。

第28-1條 專職族語老師有下列各款情形之一者，學校應予解聘，且應議決一年至四年不得聘任為專職族語老師：

一、 經學校性別平等教育委員會或依法組成之相關委員會調查確認有性騷擾或性霸凌行為，有解聘之必要。

二、 受兒童及少年性剝削防制條例規定處罰，或受性騷擾防治法第二十條或第二十五條規定處罰，經學校性別平等教育委員會確認，有解聘之必要。

三、 體罰或霸凌學生，造成其身心侵害，有解聘之必要。

四、 經各級社政主管機關依兒童及少年福利與權益保障法第九十七條規定處罰，並經教師評審委員會確認，有解聘之必要。

五、 行為違反相關法規，經學校查證屬實，有解聘之必要。專職族語老師有前項第一款或第二款規定情形之一者，免經教師評審委員會審議，由學校逐報主管機關核准後，予以解聘。專職族語老師有第一項第三款或第四款規定情形之一者，應經教師評審委員會委員三分之二以上出席及出席委員二分之一以上之審議通過，並報主管機關核准後，予以解聘；有第一項第五款規定情形之一者，應經教師評審委員會委員三分之二以上出席及出席委員三分之二以上之審議通過，並報主管機關核准後，予以解聘。

第28-2條 專職族語老師聘任後，有下列各款情形之一者，應經教師評審委員會審議通過，並報主管機關核准後，予以解聘：

一、 教學不力或不能勝任工作有具體事實。

二、 違反聘約情節重大。專職族語老師有前項各款規定情形之一者，應經教師評審委員會委員三分之二以上出席及出席委員三分之二以上之審議通過。

第28-3條 有下列各款情形之一者，不得聘任為專職族語老師；已聘任者，學校應予以解聘：

一、 有第二十八條第一項各款情形。

二、 有第二十八條之一第一項各款情形，於該議決一年至四年期間。

三、 有教師法第十四條第一項各款、第十九條第一項第一款情形。

四、有教師法第十五條第一項各款、第十九條第一項第二款情
　　形，於該議決一年至四年期間。
五、有教師法第十八條第一項情形，於該終局停聘六個月至三年
　　期間。
六、有性別平等教育法第二十七條之一第一項第一款、第三項前
　　段情形。
七、有性別平等教育法第二十七條之一第一項第二款、第三項後
　　段情形，於該議決一年至四年期間。有前項各款情形，且屬
　　依第二十八條之四、　　　　教師法第二十條第一項或性別平等
　　教育法第二十七條之一第四項規定通報有案者，未聘任者，
　　不得聘任；已聘任者，免經教師評審委員會、學校性別平等
　　教育委員會或依法組成之相關委員會審議，由學校逕予解
　　聘；非屬依第二十八條之四、教師法第二十條第一項或性別
　　平等教育法第二十七條之一第四項規定通報有案者，學校應
　　依第二十八條或第二十八條之一規定辦理，未聘任者，不得
　　聘任；已聘任者，予以解聘。

第28-4條 專職族語老師有第二十八條第一項、第二十八條之一第一項及前條
規定之情形者，學校應辦理通報、資訊之蒐集、查詢、處理及利
用；學校聘任專職族語老師前，應查詢其有無前條規定之情形，已
聘任者，應定期查詢；其通報、資訊之蒐集、查詢、處理、利用及
其他相關事項，準用不適任教育人員之通報資訊蒐集及查詢處理利
用辦法之規定。

第28-5條 專職族語老師有下列各款情形之一者，當然暫時予以停聘：
一、依刑事訴訟程序被通緝或羈押。
二、依刑事確定判決，受褫奪公權之宣告。
三、依刑事確定判決，受徒刑之宣告，在監所執行中。

第28-6條 專職族語老師於聘約有效期間內，涉有下列各款情形之一者，服務
學校應於知悉之日起一個月內經教師評審委員會審議通過後，免
報主管機關核准，暫時予以停聘六個月以下，並靜候調查；必要

　　　　　時，得經教師評審委員會審議通過後，延長停聘期間二次，每次
　　　　　不得逾三個月；其停聘期間不得超過聘約有效期間。經調查屬實
　　　　　者，依第二十八條或第二十八條之一規定辦理：
　　　　　一、第二十八條第一項第四款至第六款情形。
　　　　　二、第二十八條之一第一項第一款或第二款情形。專職族語老師
　　　　　　　於聘約有效期間內，涉有下列各款情形之一，服務學校認為
　　　　　　　有先行停聘進行調查之必要者，應經教師評審委員會審議通
　　　　　　　過，免報主管機關核准，暫時予以停聘三個月以下；必要
　　　　　　　時，得經教師評審委員會審議通過後，延長停聘期間一次，
　　　　　　　且不得逾三個月；其停聘期間不得超過聘約有效期間。
　　　　　經調查屬實者，依第二十八條或第二十八條之一規定辦理：
　　　　　一、第二十八條第一項第七款至第十一款情形。
　　　　　二、第二十八條之一第一項第三款至第五款情形。前二項情形應
　　　　　　　經教師評審委員會委員二分之一以上出席及出席委員二分之
　　　　　　　一以上之審議通過。

第28-7條　依第二十八條之五第二款、第三款規定停聘之專職族語老師，停聘
　　　　　期間不發給薪資。依第二十八條之五第一款、前條第一項規定停聘
　　　　　之專職族語老師，於停聘期間不發給薪資；停聘事由消滅後，未受
　　　　　解聘，並回復聘任者，補發其停聘期間半數薪資。依前條第二項規
　　　　　定停聘之專職族語老師，於停聘期間發給四分之一薪資；調查後未
　　　　　受解聘，並回復聘任者，補發其停聘期間另四分之一薪資。

第29條　　本辦法自發布日施行。

八　幼兒就讀教保服務機構補助辦法

修正日期：民國109年2月5日

第1條　　　本辦法依幼兒教育及照顧法（以下簡稱本法）第七條第六項及原住
　　　　　民族教育法第十四條第二項規定訂定之。

第2條　本辦法用詞，定義如下：
一、低收入戶、中低收入戶：指依社會救助法規定，並經戶籍所在地直轄市、縣（市）主管機關審核認定，取得資格者。
二、家戶年所得：指最近一次經稅捐稽徵機關核定之最近一年度綜合所得稅家戶綜合所得總額。
三、家戶年利息所得：指最近一次經稅捐稽徵機關核定之最近一年度綜合所得稅家戶利息所得總額。
四、教保服務機構：指本法第三條第三款所定提供幼兒教育及照顧服務者。

第3條　本辦法補助對象應符合下列各款規定：
一、本國籍。
二、就讀符合第五條規定之教保服務機構。
三、符合第四條補助項目所定之年齡；或經各級主管機關特殊教育學生鑑定及就學輔導會鑑定，核定暫緩就讀國民小學者。

第4條　本辦法補助項目及額度如下：
一、五歲至入國民小學前之幼兒：
　　(一)學費補助：
　　　　1. 就讀公立幼兒園者，補助每學期全額之學費。
　　　　2. 就讀私立幼兒園或本法第十條第二項至第四項所定社區、部落及職場互助教保服務（以下簡稱互助教保服務中心）者，每學期最高補助新臺幣一萬五千元。
　　(二)經濟弱勢加額補助：低收入戶、中低收入戶或家戶年所得新臺幣七十萬元以下家庭，依家庭經濟，補助雜費、代辦費（不包括交通費、延長照顧服務費、保險費及家長會費）；家庭經濟及其補助額度如附表。
二、二歲以上至未滿五歲之幼兒：
　　(一)低收入戶：依社會救助法及其相關法令之規定，由直轄市、縣（市）主管機關視財政狀況予以補助。
　　(二)中低收入戶：每學期補助新臺幣六千元。前項所定幼兒年齡之計算，以幼兒入教保服務機構當學年度九月一日滿該

歲數者認定之。但幼兒於當學年度滿二歲之當月入教保服務機構者，以二歲計。第一項第一款第二目經濟弱勢加額補助，屬家戶年所得新臺幣七十萬元以下家庭者，其具有第三筆以上不動產，且該不動產公告現值總額逾新臺幣六百五十萬元，或家戶年利息所得逾新臺幣十萬元者，不予補助。本辦法所指家戶年所得、不動產、家戶年利息所得，均以幼兒與其父母或監護人合計之總額計算之；前項不動產，經直轄市、縣（市）主管機關依社會救助法認定，未產生經濟效益者，得不列入計算。

第5條　前條第一項第一款補助對象就讀之教保服務機構，其全學期收費總額，應符合中華民國一百年十二月三十一日以前登載於中央主管機關指定網站之額度或經直轄市、縣（市）主管機關審核通過之額度。

第6條　第四條第一項第一款及第二款第二目之補助，其經費由中央主管機關編列預算支應，並由各直轄市、縣（市）主管機關辦理補助相關作業。第四條第一項第二款第一目之補助，由直轄市、縣（市）主管機關訂定補助相關規定，並執行。

第7條　本辦法補助申請截止日，每學年度第一學期為十月十五日，第二學期為四月十五日。第四條第一項第一款第一目學費補助，就讀公立幼兒園者，由幼兒園逕予減免；就讀私立幼兒園或互助教保服務中心者，由私立幼兒園或互助教保服務中心於幼兒實際就讀滿一個月後，主動造冊向直轄市、縣（市）主管機關辦理請款。第四條第一項第一款第二目及第二款第二目補助，幼兒之法定代理人（以下簡稱申請人）應於第一項申請截止日前，填具申請表，交由教保服務機構向直轄市、縣（市）主管機關辦理請款事項。第四條第一項第二款第一目補助，依直轄市、縣（市）主管機關所定規定辦理。教保服務機構應於直轄市、縣（市）主管機關指定期限內，檢具各學期符合補助規定之幼兒申領清冊及繳費收據等相關資料，向直轄市、縣（市）主管機關申請。本辦法所定各項補助，直轄市、縣（市）主管機關應指派專人依補助類別，採隨到隨辦方式辦理，並

於教保服務機構報補助申領資料後一個月內，完成審核及撥款程序。教保服務機構應就補助款撥付方式，以書面通知申請人。採預先扣繳者，得免轉撥款項；未預先扣繳者，教保服務機構應於直轄市、縣（市）主管機關撥付補助款後，立即轉撥申請人。直轄市、縣（市）主管機關應定期抽檢教保服務機構撥款紀錄。

第8條　本辦法所定補助項目，與其他中央政府所定補助性質相同時，應從優辦理，不得重複領取。依本辦法或其他直轄市、縣（市）主管機關所定性質相同之就學補助，每人每學期所領取之補助總金額，不得超過幼兒應繳之全學期收費總額。

第9條　中央主管機關為執行本辦法補助作業，得請有關機關提供資料，必要時，應由申請人提供詳實資料，各該機關或申請人應予配合。直轄市、縣（市）主管機關及教保服務機構受理補助時，應盡善良管理人之注意義務，對於前項資料，應依個人資料保護相關法規規定為之。

第10條　有下列情事之一者，不予補助；已補助者，應撤銷並追繳之；涉及刑責者，移送司法機關辦理：

一、申請資格與本辦法規定不符。

二、違反第八條第一項重複申領規定。

三、所繳證件虛偽不實。

四、冒名頂替。

五、以其他不正當方式具領。教保服務機構以超過第五條登載或審核通過之收費總額，向幼兒家長收費，經直轄市、縣（市）主管機關查證屬實者，除應立即退費外，自次學年起二學年，以不符合第五條所定教保服務機構論；其經更換負責人、變更教保服務機構名稱，或重新申請設立許可者，亦同。

第11條　中央主管機關依本辦法規定補助之經費，直轄市、縣（市）主管機關及教保服務機構應專款專用；原始支出憑證，應留存直轄市、縣（市）主管機關備查。

第12條　原住民五歲幼兒依原住民族教育法第十四條第二項規定申領就學補助者，除不適用第三條第二款規定外，依本辦法規定辦理。中央原住民族主管機關及直轄市、縣（市）政府，得視實際需要籌措財源，增加補助額度或擴大補助對象。

第13條　本辦法自發布日施行。

九　財團法人原住民族語言研究發展基金會設置條例

公布日期：民國107年12月5日

第1條　為辦理原住民族語言研究發展事項，依據原住民族語言發展法第二十七條規定制定本條例，設置財團法人原住民族語言研究發展基金會（以下簡稱本基金會）。

第2條　本基金會之設置依本條例之規定；本條例未規定者，適用其他相關法律之規定。

第3條　本基金會之主管機關為原住民族委員會。

第4條　本基金會之創立基金新臺幣二千萬元，由主管機關編列預算捐助之。

第5條　本基金會之經費來源如下：
一、政府編列預算之捐贈。
二、基金之孳息收入。
三、國內外公私機構、團體、法人或個人之捐贈。但不包括大陸地區人民、法人、團體或其他機構之捐贈。
四、其他有關收入。

第6條　本基金會之業務範圍如下：
一、原住民族語言研究。　　二、研發原住民族語言教學。
三、典藏原住民族語料。　　四、編纂原住民族語辭典。

五、建置原住民族語言資料庫。

六、推廣使用原住民族語言。

七、辦理原住民族語言能力認證及發行學習教材。

八、其他有關原住民族語言研究發展事項。

第7條　本基金會設董事會，置董事九人至十七人，其中一人為董事長，由董事互選之。董事長對內綜理會務，主持董事會，對外代表本基金會。董事長因故不能執行職務時，由董事互推一人代理之。董事長因故不能執行職務逾三個月時，董事會得以董事三分之二以上出席，出席董事過半數之同意，決議解除其董事長職務。本基金會設監事會，置監察人三人至五人，其中一人為常務監察人，由監察人互選之。常務監察人應列席董事會。如因故不能列席時，由監察人互推一人代理之。

第8條　董事、監察人人選，由主管機關提請行政院院長遴聘之；董事、監察人之原住民代表比例，各不得少於二分之一，任一性別不得少於三分之一。董事長應具原住民身分。其遴聘辦法由主管機關另定之。董事之選任，應顧及原住民族之代表性，並考量語言、教育、文化之專業性。監察人應具有語言、法律、會計或財務之相關經驗或學識。董事、監察人之聘期為三年，以連任一次為限。連任之董事、監察人人數，不得逾改聘董事或監察人總人數三分之二。

第9條　董事、監察人因辭職、死亡或解聘致生缺額者，其所遺缺額，由主管機關依前條規定補聘之。補聘之董事、監察人，其聘期以補足原任者之聘期為止。

第10條　董事會之職掌如下：

一、工作方針之核定。　　　二、重大計劃之核定。

三、基金之籌集、保管及運用。　四、預算及決算之審核。

五、捐助章程變更之擬訂。　　六、重要規章之訂定及修正。

七、重要人事之任免。

八、其他重大事項之審議或核定。董事會每三個月開會一次；董事長認為有必要或經三分之一以上董事之請求，得召開臨時會

議。董事會之決議，應有二分之一以上董事出席，以出席董事過半數之同意行之。

第11條　監事會之職掌如下：
一、基金、存款之稽核。
二、業務、財務狀況之審核。
三、財務帳冊、文件及財產資料之稽核。
四、決算表冊之審核。
五、其他重大事項之審核或稽核。

第12條　董事及監察人除董事長為專任有給職外，均為無給職。

第13條　董事、監察人有下列情形之一者，主管機關應報請行政院院長解聘之：
一、執行職務違反法令或章程。
二、重大且明顯之不適任行為。
三、其他經董事會決議認定有違反職務上義務或有不適於董事職位之行為。
有下列情事之一者，不得充任董事、監察人；其已充任者，當然解任：
一、政黨黨務工作人員。
二、受破產宣告或依消費者債務清理條例經法院裁定開始清算程序，尚未復權。
三、受監護或輔助宣告，尚未撤銷。董事、監察人應遵守利益迴避原則，不得假借職務上權力、機會或方法，圖謀本人或第三人之利益，並準用公職人員利益衝突迴避法之規定。

第14條　本基金會置執行長一人。執行長由董事長經公開甄選程序後，提請董事會由三分之二以上董事出席，出席董事過半數同意後聘請之。任期三年，期滿得續聘之。執行長受董事長之指揮監督，執行本基金會會務。執行長如有第十三條或其他顯不適任之情事，由董事長提請董事會解聘之。執行長辭職、死亡或解聘者，其補聘執行長之任期，以補足原任者之任期為止。

第15條　本基金會之工作人員，除會計相關人員外，應具備原住民族語言能力認證中級以上資格。

第16條 本基金會組織編制及人員薪資，由董事會通過後，報請主管機關核定之。

第17條 本基金會之會計年度，應與政府之會計年度一致。

第18條 本基金會預算、決算之編審，依下列程序辦理：
一、會計年度開始前，應訂定工作計畫，編列預算提經董事會通過後，報請主管機關循預算程序辦理。
二、會計年度終了二個月內，應將工作成果及收支決算，提經董事會審定，並送請監事會審核後，報請主管機關循決算程序辦理。
三、本基金會之經費，於事業年度終了，除保留項目外，如有賸餘應留存基金運用。

第19條 本基金會捐助章程，由主管機關依本條例及有關法律規定訂定之；變更時，由董事會擬訂後，報請主管機關核定。

第20條 本基金會有下列情形之一者，主管機關得解散之，解散後其賸餘財產歸屬國庫：
一、已完成設立目的、無法達成設立時之目的或效益不彰，而無存續之必要。
二、因情事變更，而無存續之必要。

第21條 本條例自公布日施行。

參、社會福利處主管法規

依據出題頻率分為：A頻率高 B頻率中 C頻率低

一　原住民族工作權保障法

民國104年2月4日公布

第一章　總則

第1條　為促進原住民就業，保障原住民工作權及經濟生活，特制定本法。本法未規定者，適用其他法律之規定。

第2條　本法之保障對象為具有原住民身分者。

第3條　本法所稱主管機關：在中央為**原住民族委員會**；在直轄市為直轄市政府；在縣（市）為縣（市）政府。
本法所定事項，涉及各目的事業主管機關職掌者，會同各目的事業主管機關辦理。

第二章　比例進用原則

第4條　各級政府機關、公立學校及公營事業機構，除位於澎湖、金門、連江縣外，其僱用下列人員之總額，每**滿一百人應有原住民一人**：
一、約僱人員。
二、駐衛警察。
三、技工、駕駛、工友、清潔工。
四、收費管理員。
五、其他不須具公務人員任用資格之非技術性工級職務。
前項各款人員之總額，每滿五十人未滿一百人之各級政府機關、公立學校及公營事業機構，應有原住民一人。
第1項各款人員，經各級政府機關、公立學校及公營事業機構列為出缺不補者，各該人員不予列入前項總額計算之。

第5條　原住民地區之各級政府機關、公立學校及公營事業機構，其僱用下列人員之總額，應有**三分之一**以上為原住民：
一、約僱人員。
二、駐衛警察。
三、技工、駕駛、工友、清潔工。
四、收費管理員。
五、其他不須具公務人員任用資格之非技術性工級職務。
前項各款人員，經各級政府機關、公立學校及公營事業機構列為出缺不補者，各該人員不予列入前項總額計算之。
原住民地區之各級政府機關、公立學校及公營事業機構，進用須具公務人員任用資格者，其進用原住民人數應不得低於現有員額之百分之二，並應於本法施行後**三年內**完成。但現有員額未達比例者，俟非原住民公務人員出缺後，再行進用。
本法所稱原住民地區，指原住民族傳統居住，具有原住民族歷史淵源及文化特色，經中央主管機關報請行政院核定之地區。

第6條　各級主管機關、公共職業訓練機構、公立就業服務機構及本法涉及之目的事業主管機關，應指派人員辦理原住民工作權益相關事宜。
前項人員，應優先進用原住民。

第三章　原住民合作社

第7條　政府應依原住民群體工作習性，輔導原住民設立各種性質之原住民合作社，以開發各項工作機會。
原住民合作社之籌設、社員之培訓及營運發展等事項，應由各目的事業主管機關輔導辦理；其輔導辦法，由中央各相關目的事業主管機關會同中央主管機關定之。
第1項**原住民合作社，指原住民社員超過該合作社社員總人數百分之八十以上者**。

第8條　原住民合作社依法經營者，得免徵所得稅及營業稅。但自本法施行之日起**六年內**應免徵所得稅及營業稅。

第9條　原住民合作社之營運發展經費得由各級政府酌予補助。

　　　　各級目的事業主管機關應定期辦理原住民合作社考核，成績優良者，應予獎勵，其考核及獎勵辦法，由中央目的事業主管機關會同中央主管機關定之。

第10條　各級政府應設置原住民合作社輔導小組，其職責如下：

　　　　一、為原住民講解合作社法及相關法令。

　　　　二、扶助原住民符合合作社法第9條之設立行為及登記種類之規定。

　　　　三、原住民合作社成立後，定期追蹤輔導合作社之運作。

　　　　四、為原住民合作社之長期諮詢機構。

　　　　五、其他有關原住民合作社之輔導事項。

第四章　公共工程及政府採購之保障

第11條　各級政府機關、公立學校及公營事業機構，辦理位於原住民地區**未達政府採購法公告金額**之採購，應由原住民個人、機構、法人或團體承包。但原住民個人、機構、法人或團體無法承包者，不在此限。

第12條　依政府採購法得標之廠商，於國內員工總人數逾一百人者，應於履約期間僱用原住民，其人數不得低於**總人數百分之一**。

　　　　依前項規定僱用之原住民於待工期間，應辦理職前訓練；其訓練費用應由政府補助；其補助條件、期間及數額，由中央勞工主管機關另以辦法定之。

　　　　得標廠商進用原住民人數未達第1項標準者，應向原住民族綜合發展基金之就業基金繳納代金。

第五章　促進就業

第13條　中央主管機關應設置原住民就業促進委員會，規劃、研究、諮詢、協調、推動、促進原住民就業相關事宜；其設置要點，由中央主管機關另定之。

　　　　政府應鼓勵公、民營機構辦理原住民就業服務，提供就業諮詢、職場諮商、就業媒合及生活輔導。

第14條 中央主管機關應定期辦理原住民就業狀況調查；各級主管機關應建立原住民人力資料庫及失業通報系統，以利推介原住民就業或參加職業訓練。

各級政府機關、公立學校及公營事業機構依第4條及第5條規定僱用原住民時，得函請各級主管機關推介。

第15條 中央勞工主管機關得視需要獎勵設立職業訓練機構，為原住民辦理職業訓練。

中央勞工主管機關應依原住民就業需要，提供原住民參加各種職業訓練之機會；於其職業訓練期間，並得提供生活津貼之補助。

中央主管機關對原住民取得技術士證照者，應予獎勵，以確保並提升其專業技能。

第2項之補助條件及數額，由**中央勞工主管機關**定之；前項之獎勵辦法，由中央主管機關定之。

第16條 中央主管機關應依原住民各族群之文化特色，辦理各項技藝訓練，發展文化產業，以開拓就業機會。

第17條 民間機構僱用原住民**五十人**以上者，得置社會工作人員，提供職場諮商及生活輔導；其費用，由政府補助之。

前項補助辦法，由中央主管機關定之。

第18條 原住民勞工因非志願性失業致生活陷入困境者，得申請臨時工作；其申請條件，由中央勞工主管機關定之。

第19條 各級地方政府應配合、辦理原住民就業促進之宣導。

第六章　勞資爭議及救濟

第20條 原住民勞資爭議，依據勞資爭議處理法規定辦理。但勞資權利事項與調整事項之爭議，勞方當事人有**三分之一**以上為原住民時，有關勞工主管機關及本法各級主管機關指派之調解委員或仲裁委員之規定如下：

一、調解程序：主管機關**指派三人**，應**至少一人**為具有原住民身分者。

二、仲裁程序：勞資爭議處理法之主管機關及中央主管機關指派代表三人至五人，應**至少一人至二人**為具有原住民身分者。

第21條 原住民在工作職場發生就業歧視或勞資糾紛，各級主管機關應予以下列扶助：
一、法律諮詢。
二、提供律師及必要之訴訟費。
前項費用之補助辦法，由中央主管機關定之。

第22條 直轄市、縣（市）政府依據勞資爭議處理法第30條規定推薦核備之仲裁委員名單中，應至少一人至五人為具有原住民身分者。

第23條 中央主管機關應於原住民族綜合發展基金項下設置就業基金，作為辦理促進原住民就業權益相關事項；其收支、保管及運用辦法，由行政院定之。
前項就業基金之來源如下：
一、政府循預算程序之撥款。 二、依本法規定所繳納之代金。
三、本基金之孳息收入。 四、其他有關收入。
中央主管機關辦理原住民就業服務及職業訓練事宜所需經費，得提工作計畫及經費需求，送就業安定基金管理委員會審議通過後支應之。

第24條 本法施行三年後，各級政府機關、公立學校及公營事業機構僱用原住民之人數，未達第4條及第5條所定比例者，應每月繳納代金。但經依第14條第2項規定函請各級主管機關推介者，於主管機關未推介進用人員前，免繳代金。
前項及第12條第3項之代金，依差額人數乘以每月基本工資計算。
依本法應繳納之代金，經通知限期繳納而仍不繳納者，依法移送強制執行。
各級政府機關、公立學校、公營事業機構及依政府採購法之得標廠商僱用原住民人數，超出規定比例者，應予獎勵；其獎勵辦法，由中央主管機關定之。

第七章　附則

第25條　本法施行細則，由中央主管機關定之。

第26條　本法自公布日施行。

二 原住民族工作權保障法施行細則

民國103年12月12日修正發布

第1條　本細則依原住民族工作權保障法（以下簡稱本法）第25條規定訂定之。

第2條　本法第2條所稱具有原住民身分者，以依原住民身分法第11條第1項規定，於戶籍資料記載為山地原住民或平地原住民者。

第3條　各級政府機關、公立學校及公營事業機構依本法第4條、第5條規定僱用、進用原住民人數之計算方式，以每月一日參加勞工保險之本法第4條第1項及第5條第1項各款人員及每月一日參加公教人員保險之本法第5條第3項人員之合計總額為準。但經資遣或退休而仍繼續參加勞工保險、公教人員保險者，不予計入。

前項應僱用、進用原住民人數之計算，由各級政府機關、公立學校、公營事業機構人事單位協助辦理。

第4條　依本法第5條第1項、第3項及第12條第1項規定計算應僱用、進用之原住民人數，未達整數者，不予計入。

第5條　本法第8條所稱原住民合作社依法經營者，指依合作社法及其相關法令規定設立、經營，且原住民社員符合本法第7條第3項所定比率之合作社。

前項原住民合作社依本法第8條但書規定免徵所得稅及營業稅期間，自中華民國九十年十一月二日起至中華民國九十六年十一月一日止。

第1項原住民合作社設立後，因社員出社、退社、除名或新社員之加入，致原住民社員人數未達本法第7條第3項所定比率者，應繳納未達比率月份之所得稅及營業稅。

前項應繳納之所得稅，應以當年度所得額依規定稅率計算之稅額為準，按未達比率月份占全年之比例計算之。

第6條　本法第11條所稱位於原住民地區之採購，指履約地點位於原住民地區之採購。

第7條　本法第11條所稱未達政府採購法公告金額之採購，指金額未達政府採購法第13條第3項所定公告金額之採購。

第8條　本法第11條所稱原住民機構、法人或團體，指經政府立案，其負責人為原住民，且原住民社員、會員、理監事、董監事及股東之人數，達百分之八十以上，經所在地直轄市、縣（市）主管機關證明者。但原住民合作社依本法第7條第3項規定認定之。

原住民機構、法人或團體申請前項證明，應檢具下列文件：

一、登記或設立之證明。

二、負責人之戶口名簿影本。

三、社員名簿、會員名冊、理監事或董監事名冊、股東名簿及其中具有原住民身分者之戶口名簿影本。

直轄市、縣（市）主管機關已連結內政部戶役政資訊系統者，前項第2款及第3款之戶口名簿影本，得免附之。未連結者，直轄市、縣（市）政府應查驗所附戶口名簿影本與正本相符。

第1項證明之有效期間為六個月。

第9條　本法第11條但書所稱無法承包，指符合下列情形之一者：

一、屬政府採購法第22條第1項第1款至第4款、第6款至第9款、第13款及第16款規定之情形。但第9款中屬文化藝術專業服務者，不在此限。

二、依規定辦理一次招標無法決標。

第10條　本法第12條第2項規定之職前訓練，指依政府採購法得標之廠商對進用之原住民於投入工作前所提供有關工作技能及工作安全之訓練。

第11條　直轄市及縣（市）主管機關得視業務需要，比照本法第13條第1項規定，設任務編組之原住民就業促進委員會。

第12條　各級政府機關、公立學校及公營事業機構僱用、進用原住民之人數
　　　　　未達本法第4條及第5條所定比例者，應依本法第24條第1項規定，自
　　　　　中華民國93年11月2日起，於每月十日前向中央主管機關設立之原住
　　　　　民就業基金專戶繳納當月之代金。

第13條　本法第24條第2項所稱基本工資，指依勞動基準法第21條所定之基本
　　　　　工資。

第14條　中央主管機關得委託機關、機構、法人或團體收繳、查核、計算及
　　　　　催繳原住民僱用、進用代金。

第15條　本細則自發布日施行。

三　推動原住民族法律服務要點

民國109年12月30日修正發布

一、原住民族委員會（以下簡稱本會）為確保原住民族司法權益，以維護原住民
　　族生命財產安全及傳統文化慣習，提供適時之法律服務，特訂定本要點。

二、本要點申請服務對象以申請時具原住民身分者為限。
　　前項申請人除符合法律扶助法、勞資爭議法律及生活費用扶助辦法，或其他
　　機關（構）法律扶助專案之扶助資格者外，適用本要點提供之法律服務。

三、本要點所稱法律服務業務，包括下列事項：
　　(一) 法律諮詢。
　　(二) 調解、和解之代理。
　　(三) 法律文件撰擬。
　　(四) 訴訟、非訟或仲裁之代理、辯護或輔佐。
　　(五) 其他法律事務上必要之服務及具有特殊情況者，得予專案服務。

四、本要點之法律服務申請期限，應於訴訟程序終結前提出。

五、有下列情形之一者，不予提供法律服務：
　　(一) 依申請人之陳述及所提資料，顯無理由。

(二) 同一案件之同一服務項目，曾經政府機關扶助。

(三) 申請文件或證明有偽造、變造、虛偽不實或失效等情事。

(四) 未依規定期限提出申請或申請文件欠缺，經通知限期補正，屆期未補正。

(五) 訴訟所可能獲得之利益，小於律師酬金。

(六) 同一申請人自准予扶助起一年內，依第三點第四款准予扶助達三次。

(七) 具公務人員身分者涉及公職人員選舉罷免事件相關之民事訴訟。

(八) 審判程序之告訴及告發代理之刑事案件。

(九) 自訴代理之刑事案件。

(十) 案件相對人為本會及其所屬機關（構）。

(十一) 申請之事項不符本要點之目的。

前項第一款及第五款情形，如涉及原住民族傳統慣習、原住民族基本權利與國家法令、司法程序衝突，或對社會及公益有重大影響或意義者，得予提供法律服務。

六、多數原住民個別申請法律服務，其原因事實同一，有共同委任訴訟代理人之必要者，得合併為單一申請案件辦理。

七、申請法律服務者，應檢具下列文件：

(一) 申請書。

(二) 身分證明或代理人證明文件。

(三) 戶口名簿或戶籍謄本。

(四) 全戶財產歸屬資料清單及最近一年綜合所得稅各類所得資料清單（以上二份清單需向國稅局申請）。

(五) 相關訴訟案件的資料。

(六) 未獲其他政府機關扶助之切結書。

　　尚未核准前，申請人得以書面撤回申請。

八、涉犯刑事案件，經偵查機關開始偵查時，得向本會請求簡易程序申請指派扶助律師到場。

前項簡易申請，指申請人應主動以電話向本會提出申請。

九、申請人之委任律師應按核定之律師酬金收取費用，不得額外收費。違反前項規定者，本會得將該律師自服務律師名冊中除名。

申請人委任之訴訟代理人違反相關規定或有不當執行委任事務之情形時，申請人得通知本會。

十、經核准之案件，申請人無正當理由不配合執行法律服務之要求，致該案件無法進行；或服務過程中，申請人喪失原住民身分；或於案件核准後死亡者；或其他原因致無法繼續服務之必要者，本會得廢止對其之法律服務。

十一、經核准法律服務之案件，申請人有第五點第二款或第三款之情形，本會得撤銷對其之法律服務。

十二、符合前點情形者，本會應限期通知申請人返還已撥付受委任律師酬金之全部。屆期未返還者，應依法追繳。

申請人未依前項規定返還費用者，自本次撤銷之日起五年內，不得再申請第三點之法律服務。

十三、本要點第九點至第十二點之規定，本會應於做成決定時，以書面載明之。

十四、本會得委由民間團體辦理法律服務工作，並應依行政程序法第一百三十八條規定辦理公開甄選。

四 國民年金法（節錄）

民國109年6月3日修正公布

第31條　本法施行時年滿**六十五歲**國民，在國內設有戶籍，且於最近三年內每年居住超過一百八十三日，而無下列各款情事之一者，視同本法被保險人，得請領老年基本保證年金，每人每月新臺幣三千元至死亡為止，不適用本章第3節至第5節有關保險給付之規定，亦不受第2章被保險人及保險效力及第3章保險費規定之限制：

一、經政府全額補助收容安置。

二、領取軍人退休俸（終身生活補助費）、政務人員、公教人員、公營事業人員月退休（職）金或一次退休（職、伍）金。但有下列情形之一者，不在此限：

(一)軍人、政務人員、公教人員、公營事業人員領取一次退休（職、伍）金且未辦理政府優惠存款者，未領取公教人員保

　　　　　險養老給付或軍人保險退伍給付，或所領取公教人員保險養
　　　　　老給付、軍人保險退伍給付之總額，自年滿六十五歲當月起
　　　　　以新臺幣三千元按月累計達原領取總額。
　　　(二)原住民領取一次退休（職、伍）金。
三、領取社會福利津貼。
四、財稅機關提供保險人公告年度之個人綜合所得稅各類所得總額
　　合計**新臺幣五十萬元**以上。
五、個人所有之土地及房屋價值合計**新臺幣五百萬元**以上。
六、入獄服刑、因案羈押或拘禁。
前項第5款土地之價值，以公告土地現值計算；房屋之價值，以評定
標準價格計算。但有下列情形之一者，應扣除之：
一、土地之部分或全部被依法編為公共設施保留地，且因政府財務
　　或其他不可歸責於地主之因素而尚未徵收及補償者。
二、屬個人所有之唯一房屋且實際居住者。但其土地公告現值及房
　　屋評定標準價格合計得扣除額度以新臺幣四百萬元為限。
三、未產生經濟效益之原住民保留地。
於本條中華民國一百年六月十三日修正之條文施行前，依第1項第2
款第1目規定累計已達原領取總額者，不予補發老年基本保證年金。
中華民國一百零一年一月一日起，原已領取老年基本保證年金者，
於各地方政府調整土地公告現值後，仍符合第1項第1款至第4款規定
及第6款規定，且其個人所有之土地及房屋未新增時，不受第1項第
5款規定之限制。身心障礙基本保證年金及第53條所定原住民給付，
亦同。

第53條　**年滿五十五歲之原住民**，在國內設有戶籍，且無下列各款情事者，
　　　　於本法中華民國一百年六月十三日修正之條文施行後，得請領每人
　　　　每月新臺幣三千元至**年滿六十五歲**前一個月為止，所需經費由中央
　　　　原住民族事務主管機關按年度編列預算支應：
　　　　一、現職軍公教（職）及公、民營事業人員。但每月工作收入未超
　　　　　　過勞工保險投保薪資分級表第一級者，不在此限。
　　　　二、領取政務人員、公教人員、公營事業人員月退休（職）金或軍
　　　　　　人退休俸（終身生活補助費）。

三、已領取身心障礙者生活補助或榮民就養給付。

四、有第31條第1項第1款、第4款至第6款情形之一。但未產生經濟
　　效益之原住民保留地，不列入第31條第1項第5款土地計算。

依前項規定請領每人每月新臺幣三千元之年齡限制，於本法施行
後，應配合原住民平均餘命與全體國民平均餘命差距之縮短而逐步
提高最低請領年齡至六十五歲；其最低請領年齡之調高，由中央原
住民族事務主管機關**每五年檢討**一次，並報請行政院核定之。

肆、經濟及公共建設處主管法規

依據出題頻率分為：A頻率高 B頻率中 C頻率低

 原住民族綜合發展基金收支保管及運用辦法

民國108年2月25日修正發布

第1條　為協助原住民社會發展，依原住民族基本法第18條規定，設置原住民族綜合發展基金（以下簡稱本基金），並依預算法第21條規定，訂定本辦法。

第2條　（刪除）

第3條　本基金為預算法第4條第1項第2款所定之特種基金，編製附屬單位預算；下設原住民族就業基金，編製附屬單位預算之分預算，以原住民委員會（以下簡稱原民會）為主管機關。

第4條　本基金之來源如下：
一、　由政府循預算程序之撥款。
二、　住宅租售及相關業務收益款。
三、　原住民族土地賠償、補償、收益款、土地資源開發營利所得及相關法令規定之提撥款。
四、　原住民族地區溫泉取用費提撥款。
五、　全部原住民族取得之智慧創作專用權收入。
六、　原住民族就業基金收入。
七、　人體研究計畫諮詢及取得原住民族或其所屬特定群體（以下簡稱目標群體）同意，約定就研究結果所衍生商業利益之回饋金。
八、　受贈收入。　　　　　　　九、　本基金之孳息收入。
十、　其他有關收入。

第5條　本基金之用途如下：
一、原住民經濟貸款：
　　　　(一)**原住民經濟產業貸款。**
　　　　(二)**原住民青年創業貸款。**
　　　　(三)**原住民微型經濟活動貸款。**
二、原住民信用保證業務：
　　　　(一)**原住民經濟產業貸款信用保證。**
　　　　(二)**原住民建購、修繕住宅貸款信用保證。**
三、**天然災害原住民住宅重建專案貸款。**
四、**住宅之興辦、租售、建購及修繕。**
五、**人體研究計畫目標群體之健康醫療照護或其他相關用途支出。**
六、**原住民族土地內從事土地開發、資源利用、生態保育、學術研究與限制原住民族利用原住民族土地及自然資源之回饋或補償支出。**
七、**原住民族地區溫泉資源開發、經營、利用之規劃、輔導及獎勵支出。**
八、**促進原住民族或部落文化發展支出。**
九、**原住民族就業基金支出。**
十、**管理及總務支出。**
十一、**其他有關支出。**
前條第4款及第5款之收入，應分別專供前項第7款及第8款用途之用。

第6條　本基金設原住民族綜合發展基金管理會（以下簡稱本會），置委員九人至十五人，其中一人為召集人，由原民會主任委員或由其指派之人員兼任之；其餘委員，由原民會就有關機關、團體代表及學者、專家聘兼之；任期二年，期滿得續聘之。

第7條　本會每三個月開會一次，必要時得召開臨時會議，均由召集人召集之。召集人因故不能出席時，得指定委員一人代理之。

第8條　本會之任務如下：
一、本基金收支、保管及運用之審議。
二、本基金年度預算及決算之審議。

三、本基金運用執行情形之考核。

四、其他有關事項。

第9條　本會置執行秘書一人，組長及幹事若干人，分組辦事，由原民會就現職人員派兼之。

第10條　本會委員及派兼人員均為無給職。

第11條　本基金之保管及運用應注重收益性及安全性，其存儲並應依公庫法及其相關法令規定辦理。

第12條　本基金為應業務需要，得購買政府公債、國庫券或其他短期票券。

第13條　本基金有關預算編製與執行及決算編造，應依預算法、會計法、決算法、審計法及相關法令規定辦理。

第14條　本基金會計事務之處理，應依規定訂定會計制度。

第15條　本基金年度決算如有賸餘，應依規定辦理分配。

第16條　本基金結束時，應予結算，其餘存權益應解繳國庫。

第17條　本辦法自發布日施行。

二　槍砲彈藥刀械管制條例

民國109年6月10日修正公布

第1條　為管制槍砲、彈藥、刀械，維護社會秩序、保障人民生命財產安全，特制定本條例。

第2條　槍砲、彈藥、刀械，除依法令規定配用者外，悉依本條例之規定。

第3條　槍砲、彈藥、刀械管制之主管機關：中央為內政部；直轄市為直轄市政府；縣（市）為縣（市）政府。

第4條　本條例所稱槍砲、彈藥、刀械如下：

一、**槍砲**：指制式或非制式之火砲、肩射武器、機關槍、衝鋒槍、卡柄槍、自動步槍、普通步槍、馬槍、手槍、鋼筆槍、瓦斯槍、麻醉槍、獵槍、空氣槍、魚槍及其他可發射金屬或子彈具有殺傷力之各式槍砲。

二、**彈藥**：指前款各式槍砲所使用之砲彈、子彈及其他具有殺傷力或破壞性之各類炸彈、爆裂物。

三、**刀械**：指武士刀、手杖刀、鴛鴦刀、手指虎、鋼（鐵）鞭、扁鑽、匕首（各如附圖例式）及其他經中央主管機關公告查禁，非供正當使用具有殺傷力之刀械。

前項第一款、第二款槍砲、彈藥，包括其主要組成零件。但無法供組成槍砲、彈藥之用者，不在此限。

槍砲、彈藥主要組成零件種類，由中央主管機關公告之。

第5條　前條所列槍砲、彈藥，非經中央主管機關許可，不得製造、販賣、運輸、轉讓、出租、出借、持有、寄藏或陳列。

第5-1條　手槍、空氣槍、獵槍及其他槍砲、彈藥專供射擊運動使用者，非經中央主管機關許可，不得製造、販賣、運輸、轉讓、出租、出借、持有、寄藏或陳列。

第5-2條　依本條例許可之槍砲、彈藥、刀械，有下列情形之一，撤銷或廢止其許可；其持有之槍砲、彈藥、刀械，由中央主管機關給價收購。但政府機關（構）購置使用之槍砲、彈藥、刀械或違反本條例之罪者，不予給價收購：

一、許可原因消滅者。

二、不需置用或毀損致不堪使用者。

三、持有人喪失原住民或漁民身分者。

四、持有人規避、妨礙或拒絕檢查者。

五、持有人死亡者。

六、持有人受判處有期徒刑以上之刑確定者。

七、持有人受監護或輔助宣告，尚未撤銷者。

八、持有槍砲、彈藥、刀械之團體解散者。

九、其他違反應遵行事項之規定者。

刀械持有人死亡、團體解散，重新申請許可持有者，或自製獵槍持有人死亡，其繼用人申請繼續持有者，經許可後，不予給價收購。

前項自製獵槍繼用人，以享有法定繼承權人之一人為限。但未成年人或無行為能力人者，不得申請繼續持有。

第一項給價收購經費由中央主管機關逐年編列預算支應；其價格標準由中央主管機關定之，並委由直轄市、縣（市）政府執行。

第一項收購之槍砲、彈藥、刀械及收繳之證照，由中央主管機關送交內政部警政署銷毀。但經留用者，不予銷毀。

第一項第六款規定，於經許可持有自製獵槍或魚槍之原住民，以其故意犯最輕本刑為三年以上有期徒刑之罪或犯下列規定之一之罪為限，適用之：

一、刑法第一百八十五條之二第一項、第四項、第一百八十六條、第一百八十六條之一第一項、第四項、第一百八十七條、第二百二十四條、第二百三十一條之一第二項、第二百七十一條第三項、第二百七十二條第三項、第二百七十三條、第二百七十四條、第二百七十五條、第二百七十七條第一項、第二百七十九條、第二百八十一條、第二百八十二條、第二百九十六條、第二百九十八條、第三百零二條第一項、第三項、第三百零三條、第三百零四條、第三百零五條、第三百二十一條、第三百二十五條第一項、第三項、第三百二十六條、第三百二十八條第五項、第三百四十六條或第三百四十七條第四項。

二、森林法第五十一條第二項、第五十二條、第五十三條第二項或第五十四條。

三、野生動物保育法第四十條、第四十一條或第四十二條。但於本條文修正前，基於原住民族之傳統文化、祭儀或非營利自用而犯野生動物保育法第四十一條之罪者，不在此限。

四、本條例第九條、第十二條第一項、第二項、第四項、第五項、第十三條第二項、第四項、第五項、第十四條或第十五條。

五、懲治走私條例第二條、第三條或第七條。

六、組織犯罪防制條例第三條第一項後段或第六條。

七、毒品危害防制條例第四條第五項、第六項、第五條第四項、第七條第二項、第三項、第四項、第五項、第八條、第十條、第十一條、第十三條、第十四條或第十五條。

本條例中華民國一百零六年五月二十六日修正之本條文施行前，原住民犯前項規定以外之罪，經直轄市、縣（市）主管機關依第一項第六款規定撤銷或廢止其自製獵槍或魚槍之許可，尚未給價收購者，直轄市、縣（市）主管機關應通知其於三個月內重新申請許可；屆期未申請許可或其申請未經許可者，仍依規定給價收購。

第6條　第4條第1項第3款所列之各式刀械，非經主管機關許可，不得製造、販賣、運輸、轉讓、出租、出借、持有。

第6-1條　第5條及第6條所定槍砲、彈藥、刀械之許可申請、條件、廢止、檢查及其他應遵行事項之管理辦法，由中央主管機關定之。

第5-1條所定槍砲、彈藥之許可申請、條件、期限、廢止、檢查及其他應遵行事項之管理辦法，由中央目的事業主管機關會同中央主管機關定之。

違反前項所定之管理辦法者，處新臺幣五萬元以下之罰鍰。但違反第5-1條，或意圖供自己或他人犯罪而使用經許可之槍砲、彈藥者，不適用之。

第7條　未經許可，製造、販賣或運輸制式或非制式火砲、肩射武器、機關槍、衝鋒槍、卡柄槍、自動步槍、普通步槍、馬槍、手槍或各類砲彈、炸彈、爆裂物者，處無期徒刑或七年以上有期徒刑，併科新臺幣三千萬元以下罰金。

未經許可，轉讓、出租或出借前項所列槍砲、彈藥者，處無期徒刑或五年以上有期徒刑，併科新臺幣一千萬元以下罰金。

意圖供自己或他人犯罪之用，而犯前二項之罪者，處死刑或無期徒刑；處徒刑者，併科新臺幣五千萬元以下罰金。

未經許可，持有、寄藏或意圖販賣而陳列第一項所列槍砲、彈藥者，處五年以上有期徒刑，併科新臺幣一千萬元以下罰金。

意圖供自己或他人犯罪之用，以強盜、搶奪、竊盜或其他非法方法，持有依法執行公務之人所持有之第一項所列槍砲、彈藥者，得加重其刑至二分之一。
第一項至第三項之未遂犯罰之。

第8條　未經許可，製造、販賣或運輸制式或非制式鋼筆槍、瓦斯槍、麻醉槍、獵槍、空氣槍或第四條第一項第一款所定其他可發射金屬或子彈具有殺傷力之各式槍砲者，處無期徒刑或五年以上有期徒刑，併科新臺幣一千萬元以下罰金。
未經許可，轉讓、出租或出借前項所列槍砲者，處五年以上有期徒刑，併科新臺幣一千萬元以下罰金。
意圖供自己或他人犯罪之用，而犯前二項之罪者，處無期徒刑或七年以上有期徒刑，併科新臺幣一千萬元以下罰金。
未經許可，持有、寄藏或意圖販賣而陳列第一項所列槍砲者，處三年以上十年以下有期徒刑，併科新臺幣七百萬元以下罰金。第一項至第三項之未遂犯罰之。
犯第一項、第二項或第四項有關空氣槍之罪，其情節輕微者，得減輕其刑。

第9條　未經許可，製造、販賣、轉讓、出租或出借制式或非制式魚槍者，處一年以下有期徒刑、拘役或新臺幣五十萬元以下罰金。
意圖供自己或他人犯罪之用，而犯前項之罪者，處二年以下有期徒刑、拘役或新臺幣一百萬元以下罰金。
未經許可，持有、寄藏或意圖販賣而陳列制式或非制式魚槍者，處六月以下有期徒刑、拘役或新臺幣五十萬元以下罰金。第一項及第二項之未遂犯罰之。

第10條　（刪除）

第11條　（刪除）

第12條　未經許可，製造、販賣或運輸子彈者，處一年以上七年以下有期徒刑，併科新台幣五百萬元以下罰金。

未經許可，轉讓、出租或出借子彈者，處六月以上五年以下有期徒刑，併科新台幣三百萬元以下罰金。

意圖供自己或他人犯罪之用，而犯前二項之罪者，處三年以上十年以下有期徒刑，併科新台幣七百萬元以下罰金。

未經許可，持有、寄藏或意圖販賣而陳列子彈者，處五年以下有期徒刑，併科新台幣三百萬元以下罰金。

第1項至第3項之未遂犯罰之。

第13條　未經許可，製造、販賣或運輸槍砲、彈藥之主要組成零件者，處三年以上十年以下有期徒刑，併科新台幣七百萬元以下罰金。

未經許可，轉讓、出租或出借前項零件者，處一年以上七年以下有期徒刑，併科新台幣五百萬元以下罰金。

意圖供自己或他人犯罪之用，而犯前二項之罪者，處五年以上有期徒刑，併科新台幣一千萬元以下罰金。

未經許可，持有、寄藏或意圖販賣而陳列第1項所列零件者，處六月以上五年以下有期徒刑，併科新台幣三百萬元以下罰金。

第1項至第3項之未遂犯罰之。

第14條　未經許可，製造、販賣或運輸刀械者，處三年以下有期徒刑，併科新台幣一百萬元以下罰金。

意圖供自己或他人犯罪之用，而犯前項之罪者，處六月以上五年以下有期徒刑，併科新台幣三百萬元以下罰金。

未經許可，持有或意圖販賣而陳列刀械者，處一年以下有期徒刑、拘役或新台幣五十萬元以下罰金。

第1項及第2項之未遂犯罰之。

第15條　未經許可攜帶刀械而有下列情形之一者，處二年以下有期徒刑：
一、於夜間犯之者。
二、於車站、埠頭、航空站、公共場所或公眾得出入之場所犯之者。
三、結夥犯之者。

第16條　公務員或經選舉產生之公職人員明知犯第7條、第8條或第12條之罪有據予以包庇者，依各該條之規定加重其刑至二分之一。

第17條　（刪除）

第18條　犯本條例之罪自首，並報繳其持有之全部槍砲、彈藥、刀械者，減輕或免除其刑；其已移轉持有而據實供述全部槍砲、彈藥、刀械之來源或去向，因而查獲者，亦同。

前項情形，於中央主管機關報經行政院核定辦理公告期間自首者，免除其刑。

前二項情形，其報繳不實者，不實部分仍依本條例所定之罪論處。

犯本條例之罪，於偵查或審判中自白，並供述全部槍砲、彈藥、刀械之來源及去向，因而查獲或因而防止重大危害治安事件之發生者，減輕或免除其刑。拒絕供述或供述不實者，得加重其刑至三分之一。

第19條　（刪除）

第20條　原住民未經許可，製造、運輸或持有自製獵槍、其主要組成零件或彈藥；或原住民、漁民未經許可，製造、運輸或持有自製魚槍，供作生活工具之用者，處新臺幣二千元以上二萬元以下罰鍰，本條例有關刑罰之規定，不適用之。

原住民相互間或漁民相互間未經許可，販賣、轉讓、出租、出借或寄藏自製獵槍、其主要組成零件或彈藥、自製魚槍，供作生活工具之用者，處新臺幣二千元以上二萬元以下罰鍰，本條例有關刑罰之規定，不適用之。

第一項之自製獵槍、魚槍之構造、自製獵槍彈藥，及前二項之許可申請、條件、期限、廢止、檢查及其他應遵行事項之管理辦法，由中央主管機關會同中央原住民族主管機關及國防部定之。

於中華民國九十年十一月十四日本條例修正施行前，原住民單純僅犯未經許可製造、運輸、持有及相互間販賣、轉讓、出租、出借或寄藏自製獵槍、魚槍之罪，受判處有期徒刑以上之刑確定者，仍得申請自製獵槍、魚槍之許可。

主管機關應輔導原住民及漁民依法申請自製獵槍、魚槍。

第一項、第二項情形，於中央主管機關報經行政院核定辦理公告期間自動報繳者，免除其處罰。

第20-1條　具類似真槍之外型、構造、材質及火藥式擊發機構裝置，且足以改造成具有殺傷力者，為模擬槍，由中央主管機關會同中央目的事業主管機關公告查禁。

製造、販賣、運輸或轉讓前項公告查禁之模擬槍者，處新臺幣二百五十萬元以下罰鍰；其情節重大者，得併命其停止營業或勒令歇業。但專供外銷及研發並經警察機關許可，且列冊以備稽核者，不在此限。

出租、出借、持有、寄藏或意圖販賣而陳列第一項公告查禁之模擬槍者，處新臺幣二十萬元以下罰鍰。

改造第一項公告查禁之模擬槍可供發射金屬或子彈，未具殺傷力者，處新臺幣三十萬元以下罰鍰。

警察機關為查察第一項公告查禁之模擬槍，得依法派員進入模擬槍製造、儲存或販賣場所，並應會同目的事業主管機關就其零組件、成品、半成品、各種簿冊及其他必要之物件實施檢查，並得詢問關係人及命提供必要之資料。

前項規定之檢查人員於執行檢查任務時，應主動出示執行職務之證明文件，並不得妨礙該場所正常業務之進行。

規避、妨礙或拒絕第五項之檢查、詢問或提供資料者，處新臺幣二十萬元以上五十萬元以下罰鍰，並得按次處罰及強制執行檢查。

公告查禁前已持有第一項模擬槍之人民或團體，應自公告查禁之日起六個月內，向警察機關報備。於期限內完成報備者，其持有之行為不罰。

第一項公告查禁之模擬槍，不問屬於何人所有，沒入之。但有第二項但書或前項情形者，不在此限。

第二項但書許可之申請程序、應備文件、條件、期限、廢止與第五項檢查之程序及其他應遵行事項之辦法，由中央主管機關會同中央目的事業主管機關定之。

第21條　犯本條例之罪，其他法律有較重處罰之規定者，從其規定。

第22條　因檢舉而破獲違反本條例之案件，應給與檢舉人獎金。

前項獎金給獎辦法，由行政院定之。

第23條　（刪除）

第24條　（刪除）

第25條　本條例自公布日施行。

　　　　　本條例中華民國98年5月45日修正之條文，自98年11月23日施行；109年5月22日修正之條文，除第20條第3項之施行日期，由行政院另定外，自公布日施行。

三　槍砲彈藥刀械許可及管理辦法

民國107年8月16日修正發布

第一章　總則

第1條　本辦法依槍砲彈藥刀械管制條例（以下簡稱本條例）第6-1條第1項及第20條第3項規定訂定之。

第2條　本辦法用詞定義如下：

　　一、**原住民**：指原住民身分法第2條所定之原住民。

　　二、**漁民**：指實際從事沿岸採捕水產動物並持有漁船船員手冊之國民。

　　三、**自製獵槍**：指原住民為傳統習俗文化，由申請人自行獨力或與非以營利為目的之原住民協力，在警察分局核准之地點，並依下列規定製造完成，供作生活所用之工具：

　　　　(一)填充物之射出，須逐次由槍口裝填黑色火藥於槍管內，以打擊底火或他法引爆，或使用口徑為零點二七英吋以下打擊打釘槍用邊緣底火之空包彈引爆。

　　　　(二)填充物，須填充於自製獵槍槍管內發射，小於槍管內徑之玻璃片、鉛質彈丸固體物；其不具制式子彈及其他類似具發射體、彈殼、底火及火藥之定裝彈。

　　　　(三)槍身總長（含槍管）須三十八英吋（約九十六點五公分）以上。

四、**自製魚槍**：指專供作原住民或漁民生活工具之用，由申請人自行獨力或與非以營利為目的之漁民或原住民協力，在警察分局核准之報備地點製造完成，藉橡皮之拉力發射以鋼鐵、硬塑膠或木質作成攻擊魚類之尖銳物，非以火藥等爆裂物發射者。

第3條　機關（構）、學校、團體、人民或廠商，依本辦法規定購置使用、製造、販賣、運輸、轉讓、出租、出借、持有、寄藏或陳列本條例第4條第1項第1款、第2款所定槍砲、彈藥，應向中央主管機關申請許可。

前項許可，得委任內政部警政署（以下簡稱警政署）辦理。

人民、團體或廠商，依本辦法規定製造、販賣、運輸、轉讓、出租、出借或持有本條例第4條第1項第3款所定刀械；原住民或漁民申請製造、運輸、持有自製之獵槍或魚槍；原住民相互間或漁民相互間販賣、轉讓、出租、出借或寄藏自製之獵槍或魚槍，應向直轄市、縣（市）主管機關申請許可。

前項許可，得委任直轄市、縣（市）警察局辦理。

第二章　槍砲彈藥之許可及管理

第4條　政府機關（構）依法令規定配用者，得申請購置使用、運輸、轉讓、出租、出借、持有、寄藏或陳列槍砲、彈藥。

前項機關（構）於購置、運輸、轉讓、出租、出借、持有、寄藏或陳列槍砲、彈藥前，應檢附槍砲、彈藥型號、型錄、數量及用途等資料，向中央主管機關申請許可；轉讓者，應於許可之翌日起七日內，連同執照持向原發照所在地之直轄市、縣（市）警察局辦理異動登記。

第5條　學術研究機關（構）因研究發展需要，得申請購置使用、運輸、轉讓、出租、出借、持有、寄藏或陳列槍砲、彈藥。

前項機關（構）於購置、運輸、轉讓、出租、出借、持有、寄藏或陳列槍砲、彈藥前，應檢附中央目的事業主管機關同意文件及槍砲、彈藥型號、型錄、數量、用途等資料，向中央主管機關申請許

可；轉讓者，應於許可之翌日起七日內，連同執照持向原發照所在地之直轄市、縣（市）警察局辦理異動登記。

第6條　各級學校因軍訓教學需要，得申請購置使用、運輸、轉讓、出租、出借、持有、寄藏或陳列軍訓用槍枝、彈藥。

前項學校於購置、運輸、轉讓、出租、出借、持有、寄藏或陳列槍枝、彈藥前，應檢附中央目的事業主管機關同意文件及槍枝、彈藥型號、型錄、數量、用途等資料，向中央主管機關申請許可；轉讓者，應於許可之翌日起七日內，連同執照持向原發照之直轄市、縣（市）警察局辦理異動登記。

第7條　動物保育機關（構）、團體因動物保育安全需要，得申請購置使用、運輸、轉讓、出租、出借、持有、寄藏或陳列麻醉槍。

前項機關（構）、團體於購置、運輸、轉讓、出租、出借、持有、寄藏或陳列麻醉槍前，應檢附中央目的事業主管機關同意文件及麻醉槍型號、型錄、數量、用途等資料，向中央主管機關申請許可；轉讓者，應於許可之翌日起七日內，連同執照持向原發照之直轄市、縣（市）警察局辦理異動登記。

第8條　人民得購置使用魚槍，每人以**二枝**為限。但有下列情形之一者，不得購置使用：

一、未滿二十歲。

二、判處有期徒刑以上之刑，經確定。

三、受監護或輔助宣告，尚未撤銷。

持有人攜帶經許可之魚槍外出者，應隨身攜帶執照。

持有人之戶籍所在地變更時，應於變更之翌日起一個月內連同執照、異動申報書，分別報請變更前、後之警察分駐（派出）所層轉直轄市、縣（市）警察局辦理異動登記。

第9條　經許可進出口槍砲、彈藥者，應於進出口前向中央主管機關申請同意文件，並持向財政部關稅總局各關稅局申請查驗通關。遺失或毀損時，應申請補發。

第10條　經許可購置槍砲、彈藥者，應於購置持有之翌日起七日內，由機關（構）、學校、團體代表人、負責人或持有人持向機關（構）、學校所在地、主事務所所在地、戶籍所在地之直轄市、縣（市）警察局申請查驗給照，並列冊管理。

前項槍砲、彈藥有本條例第5-2條第1項各款規定情形之一者，機關（構）、學校、團體代表人、負責人或持有人應於撤銷或廢止其許可翌日起十五日內，連同執照報由機關（構）、學校所在地、主事務所所在地、戶籍所在地之直轄市、縣（市）政府給價收購或收繳；無報繳人者，由所在地之直轄市、縣（市）政府收繳。

第1項之槍砲、彈藥遺失者，機關（構）、學校、團體代表人、負責人或持有人應連同執照向機關（構）、學校所在地、主事務所所在地、戶籍所在地之直轄市、縣（市）警察局報繳執照。

第11條　機關（構）、團體經許可購置之槍砲、彈藥，應於其內部之適當場所，設置鐵櫃儲存。槍砲、彈藥分開儲存、集中保管。鐵櫃必須牢固，兼具防盜、防火及通風設備。

原住民經許可持有之自製獵槍、彈藥，於其住居所之儲存、保管，亦同。

第12條　各級學校經許可購置之槍枝、彈藥，應設置庫房集中保管。其設置基準如下：

一、庫房地點應設於學校或代屯部隊內之安全處所。

二、槍枝、彈藥應分別設置庫房儲存，並指定專人二十四小時負責看管。

三、庫房以鋼筋水泥構築為原則，並加裝鐵門、鐵窗及加鎖。

四、庫房應裝置錄影監視設施及交流、直流兩用警鈴。

五、庫房應置有消防砂、水、滅火器等防火設備。

六、槍枝庫房內應設置槍櫃及加鎖。

七、彈藥庫房應設置通氣孔，並裝置溫度計、濕度計。

第13條　廠商經營槍砲、彈藥輸出入貿易、主要組成零件製造外銷或製造魚槍內銷、外銷及槍枝保養營業項目者，應檢具申請書向中央主管機

關申請許可；公司申請時，應另檢附經濟部核准之公司名稱及所營事業登記預查核定證明文件正本或影本；檢附影本者，應加蓋公司圖章及負責人章。

第14條　前條規定許可之廠商得申請經營槍砲、彈藥輸出入貿易、主要組成零件製造外銷或製造魚槍內銷、外銷或槍枝保養業務，申請時應檢附下列文件逐案向中央主管機關申請許可：

一、申請書。

二、供外銷者，應檢附外商訂單或足資證明其製造外銷之文件，並附中文譯本；進口者，應檢附契約書或委託書。

三、槍砲、彈藥型號、型錄一式六份及數量明細表。

四、公司或工廠登記證明文件之正本或影本；檢附影本者，應加蓋公司、工廠圖章及負責人章。

製造供外銷之槍砲、彈藥主要組成零件，製造完成應經公司或工廠所在地之直轄市、縣（市）警察局查驗後，始得出口。並於出口之翌日起二十日內，檢附出口報單副本（出口證明聯）報查驗之警察局備查。

進口、製造魚槍完成後，應向公司或工廠所在地之直轄市、縣（市）警察局申請核發查驗證，始得於經合法營業登記經營相關營業項目之體育用品社、魚具店及潛水器材社等商店陳列、販賣。

第15條　**原住民因傳統習俗文化，供作生活工具之用，符合下列規定者，得申請製造、運輸或持有自製之獵槍或魚槍：**

一、年滿二十歲。

二、未受監護或輔助宣告。

三、未經判決犯本條例第五條之二第六項規定之罪確定，或有本條例第二十條第四項規定情形。

漁民因實際從事沿岸採捕水產動物需要，未有第八條第一項各款規定情形者，得申請製造、運輸或持有自製之魚槍

第16條　原住民或漁民申請製造、運輸、持有自製獵槍或魚槍，應以**書面**經**戶籍所在地警察（所）分駐（派出）所**層轉直轄市、縣（市）主管

機關提出申請。主管機關應於收到申請書之翌日起十五日內核復；
經許可者，申請人應於收到許可函之翌日起一個月內自製完成或持
有，並向戶籍所在地之直轄市、縣（市）警察局申請查驗烙印給照
及列冊管理；逾期者，原許可失其效力。

持有人攜帶許可之自製獵槍、魚槍外出者，應隨身攜帶執照。

持有人之戶籍所在地變更時，應於變更之翌日起一個月內連同執
照、異動申報書，分別報請變更前、後之警察分駐（派出）所層轉
直轄市、縣（市）警察局辦理異動登記。

第17條　原住民申請持有自製之獵槍或魚槍，每人以各**二枝**為限，每戶不得
超過各六枝。

漁民申請持有自製之魚槍，每人以二枝為限，每戶不得超過六枝。

第18條　自製獵槍、魚槍有本條例第5-2條第1項各款規定情形之一者，持有
人或其繼承人應於撤銷或廢止其許可翌日起十五日內，連同執照報
由戶籍所在地之直轄市、縣（市）政府給價收購；無報繳人者，由
戶籍所在地之直轄市、縣（市）政府收繳。

自製獵槍、魚槍遺失時，應即向戶籍所在地之直轄市、縣（市）警
察局報繳執照。

第19條　原住民相互間或漁民相互間販賣、轉讓、出租、出借或寄藏自製之
獵槍或魚槍，供作生活工具之用者，應向戶籍所在地之直轄市、縣
（市）主管機關申請許可；原住民或漁民不符合第十五條規定者，
不予許可；販賣或轉讓者，應於許可之翌日起七日內，連同執照親
自持向戶籍所在地之直轄市、縣（市）警察局辦理異動登記。

第20條　依本辦法許可之槍砲、彈藥，其查驗完竣後，應於一個月內發給執
照，如為臨時請領補換執照者，其執照使用年限，仍填至該期期滿
為止。

機關團體請領執照時，應檢同核准文件，備具申請書、槍枝經歷及
管理槍彈員工名冊，逐送直轄市、縣（市）警察局審查給照。

請領執照費用及支用規定準用自衛槍枝管理條例第10條之規定。

第三章 管制刀械之許可及管理

第21條 人民或團體因紀念、裝飾、健身表演練習或正當休閒娛樂之用,得申請持有刀械。但人民或團體負責人有第8條第1項各款情形之一者,不予許可。

第22條 人民或團體申請持有刀械,應檢附下列文件,向戶籍所在地或主事務所所在地之直轄市、縣(市)主管機關申請許可:
一、申請書。
二、申請人國民身分證影本或人民團體立案證書影本。
三、刀械彩色圖例一式六份,並詳述刀械數量、用途、刀柄、刀刃長度及有無開鋒等特徵。
四、相關辦理或製造之公司或工廠登記證明文件之正本或影本;檢附影本者,應加蓋公司、工廠圖章及負責人章。
前項申請經戶籍所在地之直轄市、縣(市)警察局查驗刀械後發給許可證,並列冊管理。

第23條 人民或團體申請進出口刀械前,應檢附刀械型錄、型號、數量及用途等資料,向戶籍所在地、主事務所所在地之直轄市、縣(市)主管機關申請同意文件,並持向財政部關稅總局各關稅局申請查驗通關;同意文件遺失或毀損時,應申請補發。
於國內購置刀械前,應檢附刀械型錄、型號、數量及用途等資料,向戶籍所在地、主事務所所在地之直轄市、縣(市)主管機關申請同意文件。
前二項刀械於進口或購置持有之翌日起七日內,應依前條規定,持向戶籍所在地之直轄市、縣(市)警察局申請查驗及核發許可證。

第24條 持有人攜帶經許可之刀械外出者,應隨身攜帶許可證。刀械遺失時,持有人應向戶籍所在地之直轄市、縣(市)警察局報繳許可證。

第25條 持有人之戶籍所在地或團體之主事務所變更時,應於變更翌日起一個月內連同許可證、異動申報書,分別報請變更前、後之警察分駐(派出)所層轉直轄市、縣(市)警察局辦理異動登記。

第26條　人民或團體有本條例第5-2條第1項各款規定情形之一者，其刀械及許可證準用第18條第1項規定給價收購或收繳。

第27條　人民或團體販賣、轉讓、出租或出借持有之刀械時，應向戶籍所在地或主事務所所在地之直轄市、縣（市）主管機關申請許可，其有第8條第1項各款情形之一者，不予許可；販賣、轉讓者，應於許可之翌日起七日內，連同許可證親自持向戶籍所在地或主事務所所在地之直轄市、縣（市）警察局辦理異動登記。

第28條　廠商經營刀械輸出入貿易或製造、販賣營業項目者，應檢具申請書向主事務所所在地之直轄市、縣（市）主管機關申請許可；公司申請時，應另檢附經濟部核准之公司名稱及所營事業登記預查核定證明文件正本或影本；檢附影本者，應加蓋公司圖章及負責人章。

第29條　經依前條規定許可之廠商得申請經營輸出入貿易或製造、販賣刀械業務，申請時應檢附下列文件逐案向主事務所所在地之直轄市、縣（市）主管機關申請許可：
一、申請書。
二、公司或工廠登記證明文件正本或影本；檢附影本者，應加蓋公司、工廠圖章及負責人章。
三、刀械彩色圖例一式六份，並詳述刀械數量、用途、刀柄、刀刃長度及有無開鋒等特徵。
四、供外銷者應檢附外商訂單或足資證明其製造外銷之文件，並附中文譯本。
五、供國內人民或團體持有者，應檢附人民或團體戶籍所在地或主事務所所在地之直轄市、縣（市）主管機關同意文件。
製造供外銷之刀械，製造完成應經製造公司或工廠所在地之直轄市、縣（市）警察局查驗後，始得出口。並於出口之翌日起二十日內，檢附出口報單副本（出口證明聯）報查驗之警察局備查。

第四章　附則

第30條　經許可之槍砲、彈藥、刀械，中央主管機關每年應舉行總檢查一次。但為維護治安必要，得實施臨時總檢查。

第31條　依本辦法許可之槍砲、彈藥、刀械，其執照或許可證遺失或毀損時，機關（構）、學校、團體代表人、負責人或持有人應向機關（構）、學校所在地、主事務所所在地、戶籍所在地之直轄市、縣（市）警察局申請補發證照。

第32條　持有人因故攜帶經許可之槍砲、彈藥、刀械離開戶籍所在地十五日以上或攜回者，應書面載明型式、數量、住居所及停留時間，通知戶籍所在地之直轄市、縣（市）警察局。

戶籍所在地之直轄市、縣（市）警察局應通報住居所所在地警察局，其有資料不符或未到之情形者，應相互聯繫，共同處理。

第33條　依本條例第5-2條第1項規定收購或收繳之槍砲、彈藥、刀械，送交警政署警察機械修理廠銷毀。銷毀之費用，由警政署逐年編列預算支應。

刀械持有人死亡、團體解散，重新申請許可持有者，或自製獵槍持有人死亡，繼用人申請繼續持有者，應於事實發生之翌日起三個月內重新申請。

第34條　槍砲、彈藥執照及魚槍查驗證由中央主管機關印製；刀械許可證，由直轄市、縣（市）警察局印製。

槍砲、彈藥之查驗給照，每二年為一期，第一年一月一日開始。執照限用二年，期滿應即繳銷，換領新照。

第35條　本辦法所需書表格式，由中央主管機關定之。

第36條　本辦法自發布日施行。

四 野生動物保育法

民國102年1月23日修正公布

第一章　總則

第1條　為保育野生動物，維護物種多樣性，與自然生態之平衡，特制定本法；本法未規定者，適用其他有關法律之規定。

第2條　本法所稱主管機關：在中央為行政院農業委員會；在直轄市為直轄市政府；在縣（市）為縣（市）政府。

第3條　本法用辭定義如下：
一、野生動物：係指一般狀況下，應生存於棲息環境下之哺乳類、鳥類、爬蟲類、兩棲類、魚類、昆蟲及其他種類之動物。
二、族群量：係指在特定時間及空間，同種野生動物存在之數量。
三、瀕臨絕種野生動物：係指族群量降至危險標準，其生存已面臨危機之野生動物。
四、珍貴稀有野生動物：係指各地特有或族群量稀少之野生動物。
五、其他應予保育之野生動物：係指族群量雖未達稀有程度，但其生存已面臨危機之野生動物。
六、野生動物產製品：係指野生動物之屍體、骨、角、牙、皮、毛、卵或器官之全部、部分或其加工品。
七、棲息環境：係指維持動植物生存之自然環境。
八、保育：係指基於物種多樣性與自然生態平衡之原則，對於野生動物所為保護、復育、管理之行為。
九、利用：係指經科學實證，無礙自然生態平衡，運用野生動物，以獲取其文化、教育、學術、經濟等效益之行為。
十、騷擾：係指以藥品、器物或其他方法，干擾野生動物之行為。
十一、虐待：係指以暴力、不當使用藥品或其他方法，致傷害野生動物或使其無法維持正常生理狀態之行為。
十二、獵捕：係指以藥品、獵具或其他器具或方法，捕取或捕殺野生動物之行為。

十三、加工：係指利用野生動物之屍體、骨、角、牙、皮、毛、卵或器官之全部或部分製成產品之行為。

十四、展示：係指以野生動物或其產製品置於公開場合供人參觀者。

第4條　野生動物區分為下列二類：

一、保育類：指瀕臨絕種、珍貴稀有及其他應予保育之野生動物。

二、一般類：指保育類以外之野生動物。

前項第1款保育類野生動物，由野生動物保育諮詢委員會評估分類，中央主管機關指定公告，並製作名錄。

第5條　中央主管機關為保育野生動物，設野生動物保育諮詢委員會。

前項委員會之委員為無給職，其設置辦法由中央主管機關訂定之。其中專家學者、民間保育團體及原住民等不具官方身分之代表，不得少於委員總人數<u>三分之二</u>。

第6條　中央主管機關為加強野生動物保育，應設立野生動物研究機構，並得委請學術研究機構或民間團體從事野生動物之調查、研究、保育、利用、教育、宣揚等事項。

第7條　為彙集社會資源保育野生動物，中央主管機關得設立保育捐助專戶，接受私人或法人捐贈，及發行野生動物保育票。

專戶設置及保育票名稱、標章之使用及發行管理辦法，由中央主管機關定之。

第二章　野生動物之保育

第8條　在野生動物重要棲息環境經營各種建設或土地利用，應擇其影響野生動物棲息最少之方式及地域為之，不得破壞其原有生態功能。必要時，主管機關應通知所有人、使用人或占有人實施環境影響評估。

在野生動物重要棲息環境實施農、林、漁、牧之開發利用、探採礦、採取土石或設置有關附屬設施、修建鐵路、公路或其他道路、開發建築、設置公園、墳墓、遊憩用地、運動用地或森林遊樂區、處理廢棄物或其他開發利用等行為，應先向地方主管機關申請，經層報中央主管機關許可後，始得向目的事業主管機關申請為之。

既有之建設、土地利用或開發行為，如對野生動物構成重大影響，中央主管機關得要求當事人或目的事業主管機關限期提出改善辦法。

第1項野生動物重要棲息環境之類別及範圍，由中央主管機關公告之；變更時，亦同。

第9條　未依前條第1項規定實施環境影響評估而擅自經營利用者，主管機關應即通知或會同目的事業主管機關責令其停工。其已致野生動物生育環境遭受破壞者，並應限期令當事人補提補救方案，監督其實施。逾期未補提補救方案或遇情況緊急時，主管機關得以當事人之費用為必要處理。

第10條　地方主管機關得就野生動物重要棲息環境有特別保護必要者，劃定為野生動物保護區，擬訂保育計畫並執行之；必要時，並得委託其他機關或團體執行。

前項保護區之劃定、變更或廢止，必要時，應先於當地舉辦公聽會，充分聽取當地居民意見後，層報中央主管機關，經野生動物保育諮詢委員會認可後，公告實施。

中央主管機關認為緊急或必要時，得經野生動物保育諮詢委員會之認可，逕行劃定或變更野生動物保護區。

主管機關得於第1項保育計畫中就下列事項，予以公告管制：

一、騷擾、虐待、獵捕或宰殺一般類野生動物等行為。

二、採集、砍伐植物等行為。

三、污染、破壞環境等行為。

四、其他禁止或許可行為。

第11條　經劃定為野生動物保護區之土地，必要時，得依法徵收或撥用，交由主管機關管理。

未經徵收或撥用之野生動物保護區土地，其所有人、使用人或占有人，應以主管機關公告之方法提供野生動物棲息環境；在公告之前，其使用、收益方法有害野生動物保育者，主管機關得命其變更或停止。但遇有國家重大建設，在不影響野生動物生存原則下，經野生動物保育諮詢委員會認可及中央主管機關之許可者，不在此限。

前項土地之所有人或使用人所受之損失，主管機關應給予補償。

第12條　為執行野生動物資源調查或保育計畫，主管機關或受託機關、團體得派員攜帶證明文件，進入公、私有土地進行調查及實施保育措施。公、私有土地所有人、使用人或管理人，除涉及軍事機密者，應會同軍事機關為之外，不得規避、拒絕或妨礙。

　　進行前項調查遇設有圍障之土地或實施各項保育措施時，主管機關應事先通知公、私有土地所有人、使用人或管理人；通知無法送達時，得以公告方式為之。

　　調查機關或保育人員，對於受檢之工商軍事秘密，應予保密。

　　為進行第1項調查或實施各項保育措施，致公、私有土地所有人或使用人遭受損失者，應予補償。補償金額依協議為之；協議不成，報請上級主管機關核定之。

　　進行前項調查或實施各項保育措施之辦法，由中央主管機關定之。

第13條　經許可從事第8條第2項開發利用行為而破壞野生動物棲息環境時，主管機關應限期令行為人提補救方案，監督其實施。

　　前項開發利用行為未經許可者，除依前項規定辦理外，主管機關得緊急處理，其費用由行為人負擔。

第14條　逸失或生存於野外之非臺灣地區原產動物，如有影響國內動植物棲息環境之虞者，得由主管機關逕為必要之處置。

　　前項非臺灣地區原產動物，由中央主管機關認定之。

第15條　無主或流蕩之保育類野生動物及無主之保育類野生動物產製品，主管機關應逕為處理，並得委託有關機關或團體收容、暫養、救護、保管或銷毀。

第16條　保育類野生動物，除本法或其他法令另有規定外，不得騷擾、虐待、獵捕、宰殺、買賣、陳列、展示、持有、輸入、輸出或飼養、繁殖。

　　保育類野生動物產製品，除本法或其他法令另有規定外，不得買賣、陳列、展示、持有、輸入、輸出或加工。

第17條　非基於學術研究或教育目的，獵捕一般類之哺乳類、鳥類、爬蟲類、兩棲類野生動物，應在地方主管機關所劃定之區域內為之，並應先向地方主管機關、受託機關或團體申請核發許可證。

前項野生動物之物種、區域之劃定、變更、廢止及管制事項，由地方主管機關擬訂，層報中央主管機關核定後公告之。

第1項許可證得收取工本費，其申請程序及其他有關事項，由中央主管機關定之。

第18條　保育類野生動物應予保育，不得騷擾、虐待、獵捕、宰殺或為其他利用。

但有下列情形之一，不在此限：

一、族群量逾越環境容許量者。

二、基於學術研究或教育目的，經中央主管機關許可者。

前項第1款保育類野生動物之利用，應先經地方主管機關許可；其可利用之種類、地點、範圍及利用數量、期間與方式，由中央主管機關公告之。

前二項申請之程序、費用及其他有關事項，由中央主管機關定之。

第19條　獵捕野生動物，不得以下列方法為之：

一、使用炸藥或其他爆裂物。二、使用毒物。

三、使用電氣、麻醉物或麻痺之方法。　　四、架設網具。

五、使用獵槍以外之其他種類槍械。

六、使用陷阱、獸鋏或特殊獵捕工具。

七、其他經主管機關公告禁止之方法。

未經許可擅自設置網具、陷阱、獸鋏或其他獵具，主管機關得逕予拆除並銷毀之。土地所有人、使用人或管理人不得規避、拒絕或妨礙。

第20條　進入第17條劃定區獵捕一般類野生動物或主管機關劃定之垂釣區者，應向受託管理機關、團體登記，隨身攜帶許可證，以備查驗。

離開時，應向受託管理機關、團體報明獲取野生動物之種類、數量，並繳納費用。

前項費用收取標準，由主管機關定之。

第21條　野生動物有下列情形之一，得予以獵捕或宰殺，不受第17條第1項、第18條第1項及第19條第1項各款規定之限制。但保育類野生動物除情況緊急外，應先報請主管機關處理：

一、有危及公共安全或人類性命之虞者。

二、危害農林作物、家禽、家畜或水產養殖者。

三、傳播疾病或病蟲害者。

四、有妨礙航空安全之虞者。

五、（刪除）

六、其他經主管機關核准者。

保育類野生動物有危害農林作物、家禽、家畜或水產養殖，在緊急情況下，未及報請主管機關處理者，得以主管機關核定之人道方式予以獵捕或宰殺以防治危害。

第21-1條　　台灣原住民族基於其**傳統文化**、**祭儀**，而有獵捕、宰殺或利用野生動物之必要者，不受第17條第1項、第18條第1項及第19條第1項各款規定之限制。

前項獵捕、宰殺或利用野生動物之行為應經主管機關核准，其申請程序、獵捕方式、獵捕動物之種類、數量、獵捕期間、區域及其他應遵循事項之辦法，由**中央主管機關會**同**中央原住民族主管機關**定之。

第22條　為保育野生動物得設置保育警察。

主管機關或受託機關、團體得置野生動物保育或檢查人員，並於野生動物保護區內執行稽查、取締及保育工作有關事項。必要時，得商請轄區內之警察協助保育工作。

執法人員、民眾或團體主動參與或協助主管機關取締、舉發違法事件者，主管機關得予以獎勵；其獎勵辦法，由主管機關定之。

第23條　民間團體或個人參與國際性野生動物保護會議或其他有關活動者，主管機關得予協助或獎勵。

第三章　野生動物之輸出入

第24條　野生動物之活體及保育類野生動物之產製品，非經中央主管機關之同意，不得輸入或輸出。

保育類野生動物之活體，其輸入或輸出，以學術研究機構、大專校院、公立或政府立案之私立動物園供教育、學術研究之用為限。

海洋哺乳類野生動物活體及產製品，非經中央主管機關同意，不得輸入或輸出。

海洋哺乳類野生動物活體及產製品之輸入或輸出，以產地國原住民族傳統領域內住民因生存所需獵捕者為限。

輸入海洋哺乳類野生動物活體及產製品，須提出前項證明文件。

未經中央主管機關之同意輸入、輸出、買賣、陳列、展示一般類海洋哺乳類野生動物活體及產製品者，準用本法一般類野生動物之管理與處罰規定，並得沒入之。

第25條　學術研究機構、大專校院、公立或政府立案之私立動物園、博物館或展示野生動物者，輸入或輸出保育類野生動物或其產製品，應經中央主管機關同意。

第26條　為文化、衛生、生態保護或政策需要，中央主管機關得洽請貿易主管機關依貿易法之規定，公告禁止野生動物或其產製品輸入或輸出。

第27條　申請首次輸入非臺灣地區原產之野生動物物種者，應檢附有關資料，並提出對國內動植物影響評估報告，經中央主管機關核准後，始得輸入。

所在地直轄市、縣（市）主管機關，對前項輸入之野生動物，應定期進行調查追蹤；於發現該野生動物足以影響國內動植物棲息環境之虞時，應責令所有人或占有人限期提預防或補救方案，監督其實施，並報請中央主管機關處理。

第28條　基於學術研究或教育目的，以保育類野生動物或其產製品與國外學術研究機構進行研究、交換、贈與或展示者，應自輸入、輸出之日起一年內，向中央主管機關提出相關報告。

第29條　野生動物及其產製品輸入、輸出時，應由海關查驗物證相符，且由輸出入動植物檢驗、檢疫機關或其所委託之機構，依照檢驗及檢疫相關法令之規定辦理檢驗及檢疫。

第30條　野生動物之防疫及追蹤檢疫，由動植物防疫主管機關依相關法令辦理。

第四章　野生動物之管理

第31條　於中央主管機關指定公告前，飼養或繁殖保育類及有害生態環境、人畜安全之虞之原非我國原生種野生動物或持有中央主管機關指定公告之保育類野生動物產製品，其所有人或占有人應填具資料卡，於規定期限內，報請當地直轄市、縣（市）主管機關登記備查；變更時，亦同。

於中央主管機關指定公告後，因核准輸入、轉讓或其他合法方式取得前項所列之野生動物或產製品者，所有人或占有人應於規定期限內，持證明文件向直轄市、縣（市）主管機關登記備查；變更時，亦同。

依前二項之規定辦理者，始得繼續飼養或持有，非基於教育或學術研究目的，並經主管機關同意，不得再行繁殖。

本法修正公布施行前已飼養或繁殖之第1項所列之野生動物，主管機關應於本法修正公布施行之日起三年內輔導業者停止飼養及轉業，並得視情況予以收購。

前項收購之野生動物，主管機關應為妥善之安置及管理，並得分送國內外教育、學術機構及動物園或委託主管機關評鑑合格之管理單位代為收容、暫養。

主管機關認為必要時，得自行或委託有關機關、團體對第1項、第2項所列之野生動物或產製品實施註記；並得定期或不定期查核，所有人或占有人不得規避、拒絕或妨礙。

前項需註記之野生動物及產製品之種類，由中央主管機關公告之。

第32條　野生動物經飼養者，非經主管機關之同意，不得釋放。

前項野生動物之物種，由中央主管機關公告之。

第33條　主管機關對於保育類或具有危險性野生動物之飼養或繁殖，得派員查核，所有人或占有人不得規避、拒絕或妨礙。

第34條　飼養或繁殖保育類或具有危險性之野生動物，應具備適當場所及設備，並注意安全及衛生；其場所、設備標準及飼養管理辦法，由中央主管機關定之。

第35條　保育類野生動物及其產製品，非經主管機關之同意，不得買賣或在公共場所陳列、展示。

前項保育類野生動物及其產製品之種類，由中央主管機關公告之。

第36條　以營利為目的，經營野生動物之飼養、繁殖、買賣、加工、進口或出口者，應先向直轄市、縣（市）主管機關申請許可，並依法領得營業執照，方得為之。

前項野生動物之飼養、繁殖、買賣、加工之許可條件、申請程序、許可證登載及其他應遵行事項之辦法，由中央主管機關定之。

第37條　瀕臨絕種及珍貴稀有野生動物於飼養繁殖中應妥為管理，不得逸失。如有逸失時，所有人或占有人應自行或報請當地主管機關協助圍捕。

第38條　瀕臨絕種及珍貴稀有野生動物因病或不明原因死亡時，所有人或占有人應請獸醫師解剖後，出具解剖書，詳細說明死亡原因，並自死亡之日起三十日內送交直轄市、縣（市）主管機關備查。其非因傳染病死亡，而學術研究機構、公立或政府立案之私立動物園、博物館、野生動物所有人或占有人等製作標本時，經主管機關之同意，得以獸醫師簽發之死亡證明書代替死亡解剖書。

第39條　保育類野生動物之屍體，具有學術研究或展示價值者，學術研究機構、公立或政府立案之私立動物園、博物館等有關機構得優先向所有人或占有人價購，製成標本。

第五章　罰則

第40條　有下列情形之一，處六月以上五年以下有期徒刑，得併科新臺幣三十萬元以上一百五十萬元以下罰金：

一、違反第24條第1項規定，未經中央主管機關同意，輸入或輸出保育類野生動物之活體或其產製品者。

二、違反第35條第1項規定，未經主管機關同意，買賣或意圖販賣而陳列、展示保育類野生動物或其產製品者。

第41條 有下列情形之一，處六月以上五年以下有期徒刑，得併科新臺幣二十萬元以上一百萬元以下罰金：

一、 未具第18條第1項第1款之條件，獵捕、宰殺保育類野生動物者。

二、 違反第18條第1項第2款規定，未經中央主管機關許可，獵捕、宰殺保育類野生動物者。

三、 違反第19條第1項規定，使用禁止之方式，獵捕、宰殺保育類野生動物者。

於劃定之野生動物保護區內，犯前項之罪者，加重其刑至三分之一。

第1項之未遂犯罰之。

第42條 有下列情形之一，處一年以下有期徒刑、拘役或科或併科新台幣六萬元以上三十萬元以下罰金；其因而致野生動物死亡者，處二年以下有期徒刑、拘役或科或併科新台幣十萬元以上五十萬元以下罰金：

一、 未具第18條第1項第1款之條件，騷擾、虐待保育類野生動物者。

二、 違反第18條第1項第2款規定，未經中央主管機關許可，騷擾、虐待保育類野生動物者。於劃定之野生動物保護區內，犯前項之罪者，加重其刑至三分之一。

第43條 違反第8條第2項規定，未經許可擅自為各種開發利用行為者，處新台幣三十萬元以上一百五十萬以下罰鍰。

違反第8條第3項、第9條及第13條規定，不依期限提出改善辦法、不提補救方案或不依補救方案實施者，處新台幣四十萬元以上二百萬以下罰鍰。

前二項行為發生破壞野生動物之棲息環境致其無法棲息者，處六月以上五年以下有期徒刑，得併科新台幣三十萬以上一百五十萬元以下罰金。

第44條 法人之代表人、法人或自然人之代理人、受僱人或其他從業人員，因執行業務，犯第40條、第41條、第42條或第43條第3項之罪者，除依各該條規定處罰其行為人外，對該法人或自然人亦科以各該條之罰金。

第45條　違反第7條第2項規定，擅自使用野生動物保育票名稱、標章或發行野生動物保育票者，處新台幣五十萬元以上二百五十萬元以下罰鍰。並得禁止其發行、出售或散布。
前項經禁止發行、出售或散布之野生動物保育票，沒入之。

第46條　違反第32條第1項規定者，處新台幣五萬元以上二十五萬元以下罰鍰；其致有破壞生態系之虞者，處新台幣五十萬元以上二百五十萬元以下罰鍰。

第47條　野生動物之所有人或占有人違反第27條第2項規定，不提預防或補救方案或不依方案實施者，處新台幣三十萬元以上一百五十萬元以下罰鍰。
違反第26條規定者，處新台幣二十萬元以上一百萬元以下罰鍰。

第48條　商品虛偽標示為保育類野生動物或其產製品者，處新台幣十五萬元以上七十五萬元以下罰鍰。

第49條　有下列情形之一，處新台幣六萬元以上三十萬元以下罰鍰：
一、違反第17條第1項或第2項管制事項者。
二、違反第19條第1項規定，使用禁止之方式，獵捕一般類野生動物者。
三、違反第19條第2項或第33條規定，規避、拒絕或妨礙者。
四、違反第27條第1項規定者。
五、違反第34條規定，其場所及設備不符合標準者。
六、違反第18條第2項或第36條規定，未申請許可者。
違反第17條第1項、第2項或第19條第1項規定，該管直轄市、縣（市）主管機關得撤銷其許可證。

第50條　有下列情形之一，處新台幣五萬元以上二十五萬元以下罰鍰：
一、違反依第10條第4項第1款公告管制事項，獵捕、宰殺一般類野生動物者。
二、違反依第10條第4項第2款、第3款或第4款公告管制事項者。
三、違反第11條第2項規定，未依主管機關公告之方法或經主管機關命令變更或停止而不從者。

違反依第10條第4項第1款公告管制事項，騷擾、虐待一般類野生動物者，處新台幣二萬元以上十萬元以下罰鍰。

第51條　有下列情形之一，處新臺幣一萬元以上五萬元以下罰鍰：

一、　違反第12條第1項規定，無正當理由規避、拒絕或妨礙野生動物資源調查或保育計畫實施者。

二、　違反第20條第1項規定者。

三、　違反第24條第1項規定，未經中央主管機關之同意，輸入或輸出一般類野生動物者。

四、　（刪除）

五、　違反第28條規定者。

六、　違反第31條第1項、第2項、第3項或第6項規定者。

七、　違反第35條第1項規定，非意圖販賣而未經主管機關之同意，在公共場所陳列或展示保育類野生動物、瀕臨絕種或珍貴稀有野生動物產製品者。

八、　違反第37條規定者。

九、　違反第38條規定者。

十、　所有人或占有人拒絕依第39條規定出售野生動物之屍體者。

第51-1條　原住民族違反第21-1條第2項規定，未經主管機關許可，獵捕、宰殺或利用一般類野生動物，供傳統文化、祭儀之用或非為買賣者，處新臺幣一千元以上一萬元以下罰鍰，但首次違反者，不罰。

第52條　犯第40條、第41條、第42條或第43條第3項之罪，查獲之保育類野生動物得沒收之；查獲之保育類野生動物產製品及供犯罪所用之獵具、藥品、器具，沒收之。

違反本法之規定，除前項規定者外，查獲之保育類野生動物與其產製品及供違規所用之獵具、藥品、器具得沒入之。

前項經沒入之物，必要時，主管機關得公開放生、遣返、典藏或銷毀之。

其所需費用，得向違規之行為人收取。

海關或其他查緝單位，對於依法沒入或處理之保育類野生動物及其產製品，得委由主管機關依前項規定處理。

第53條　本法所定之罰鍰或沒入，由各級主管機關為之。

第54條　依本法所處之罰鍰，經通知限期繳納後，逾期仍不繳納者，移送法院強制執行。

第六章　附則

第55條　適用本法規定之人工飼養、繁殖之野生動物，須經中央主管機關指定公告。

第56條　本法施行細則，由中央主管機關定之。

第57條　本法自公布日施行。
　　　　　本法中華民國九十五年五月五日修正之條文，自中華民國九十五年七月一日施行。

五 自由貿易港區設置管理條例

民國108年1月16日修正公布

第一章　總則

第1條　為發展全球運籌管理經營模式，積極推動貿易自由化及國際化，便捷人員、貨物、金融及技術之流通，提升國家競爭力並促進經濟發展，特制定本條例。

第2條　**自由貿易港區**（以下簡稱自由港區）之設置及管理，依本條例之規定；本條例未規定者，適用其他有關法律之規定。但其他法律之規定，較本條例更有利者，適用最有利之法律。前項但書規定，於第七章罰則不適用之。

第3條　本條例用詞定義如下：
　　　　　一、自由港區：指經行政院核定於國際航空站、國際港口管制區域內；或毗鄰地區劃設管制範圍；或與國際航空站、國際港口管制區域間，能運用科技設施進行周延之貨況追蹤系統，並經行

政院核定設置管制區域進行國內外商務活動之區域。

二、自由港區事業：指經核准在自由港區內從事貿易、倉儲、物流、貨櫃（物）之集散、轉口、轉運、承攬運送、報關服務、組裝、重整、包裝、修理、裝配、加工、製造、檢驗、測試、展覽或技術服務之事業。

三、自由港區事業以外之事業：指金融、裝卸、餐飲、旅館、商業會議、交通轉運及其他前款以外經核准在自由港區營運之事業。

四、商務人士：指為接洽商業或處理事務需進入自由港區內之人士。

五、毗鄰：指下列情形之一者：

(一)與國際航空站、國際港口管制區域土地相連接寬度達三十公尺以上。

(二)土地與國際航空站、國際港口管制區域間有道路、水路分隔，仍可形成管制區域。

(三)土地與國際航空站、國際港口管制區域間得闢設長度一公里以內之專屬道路。

六、國際港口：指國際商港或經核定准許中華民國船舶及外國通商船舶出入之工業專用港。

第4條　本條例之主管機關為交通部。

第5條　為統籌自由港區之營運管理，並提供自由港區內所需之各項服務，主管機關應選定適當之機關，報請行政院核定為自由港區管理機關。前項主管機關所選定之機關，如非其所屬機關者，應徵詢該被選定機關及其上級機關之同意。

第二章　港區之劃設及管理

第6條　國際航空站、國際港口之管理機關（構），得就其管制區域內土地，擬具自由港區開發之可行性規劃報告及營運計畫書，向主管機關提出申請；經主管機關徵詢所在地直轄市、縣（市）政府及財政部之意見，經初步審核同意，並選定自由港區之管理機關及加具管理計畫書後，核轉行政院核定設置為自由港區。

第7條　國際航空站、國際港口管制區域內、外之公、私有土地管理機關、所有權人或使用人，得擬具開發可行性規劃報告及營運計畫書，送請國際航空站、國際港口之自由港區管理機關初步審核同意，並由主管機關徵詢所在地直轄市、縣（市）政府及財政部之意見，經初步審核同意，並選定自由港區之管理機關及加具管理計畫書後，核轉行政院核定設置為自由港區。

前項土地如需向土地主管機關申請劃設編定為適當用地者，應於提出申請核定自由港區前，先行申請劃設編定。

第1項之公、私有土地管理機關、所有權人或使用人依前項程序提出申請時，各該管理機關應於初步審核時舉行公聽會，聽取民眾之意見，申請案件如不合於申請劃設自由港區之資格、條件或確有管理上之困難者，各該管理機關初步審核，應不予同意。

第1項之使用人，就使用土地申請劃設為自由港區，應取得土地所有權人之書面同意。

第8條　依前二條規定，申請設置自由港區之資格、條件、申請程序、應檢附之文件資料及其他應遵行事項之辦法，由主管機關定之。

第9條　自由港區管理機關掌理港區內下列事項：
一、自由港區管理運作與安全維護之規劃及執行。
二、自由港區事業與自由港區事業以外之事業入區申請之核准及廢止營運相關事項。
三、人員與貨物進出自由港區之核准及門哨管制檢查。
四、外籍商務人士入境許可申請之核轉。
五、自由港區事業外籍人士延長居留申請之核轉。
六、預防走私措施。
七、業務及財務狀況之查核。
八、自由港區事業、自由港區事業以外之事業之營運輔導。
九、環境保護工作之推動督導。
十、資訊化發展之督導。
十一、依法令或上級機關交付辦理之事項。
十二、其他有關行政管理事項。

自由港區管理機關就自由港區內下列事項之管理，應經目的事業主管機關之委任或委託：

一、勞工行政、勞工安全衛生及勞動檢查。

二、工商登記證照之核發。

三、工業用電證明之核發。

四、外籍或僑居國外專門性或技術性人員聘僱之核發。

五、申請稅捐減免所需相關證明之核發。

六、貨品輸出入簽證、原產地證明書及再出口證明之核發。

七、土地使用管制及建築管理。

第10條　自由港區事業僱用本國勞工人數，不得低於僱用員工總人數百分之六十。

第11條　自由港區事業僱用外國勞工之工資，應依勞動基準法基本工資限制之規定辦理。

自由港區事業僱用勞工總人數中，應僱用百分之三具有原住民身分者。

未依前項規定足額僱用者，應依差額人數乘以每月基本工資，定期向中央原住民族主管機關設立之就業基金專戶繳納就業代金。

超出第2項僱用規定比率者，應予獎勵；其獎勵辦法，由中央原住民族主管機關定之。

第12條　自由港區內下列事項，由各該目的事業主管機關設立分支單位或指派專人，配合自由港區管理機關之運作辦理：

一、稅捐稽徵。

二、海關業務。

三、檢疫及檢驗業務。

四、警察業務。

五、金融業務。

六、電力、給水及其他有關公用事業之業務。

七、郵電業務。

八、其他公務機關業務。

第13條　申請經營自由港區事業，應提具營運計畫書、貨物控管、貨物通關及帳務處理作業說明書，連同相關文件，向自由港區管理機關申請入區籌設及營運許可。

前項事業申請入區籌設及營運許可應具備之資格、營運組織型態、申請程序、檢附之文件、各項營運控管作業、帳務處理、許可之撤銷、廢止及其他應遵行事項之辦法，由主管機關定之。

第14條　外國人得向自由港區管理機關申請設立以境外投資為專業之控股公司，不適用外國人投資條例之規定。

國際金融業務分行得辦理前項控股公司之外幣匯兌及外匯交易業務，並適用國際金融業務條例第5條等有關規定。但以各該交易未涉及境內之金融或經貿交易，且未涉及新臺幣者為限。

第三章　貨物自由流通

第15條　自由港區事業得進儲之物（貨）品，除下列物（貨）品須於進儲前經各該目的事業主管機關核准或檢附其規定之相關文件外，不受其他法律或其法規命令有關輸入規定之限制：

一、違禁品。

二、毒品、槍砲、彈藥、刀械。

三、毒性化學物質。

四、事業廢棄物。

五、放射性物品。

六、未經檢疫合格之動植物或其產品。

七、保育類野生動物或其產製品。

八、存儲期間可能產生公害或環境污染之貨品。

九、輸往管制地區之特定戰略性高科技貨品。

十、其他經目的事業主管機關公告之物（貨）品。

各目的事業主管機關於公告前項第10款物（貨）品時，應副知海關及本條例主管機關。

第16條 自由港區事業輸往國外之物（貨）品，除下列物（貨）品於輸往國外前須經各該目的事業主管機關核准外，不受其他法律或其法規命令有關輸出規定之限制：

一、事業廢棄物。

二、戰略性高科技貨品。

三、鑽石原石。

四、管制藥品。

五、華盛頓公約附錄物種或其製品。

六、國際漁業組織管理之特定魚種。

七、已錄製之雷射影碟、影音光碟、數位影音光碟或其他視聽著作。

八、毒性化學物質。

九、半導體晶圓製造設備。

十、保育類野生動物或其產製品。

十一、氟及氯全鹵化之其他衍生物。

十二、其他經目的事業主管機關公告之物（貨）品。

各目的事業主管機關於公告前項第12款物（貨）品時，應副知海關及本條例主管機關。

第17條 國外貨物進儲自由港區、自由港區貨物輸往國外或轉運至其他自由港區，自由港區事業均應向海關通報，並經海關電腦回應紀錄有案，始得進出自由港區。

自由港區貨物輸往課稅區、保稅區，或課稅區、保稅區貨物輸往自由港區，應依貨品輸出入規定辦理，並向海關辦理通關事宜。

自由港區事業於發貨前向海關通報後，其貨物得在區內逕行交易、自由流通。

前三項之通報或通關，自由港區事業應以電腦連線或電子資料傳輸方式向海關為之。

自由港區事業貨物之通報或通關，得經海關核准辦理按月彙報作業。

自由港區事業貨物之存儲、重整、加工、製造、展覽、通報、通關、按月彙報、自主管理、查核、盤點、申報補繳稅費、貨物流通及其他應遵行事項之辦法，由財政部會商有關機關定之。

第四章　港區事業自主管理

第18條　自由港區事業應實施貨物控管、電腦連線通關及帳務處理作業之貨物自主管理。

自由港區事業關於貨物之進儲、提領、重整、加工、製造或遭竊、災損等，應按其作業性質，辦理有關之登帳、除帳、查核銷毀、補繳稅費除帳、稅費徵免及其他與帳務處理相關之自主管理事宜。

自由港區事業、港區貨棧及港區門哨對自由港區事業之貨物控管，應分別按貨物流通作業性質，辦理電子資料傳輸、資料保管、貨物之進儲、提領與異動之通報及其他與貨物控管相關之自主管理事宜。

第19條　海關得設置聯合查核小組，就自由港區事業關於貨物控管、電腦連線通關及帳務處理等自主管理事項進行查核，並得執行實地盤點，自由港區事業不得規避、妨礙或拒絕。

第20條　自由港區事業每年應辦理存貨盤點，並於盤點後一個月內，將盤存清冊及結算報告表送海關備查；必要時，得於期限內申請展延一個月。

自由港區事業依前項規定辦理之盤點貨物，如多於帳面結存數量，應同時於帳冊補登數量；少於帳面結存數量，應同時向海關申請補繳稅費。

第五章　租稅措施

第21條　自由港區事業自國外運入自由港區內供營運之貨物，免徵關稅、貨物稅、營業稅、菸酒稅、菸品健康福利捐、推廣貿易服務費及商港服務費。

自由港區事業自國外運入自由港區內之自用機器、設備，免徵關稅、貨物稅、營業稅、推廣貿易服務費及商港服務費。但於運入後五年內輸往課稅區者，應依進口貨物規定補徵相關稅費。

依前二項規定免徵稅捐者，無須辦理免徵、擔保、記帳及押稅手續。

申請經營自由港區事業取得籌設許可者，於籌設期間適用前二項規定。

第22條　自由港區事業運往國外或保稅區之貨物，課稅區或保稅區運入自由港區之貨物，依貿易法規定，免收推廣貿易服務費。

第23條　自由港區事業之貨物輸往課稅區時，應依進口貨物或相關規定，課徵關稅、貨物稅、營業稅、菸酒稅、菸品健康福利捐、推廣貿易服務費及商港服務費。但在自由港區經加工、製造、重整、簡單加工、檢驗、測試者，按運出港區時形態之價格，扣除自由港區內附加價值後核估關稅完稅價格。

自由港區事業銷售勞務至課稅區者，應依法課徵營業稅。

第24條　自由港區事業自課稅區運入供營運之貨物及自用機器、設備，視同出口，得依相關法令規定，申請減徵、免徵或退還關稅、貨物稅、菸酒稅及菸品健康福利捐。

自由港區事業自課稅區運入之已稅進口貨物或國產非保稅貨物，自運入之次日起五年內，原貨復運回課稅區時，免徵關稅；其有添加未稅或保稅貨物者，該添加之未稅或保稅貨物，應課徵關稅及相關稅費。

前二項貨物及自用機器、設備已減徵、免徵或退稅者，於再運回課稅區時，應仍按原減徵、免徵或退稅稅額補徵。

申請經營自由港區事業取得籌設許可者，於籌設期間自課稅區運入自用機器、設備適用第一項及前項規定。

第25條　自由港區事業免稅之貨物、機器、設備，因修理、測試、檢驗、委託加工而須輸往課稅區，經向海關申請核准者，得免提供稅款擔保。但應自核准後六個月內復運回自由港區，並辦理結案手續；屆期未運回自由港區者，應向海關申報補繳稅費。

前項輸往課稅區之貨物，因特殊情形經申請海關核准者，得不運回自由港區逕行出口，並辦理結案手續。

第1項如須延長復運回自由港區之期限者，應於復運期限屆滿前，以書面敘明理由，檢附有關證件，向海關申請展延；其展延，以六個月為限。

自由港區事業免稅之貨物輸往課稅區展覽者，準用前三項規定辦理。

第26條　自由港區內之免稅貨物，依前條規定運往課稅區委託加工者，以管制貨品以外之貨品為限。

　　前項受託課稅區廠商加工所添加之進口原料，除下列情形之一者外，得依外銷品沖退原料稅辦法規定，申請退稅：

一、屬財政部公告取消退稅之項目。

二、原料可退關稅占成品出口離岸價格在財政部核定之比率或金額以下。

　　課稅區營業人接受自由港區事業或國外事業、機關、團體、組織委託，就自由港區事業輸入之貨物、機器及設備提供修理、測試、檢驗、委託加工之勞務後，該貨物、機器及設備全數運回自由港區內者，該項勞務收入之營業稅稅率為零。

第27條　自由港區事業之貨物輸往保稅區，應依保稅貨物之相關規定，免徵相關稅費。

第28條　下列貨物或勞務之營業稅稅率為零：

一、課稅區或保稅區營業人銷售與自由港區事業供營運之貨物及自用機器、設備。

二、保稅區營業人銷售與外銷廠商存入自由港區事業以供外銷之貨物。

三、課稅區營業人銷售與保稅區廠商存入自由港區事業以供外銷之貨物。

四、課稅區或保稅區營業人銷售與自由港區事業與營運相關之勞務。

　　自由港區事業或外國事業、機關、團體、組織在自由港區內銷售貨物或勞務與該自由港區事業、另一自由港區事業、國外客戶或其他保稅區事業，及售與外銷廠商未輸往課稅區而直接出口或存入保稅倉庫、物流中心以供外銷者，其營業稅稅率為零。

第29條　營利事業在中華民國境內僅從事準備或輔助性質之活動，自行或委託自由港區事業在自由港區內從事貨物之採購、輸入、儲存或運送，經自由港區管理機關審查核准者，其銷售貨物之所得，免徵營利事業所得稅。

　　在中華民國境內無固定營業場所之外國、大陸地區、香港或澳門營利事業銷售經認可之國際金屬期貨交易所認證且經主管機關核定之商品或同一稅則號別之商品，如該商品儲存於自由港區事業經自由港區管理機關核准之自由港區內之處所，其售與境內、外客戶之所

得免徵所得稅；其銷售該商品之所得，無須申請免徵營利事業所得
稅，並免依所得稅法規定辦理申報。

第一項準備或輔助性質之活動、採購、輸入、儲存或運送之範圍及
營利事業核准免徵期限、前項適用範圍與要件、認可機關及核定機
關、前二項申請程序、核准、廢止及其他相關事項之辦法，由主管
機關會同財政部定之。

第一項及第二項免徵營利事業所得稅實施期限至中華民國
一百三十一年十二月三十一日止。

本條例中華民國一百零七年十二月二十八日修正之第一項至第三項
規定，自一百零八年度營利事業所得稅結算申報案件適用之。

本條例中華民國一百零七年十二月二十八日修正之條文施行前已依
修正前第一項規定核准之案件，其核准免徵期限最長至一百十年
十二月三十一日止。

本條例中華民國一百零七年十二月二十八日修正之條文施行前已申
請尚未核准之案件，屬一百零七年度及以前年度之所得者，適用修
正前第一項規定；屬一百零八年度以後之所得者，適用修正後第一
項規定。

第30條 自由港區事業運入供營運之貨物變更為非營運目的使用者，應於事
前向海關或相關機關申報補繳關稅、貨物稅、營業稅、菸酒稅、菸
品健康福利捐、推廣貿易服務費及商港服務費。

第31條 自由港區事業經自由港區管理機關核准結束營業、廢止或撤銷其
營運許可時，其有關機器、設備及餘存之貨物，經盤點結算如有短
少，應補徵關稅、貨物稅、營業稅、菸酒稅、菸品健康福利捐、推
廣貿易服務費及商港服務費。

申請經營自由港區事業取得籌設許可者，經自由港區管理機關廢止
或撤銷其籌設許可時，其於籌設期間減免之關稅、貨物稅、營業
稅、推廣貿易服務費及商港服務費，應予補徵。但自廢止或撤銷其
籌設許可之翌日起算六個月內，將國外運入之自用機器、設備原貨
復運出口者，不在此限。

前項自用機器、設備於辦理相關稅費補徵或復運出口前，由自由港
區管理機關監管。

第32條　銀行得依國際金融業務條例之規定，由其總行申請目的事業主管機關之特許，在自由港區內，設立會計獨立之國際金融業務分行，經營國際金融業務。

第33條　金融機構得依銀行法、證券交易法第44條、管理外匯條例及中央銀行法之規定，向目的事業主管機關申請，於自由港區內設立分支機構，並經中央銀行核准指定辦理外匯業務。

第34條　國際金融業務分行得辦理自由港區事業之外幣信用狀、通知、押匯、進出口託收、外幣匯兌及外匯交易業務，並適用國際金融業務條例第5條等有關規定。但以各該交易未涉及境內之金融或經貿交易，且未涉及新臺幣者為限。

第六章　入出境及入出區許可

第35條　外籍商務人士得經自由港區事業代向自由港區管理機關申請核轉許可，於抵達中華民國時申請簽證。

大陸地區或香港、澳門商務人士得依兩岸關係相關法規辦理申請進入自由港區從事商務活動，其辦法另定之。

第36條　自由港區內，除管理人員、警衛人員、自由港區內之事業值勤員工、進入自由港區之商務人士及有正當事由經自由港區管理機關同意者外，不得在區內居住。

自由港區內之事業應將所屬員工名冊、照片，報請自由港區管理機關核發長期入出許可證或通行證。其他人員應向自由港區管理機關申請臨時入出許可證或通行證，憑以入出自由港區。

進出自由港區之人員、車輛及物品，應憑相關許可放行文件循管理機關指定之地點入出，並接受警衛人員所為必要之檢查。

前三項所定人員及車輛申請入出與居住許可之資格、申請程序、檢附之文件、許可之撤銷、廢止及其他應遵行事項之辦法，由主管機關定之。

第七章　罰則

第37條　自由港區事業違反第15條第1項規定者，由海關處新臺幣三萬元以上三十萬元以下罰鍰，並得定三十日以內之期限退運出區或沒入之。

　　未依前項所定期限退運出區者，海關得按次處罰；經處罰三次仍未退運出區者，得由海關停止其六個月以下進儲貨物或由自由港區管理機關廢止其營運許可。

　　自由港區事業違反第16條第1項規定者，由海關處新臺幣三萬元以上三十萬元以下罰鍰。情節重大者，並得由海關停止其六個月以下進儲貨物或由自由港區管理機關廢止其營運許可。

第38條　自由港區事業依第17條第1項或第3項規定向海關通報，有虛報或不實情事者，由海關按次處新臺幣三萬元以上三十萬元以下罰鍰。情節重大者，並得由海關停止其六個月以下進儲貨物或由自由港區管理機關廢止其營運許可。

　　自由港區事業依第17條第2項規定向海關辦理通關，有虛報或不實情事者，由海關依海關緝私條例規定處罰。

　　自由港區事業違反第17條第1項或第2項規定，擅將貨物運往其他自由港區、課稅區或保稅區而有私運行為者，由海關依海關緝私條例規定處罰。

第39條　自由港區事業違反第18條第2項或第3項規定者，得由海關予以警告或處新臺幣三萬元以上三十萬元以下罰鍰，並命其限期改正；屆期未改正者，得按次處罰；經處罰三次仍未改正者，得由海關停止六個月以下進儲貨物或辦理按月彙報作業，或由自由港區管理機關廢止其營運許可。

第40條　自由港區事業違反第19條規定者，由海關處新臺幣三萬元以上三十萬元以下罰鍰，並得按次處罰；經處罰三次仍未改正者，由自由港區管理機關廢止其營運許可。

第41條　自由港區事業違反第20條第1項規定，未定期盤點或送海關備查，或違反第2項規定，未補登帳冊或補繳稅費者，由海關處新臺幣三萬元

以上三十萬元以下罰鍰，並命其限期改正；屆期未改正者，得由海關停止其六個月以內之進儲貨物或由自由港區管理機關廢止其營運許可。

第42條　自由港區事業存儲之貨物，未依第30條規定辦理或經查核無故短少者，除應負責補繳短少貨物之有關稅捐外，得由海關予以警告或處新臺幣三萬元以上三十萬元以下罰鍰，並命其限期改正；屆期未改正者，得按次處罰；經處罰三次仍未完成改正者，得由海關停止其六個月以下之進儲貨物或由自由港區管理機關廢止其營運許可。

自由港區事業如有其他違法漏稅情事者，依有關法律之規定處理。

第43條　自由港區事業對依第35條第1項規定代為申請入境之商務人士，應保證其入區期間，從事與許可目的相符之行為。經其保證之商務人士於入區期間從事與許可目的不符之行為者，入出國及移民署得處自由港區事業新臺幣六千元以上三萬元以下罰鍰，且一年內不受理該商務人士經由自由港區事業代向自由港區管理機關申請核轉許可，於抵達中華民國時申請簽證。

第44條　進出自由港區之人員違反第36條第1項至第3項規定之一者，由自由港區管理機關處新臺幣六千元以上三萬元以下罰鍰。

第八章　附則

第45條　自由港區管理機關為維護自由港區與周邊之環境及公共設施之安全，及辦理第9條第1項規定之掌理事項，得向自由港區事業及自由港區事業以外之事業收取管理費、規費或服務費。前項收費標準，由自由港區管理機關定之。

海關對於進出自由港區之運輸工具及貨物，應依關稅法第101條規定徵收規費。

第46條　本條例自公布日施行。

伍、土地管理處主管法規

一　原住民保留地開發管理辦法

民國108年7月3日修正發布

第一章　總則

第1條　本辦法依山坡地保育利用條例第三十七條第六項規定訂定之。

第2條　本辦法所稱主管機關：在中央為**原住民族委員會**；在直轄市為直轄市政府；在縣（市）為縣（市）政府。有關農業事項，中央由**行政院農業委員會**會同**中央主管機關**辦理。本辦法之執行機關為鄉（鎮、市、區）公所。

第3條　本辦法所稱原住民保留地，指為保障原住民生計，推行原住民行政所保留之原有山地保留地及經依規定劃編，增編供原住民使用之保留地。

第4條　本辦法所稱原住民，指山地原住民及平地原住民。前項原住民身分之認定，依原住民身分法之規定。

第5條　原住民保留地之總登記，由直轄市、縣（市）主管機關囑託當地登記機關為之；其所有權人為中華民國，管理機關為**中央主管機關**，並於土地登記簿標示部其他登記事項欄註明原住民保留地。已完成總登記，經劃編、增編為原住民保留地之公有土地，由直轄市、縣（市）主管機關會同原土地管理機關，囑託當地登記機關，辦理管理機關變更登記為中央主管機關，並依前項規定註明原住民保留地。

第6條　原住民保留地所在之鄉（鎮、市、區）公所設置原住民保留地土地權利審查委員會，掌理下列事項：

一、原住民保留地土地權利糾紛之調查及調處事項。

二、原住民保留地無償取得所有權、分配、收回之審查事項。

三、申請租用、無償使用原住民保留地之審查事項。

四、申請撥用公有原住民保留地之審查事項。

五、原住民保留地分配土地補償之協議事項。前項原住民保留地土
地權利審查委員會之委員，應有五分之四為原住民；其設置要
點，由中央主管機關定之。第一項第二款至第五款申請案應提
經原住民保留地土地權利審查委員會審查者，鄉（鎮、市、
區）公所應於受理後一個月內送請該會審查，原住民保留地土
地權利審查委員會應於一個月內審查完竣，並提出審查意見。
但鄉（鎮、市、區）公所及原住民保留地土地權利審查委員
會必要時，審查期間各得延長一個月。屆期未提出者，由鄉
（鎮、市、區）公所逕行報請直轄市、縣（市）主管機關核
定。鄉（鎮、市、區）公所應將第一項第二款至第五款事項之
原住民保留地土地權利審查委員會審查紀錄，報請直轄市、縣
（市）主管機關備查。

第二章　土地管理

第7條　中央主管機關應輔導原住民取得原住民保留地承租權或無償取得原
住民保
留地所有權。

第8條　（刪除）

第9條　（刪除）

第10條　原住民申請無償取得原住民保留地所有權，土地面積最高限額如下：

一、依區域計畫法編定為農牧用地、養殖用地或依都市計畫法劃定
為農業區、保護區，並供農作、養殖或畜牧使用之土地，每人
一公頃。

二、依區域計畫法編定為林業用地或依都市計畫法劃定為保護區並供作造林使用之土地，每人**一點五公頃**。

三、依法得為建築使用之土地，每戶零點一公頃。

四、其他用地，其面積由中央主管機關視實際情形定之。原住民申請無償取得前項第一款及第二款土地得合併計算面積，其比率由中央主管機關定之。但基於地形限制，得為**百分之十**以內之增加。

第11條　（刪除）

第12條　（刪除）

第13條　原住民因經營工商業，得擬具事業計畫向鄉（鎮、市、區）公所申請，經原住民保留地土地權利審查委員會擬具審查意見，報請直轄市或縣（市）主管機關核准後，租用依法得為建築使用之原住民保留地，每一租期不得超過九年，期滿後得續租。前項事業計畫不得妨害環境資源保育、國土保安或產生公害。

第14條　原住民因興辦宗教建築設施，得於主管宗教機關核准後，擬具計畫向鄉（鎮、市、區）公所申請，經原住民保留地土地權利審查委員會擬具審查意見，報請直轄市或縣（市）主管機關核准，無償使用原住民保留地內依法得為建築使用之土地，使用期間不得超過**九年**，期滿後得續約使用，其使用面積不得超過**零點三公頃**。

第14-1條　直轄市、縣（市）政府為因應災害之預防、災害發生時之應變及災後之復原重建用地需求，得擬訂需用土地計畫，報請中央主管機關核准後，無償使用國有原住民保留地，使用期間不得超過九年；屆期有繼續使用之必要，應於期滿前二個月，重新擬訂需用土地計畫，報請中央主管機關核准。前項需用土地計畫之辦理程序不適用第六條之規定。第一項無償提供災區受災民眾使用之原住民保留地，不適用第十七條及第二十條之規定。

第15條　原住民於原住民保留地取得承租權、無償使用權或依法已設定之耕作權、地上權、農育權，**除繼承或贈與於得為繼承之原住民、原受配戶內之原住民或三親等內之原住民外，不得轉讓或出租**。

第16條　原住民違反前條規定者，除得由鄉（鎮、市、區）公所收回原住民保留地外，應依下列規定處理之：
一、已為耕作權、地上權或農育權登記者，訴請法院塗銷登記。
二、租用或無償使用者，終止其契約。

第17條　原住民符合下列資格條件之一者，得申請無償取得原住民保留地所有權：
一、原住民於本辦法施行前使用迄今之原住民保留地。
二、原住民於原住民保留地內有原有自住房屋，其面積以建築物及其附屬設施實際使用者為準。
三、原住民依法於原住民保留地設定耕作權、地上權或農育權。前項申請案由鄉（鎮、市、區）公所提經原住民保留地土地權利審查委員會擬具審查意見，並公告三十日，期滿無人異議，報請直轄市、縣（市）主管機關核定後，向土地所在地登記機關辦理所有權移轉登記。原住民申請取得第一項第三款及經劃編、增編為原住民保留地之土地所有權者，得免經前項公告三十日之程序。第一項第三款原住民保留地，因實施都市計畫變更使用分區或非都市土地變更編定土地使用類別者，得辦理所有權移轉登記。第一項第三款之權利存續期間屆滿，仍得辦理所有權移轉登記；原耕作權人、地上權人或農育權人死亡者，其繼承人得申請無償取得所有權。

第18條　原住民取得原住民保留地所有權後，除政府指定之特定用途外，其移轉之承受人以原住民為限。前項政府指定之特定用途，指下列得由政府承受情形之一：
一、興辦土地徵收條例第三條、第四條第一項規定之各款事業及所有權人依該條例第八條規定申請一併徵收。
二、經中央主管機關審認符合災害之預防、災害發生時之應變及災後之復原重建用地需求。
三、稅捐稽徵機關受理以原住民保留地抵繳遺產稅或贈與稅。
四、因公法上金錢給付義務之執行事件未能拍定原住民保留地。政府依前項第三款及第四款規定承受之原住民保留地，除政府機關依法撥用外，其移轉之承受人以原住民為限。

第19條　依法於原住民保留地設定耕作權、地上權或農育權之原住民，因死亡無繼承人，得由鄉（鎮、市、區）公所提經原住民保留地土地權利審查委員會擬具審查意見，報請直轄市、縣（市）主管機關核定後，囑託土地所在地登記機關辦理塗銷登記。

第20條　鄉（鎮、市、區）公所就轄內依法收回或尚未分配之原住民保留地，得擬具分配計畫提經原住民保留地土地權利審查委員會擬具審查意見，並公告三十日後，受理申請分配，並按下列順序辦理分配與轄區內之原住民：

一、原受配原住民保留地面積未達第十條最高限額，且與該土地具有傳統淵源關係。

二、尚未受配。

三、因土地徵收條例第十一條規定達成協議、徵收或撥用，致原住民保留地面積減少。鄉（鎮、市、區）公所受理前項申請分配案後，應依第十七條第二項程序辦理。原住民違反第十五條規定時，不得申請受配原住民保留地。第一項收回之原住民保留地，其土地改良物，由鄉（鎮、市、區）公所通知土地改良物之所有權人限期收割或拆除；逾期未收割或拆除者，由鄉（鎮、市、區）公所逕行處理。前項土地改良物為合法栽種或建築者，經鄉（鎮、市、區）公所估定其價值，由新受配人補償原土地改良物所有權人後承受。

第三章　土地開發、利用及保育

第21條　各級主管機關對轄區內原住民保留地，得根據發展條件及土地利用特性，規劃訂定各項開發、利用及保育計畫。前項開發、利用及保育計畫，得採合作、共同或委託經營方式辦理。

第22條　內政部、直轄市、縣（市）政府對原住民保留地得依法實施土地重劃或社區更新。

第23條　政府因公共造產或指定之特定用途需用公有原住民保留地時，得由需地機關擬訂用地計畫，申請該管鄉（鎮、市、區）公所提經原住

民保留地土地權利審查委員會擬具審查意見並報請上級主管機關核定後，辦理撥用。但公共造產用地，以轄有原住民保留地之鄉（鎮、市、區）公所需用者為限；農業試驗實習用地，以農業試驗實習機關或學校需用者為限。前項原住民保留地經辦理撥用後，有國有財產法第三十九條各款情事之一者，中央主管機關應即通知財政部國有財產局層報行政院撤銷撥用。原住民保留地撤銷撥用後，應移交中央主管機關接管。

第24條 為促進原住民保留地礦業、土石、觀光遊憩、加油站、農產品集貨場倉儲設施之興建、工業資源之開發、原住民族文化保存、醫療保健、社會福利、郵電運輸、金融服務及其他經中央主管機關核定事業，在不妨礙原住民生計及推行原住民族行政之原則下，優先輔導原住民或原住民機構、法人或團體開發或興辦。原住民或原住民機構、法人或團體為前項開發或興辦，申請租用原住民保留地時，應檢具開發或興辦計畫圖說，申請該管鄉（鎮、市、區）公所提經原住民保留地土地權利審查委員會擬具審查意見，層報中央主管機關核准，並俟取得目的事業主管機關核准開發或興辦文件後，租用原住民保留地；每一租期不得超過九年，期滿後得依原規定程序申請續租。前項開發或興辦計畫圖說，包括下列文件：

一、申請書及開發或興辦事業計畫。

二、申請用地配置圖，並應標示於比例尺不小於五千分之一之地形圖及地籍套繪圖。

三、原住民保留地興辦事業回饋計畫。

四、其他必要文件。原住民機構、法人或團體以外企業或未具原住民身分者（以下簡稱非原住民）申請承租開發或興辦，應由鄉（鎮、市、區）公所先公告三十日，公告期滿無原住民或原住民機構、法人或團體申請時，始得依前二項規定辦理。

第25條 依前條申請續租範圍係屬原核准開發或興辦範圍及開發或興辦方式，且其申請續租應檢附之文件與原申請開發或興辦承租檢附之文件相同，於申請書並敘明參用原申請文件者，得免檢送相關書件，並免依前條第四項規定辦理。

第26條 依第二十四條規定申請開發或興辦時，原住民已取得土地所有權者，應協議計價層報直轄市、縣（市）主管機關同意後參與投資；投資權利移轉時，其受讓人以原住民為限。原住民取得承租權，應協議計價給予補償。

第27條 第二十三條至第二十五條之原住民保留地承租人有下列情形之一者，應終止租約收回土地，其所投資之各項設施不予補償：
一、未依開發或興辦計畫開發或興辦，且未報經核准變更計畫或展延開發、興辦期限者。
二、違反計畫使用者。
三、轉租或由他人頂替者。
四、其他於租約中明定應終止租約之情事者。

第28條 非原住民在本辦法施行前已租用原住民保留地繼續自耕或自用者，得繼續承租。因都市計畫新訂、變更或非都市土地變更編定為建築用地之已出租耕作、造林土地於續訂租約時，其續租面積每戶不得超過**零點零三公頃**。非原住民在轄有原住民保留地之鄉（鎮、市、區）內設有戶籍者，得租用該鄉（鎮、市、區）內依法得為建築使用之原住民保留地作為自住房屋基地，其面積每戶不得超過**零點零三公頃**。

第29條 依前條租用之原住民保留地，不得轉租或由他人受讓其權利。違反前項規定者，應終止租約收回土地。

第30條 原住民保留地之租金，由當地直轄市或鄉（鎮、市、區）公庫代收，作為原住民保留地管理及經濟建設之用；其租金之管理及運用計畫，由中央主管機關定之。

第四章　林產物管理

第31條 原住民保留地天然林產物之處分，本辦法未規定者，依國有林林產物處分規則之規定。

第32條 鄉（鎮、市、區）公所為促進原住民保留地之開發利用或籌措建設

事業經費，得編具原住民保留地伐木計畫層報中央林業主管機關核定後，報請直轄市或縣（市）主管機關公開標售。

第33條　前條伐木計畫應在永續生產及不妨礙國土保安之原則下，配合原住民行政政策及土地利用計畫編定之。

第34條　原住民保留地內天然林產物有下列情形之一者，得向鄉（鎮、市、區）公所申請，經直轄市或縣（市）主管機關專案核准採取之：
一、政府機關為搶修緊急災害或修建山地公共設施所需用材。
二、原住民於直轄市、縣（市）主管機關劃定之區域內無償採取副產物或其所需自用材。
三、原住民為栽培菌類或製造手工藝所需竹木。
四、造林、開墾或作業之障礙木每公頃立木材積平均在三十立方公尺以下者。

第35條　違反前條規定採伐者，依有關法令之規定處理，並追回所採林產物；原物無法繳回者，應負賠償責任。

第36條　原住民保留地內之造林竹木，其採伐查驗手續依林產物伐採查驗規則辦理。

第37條　鄉（鎮、市、區）公所於原住民保留地公共造產之竹木，屬於鄉（鎮、市）所有。

第38條　為維護生態資源，確保國土保安，原住民保留地內竹木有下列情形之一者，應由該管主管機關限制採伐：
一、地勢陡峻或土層淺薄復舊造林困難者。
二、伐木後土壤易被沖蝕或影響公益者。
三、經查定為加強保育地者。
四、位於水庫集水區、溪流水源地帶、河岸沖蝕地帶、海岸衝風地帶或沙丘區域者。
五、可作為母樹或採種樹者。
六、為保護生態、景觀或名勝、古蹟或依其他法令應限制採伐者。

第39條　原住民保留地內國、公有林產物之採伐勞務，除屬於技術性質者外，以僱用原住民為原則。

第40條　直轄市、縣（市）主管機關應會同有關機關對於原住民保留地之造林，予以輔導及獎勵；其輔導及獎勵措施，由中央主管機關定之。
第五章附則

第41條　原住民使用之原住民保留地及其所有之地上改良物，因政府興辦公共設施，限制其使用或採伐林木，致其權益受損時，應予補償。

第42條　（刪除）

第43條　（刪除）

第43-1條　第二十四條由中央主管機關核准承租原住民保留地事項，得委辦地方自治團體辦理。

第44條　本辦法自發布日施行。

 # 原住民個人或團體經營原住民族地區溫泉輔導及獎勵辦法

民國104年1月29日發布

第1條　本辦法依據溫泉法（以下簡稱本法）第14條第2項規定訂定之。

第2條　本辦法用語定義如下：
一、原住民族地區：指經行政院依原住民族工作權保障法第5條第4項規定核定之原住民地區。
二、原住民個人：指依據原住民身分法規定具有原住民身分之個人。
三、原住民團體：指經政府立案，其負責人為原住民，且原住民社員、會員、理監事、董監事之人數及其持股比率，各達**百分之八十**以上之法人、機構或其他團體。但原住民合作社指原住民社員超過該合作社社員總人數**百分之八十**以上者。

第3條 本辦法之輔導及獎勵對象為**在原住民族地區經營溫泉之當地原住民個人或團體**。

第4條 原住民族委員會（以下簡稱本會）得委託專業團體或學術機構在原住民族地區辦理溫泉資源調查及評估其經營可行性，並輔導當地原住民個人或團體經營。

第5條 原住民個人或團體辦理下列事項，得申請技術輔導或經費補助：
一、溫泉量及水質測量。
二、溫泉區土地規劃。
三、取用設備及管線設備。
四、擬具溫泉開發計畫書、溫泉地質報告書及溫泉使用現況報告書。
五、以溫泉作為農業栽培、地熱利用、生物科技或其他目的之使用。
前項技術輔導，本會得委託專業團體辦理之。

第6條 原住民個人或團體為經營溫泉取供事業或溫泉使用事業向銀行貸款，得申請百分之一貸款利率之利息補貼。
前項利息補貼同一申請人得申請一次，並以三年為限。

第7條 原住民個人或團體申請技術輔導、經費補助或利息補貼，應擬具申請書及計畫書，向所在地之鄉（鎮、市、區）公所提出申請，鄉（鎮、市、區）公所應於十日內陳報縣（市）政府，縣（市）政府應於二十日內完成審查並擬具審查意見，陳報本會審核。
本會得成立審議小組，審議前項申請案件。
第1項申請書格式、計畫書應載內容與前項審議小組之組成及審議要項，由本會定之。

第8條 本會為協助原住民個人或團體永續經營溫泉事業，得視實際需要，辦理下列事項，並得委託民間團體辦理：
一、溫泉專業及周邊產業人才培訓。
二、辦理國內或國際同業觀摩交流。
三、成立輔導小組。
四、建置溫泉綜合資訊網絡。

第**9**條　本會得會同相關機關或委託民間團體，對輔導對象進行年度查核。
　　　　前項考核成績列名優等或甲等者，由本會核發獎金或其他獎勵，並
　　　　公開表揚。

第**10**條　本辦法所需經費，由本法第11條規定應納入原住民族綜合發展基金
　　　　之溫泉取用費每年提撥百分之六十及本會編列預算支應之。

第**11**條　本會為發展原住民族地區之溫泉，得結合社區或部落居民，輔導興
　　　　辦溫泉民宿、社區或部落公共浴池、文化產業、生態產業、特色產
　　　　業及其他溫泉觀光事項，促進社區或部落之整體發展。

第**12**條　本辦法自本法施行發布日施行。

三　原住民保留地輔導共同合作及委託經營實施要點

民國103年6月9日修正發布

一、原住民族委員會(以下簡稱本會)為加強輔導原住民永續開發原住民保留地資
　源，促進原住民保留地合理利用，推動區域性、事業性開發利用，並以共
　同、合作及委託經營方式，擴大經營規模，改善經營型態，以因應原住民合
　作事業及產業發展，配合原住民保留地開發管理辦法第21條規定，特訂定本
　要點。

二、本要點所用名詞定義如下：
　(一) 共同經營：係指土地相毗連或鄰近之經營者，自願結合共同成立事業體。
　(二) 合作經營：係由原住民依合作社法組織合作社經營保留地業務者。
　(三) 委託經營：原住民將自有農業用地之部分或全部，委託其他經營者。
　(四)事業體：以經營第4點之項目為目的，依照相關法令規定成立合作社、
　　　公司或其他團體組織者。

三、原住民有符合下列情形之一者，得向本會申請輔導：
　(一) 取得原住民保留地所有權或承租他人所有之原住民保留地。
　(二) 原住民取得公有原住民保留地之耕作權。

(三) 原住民取得公有原住民保留地之地上權。

(四) 原住民取得公有原住民保留地之承租權。

原住民取得前項第2款至第4款之土地權利者，不得從事委託經營。

四、本要點實施項目如下：

(一) 原住民保留地礦業、土石、觀光遊憩、加油站、農產品集貨場倉儲設施之興建、工業資源開發、原住民文化保存之興辦等事項。

(二) 原住民保留地社會福利事業、觀光事業、休閒農場及生態農場與生物多樣性或自然資源維護之經營。

(三) 原住民保留地農、林、漁、牧經營之事業體。

(四) 其他相關產業各項經營之合作事業體。

五、共同經營方式

(一) 經營型態：

　　1. **部分共同經營**：依經營方式不同可分為共同作業、共同利用、共同運銷、共同管理。

　　2. **完全共同經營。**

(二) 經營主體：原住民與原住民、原住民與農民團體組織、原住民與非原住民、原住民與公共造產委員會。

(三) 實施對象：聚落或村之行政區域內，相同之產業經營者。

六、合作經營方式

(一) 經營型態：1. **分耕合營**。2. **合耕合營**。3. **依合作社法的經營之種類**。

(二) 經營主體：原住民與原住民、原住民與非原住民、原住民與公民營企業組織、原住民與農民團體組織。

(三) 實施對象：相同產業或有志經營者。

七、委託經營方式

(一) 經營型態：1. **個別經營**。2. **共同經營**。3. **合作經營**。

(二) 經營主體：原住民委託給原住民、原住民委託給非原住民、原住民委託給合作社、農民團體組織、原住民與公民營企業組織。

(三) 實施對象：以有志經營產業者為受託對象，以有意離農或離村者為委託對象。

八、鄉（鎮、市、區）公所應獎勵並輔導原住民參加共同、合作及委託經營。以改善經營型態，擴大經營規模，並得成立事業體，結合現有農民、生產、合作社組織團體、農會輔導體系、農事研究班、家政班、共同運銷班等組織推動之。

九、依本要點規定之共同、合作及委託經營，應訂定書面契約，其內容應含經營項目、資金、費用分擔、收益分配、契約有效期限及其他有關權利、義務事項。並由鄉（鎮、市、區）公所見證及監督契約履行。原住民保留地委託經營申請書及原住民保留地委託經營契約書格式如附件一、二。共同經營應配合現有農業推廣體系，組織共同經營班，其經營契約由鄉（鎮、市、區）公所輔導訂定。合作經營準用合作社法及其施行細則及農場登記規則等有關規定辦理。

十、原住民與委託非原住民參與共同、合作、委託經營，其土地權利仍為原住民所有，經營權利以經營契約約定之。其經營期限每一契約期限為三年至六年，其投資比例與利益分配由經營人就提供參與生產之資材或設施估定資本，議定投資比例與利益並分配，如有土地權利爭議，由鄉（鎮、市、區）原住民保留地土地權利審查委員會調處。

十一、原住民取得公有原住民保留地之耕作權、地上權或承租權後非法轉讓及非原住民非法使用原住民保留地，如經雙方協議收回者，由鄉（鎮、市、區）公所繕造審查清冊，送各該原住民保留地土地權利審查委員會調處並依法處理後，輔導參加共同、合作經營，其所需資金以經營契約約定分配利益抵償或輔導申請低利長期貸款。

十二、鄉（鎮、市、區）公所，得根據轄內原住民保留地發展條件及土地利用特性，就資源規劃之發展及開發類別，選定實施區域，報請縣政府審查並擬具意見陳報本會核定。

十三、鄉（鎮、市、區）公所選定各種開發專業區實施區域之原則：
  (一) 村、里行政區域。
  (二) 人文景觀、特性或產業活動相關連地區。
  (三) 具發展觀光遊憩、森林遊樂事業條件良好之地點。
  (四) 其他適宜配合自然資源開發推動地區。

十四、　本會得參酌各原住民保留地所屬鄉鎮、村落、自然環境、生產條件、土地、水文、人力、觀光事業、森林遊樂及工業資源等劃定各種開發專業區，或選定適當區域，策訂開發利用計畫，辦理區域性、專案性發展工作，並輔導推行共同、合作或委託經營並成立相關事業體。

十五、　經選定各種開發專業區所屬之鄉（鎮、市、區）公所應釐訂細部計畫，其計畫項目包括：

(一) 計畫名稱。　　　　　　　　　　(二) 執行單位。

(三) 計畫目的及可行性探討。　　　　(四) 實施地區、對象及工作量。

(五) 計畫工作項目（包括產銷計畫）。(六) 執行方法。

(七) 預定進度。　　　　　　　　　　(八) 經費籌措及配合。

(九) 效益評估。　　　　　　　　　　(十) 其他有關事項。

鄉（鎮、市、區）公所訂定細部計畫，報請縣政府審查並擬具審查意見，陳報本會核定並得視經費預算酌予補助辦理。

十六、　本會及縣（市）政府應以促進資源開發及增進原住民經濟發展，並兼顧資源保育為前提，獎勵集約經營。其發展途徑，應以原住民為主，得以共同、合作或委託經營推動之。建立產銷制度，並從生產知能、機械作業及管理等技術謀求改進。

前項集約經營計畫由鄉（鎮、市、區）公所造冊函報各該縣（市）政府審查並擬具審查意見，陳報本會核定，其因擴大經營規模所需之各項公共設施、資材及週轉金，可申請「原住民經濟事業發展基金」貸款，由本會協調金融機構優先貸與或納入年度預算經費或由各該主管機關相關計畫輔導支助。

十七、　各種專業區之開發必要時得依產業特性，容許非原住民資金、技術參與經營，並擔負運銷責任，以共同、合作或委託經營帶動全面性開發。以契作栽培特產作物者由鄉（鎮、市、區）公所輔導訂定。

十八、　鄉（鎮、市、區）公所應主動協調當地農會或地區農會，運用農會資金、人力、技術、指導建立產銷制度及契作保價。

十九、　鄉（鎮、市、區）公所應製作適當教材及教具，利用各種集會加強宣導，並積極推動生產知識交流、技術觀摩、吸收外來技術及經營理念，以開拓原住民自立根基。

二十、 本會得視開發計畫需要，遴選培育、召訓當地從事各種產業或學有專才之優秀原住民青年，施予各種生產技能等訓練，建立名冊，作為推行幹部。必要時得委託縣（市）政府或鄉（鎮、市、區）公所辦理。

二一、鄉（鎮、市、區）公所應指導事業體釐訂事業經營計畫，實施成本記帳、計算成本、分析損益，所需經營資金得輔導申請低利長期貸款。

二二、鄉（鎮、市、區）公所應成立原住民保留地共同、合作及委託開發經營推動小組，縣（市）政府負責督導聯繫，由本會派員考核評定成績，並對績優之經營人或使用人酌予獎勵。

二三、各項計畫如需申請經費補助應依原住民保留地輔導共同合作及委託經營計畫作業規範（如附件三）提出申請。

四 公有土地增劃編原住民保留地審查作業規範

民國109年3月3日修正發布

一、為辦理公有土地增劃編原住民保留地審查需要，訂定本作業規範。

二、公有土地增劃編原住民保留地審查作業之辦理機關如下：
(一) 主辦機關：原住民族委員會（以下簡稱本會）。
(二) 協辦機關：財政部國有財產署、行政院農業委員會林務局、行政院國軍退除役官兵輔導委員會、內政部營建署城鄉發展分署及其他公產管理機關。
(三) 執行機關：直轄市或縣政府及鄉（鎮、市、區）公所。

三、公有土地增劃編原住民保留地之實施地區如下：
(一) 公有土地增編為原住民保留地，其實施地區為原住民族地區。
(二) 公有土地劃編為原住民保留地，其實施地區包括原住民族地區、高雄市六龜區、屏東縣萬巒鄉及內埔鄉。
(三) 本會依行政院核定「原住民現使用臺灣糖業股份有限公司土地價購實施計畫」價購臺灣糖業股份有限公司土地。
(四) 依原住民族特定區域計畫規定得增劃編原住民保留地之土地。

四、原住民於中華民國七十七年二月一日前即使用其祖先遺留且目前仍繼續使用
之公有土地，得自公布實施之日起，申請增編或劃編原住民保留地；平地鄉
原住民宗教團體於中華民國七十七年二月一日前即使用原住民族遺留且目前
仍繼續作宗教建築設施使用之公有土地，得申請增編原住民保留地。
前項土地如有下列情形之一者，不得增劃編為原住民保留地：
(一) 依土地法第十四條規定不得私有之土地。但原住民申請經公產管理機關
同意配合提供增、劃編原住民保留地者、已奉核定增、劃編為原住民保
留地者，不在此限。
(二) 依水利法第八十三條規定公告屬於尋常洪水位行水區域之土地。
第一項土地使用因下列情形之一而中斷者，亦得增劃編為原住民保留地：
(一) 經公產管理機關提起訴訟或以其他方式排除使用。
(二) 因不可抗力或天然災害等因素，致使用中斷。
(三) 經公產管理機關排除占有，現況有地上物或居住之設施。
(四) 因土地使用人之糾紛而有中斷情形，經釐清糾紛。
(五) 七十七年二月一日以後經公產管理機關終止租約。
依原住民族特定區域計畫規定得增劃編原住民保留地之土地，由本會辦
理增劃編為原住民保留地。

五、原住民申請增編或劃編原住民保留地，或平地鄉原住民宗教團體申請增編原
住民保留地，應檢具下列文件，向土地所在地轄區鄉（鎮、市、區）公所申
請之：
(一) 申請書。
(二) 申請人身分證明。
1. 原住民申請者，其身分證明文件為經執行機關確認並註記「與正本
相符」字樣、機關名稱及承辦人署名之戶口名簿影本或其他足資證
明原住民身分之證明文件。
2. 平地鄉原住民宗教團體申請者，其身分證明文件為宗教主管機關核
准立案之證明文件及負責人具原住民身分之身分證明文件。
(三) 屬需分割或未登錄地者，應檢附位置圖。
(四) 使用證明。
1. 屬農業使用者，其使用證明為下列文件之一：
(1)土地四鄰任一使用人出具之證明。

　　　　⑵村（里）長、部落頭目、耆老或部落會議出具之證明。

　　　　⑶其他足資證明其使用事實之文件。

　　2. 屬居住使用者，其使用證明為中華民國七十七年二月一日前之下列資料之一：

　　　　⑴曾於該建物設籍之戶籍謄本。

　　　　⑵門牌編訂證明。

　　　　⑶繳納房屋稅憑證或稅籍證明。

　　　　⑷繳納水費、電費證明。

　　　　⑸其他足資證明之證明文件。

　　3. 屬宗教建築設施使用者，其使用證明為中華民國七十七年二月一日前之下列資料之一：

　　　　⑴門牌編訂證明。　　　　⑵繳納房屋稅憑證或稅籍證明。

　　　　⑶繳納水費、電費證明。　　⑷其他足資證明之證明文件。

　(五) 自用及無轉租轉賣或無涉及其他糾紛等情形之切結書。

　(六) 委託他人代為申辦者，應附具委託書。

六、鄉（鎮、市、區）公所受理申請後，應於一個月內會同公有土地管理機關及有關機關並通知申請人辦理現地會勘。

　經劃定為河川區之土地，應函詢水利署各河川局、直轄市或各縣（市）政府水利單位，查詢是否位於公告之河川區土地，必要時得辦理會勘。

七、鄉（鎮、市、區）公所完成現地會勘後，應就下列事項審查之：

　(一) 申請人須具原住民身分。

　(二) 申請人須與使用人為同一人。但使用人之配偶或三親等內親屬，經使用人同意者除外。

　(三) 土地須位於第三點規定之地區，且不屬於第四點第二項不得增編之土地。

　(四) 須符合公有土地增編原住民保留地處理原則或公有土地劃編原住民保留地要點之規定。

　　土地如屬保安林地而有超限利用違規情形者，仍得依前項規定辦理增編，接管機關應專案列管輔導申請人限期改善，以符合森林法等相關規定。

八、一宗土地有二人以上申請，經依程序核定為原住民保留地後，除法律另有限制外，得依各申請人實際使用面積辦理分割。

九、申請之土地，除未登錄地外，其面積不得大於土地登記簿所載之面積。

十、依公有土地劃編原住民保留地要點申請之土地，須無妨害居住安全之虞。

十一、 辦理公有土地增劃編原住民保留地審查作業程序如下：

　　(一) 鄉（鎮、市、區）公所受理申請。

　　(二) 鄉（鎮、市、區）公所應於受理二個月內邀集相關單位辦理現地會勘及完成審查作業，並將初審結果通知申請人。

　　(三) 鄉（鎮、市、區）公所於完成審查後一個月內，編造審查清冊函送直轄市、縣政府，由直轄市或縣政府於十五日內報請各公有土地管理機關表示意見，並以副本函送本會。

　　(四) 公有土地管理機關應於接獲直轄市或縣政府函送審查清冊後，以土地使用情形、現況有無足堪認定墾植遺跡、殘存設施、租約、造林台帳、訴訟判決書、占墾紀錄、機關公文檔案、調查清冊、專家學者調查報告、原住民家族保留早年文書等資料，為綜合性判斷，於一個月內表示意見函復本會，必要時得展延十五日，並副知直轄市或縣政府，由直轄市或縣政府將公有土地管理機關意見轉知申請人。

　　(五) 公有土地管理機關函復有疑義時，經鄉（鎮、市、區）公所依公有土地管理機關意見及相關文件，審認原住民於七十七年二月一日前確有使用事實，並確認其實際使用面積，得出具公文書函請公有土地管理機關同意增劃編原住民保留地。

　　(六) 本會每二個月彙整造冊會商公有土地管理機關之中央主管機關，各中央主管機關應於七日內函復，必要時得展延七日。

　　(七) 本會代擬代判院稿核定增劃編原住民保留地，並函知直轄市、縣政府辦理下列事項：

　　　　1. 將核定結果通知申請人。

　　　　2. 直轄市、縣政府原住民行政機關（或單位）將核定土地清冊送地政機關（或單位）辦理排除劃入不得私有土地範圍之作業。

十二、 辦理本作業規範所需書表圖冊，由本會定之。

五 採取土石免申辦土石採取許可管理辦法（節錄）

民國105年3月2日修正發布

第2條　依本法第3條第1項但書第1款規定申請採取少量土石供自用之行為，規範如下：

一、以人工採取，採取總量以二立方公尺為限。但以徒手方式撿拾三十公斤以下之土石，得免申請。

二、原住民於原住民族地區內因傳統文化、祭儀或非營利目的採取少量土石，採取總量以**十立方公尺**為限，得不限人工採取。

三、原住民於原住民族地區內因新（修）建傳統石板屋形式之住宅、機關、學校、教會或公共設施而需要石板材，採取總量以三十立方公尺為限，得不限人工採取。

前項申請人應符合下列規定，並填具申請書（附件一）向鄉（鎮、市、區）公所申請：

一、需求土石地點周圍二十公里範圍內無土石採取場。

二、採取地點如為私有土地，應取得土地所有權人、使用人或管理人之同意；其屬其他目的事業管理機關之公有土地，應經該管理機關核准或許可。

三、採取地點應符合土地使用管制及水土保持相關法令規定。

鄉（鎮、市、區）公所應將核准之件數及採取數量按月報請直轄市、縣（市）主管機關備查。

六 原住民族土地或部落範圍土地劃設辦法

發布日期：民國106年2月18日

第1條　本辦法依原住民族基本法（以下簡稱本法）第二十一條第四項規定訂定之。

第2條　本辦法所稱主管機關：在中央為原住民族委員會；在直轄市為直轄市政府；在縣（市）為縣（市）政府。本辦法所稱執行機關為鄉（鎮、市、區）公所。

第3條　本辦法用詞，定義如下：
一、原住民族土地：指本法第二條所稱之原住民族傳統領域土地及既有原住民保留地。
二、原住民族傳統領域土地：指經依本辦法所定程序劃定之原住民族傳統祭儀、祖靈聖地、部落及其獵區與墾耕或其他依原住民族文化、傳統習慣等特徵可得確定其範圍之公有土地。
三、部落範圍土地：指本法第二十一條所稱之部落及其周邊一定範圍內之公有土地經中央主管機關核定之部落範圍並依本辦法所定程序劃定毗鄰部落之生活領域範圍。

第4條　原住民族土地或部落範圍土地劃設小組（以下簡稱劃設小組）由執行機關協助部落組成，其人員組成如下：
一、鄉（鎮、市、區）公所代表。
二、當地部落會議或部落領袖推派之部落代表若干人。
三、專家學者。
四、其他有助劃設工作之相關人士。經中央主管機關核定之部落或民族，得自組劃設小組，並報請執行機關備查後依本辦法辦理劃設作業。前二項劃設人員具有原住民身分者，不得少於總數二分之一，總人數並以十五人為原則。

第5條　執行機關應協助辦理之工作項目如下：
一、組成劃設小組。
二、彙整劃設資料及資訊化作業。
三、辦理召開部落會議之行政事宜。
四、辦理計畫申請及經費核銷作業。
五、其他原住民族土地劃設及相關行政事宜。

第6條　劃設小組為劃設原住民族土地或部落範圍土地，須進入或通過相關土地實施勘查或繪製作業時，其所有權人、占有人、管理人或使用

人應予以配合。但進入國防設施用地或其他法律明定需經相關機關同意者，應經該國防設施用地或相關土地管理機關同意，並依各該法律規定辦理。劃設小組為辦理前項之勘查或繪製作業，執行機關應協助於事前將勘查範圍及土地座落以書面通知公有土地管理機關、使用人或所有權人，並於現場出示執行職務相關之證明文件。因實施第一項之勘查或繪製作業，致土地所有人或使用人遭受損失者，應予補償。補償金額依協議為之。

第7條　劃設小組之工作事項如下：
一、參照中央主管機關公開之原住民族傳統領域土地調查範圍或其他資料事證，確認劃設之區位與範圍。
二、記錄各必要座標點位並視需要辦理現場勘查繪製作業。
三、建置數位化劃設成果及地理資訊圖資。
四、整理相關文獻、口述等資料，建構數位資料。

第8條　執行機關於辦理劃設作業前，應研提劃設計畫書，報請中央主管機關核定後實施。經中央主管機關核定之部落或民族，得自行研提劃設計畫書，送請執行機關轉請中央主管機關核定後實施。

第9條　前條之劃設計畫書應載明事項如下：
一、計畫緣起及目標。　　二、辦理單位。
三、實施劃設部落或民族。　四、實施期程。
五、工作項目。　　　　六、執行方式及程序。
七、經費概算。　　　　八、預期成果。

第10條　辦理劃設作業之程序如下：
一、劃設小組應將劃設之成果提請部落會議以公共事項方式討論並視需要通知毗鄰部落代表與會，經部落會議議決通過後，交由執行機關報請直轄市、縣（市）主管機關辦理書面審查。
二、直轄市、縣（市）主管機關應於受理提報後三十日內依第七條規定辦理書面審查，如有缺漏或不盡詳實者，應請執行機關轉交劃設小組補正，未補正者得予退件；審查完竣之案件，直轄市、縣（市）主管機關應研提審查意見後提報中央主管機關辦理。

三、中央主管機關於受理提報並經會商公有土地管理機關討論後，應將劃設成果公告之，並刊登政府公報或新聞紙。為辦理前項第三款之會商作業及處理劃設作業產生之爭議，應由中央主管機關組成劃設商議小組會商協調，必要時得由中央主管機關報請行政院協調之。前項劃設商議小組之組成人員，應包含當地部落或民族代表、專家學者、原住民族行政機關及土地管理機關代表。

第11條　為保存勘查、繪製及劃設等成果，中央主管機關應建立資訊系統資料庫及網頁供公眾查詢。中央主管機關為推動劃設作業，得培訓劃設人員及提供適當行政資源。

第12條　劃設之範圍界線採不埋樁為原則。但認有埋設界樁之必要時，得於重要座標點位選擇堅固、可長久保存之界樁埋設，並於界樁上註明其代表意義及相關資訊。

第13條　劃設成果經核定公告後，執行機關、部落或民族得依據其他新事證或相關資料，依本辦法相關規定辦理變更劃設作業。

第14條　主管機關得委託法人或機關團體協助辦理原住民族土地或部落範圍土地之劃設作業，並應依本辦法規定程序辦理。

第15條　本辦法自發布日施行。

七 原住民族依生活慣俗採取森林產物規則

發布日期：民國108年7月4日

第1條　本規則依森林法（以下簡稱本法）第十五條第四項規定訂定之。

第2條　原住民族依其生活慣俗採取森林產物，依本規則規定。本規則未規定者，適用其他相關法令規定。前項原住民族包括下列對象：
一、原住民族基本法第二條第二款所稱原住民。

二、原住民族基本法第二條第四款所稱部落。

三、原住民族工作權保障法施行細則第八條規定之原住民機構、法人或團體（以下合稱原住民團體）。

第3條　本法第十五條第四項所稱生活慣俗，指下列原住民族傳統文化、祭儀或自用之非營利行為：

一、生命禮俗：出生禮、命名禮、成年禮、婚禮、喪禮及其他因各生命階段變動而舉行之禮俗行為。

二、祭儀：有關於農、林、漁、牧生產活動，傳統社會制度運作及傳統宗教信仰之祭祀禮儀行為。

三、生活需要：食、衣、住、行、育、樂、醫藥行為。

四、其他經原住民族主管機關認定與傳統文化有關之行為。

前項生活慣俗之認定有疑義時，由受理機關函請原住民族主管機關協助認定。

第4條　依本規則得採取森林產物之區域，為原住民族地區之國有林地及公有林地。

依本規則提案採取森林產物之受理機關及核准採取之主管機關如下：

一、國有林由土地管理機關受理；中央主管機關核准。

二、公有林由土地所有機關、公法人受理；直轄市、縣（市）政府核准。

第5條　部落、原住民團體依生活慣俗需要採取森林產物，應向受理機關提案並經主管機關核准。原住民採取森林主產物或第六條第二項所定物種時，應由其所屬部落或原住民團體提案；為自用採取第六條第二項所定物種以外之森林副產物者，免提案。

第6條　依本規則得採取森林產物之種類如下：

一、主產物：生立、枯損、倒伏之竹木及殘材。

二、副產物：樹皮、樹脂、種實、落枝、樹葉、竹葉、灌藤、竹筍、草類、菌類及其他主產物以外之林產物。前項森林產物屬下列物種者，禁止採取。但報經中央主管機關認定其採取不致影響該物種永續利用並同意採取者，不在此限：

一、野蘭花（蘭科全部）、薄孔菌屬之牛樟芝或香杉芝及月橘（七里香）。

二、依本法第十一條限制或禁止採取或採掘之草皮、樹根、草根。

三、依本法第五十二條第四項公告之貴重木樹種。

四、依文化資產保存法第八十一條指定公告屬自然紀念物之珍貴稀有植物。

前項第四款自然紀念物之珍貴稀有植物，應依文化資產保存法第八十五條報經主管機關核准者，始得依前項但書規定辦理。

第7條　原住民族採取森林主產物、人工種植之副產物或前條第二項之物種，應為有償。但有下列情形之一者，得為無償：

一、依第三條第一項第一款或第二款之需要。

二、依第三條第一項第四款且為公用或共同使用之需要。

三、原住民依第五條第二項規定採取人工種植之副產物。原住民族依其生活慣俗，得無償採取前項以外之天然生副產物。

第8條　部落或原住民團體於其所在地或毗鄰之鄉（鎮、市）、直轄市山地原住民區內，為生活慣俗需要採取屬原住民族地區國、公有林地之森林產物，應編具採取森林產物計畫提案書（以下簡稱提案書），並檢附下列文件，於預定採取之日三個月前向森林產物所在地之受理機關提案：

一、參加採取之原住民名冊及其身分證明文件。

二、採取森林產物之自主管理機制或公約。

三、提案書及前二款經部落會議同意之決議文件。未設部落會議者，檢附該部落或原住民團體所在地鄉（鎮、市）、直轄市山地原住民區公所出具未設置部落會議之證明文件及直轄市、縣（市）政府出具之原住民機構法人或團體證明書。屬臨時性之生活慣俗需求者，提案時間得不受前項所定期間之限制。參加採取之原住民有變更時，提案人應於該人員採取森林產物前，將變動之人員姓名、身分證明文件報受理機關備查。

第9條　前條第一項提案書內容應包括下列事項：

一、提案人為部落者，其部落名稱、部落會議主席之姓名、國民身分證統一編號及住址；提案人為原住民團體者，其團體名稱及管理人或代表人之姓名、國民身分證統一編號及住址。

二、說明所採取森林產物與生活慣俗內容之關聯性。

三、說明所採取森林產物使用之地點及期間。

四、採取森林產物之所在位置或區域及其略圖。

五、採取森林產物之種類名稱、數量、作業方式及所需期間。提案人得就提案之日起一年內採取森林產物之需求，一併提案。

第10條　原住民依第五條第二項規定採取森林副產物自用者，除第六條第二項所定物種外，免經提案核准及查驗，並應隨身攜帶原住民身分之相關證明文件，以供檢查。

第11條　提案文件有不齊全或其他得補正之情形，受理機關應通知提案人限期補正；屆期未補正或補正未完備者，應轉送主管機關辦理。受理機關對提案書內容，應依下列程序辦理初審：

一、派員調查及評估森林狀況。

二、必要時徵詢專家學者、有關機關意見。

三、公告提案書內容至少十四日。但屬臨時性需要者，公告期間得縮短為五日。利害關係人於前項第三款公告期間得以書面載明姓名或名稱及地址，附具理由向該受理機關提出異議。受理機關對於前項異議，應邀集提案人與利害關係人及有關機關召開協調會議。協調會議以二次為限。受理機關為辦理第二項第一款調查及評估森林狀況，得委託林業技師、聘有林業技師之公司或與林業相關之團體、學校辦理。

第12條　受理機關應將提案初審結果轉送主管機關辦理。提案經主管機關審查符合規定者，應發給森林產物採取許可證，無需伐採者，發給搬運許可證（以下合稱採運許可證），並載明下列事項：

一、採取或搬運種類。

二、採運期間，應包含採取時期及搬運時間。

三、採取或搬運位置及範圍。

四、採取或搬運數量。

五、採取或搬運屬有償或無償。

六、提案人與受理機關簽訂森林產物採運契約（以下簡稱採運契約）期限。

七、其他提案人應遵守事項。

第13條 受理機關與提案人簽訂採運契約後，應通知主管機關將下列事項公告周知：

一、提案人名稱。

二、生活慣俗內容。

三、採運許可證影本。受理機關依第十一條第二項第三款、主管機關依前項辦理之公告，應張貼於採取森林產物所在地之受理機關及主管機關辦公處所、鄉（鎮、市）公所、直轄市山地原住民區公所、村（里）辦公處之公告處所，並於受理機關及主管機關網站張貼公告或以其他方式公開。

第14條 提案經主管機關核准後，屬有償採取者，受理機關應通知提案人限期簽訂採運契約並繳交採取費；屬無償採取者，受理機關應通知提案人直接簽訂採運契約。前項採取費之計算及繳交程序，受理機關得參考國有林林產物處分規則關於林產物價金之計算及通知繳交規定，或依自訂相關作業規定辦理。

第15條 有下列情形之一者，主管機關應不予核准採取；已核准發給採運許可證者，應予撤銷或廢止：

一、提案人經通知限期補正提案文件。屆期未補正或補正未完備。

二、提案人非屬國有林、公有林所在地或毗鄰鄉（鎮、市）、直轄市山地原住民區之部落、原住民團體。

三、非為生活慣俗所需。

四、採取森林產物供作營利使用。

五、採取之林地已設定農育權、地上權、承租權或耕作權。

六、評估森林產物採取後，有影響森林資源永續利用之虞。

七、採取第六條第二項之物種後有影響該物種永續利用之虞，或未獲中央主管機關同意。

八、採取位置之林地發生天然災害、採取物種有森林生物為害或有發生之虞而不宜採取。

九、有本法第十條、第三十條所定應予限制或禁止之情事。

十、一年內有因可歸責於提案人或採取人員之事由，經主管機關撤銷或廢止採運許可證。但依第五條第二項由部落或原住民團體提案之提案人不適用之。

十一、利害關係人提出異議且未能協調解決。

十二、提案人未於期限內與受理機關簽訂採運契約。

十三、違反採運許可證記載之應遵守事項。

十四、有違反本規則或其他法令情事。提案人或採取人有前項各款情形者，受理機關應通知主管機關。

第16條　無法於採運許可證所定採運期間內完成採運作業者，應於期限屆滿五日前向受理機關以書面申請展延，逾期不予受理。受理機關受理後應轉送主管機關辦理。前項展延森林產物採運之期間，不得超過採運許可證所定期間之二分之一。

展延以一次為限。因天災或其他不應歸責於提案人之事由，致提案人無法進行採運作業時，提案人得於其原因消滅後十日內，經由受理機關向主管機關申請補足不能作業之日數。逾採運期間未完成採運作業者，提案人應於期限屆滿後十日內以書面向受理機關申請重新發給採運許可證，逾期不予受理。經受理機關受理，查明未完成採運之森林產物數量及其所需期間後，轉送主管機關依第十二條規定辦理，免依第十一條第二項至第五項規定辦理。

第17條　依本規則採取森林產物之放行、搬運及跡地查驗，由提案人通知受理機關轉知主管機關依林產物伐採查驗規則辦理。主管機關得視採取森林產物之種類、數量及伐採跡地現況，同時辦理放行查驗及跡地查驗。

第18條　提案人或採取人應協助辦理採取範圍內之森林保護管理及災害防救事項。

第19條　受理機關應協助提案人辦理本規則相關提案事項。主管機關、受理機關為保存與維護原住民族生活慣俗、森林資源利用方式

，得委託其他機關（構）、相關民間團體或林業技師，進行田野調查研究。

第20條　本規則所定主管機關、受理機關應辦理之事項，得委任所屬機關、委託其他機關、團體或個人、委辦直轄市、縣（市）政府、鄉（鎮、市）公所為之。

第21條　本規則自發布日施行。

八 原住民保留地禁伐補償條例

修正日期：民國108年12月31日

第1條　為處理原住民保留地禁伐補償事宜，進而達成維護國土保安、涵養水資源、綠化環境、自然生態保育及因應氣候變遷、減輕天然災害之目標，特制定本條例。

第2條　本條例所稱主管機關為原住民族委員會。本條例所稱執行機關，在中央為行政院農業委員會林務局，在地方為直轄市、縣（市）政府。本條例所稱受理機關為原住民保留地所在之鄉（鎮、市、區）公所。

第3條　原住民保留地有下列情形之一者，其具原住民身分之所有權人或合法使用權人，得申請禁伐補償：
一、經劃定為禁伐區域。
二、受造林獎勵二十年期間屆滿。禁伐補償由主管機關編列預算，交由地方執行機關辦理之。

第4條　申請人應每年填具禁伐補償申請書，並檢附下列文件，向原住民保留地所在地之受理機關申請，受理機關初審通過後，轉請地方執行機關辦理勘查作業，經確認竹、木覆蓋率七成以上，且無濫墾、濫伐之情事，應予實施補償之必要者，予以核准：

一、身分證明文件、土地登記簿謄本、地籍圖謄本。但能以電腦完成提供網路查詢者，得免予檢附。

二、申請人非土地所有人，應提出他項權利證明書或承租契約書。前項申請人為各鄉（鎮、市、區）公所原住民保留地使用清冊記載有案之原住民或其繼承人者，免附土地登記簿謄本。同一地號土地當年度因限制使用或促進利用，同時符合禁伐補償及其他中央機關發給獎勵金、補償或補助之規定，僅得擇一申請。前條所定合法使用權人之資格與第一項審查申請補償之對象、程序、期程、認定基準及其他相關事項之辦法，由主管機關會同中央林政主管機關定之。

第5條　原住民保留地符合下列條件之一者，由主管機關劃定為禁伐區域並公告之：

一、依法編定為林業用地或適用林業用地管制。

二、依法劃設為保護區或水源特定區。

三、依法劃設為國家公園之區域。

四、其他經主管機關認定有實施禁伐之必要。

第6條　依本條例核發禁伐補償金額度如下：

一、中華民國一百零五年，每公頃新臺幣二萬元。

二、中華民國一百零六年起，每年每公頃新臺幣三萬元。前項禁伐補償金額度，於核准補償面積不足一公頃者，按面積比例發給，並算至公頃以下四位數為止。

第7條　禁伐補償金核發後，有下列情形之一者，地方執行機關應撤銷禁伐補償，並命受領人按月依比例返還當年度之禁伐補償金：

一、竹、木擅自拔除、採取或毀損致覆蓋率未達七成。但因病蟲害、天然災害或其他不可歸責於受領人之情形所致，不在此限。

二、同一地號或自其分割出之原住民保留地，於受領禁伐補償金後，因限制使用或促進利用而受有其他中央機關發給獎勵金、補償或補助。

三、受領人於受領禁伐補償金後，喪失所有權或合法使用權。

四、申請人喪失原住民身分。

第8條　受領人於受領禁伐補償金後，喪失私有原住民保留地所有權或合法使用權時，繼受人同意禁伐並主動以書面通知受理機關者，得按月按面積依比例受領禁伐補償金。公有原住民保留地之合法使用權人，準用前項規定。

第9條　主管機關應建立禁伐補償資訊管理系統。中央執行機關應定期清查及監測森林資源。地方執行機關應調查禁伐區域範圍，建立禁伐補償資料庫。

第10條　執行機關得每年舉辦禁伐補償之宣導、提供原住民森林維護技術指導及病蟲害防治之建議，並應諮商原住民辦理禁伐補償之意見。

第11條　本條例自公布日施行。

九　公有土地劃編原住民保留地要點

修正日期：民國109年3月3日

一、原住民族委員會為輔導原住民取得原居住使用公有土地權利，特訂定本要點。

二、本要點實施地區如下：

(一) 宜蘭縣：南澳鄉、大同鄉。

(二) 新北市：烏來區。

(三) 桃園市：復興區。

(四) 新竹縣：尖石鄉、五峰鄉、關西鎮。

(五) 苗栗縣：泰安鄉、獅潭鄉、南庄鄉。

(六) 台中市：和平區。

(七) 南投縣：仁愛鄉、信義鄉、魚池鄉。

(八) 嘉義縣：阿里山鄉。

(九) 高雄市：那瑪夏區、桃源區、茂林區、六龜區。

(十) 屏東縣：來義鄉、泰武鄉、瑪家鄉、三地門鄉、霧臺鄉、獅子鄉、春日鄉、牡丹鄉、萬巒鄉、內埔鄉、滿洲鄉。

(十一)台東縣：成功鎮、關山鎮、東河鄉、長濱鄉、鹿野鄉、池上鄉、卑南
　　　鄉、大武鄉、台東市、太麻里鄉、金峰鄉、海端鄉、達仁鄉、延平
　　　鄉、蘭嶼鄉。

(十二)花蓮縣：鳳林鎮、玉里鎮、新城鄉、吉安鄉、光復鄉、豐濱鄉、瑞穗
　　　鄉、壽豐鄉、富里鄉、花蓮市、秀林鄉、卓溪鄉、萬榮鄉。

(十三)依原住民族特定區域計畫規定得劃編原住民保留地之土地。

三、原住民於七十七年二月一日前即已使用其祖先遺留且迄今仍繼續使用之公有
土地，檢附相關證明文件，向土地所在地之鄉（鎮、市、區）公所申請劃編
為原住民保留地。前項申請劃編之土地，有下列情形之一者，該土地不得劃
編為原住民保留地：

(一) 依土地法第十四條規定不得私有之土地。但原住民申請經公產管理機關
同意配合提供劃編原住民保留地者、已奉核定劃編為原住民保留地者，
不在此限。

(二) 依水利法第八十三條規定屬於尋常洪水位行水區域之土地。

第一項土地使用因下列情形之一而中斷者，亦得劃編為原住民保留地：

(一) 經公產管理機關提起訴訟或以其他方式排除使用。

(二) 因不可抗力或天然災害等因素，致使用中斷。

(三) 經公產管理機關排除占有，現況有地上物或居住之設施。

(四) 因土地使用人之糾紛而有中斷情形，經釐清糾紛。

(五) 七十七年二月一日以後經公產管理機關終止租約。依原住民族特定區域
計畫規定得劃編原住民保留地之土地，由原住民族委員會辦理劃編為原
住民保留地。

四、鄉（鎮、市、區）公所應於受理申請後一個月內，會同公有土地管理機關、
申請人及有關機關辦理現地會勘及審查；其作業項目如下：

(一) 公告及宣導。

(二) 受理原住民申報。

(三) 鄉（鎮、市、區）公所調查。

(四) 洽商公有土地管理機關同意。

(五) 行政院核定劃編原住民保留地。

(六) 林班地解除及林木調查。

(七) 外圍境界勘定及劃入山坡地範圍。

(八) 地籍整理。

(九) 土地可利用限度查定。

(十) 非都市土地分區變更及使用地變更編定。

(十一) 土地利用現況調查。

(十二) 土地權利回復。

依第三點第四項規定辦理劃編原住民保留地作業項目如下：

(一) 原住民族委員會繕造報院清冊。

(二) 行政院核定劃編原住民保留地。

(三) 林班地解除及林木調查。

(四) 外圍境界勘定及劃入山坡地範圍。

(五) 地籍整理。

(六) 非都市土地分區變更及使用地變更編定。第一項劃編原住民保留地標準作業程序及有關書表，由原住民族委員會定之。

五、劃編為原住民保留地之土地，應按下列程序陳報行政院核定。

(一) 國有土地：由原住民族委員會陳報行政院核定。

(二) 直轄市或縣有土地：由直轄市、縣政府送經各該市、縣議會同意後函報原住民族委員會核轉行政院核定。

(三) 鄉（鎮、市）有土地：由鄉（鎮、市）送經各該鄉（鎮、市）民代表會同意後層報原住民族委員會核轉行政院核定。

六、奉核定劃編為原住民保留地之土地，依下列規定辦理移交及登記，並註記原住民保留地。

(一) 已登記土地：由土地管理機關移交原住民族委員會，並會同原住民族委員會申辦管理機關變更登記。

(二) 未登記土地：根據核定之範圍辦理移交、測量登記、產權登記為中華民國，管理機關登記為原住民族委員會。

七、為執行原住民保留地劃編工作，原住民族委員會得成立原住民保留地劃編督導小組，直轄市、縣（市）政府得成立原住民保留地劃編工作小組，鄉（鎮、市、區）公所得成立原住民保留地劃編執行小組，分別由有關單位派員組成之。

八、原住民保留地劃編工作所需經費，由原住民族委員會統籌編列預算支應。

九、執行本要點之作業計畫及進度，由原住民族委員會定之。

十 鄉鎮市區原住民保留地土地權利審查委員會設置要點

修正日期：民國107年12月22日

一、本要點依原住民保留地開發管理辦法第六條規定訂定之。

二、鄉（鎮、市、區）原住民保留地權利審查委員會（以下簡稱本會）掌理下列事項：

(一) 公有原住民保留地土地權利糾紛之調查及調處事項。

(二) 公有原住民保留地分配、收回、所有權移轉、無償使用或機關學校使用申請案件之審查事項。

(三) 公有原住民保留地改配土地補償之協議事項。

(四) 申請租用公有原住民保留地之審查事項。前項第二款至第四款審查或協議事項，本會僅就土地使用事實及相關構成要件事實提出審查意見，供處分機關為准駁決定之參據，案件准駁悉以處分機關為斷。

三、本會置主任委員一人，由鄉（鎮、市、區）長兼任；委員八人至十二人，由鄉（鎮、市、區）公所依下列程序聘兼之：

(一) 各鄉（鎮、市、區）公所應通知轄內各原住民村（里）或部落依慣俗於二個月內推舉公正人士或熟諳法令之熱心公益人士二人，由鄉（鎮、市、區）公所就各原住民村（里）或部落推舉之人士中擇定並聘兼之。但各村（里）或部落未於二個月內完成推舉者，逕由鄉（鎮、市、區）公所就轄內之公正人士或熟諳法令之熱心公益人士聘兼之。各鄉（鎮、市、區）公所得視需要擇定委員之備取人員，供委員缺額時依序遞補。

(二) 直轄市、縣（市）政府應輔導本會委員完成研習認證。前項人員應有五分之四為原住民，聘期與鄉（鎮、市、區）長任期同，人員之聘兼並應報直轄市、縣（市）政府備查。

四、本會每月開會一次，必要時得開臨時會，均由主任委員召集之。主任委員因故不克出席時，應指定委員代理。

五、本會開會時，委員應親自出席，不得委託代表出席，其因故不能出席達全年開會總次數二分之一以上者，除當然委員外，該鄉（鎮、市、區）公所得予解聘，並依第三點之規定，由鄉（鎮、市、區）長重新聘兼補足缺額，補聘委員之聘期與原聘委員同。

六、本會開會時，應報請直轄市、縣（市）政府派員列席，並得視實際需要邀請當事人、利害關係人、鄉（鎮、市、區）公所財經課長或建設課長或民政課長或有關村（里）長、當地地政事務所派員列席。

七、本會開會時，應有委員過半數之出席，其會議結論供鄉（鎮、市、區）公所續處。於討論個別議案時，因利益迴避之委員不應記入該議案討論時之出席委員人數。

八、本會委員對於涉及本人、其配偶或三親等內血親之議案，應自行迴避。

九、本會調處土地權利糾紛或協議改配土地補償，應由鄉（鎮、市、區）公所將調處或協議日期、地點通知當事人到場，當事人無正當理由於調處或協議日不到場者，視為調處或協議不成立，但如認有成立調處或協議之可能者，得另訂日期、地點調處或協議之。

十、調處或協調成立時，應作成調解或協議書若干份，記載下列事項，並由主任委員簽名後，三日內分送當事人、委員及鄉（鎮、市、區）公所收存，並由鄉（鎮、市、區）公所報請直轄市、縣（市）政府備查：

(一) 當事人或其法定代理人之姓名、性別、年齡、職業、住所或居所，如有參加調處或協議之利害關係人時，其姓名，性別、年齡、職業、住所或居所。

(二) 出席委員之姓名、性別、職業、住所或居所。

(三) 調處或協議事由。

(四) 調處或協議成立之內容。

(五) 調處或協議成立之場所。

(六) 調處或協調成立之年、月、日。前項調處或協議不成立時，由鄉（鎮、市、區）公所將調處或協議紀錄報請直轄市、縣（市）政府處理，屬原

　　　　　住民保留地土地權利糾紛調處事項，當事人仍得再向鄉（鎮、市、區）
　　　　　之租佃委員會或調解委員會申請調解（處）。

十一、　本要點有關調處或協議之規定如有未盡之處，參照鄉鎮市調解條例辦
　　　　　理之。

十二、　本會審查、調處、調查及協議事項，均以鄉（鎮、市、區）公所名義行之。

十三、　本會人員，對各項決議及經辦事項在未正式發表前，應嚴守秘密，不得
　　　　　洩漏。

十四、　本會置執行秘書及幹事各一人，鄉（鎮、市、區）公所就相關承辦人員
　　　　　調兼之。

十五、　本會兼職人員均為無給職，除主任委員外，得發給出席費、會勘交通費
　　　　　及辦理保險，其金額由鄉（鎮、市、區）公所自行訂定。

十一　森林法（節錄）

民國105年11月30日修正發布

第15條　國有林林產物年度採伐計畫，依各該事業區之經營計畫。
　　　　　國有林林產物之採取，應依年度採伐計畫及國有林林產物處分規則
　　　　　辦理。
　　　　　國有林林產物之種類、處分方式與條件、林產物採取、搬運、轉
　　　　　讓、繳費及其他應遵行事項之處分規則，由中央主管機關定之。
　　　　　森林位於原住民族傳統領域土地者，原住民族得依其生活慣俗需
　　　　　要，採取森林產物，其採取之區域、種類、時期、無償、有償及其
　　　　　他應遵行事項之管理規則，由**中央主管機關會同中央原住民族主管
　　　　　機關**定之。
　　　　　天然災害發生後，國有林竹木漂流至國有林區域外時，當地政府需
　　　　　於**一個月**內清理註記完畢，未能於一個月內清理註記完畢者，當地
　　　　　居民得自由撿拾清理。

十二　山坡地保育利用條例（節錄）

修正日期：民國108年1月9日

第37條　山坡地範圍內原住民保留地，除依法不得私有外，應輔導原住民取得承租權或無償取得所有權。原住民取得原住民保留地所有權，如有移轉，以原住民為限。有下列情形之一者，得由政府承受私有原住民保留地：

一、興辦土地徵收條例第三條、第四條第一項規定之各款事業及所有權人依該條例第八條規定申請一併徵收。

二、經中央原住民族主管機關審認符合災害之預防、災害發生時之應變及災後之復原重建用地需求。

三、稅捐稽徵機關受理以原住民保留地抵繳遺產稅或贈與稅。

四、因公法上金錢給付義務之執行事件未能拍定原住民保留地。政府依前項第三款及第四款規定承受之原住民保留地，除政府機關依法撥用外，其移轉之受讓人以原住民為限。國有原住民保留地出租衍生之收益，得作為原住民保留地管理、原住民族地區經濟發展及基礎設施建設、原住民族自治費用，不受國有財產法第七條規定之限制。原住民保留地之所有權取得資格條件與程序、開發利用與出租、出租衍生收益之管理運用及其他輔導管理相關事項之辦法，由中央原住民族主管機關定之。

Notes

108年　原住民三等特考

(　) **1** 依原住民族基本法的規定，政府與原住民族自治間權限發生爭議時，由下列何者召開協商會議決定之？　(A)總統府　(B)行政院　(C)內政部　(D)中央原住民族主管機關。

(　) **2** 下列何者為國家賠償法規定的公務員？　(A)台積電董事長　(B)縣立國小教師　(C)桃園市空服員職業工會理事長　(D)中華民國紅十字會會長。

(　) **3** 依原住民身分法的規定，原住民父與非原住民母結婚所生子女，從非原住民母姓時，應如何決定該子女是否有原住民身分？　(A)因父親為原住民，故該子女取得原住民身分　(B)因父母一方非原住民，故該子女無法取得原住民身分　(C)因從非原住民母姓，故該子女無法取得原住民身分　(D)由父母協議決定，故該子女得取得原住民身分。

(　) **4** 依憲法增修條文第10條第12項規定，國家應依民族意願，保障原住民族的地位及政治參與，並具體列舉事項予以保障扶助並促其發展。下列何者不是該條文所列舉的事項？　(A)衛生醫療　(B)經濟土地　(C)教育文化　(D)自然資源。

(　) **5** 依地方制度法的規定，直轄市山地原住民區實施自治所需財源，由直轄市依法予以設算補助，補助之項目、程序、方式及其他相關事項，應如何定之？　(A)由直轄市洽商中央原住民族主管機關定之　(B)由直轄市洽商直轄市山地原住民區定之　(C)由直轄市議會定之　(D)由直轄市山地原住民區代表會定之。

(　) **6** 依地方制度法的規定，有關由山地鄉改制為直轄市山地原住民區的敘述，下列何者正確？　(A)設籍山地原住民區的居民以山地原住民為限　(B)區長以山地原住民為限　(C)區民代表以山地原住民為限　(D)區之公務員以山地原住民為限。

(　　) **7** 依地方制度法的規定，直轄市山地原住民區與直轄市之關係，準用地方制度法關於那兩者關係之規定？　(A)鄉（鎮、市）與村（里）　(B)縣與鄉（鎮、市）　(C)直轄市與區　(D)中央與直轄市。

(　　) **8** 原住民族基本法所指之原住民族，係指既存於臺灣而為國家管轄內之傳統民族，除了明文列舉者外，其他自認為原住民族者，須經下列何種程序，方屬原住民族基本法所指之原住民族？　(A)地方原住民族主管機關報請所屬縣（市）或直轄市政府核定　(B)地方原住民族主管機關報請中央原住民族主管機關核定　(C)中央原住民族主管機關報請行政院核定　(D)中央原住民族主管機關報請總統府核定。

(　　) **9** 依原住民族基本法的規定，為促進原住民族部落健全自主發展，部落應設部落會議。部落經中央原住民族主管機關核定者，即為下列何者？　(A)非法人團體　(B)私法人　(C)公法人　(D)行政機關。

(　　) **10** 依原住民族基本法的規定，有關直轄市、縣（市）設原住民族專責單位或置專人，辦理原住民族事務之敘述，下列何者正確？　(A)所有直轄市皆應設原住民族專責單位，辦理原住民族事務　(B)所有縣（市）皆應設原住民族專責單位，辦理原住民族事務　(C)原住民族專責單位之首長，必須通過原住民族公務人員特種考試　(D)辦理原住民族事務之專人，必須通過原住民族公務人員特種考試。

(　　) **11** 依原住民族基本法的規定，有關政府於原住民族土地或部落及其周邊一定範圍內之公有土地從事生態保育及學術研究之敘述，下列何者正確？　(A)應諮商並取得原住民族或部落同意或參與　(B)應諮商並取得中央原住民族主管機關之核准　(C)應先諮商原住民族或部落，後經中央原住民族主管機關核准　(D)應先諮商中央原住民族主管機關，後經原住民族或部落同意或參與。

(　　) **12** 依原住民族基本法的規定，原住民族利用原住民族土地或部落及其周邊一定範圍內之公有土地及自然資源，受政府或法令限制而生之損失，政府應如何處理？　(A)由該主管機關寬列預算補償之　(B)由中央原住民族主管機關寬列預算補償之　(C)由該主管機關從優賠償之　(D)由中央原住民族主管機關從優賠償之。

（　）**13** 依原住民族基本法的規定，下列敘述何者正確？　(A)原住民族基本法僅適用居住原住民族地區內之原住民　(B)政府為保障原住民族之司法權益，須設置原住民族法院　(C)政府決不可在原住民族地區內存放有害物質　(D)政府得因立即而明顯危險，強行將原住民遷出其土地區域。

（　）**14** 依原住民族基本法的規定，政府於原住民族地區劃設國家公園、國家級風景特定區、林業區、生態保育區、遊樂區及其他資源治理機關時，應徵得當地原住民族同意，並與下列何者建立共同管理機制？　(A)原住民族　(B)中央原住民族主管機關　(C)地方原住民族主管機關　(D)內政部。

（　）**15** 依原住民族傳統智慧創作保護條例的規定，原住民族之傳統智慧創作申請人以下列何者為限？　(A)原住民族或部落　(B)原住民或部落耆老　(C)原住民族地方自治團體或公法人　(D)原住民族文化發展協會或基金會。

（　）**16** 依憲法及憲法增修條文的規定，下列何者並非大法官的權限？　(A)解釋憲法　(B)審理法官彈劾事項　(C)統一解釋法律及命令　(D)審理政黨違憲之解散事項。

（　）**17** 有關自治法規的制定，如由地方行政機關訂定並發布者，稱為什麼？　(A)自治通則　(B)自治命令　(C)自治條例　(D)自治規則。

（　）**18** 依原住民身分法的規定，山地原住民與平地原住民結婚，其身分如何認定？　(A)平地原住民變更為山地原住民身分　(B)山地原住民變更為平地原住民身分　(C)兩者同時具有兩種身分　(D)兩者得約定變更為相同之山地原住民或平地原住民身分。

（　）**19** 依原住民身分法的規定，原住民依法申請喪失原住民身分時，其申請時之直系血親卑親屬的原住民身分是否喪失？　(A)是，隨之喪失　(B)否，不隨之喪失　(C)視申請原因而定其身分是否喪失　(D)由申請人戶籍地所在戶政事務所個案認定是否喪失。

(　) **20** 依原住民身分法的規定，有關應具原住民身分者，於原住民身分法施行前，因結婚、收養、自願拋棄或其他原因喪失或未取得原住民身分者之敘述，下列何者正確？　(A)得申請回復或取得原住民身分　(B)應申請回復或取得原住民身分　(C)不待申請，主管機關應主動更正其身分　(D)主管機關應主動造冊，送法院裁定是否更正。

解答及解析

1 (A)。依原住民族基本法第6條規定，政府與原住民族自治間權限發生爭議時，由總統府召開協商會議決定之，故本題答(A)。

2 (B)。依公務人員任用法施行細則第2條規定，該法所稱公務人員，指各機關組織法規中，除政務人員及民選人員外，定有職稱及官等、職等之人員，包含：一、中央政府及其所屬各機關。二、地方政府及其所屬各機關。三、各級民意機關。四、各級公立學校。五、公營事業機構。六、交通事業機構。七、其他依法組織之機關。故本題答(B)。

3 (C)。依原住民身分法第4條規定，原住民與非原住民結婚所生子女，從具原住民身分之父或母之姓或原住民傳統名字者，取得原住民身分。換言之，從不具原住民身分之父或母之姓，則無法取得原住民身分。同法第7條規定，子女變更為非原住民父或母之姓者，亦喪失原住民身分。故本題答(C)。

4 (D)。依憲法增修條文第10條第12項規定，國家應依民族意願，保障原住民族之地位及政治參與，並對其教育文化、交通水利、衛生醫療、經濟土地及社會福利事業予以保障扶助並促其發展，其中不包含自然資源，故本題答(D)。

5 (B)。依地方制度法第83-7條規定，山地原住民區實施自治所需財源，由直轄市洽商山地原住民區定之，故本題答(B)。

6 (B)。地方制度法未限制區居民身分，故(A)錯誤；依地方制度法第58條規定，直轄市之區由山地鄉改制者，其區長以山地原住民為限，故(B)正確；地方制度法未限制區民代表身分，故(C)錯誤；地方制度法未限制區公務員表身分，故(D)錯誤。故本題答(B)。

7 (B)。依地方制度法第83-2條規定，山地原住民區其與直轄市之關係，準用該法關於縣與鄉（鎮、市）關係之規定。故本題答(B)。

8 (C)。依原住民族基本法第2條規定，原住民族：係指既存於臺灣而為國家管轄內之傳統民族，包括阿美族、泰雅族、排灣族、布農族、卑南族、魯凱族、鄒族、賽夏族、雅美族、邵族、噶瑪蘭族、太魯閣族及其他自認為原住民族並經中央原住民族主管機關報請行政院核定之民族。故本題答(C)。

9 (C)。依原住民族基本法第2-1條規定，部落應設部落會議。部落經中央原住民族主管機關核定者，為公法人。故本題答(C)。

10 (A)。依原住民族基本法第2-1條規定，直轄市及轄有原住民族地區之縣，其直轄市、縣政府應設原住民族專責單位，辦理原住民族事務，故(A)正確；同前條文，非轄有原住民族地區之縣（市）政府得視實際需要，設原住民族專責單位或置專人，辦理原住民族事務，得而非應，也就是不見得要設立，故(B)錯誤；同前條文，原住民族專責單位，其首長應具原住民身分，而非通過原住民特考，故(C)錯誤；辦理原住民族事務之專人，其身分法無明文限制，故(D)錯誤。故本題答(A)。

11 (A)。依原住民族基本法第21條規定，政府或私人於原住民族土地或部落及其周邊一定範圍內之公有土地從事土地開發、資源利用、生態保育及學術研究，應諮商並取得原住民族或部落同意或參與，原住民得分享相關利益。故本題答(A)。

12 (A)。依原住民族基本法第21條規定，政府或法令限制原住民族利用原住民族土地或部落及其周邊一定範圍內之公有土地及自然資源時，應與原住民族、部落或原住民諮商，並取得其同意；受限制所生之損失，應由該主管機關寬列預算補償之。故本題答(A)。

13 (D)。原住民族基本法非僅適用居住原住民族地區之原住民，故(A)錯誤；依原住民族基本法第30條規定，政府為保障原住民族之司法權益，得設置原住民族法院或法庭，是得設置而非應設置，故(B)錯誤；同法第31條，政府不得違反原住民族意願，在原住民族地區內存放有害物質，是有條件允許放置有害物質，故(C)錯誤；同法第32條，政府除因立即而明顯危險外，不得強行將原住民遷出其土地區域，換言之，如有立即而明顯危險得強行將原住民遷出，(D)正確。故本題答(D)。

14 (A)。依原住民族基本法第22條規定，政府於原住民族地區劃設國家公園、國家級風景特定區、林業區、生態保育區、遊樂區及其他資源治理機關時，應徵得當地原住民族同意，並與原住民族建立共同管理機制，故本題答(A)。

15 (A)。依原住民族傳統智慧創作保護條例第6條規定,智慧創作申請人以原住民族或部落為限,故本題答(A)。

16 (B)。依憲法第78條規定,司法院設大法官若干人,解釋憲法,並有統一解釋法律及命令之權;憲法增修條文第5條規定,司法院大法官,除依憲法第七十八條之規定外,並組成憲法法庭審理總統、副總統之彈劾及政黨違憲之解散事項。以上權限均不包含審理彈劾法官,故本題答(B)。

17 (D)。依地方制度法第25規定,自治法規由地方行政機關訂定,並發布或下達者,稱自治規則,故本題答(D)。

18 (D)。依原住民身分法第10條規定,山地原住民與平地原住民結婚,得約定變更為相同之山地原住民或平地原住民身分,故本題答(D)。

19 (B)。依原住民身分法第9條規定,申請喪失原住民身分者,其申請時之直系血親卑親屬之原住民身分不喪失,故本題答(B)。

20 (A)。依原住民身分法第8條規定,該法施行前,因結婚、收養、自願拋棄或其他原因喪失或未取得原住民身分者,得檢具足資證明原住民身分之文件,申請回復或取得原住民身分,故本題答(A)。本題自原住民身分法於民國110年01月27日修法後,已不適用。

108年　原住民四等特考

( )　**1** 下列何項敘述並非來自憲法增修條文明文之規定？　(A)國家應肯定多元文化，並積極維護發展原住民族語言及文化　(B)國家應依民族意願，保障原住民族之地位及政治參與　(C)國家應對原住民族社會福利事業予以保障並促其發展　(D)政府為保障原住民族之權益，得設置原住民族法院或法庭。

( )　**2** 有關原住民族土地或部落範圍土地之劃設作業程序，下列何者錯誤？　(A)劃設作業產生之爭議，應由部落組成劃設商議小組協調　(B)直轄市、縣（市）主管機關對劃設成果仍有書面審查權　(C)應將劃設之成果提請部落會議，並以公共事項方式討論　(D)須視需要通知毗鄰部落代表與會，經部落會議議決通過。

( )　**3** 依司法院大法官解釋之意旨，針對政府採購得標廠商員工逾百者應進用一定比例原住民，未進用者令繳代金之規定，下列敘述何者正確？　(A)屬優惠性差別待遇，符合憲法平等原則　(B)屬契約自由、私法自治，政府不應介入　(C)違反憲法保障廠商財產權之意旨　(D)違反憲法保障廠商營業自由之意旨。

( )　**4** 有關原住民族智慧創作專用權之敘述，下列何者正確？　(A)拋棄之智慧創作專用權，歸於全民享有　(B)智慧創作專用權依法得為強制執行標的　(C)智慧創作專用權不得為讓與、設定質權　(D)其收入不應納入原住民族綜合發展基金。

( )　**5** 有關共同參與或管理、利益分享機制，如發生爭議而未能解決時之處理方式，下列敘述何者正確？　(A)利害關係人得請求中央原住民族主管機關轉請有關機關協處　(B)部落得請求中央原住民族主管機關轉請地方調解委員會調解　(C)中央原住民族主管機關為確保關係部落之權益得行使介入權　(D)請求辦理同意事項之私人不得提起訴願或行政訴訟尋求救濟。

( ) **6** 有關原住民族教育保障的措施，下列敘述何者錯誤？ (A)公費留學應提供保障名額與學門，培育原住民族之人才 (B)大專校院設立原住民專班者，並得編列預算酌予補助 (C)各地方政府應建立常設性質之原住民族教育資源中心 (D)原住民幼兒申請就讀公立或非營利幼兒園享有優先權。

( ) **7** 依據原住民族教育法之規定，有關原住民族教育之敘述，下列何者錯誤？ (A)呼應憲法規定政府應依照原住民之民族意願，保障原住民族教育之權利 (B)轉型正義之考量無助原住民族教育推動，因為會陷入政治鬥爭 (C)各級政府應確保原住民接受各級各類教育機會之均等 (D)學校應運用校園空間推動原住民族及多元文化教育。

( ) **8** 下列何族尚非屬於中央政府法定承認的原住民族？ (A)卡那卡那富族 (B)拉阿魯哇族 (C)西拉雅族 (D)噶瑪蘭族。

( ) **9** 有關原住民族綜合發展基金的經費來源，下列敘述何者錯誤？ (A)原住民族在原住民族地區獵捕野生動物、採取礦石之營利行為 (B)依政府採購法得標之廠商，進用原住民人數未達法定標準者 (C)由中央政府循預算程序之撥款、住宅租售及相關業務收益款 (D)政府於原住民族之土地從事土地開發、資源利用之營利所得。

( ) **10** 為獎勵原住民族傑出人才，依據原住民族委員會原住民專門人才獎勵要點之規定，下列敘述何者正確？ (A)原住民考取公費生者，無待申請即得獲得本獎勵金 (B)因就讀碩士班而獲得深造教育獎勵者，僅得申請一次 (C)因就讀博士班而獲得深造教育獎勵者，可多次申請以茲鼓勵 (D)針對體育傑出人才之獎勵，凡獲得參賽資格者都可申請。

( ) **11** 對於原住民族教育之說明，下列何者錯誤？ (A)大學應保障原住民族學生入學機會，必要時得占用一般生之錄取名額 (B)公費留學應提供保障名額，以保障培育原住民族之人才 (C)必要時得委託原住民族部落辦理之，以保障原住民學生學習權 (D)教育主管機關得指定中小學辦理部分班級實驗教育。

（　　）**12** 對於原住民族語言之發展，下列敘述何者錯誤？　(A)依現行法令之規定，原住民族語言為國家語言　(B)促進原住民族語言之保存與發展，涉及到歷史正義的實現　(C)政府應辦理族語能力驗證制度，設置原住民語研究發展專責單位　(D)辦理公務人員特種考試原住民族考試，不應再要求應考人通過前項驗證。

（　　）**13** 有關原住民族部落與部落會議的敘述，下列何者正確？　(A)為促進原住民族權益保障，各直轄市、縣市均應設置部落會議　(B)為尊重原住民族的集體人格權，部落會議得以私法人型態設置　(C)原住民族之部落，經中央原住民族主管機關核定者，為公法人　(D)部落組織之辦法，由內政部諮詢中央原住民族主管機關後定之。

（　　）**14** 依據原住民族語言發展法的規定，下列敘述何者錯誤？　(A)本法施行三年後，原住民參與公務人員特種考試原住民族考試、公費留學考試，應取得原住民族語言能力認證　(B)原住民族專責機關之公務人員若未取得原住民族語言能力之認證者，每年應修習原住民族語言　(C)政府捐助之原住民族電視製作之原住民族語言節目及課程，不得低於該機構總時數百分之六十　(D)中央主管機關為辦理原住民族語言研究發展事項，應設財團法人原住民族語言研究發展基金會。

（　　）**15** 依現行法規定，下列何者並非原住民族土地或部落範圍土地劃設小組的組成人員？　(A)鄉（鎮、市、區）民意代表　(B)由部落會議推派之部落代表　(C)鄉（鎮、市、區）公所代表　(D)由部落領袖推派之部落代表。

（　　）**16** 有關原住民族依生活慣俗需要採取森林產物之敘述，下列何者錯誤？　(A)原住民族依生活慣俗需要得採取森林產物之區域，為原住民族地區國有林地及公有林地　(B)部落、原住民團體依生活慣俗需要採取森林產物，應向受理機關提案並經主管機關核准　(C)原住民族採取森林主產物、人工種植之副產物，原則上應為有償，例外時依法得為無償　(D)生活慣俗之需要，其範圍包括原住民族傳統文化、祭儀或自用之營利行為與非營利行為。

( ) **17** 有關原住民族語老師之聘用，下列敘述何者正確？ (A)以專案方式聘用為原則 (B)以專職方式聘用為原則 (C)聘用辦法由中央教育主管機關定之 (D)聘用辦法由地方教育主管機關定之。

( ) **18** 有關財團法人原住民族文化事業基金會的敘述，下列何者正確？ (A)該基金會之組織性質屬於行政法人 (B)董事長、董事與監察人均為無給職 (C)董事選任適用原住民族比例代表制 (D)同一政黨之董事、監察人有其限制。

( ) **19** 有關原住民族之智慧創作與智慧創作專用權之敘述，下列何者錯誤？ (A)經認定為智慧創作，但不能認定屬於特定原住民族或部落者，應登記為全部原住民族 (B)智慧創作專用權指智慧創作財產權及智慧創作人格權 (C)智慧創作，應由主管機關建立登記簿，並予以公告之 (D)智慧創作專用權，應保護4.0年，經申請者得展延之。

( ) **20** 有關原住民族依生活慣俗需要採取森林產物之敘述，下列何者錯誤？ (A)採取原住民族地區公有林地之森林產物，應編具採取森林產物計畫提案書 (B)屬臨時性之生活慣俗需求者，應向受理機關於預定採取之日1個月前報備 (C)須檢附文件於預定採取之日3個月前，向森林產物所在地之受理機關提案 (D)須檢附文件，含參加之原住民名冊、採取森林產物之自主管理機制或公約。

解答及解析

1 (D)。依中華民國憲法增修條文第10條規定，國家肯定多元文化，並積極維護發展原住民族語言及文化。國家應依民族意願，保障原住民族之地位及政治參與，並對其教育文化、交通水利、衛生醫療、經濟土地及社會福利事業予以保障扶助並促其發展，故(A)(B)(C)都正確；設置原住民族法院或法庭是原住民族基本法第30條規定，而非憲法增修條文，故本題答(D)。

2 (A)。依原住民族土地或部落範圍土地劃設辦法第10條規定，劃設作業產生之爭議，應由中央主管機關組成劃設商議小組會商協調，而非部落組成，故本題答(A)。

3 (A)。依大法官釋字第719號，進用原住民人數未達標準者，應向原住民族綜合發展基金之就業基金繳納代金部分，尚無違背憲法第七條平等原則及第二十三條比例原則，與

憲法第十五條保障之財產權及其與工作權內涵之營業自由之意旨並無不符，故本題答(A)。

4 (C)。 依原住民族傳統智慧創作保護條例第12條規定，拋棄之智慧創作專用權，歸屬於全部原住民族享有，非全民所有，故(A)錯誤；同法第11條，智慧創作專用權不得為讓與、設定質權及作為為強制執行之標的，故(B)錯誤、(C)正確；同法第14條，智慧創作專用權為全部原住民族取得者，其智慧創作專用權之收入，應納入原住民族綜合發展基金，故(D)錯誤。故本題答(C)。

5 (A)。 依諮商取得原住民族部落同意參與辦法第22條規定，若申請人承諾之共同參與或管理、利益分享機制，發生爭議而未能依前項解決時，利害關係人得請求中央原住民族主管機關轉請有關機關協處，故本題答(A)。

6 (C)。 依原住民族教育法第19條規定，地方政府應設立任務編組性質之原住民族教育資源中心，而非常設性質，故本題答(C)。

7 (B)。 依原住民族教育法第2條規定，政府應本於多元、平等、自主、尊重之原則，推動原住民族教育，並優先考量原住民族歷史正義及轉型正義之需求。換言之，轉型正義並非無助及陷入鬥爭，故本題答(B)。

8 (C)。 現行中央政府法定承認的原住民族為阿美族、泰雅族、排灣族、布農族、卑南族、魯凱族、鄒族、賽夏族、雅美族（達悟族）、邵族、噶瑪蘭族、太魯閣族撒奇萊雅族、賽德克族、拉阿魯哇族、卡那卡那富族，其中不包括西拉雅族，故本題答(C)。

9 (A)。 依原住民族綜合發展基金收支保管及運用辦法第4條規定，該基金之來源如下：一、由政府循預算程序之撥款。二、住宅租售及相關業務收益款。三、原住民族土地賠償、補償、收益款、土地資源開發營利所得及相關法令規定之提撥款。四、原住民族地區溫泉取用費提撥款。五、全部原住民族取得之智慧創作專用權收入。六、原住民族就業基金收入。七、人體研究計畫諮詢及取得原住民族或其所屬特定群體（以下簡稱目標群體）同意，約定就研究結果所衍生商業利益之回饋金。八、受贈收入。九、本基金之孳息收入。十、其他有關收入。其中不包含在原住民族地區獵捕野生動物、採取礦石之營利，故本題答(A)。

10 (B)。 依原住民族委員會原住民專門人才獎勵要點第3條規定，於教育部認可之國內大學校院碩、博士班就讀者及獲得碩、博士學位者，分別給予獎勵，其獎勵各以一次為限，

但公費生不得請領本獎勵金,故(A)錯誤、(B)正確、(C)錯誤;同條文規定,體育傑出人才之獎勵其參加賽會競賽項目有限制,非通通有獎,故(D)錯誤,故本題答(B)。

11 (A)。依原住民族教育法第23條規定,高級中等以上學校,應保障原住民學生入學及就學機會,必要時,得採額外保障辦理,並非占用一般生名額,故本題答(A)。

12 (D)。依公務人員特種考試原住民族考試規則第3條規定,自中華民國一百十年一月一日起,報名本考試應取得原住民族委員會核發之原住民族語言能力認證初級以上合格證書,故本題答(D)。

13 (C)。依原住民族基本法第2-1條規定,為促進原住民族部落健全自主發展,部落應設部落會議,非縣市都應設置,故(A)錯誤;同條文規定,部落經中央原住民族主管機關核定者,為公法人,而非私法人,故(B)錯誤、(C)正確;同條文規定,部落之核定、組織、部落會議之組成、決議程序及其他相關事項之辦法,由中央原住民族主管機關定之,跟內政部沒關係,故(D)錯誤。故本題答(C)。

14 (C)。依原住民族語言發展法第23條規定,原住民族語言節目及課程使用原住民族語言之比例,不得低於該機構總時數之百分之五十,非百分之六十,故本題答(C)。

15 (A)。依原住民族土地或部落範圍土地劃設辦法第4條規定,土地劃設小組人員組成如下:一、鄉(鎮、市、區)公所代表。二、當地部落會議或部落領袖推派之部落代表若干人。三、專家學者。四、其他有助劃設工作之相關人士。不包含民意代表,故本題答(A)。

16 (D)。依原住民族依生活慣俗採取森林產物規則第3條規定,生活慣俗係指下列原住民族傳統文化、祭儀或自用之非營利行為,不包含營利行為,故本題答(D)。

17 (B)。依原住民族語言發展法第22條規定,中央教育主管機關應培訓原住民族語老師,並協助直轄市、縣(市)主管機關以專職方式聘用為原則,專職非專案,故(A)錯誤、(B)正確;同條文規定,原住民族語老師資格及聘用辦法,由中央教育主管機關會同中央主管機關定之,故(C)、(D)均錯。故本題答(B)。

18 (D)。依財團法人原住民族文化事業基金會設置條例第2條規定,該基金會為財團法人,非行政法人,故(A)錯誤;同法第11條規定,董事、監察人除董事長為專任有給職外,均為無給職,換言之,董事長有給職,董事、監察人無給職,故(B)錯誤;同法第9條規定,董事、監察人,原住民族代表各不得少於二分之一,未指明各族比例,故(C)錯

誤；同法第9條規定，董事、監察人於任期中不得參與政黨活動，限制明確，(D)正確。故本題答(D)。

19 **(D)**。依原住民族傳統智慧創作保護條例第15條規定，智慧創作專用權，應永久保護之，非僅限40年，故本題答(D)。

20 **(B)**。依原住民族依生活慣俗採取森林產物規則第8條規定，應於預定採取之日三個月前向森林產物所在地之受理機關提案，屬臨時性之生活慣俗需求者，提案時間得不受前項所定期間之限制。不管如何都不是一個月，故本題答(B)。

Notes

108年 原住民五等特考

( ) **1** 依據原住民族委員會辦理原住民職業訓練實施要點規定，承辦單位辦理各類原住民職業訓練計畫時，受訓學員應具原住民身分，且人數須達多少人？ (A)15人 (B)20人 (C)25人 (D)30人。

( ) **2** 依據原住民族委員會法律扶助要點規定，下列那一種情形將不予扶助？ (A)法律諮詢 (B)訴訟、非訟、仲裁之代理、辯護或輔佐 (C)具公務人員身分者涉及公職人員選舉罷免事件相關之民事訴訟 (D)法律文件撰擬。

( ) **3** 賽夏族的Umin想要報考族語認證，依據原住民族語言能力認證辦法規定，他可以選擇報考的級別有那些？ (A)初級、中級、高級 (B)初級、中級、中高級、高級 (C)初級、中級、高級、優級 (D)初級、中級、中高級、高級、優級。

( ) **4** 依原住民族語言發展法，原住民族語言之定義為何？ (A)指原住民族傳統使用之語言及用以記錄其語言之文字、符號 (B)指用以記錄原住民族語言之書寫系統 (C)指原住民族地區使用之語言 (D)指原住民族傳統使用之語言。

( ) **5** 依據原住民族委員會原住民專門人才獎勵要點規定，具有原住民身分者，申請獎勵不含下列那一項？ (A)深造教育 (B)學術專門著作 (C)出國留學 (D)體育傑出人才。

( ) **6** 依據原住民族委員會社區及部落互助式教保服務中心補助要點規定，欲申請補助的教保服務中心，原住民幼生數須占全體幼生數的多少以上？ (A)百分之五十 (B)百分之六十 (C)百分之七十 (D)百分之八十。

( ) **7** 依據財團法人原住民族文化事業基金會設置條例，下列何者不是該基金會業務範圍？ (A)原住民族廣播、電視專屬頻道之規劃、製播、經營及普及服務 (B)監控原住民族文化及傳播出版品之發行

及推廣　(C)原住民族文化傳播網站之建置及推廣　(D)原住民族文化、語言、藝術及傳播等工作者之培育及獎助。

(　　) 8 Daya目前自費前往美國留學，依據原住民族委員會補助原住民自費留學生要點規定，他可向原住民族委員會申請每月多少金額的生活費？　(A)美金400元　(B)美金500元　(C)美金600元　(D)美金700元。

(　　) 9 依據原住民族委員會獎助儲蓄互助社作業要點規定，儲互社在辦理原住民小額週轉專案貸款業務時，下列何者非屬獎勵標準？　(A)每筆貸款金額最高新臺幣7萬元　(B)年利率不得超過百分之四　(C)免收手續費用　(D)貸款期間於6個月以上、36個月以下者。

(　　) 10 莫那今年45歲，為了照顧失能的母親辭去保險公司的工作，他計畫返鄉創業，在自有的土地上經營農場，從事有機農業，依據原住民微型經濟活動貸款要點規定，他最多可向原住民族委員會申請多少金額的貸款？　(A)新臺幣15萬元　(B)新臺幣20萬元　(C)新臺幣30萬元　(D)新臺幣40萬元。

(　　) 11 依據原住民保留地禁伐補償及造林回饋條例規定，申請造林回饋金之造林獎勵者，第一年每公頃金額為多少？　(A)新臺幣2萬元　(B)新臺幣4萬元　(C)新臺幣10萬元　(D)新臺幣12萬元。

(　　) 12 依據原住民族委員會推展原住民族經濟產業補助要點，補助事項不包括下列那一項？　(A)研發或創新原住民族觀光、生活、生產、生態及經濟活動　(B)推廣原住民族觀光產業有關之活動，配合原住民族地區部落歲時祭儀舉辦之文化體驗、生態旅遊、風味餐飲、農特產品之活動　(C)舖設農路　(D)舉辦相關原住民金融知識講習、經濟研討、研習等活動。

(　　) 13 依據原住民保留地開發管理辦法規定，原住民保留地所在之鄉（鎮、市、區）公所應設原住民保留地土地權利審查委員會，下列何者非該委員會的權責？　(A)增劃編原住民保留地　(B)原住民保留地土地權利糾紛之調查及調處事項　(C)原住民保留地無償取得所有權、分配、收回之審查事項　(D)申請租用、無償使用原住民保留地之審查事項。

( ) **14** 依據原住民保留地開發管理辦法規定，原住民申請無償取得原住民保留地所有權，在依區域計畫法編定為農牧用地、養殖用地或依都市計畫法劃定為農業區、保護區，並供農作、養殖或畜牧使用之土地，最高申請限額為每人多少公頃？ (A)0.5公頃 (B)1公頃 (C)1.5公頃 (D)2公頃。

( ) **15** 依據公有土地劃編原住民保留地要點規定，原住民在何時間點前即已使用其祖先遺留且迄今仍繼續使用之公有土地，可檢附相關證明文件，向土地所在地之鄉（鎮、市、區）公所申請劃編為原住民保留地？ (A)68年2月1日 (B)70年2月1日 (C)75年2月1日 (D)77年2月1日。

( ) **16** 依據原住民族教育法之規定，原住民族學校之定義，下列何者非屬之？ (A)以原住民族知識體系為主 (B)依該民族教育哲學實施教育 (C)依該民族教育目標實施教育 (D)以招收原住民學生為限。

( ) **17** 依據原住民族教育法之規定，部落、社區教育之定義，下列何者非屬之？ (A)促進原住民族文化之創新 (B)培育部落與社區發展人才 (C)部落與社區現代化公民的發展 (D)以原住民族傳統生態知識課程為主。

( ) **18** 為發展及厚植原住民族知識體系，按原住民族教育法之規定，中央原住民族主管機關應會商相關主管機關，建構原住民族知識體系中長程計畫，並積極獎勵原住民族學術及各原住民族知識研究，下列何者不屬之？ (A)內政 (B)教育 (C)科技 (D)文化。

( ) **19** 高級中等以下學校開設原住民族語文課程，其實施方式，下列說明何者錯誤？ (A)學生有權優先選擇學習自己民族/部落的原住民族語文 (B)國民中學階段學校應於「語文領域—本土語文」開設原住民族語文課程至少每週1節課 (C)學校應依學生需求聘請相關師資授課 (D)高級中等教育階段之原住民重點學校應於校訂課程開設6學分原住民族語文課程，並得於假日或寒、暑假實施。

( ) **20** 各級政府辦理原住民族教育，就原住民族教育法規定之原則與相關條文，下列何者錯誤？ (A)高級中等以下學校有關民族教育之規

劃及實施，應諮詢當地原住民族、部落或其他傳統組織　(B)地方政府應設立任務編組性質之原住民族教育資源中心　(C)原住民族教育得委託原住民族、部落、傳統組織或非營利之機構、法人或團體辦理　(D)地方政府應定期辦理非原住民族地區原住民族幼兒教育資源及需求之調查。

（　）**21** 地方政府依原住民族教育法之規定，應召開原住民族教育審議會，進行地方原住民族教育事項之審議，下列何者非屬之？　(A)臺北市　(B)臺南市　(C)南投縣　(D)彰化縣。

（　）**22** 依據原住民族教育法之規定，各級政府對於國民教育階段原住民重點學校之合併或停辦，應徵得設籍於該學區年滿幾歲原住民二分之一以上書面同意？　(A)16歲　(B)18歲　(C)20歲　(D)25歲。

（　）**23** 取得原住民文化及語言能力證明之原住民學生，參加大學考試分發入學者，其成績總分以加原始總分多少比率計算？　(A)百分之十　(B)百分之二十　(C)百分之二十五　(D)百分之三十五。

（　）**24** 原住民報考下列考試，那一項不在原住民族教育法第23條所保障之範圍？　(A)大學碩士班考試入學　(B)專科學校五年制特色招生術科甄選入學　(C)高級中等學校特色招生學科考試分發入學　(D)中央主管教育行政機關舉辦之公費留學考試。

（　）**25** 下列何項任務，非屬大專校院原住民族學生資源中心之設置目的？　(A)原住民族學生就業輔導　(B)原住民族學生生涯發展輔導　(C)提供民族教育課程活動　(D)原住民族學生經濟援助。

（　）**26** 財團法人原住民族語言研究發展基金會董事、監察人之原住民代表比例，各不得少於多少比例？　(A)二分之一　(B)三分之一　(C)三分之二　(D)四分之三。

（　）**27** 財團法人原住民族語言研究發展基金會之工作人員，除會計相關人員外，應具備那一等級以上原住民族語言能力認證資格？　(A)初級　(B)中級　(C)中高級　(D)高級。

（　　）**28** 財團法人原住民族語言研究發展基金會之主管機關，下列何者正確？　(A)教育部　(B)文化部　(C)內政部　(D)原住民族委員會。

（　　）**29** 依據原住民族語言發展法之規定，原住民族語言能力，不包括下列何者？　(A)畫　(B)聽　(C)說　(D)譯。

（　　）**30** 非原住民族地區之鄉（鎮、市、區）公所，其轄區原住民人口達多少人以上，應置專職原住民族語言推廣人員？　(A)1千人　(B)1千5百人　(C)2千人　(D)2千5百人。

（　　）**31** 依據原住民族語言發展法之規定，應設置地方通行語標示之機關（構）及學校，不包括下列何者？　(A)國軍退除役官兵輔導委員會清境農場　(B)內政部營建署太魯閣國家公園管理處　(C)交通部觀光局西拉雅國家風景區管理處　(D)交通部觀光局花東縱谷國家風景區管理處。

（　　）**32** 按原住民保留地禁伐補償實施辦法之規定，補償對象不包括下列何者？　(A)原住民保留地之所有人　(B)具原住民身分之原住民保留地承租人　(C)具原住民身分之原住民保留地地上權人　(D)不具原住民身分之原住民保留地合法使用人。

（　　）**33** 原住民保留地所在之鄉（鎮、市、區）公所，依原住民保留地開發管理辦法之規定，應設原住民保留地土地權利審查委員會（下稱土審會），下列有關土審會之設置與掌理事項說明，何者錯誤？　(A)土審會委員應有五分之四為原住民　(B)申請租用公有原住民保留地之審查　(C)機關學校申請使用公有原住民保留地之審查　(D)土審會委員由鄉（鎮、市、區）公所逕就鄉（鎮、市、區）公所轄內之公正人士或原住民社區推舉熟諳法令之熱心公益人士聘兼之。

（　　）**34** 森林法第15條第4項所稱生活慣俗之認定有疑義時，應由受理原住民族提案採取森林產物之機關，函請那個機關協助認定？　(A)原住民族委員會　(B)行政院農業委員會　(C)內政部　(D)教育部。

（　　）**35** 按原住民族依生活慣俗採取森林產物規則所稱之「原住民族」，不包括下列何者？　(A)溪口台部落　(B)西拉雅族　(C)依法設立之原住民合作社　(D)原住民族之個人。

(　) **36** 按原住民族依生活慣俗採取森林產物規則之規定，下列敘述何者錯誤？　(A)生活慣俗係指原住民族傳統文化、祭儀或自用之非營利行為　(B)原住民族依祭儀之需要，得提案無償採取森林主產物、人工種植之副產物　(C)部落為生活慣俗需要採取原住民族地區國有林地之森林產物，應編具採取森林產物計畫提案書，並檢附相關文件，於預定採取之日2個月前向森林產物所在地之受理機關提案　(D)採取森林產物供作營利使用，主管機關應廢止已核准發給採運許可證。

(　) **37** 依山坡地保育利用條例第37條之規定，下列敘述何者錯誤？　(A)山坡地範圍內原住民保留地，除依法不得私有外，應輔導原住民取得耕作權繼續經營滿五年者無償取得所有權　(B)原住民取得原住民保留地所有權，如有移轉，以原住民為限　(C)因公法上金錢給付義務之執行事件未能拍定原住民保留地者，得由政府依法承受　(D)國有原住民保留地出租衍生之收益，得作為原住民族自治費用。

(　) **38** 按原住民族教育法之規定，下列敘述何者錯誤？　(A)維護民族尊嚴、延續民族命脈、增進民族福祉及促進族群共榮為原住民族教育目的　(B)推動原住民族教育應優先考量原住民族歷史正義及轉型正義之需求　(C)原住民族教育師資係指在原住民族學校、原住民重點學校或原住民教育班具原住民身分之師資　(D)高級中等教育階段之原住民重點學校聘任具原住民身分之教師比率，不得低於該校教師員額百分之五。

(　) **39** 為促進原住民族及多元文化教育相關課程或活動，原住民族教育法規定應規劃實施者，下列何者不在其中？　(A)政府機關　(B)公營事業機構　(C)政府捐助基金累計超過百分之五十之財團法人　(D)政府採購得標廠商於國內員工總人數逾一百人者。

(　) **40** 按原住民族依生活慣俗採取森林產物規則之規定，原住民族得採取森林產物之區域，下列何者非屬認定條件？　(A)原住民族地區　(B)國有林地　(C)公有林地　(D)原住民族傳統海域

解答及解析

1 (A)。依原住民族委員會辦理原住民族職業訓練實施要點第4條規定，受訓學員應具原住民身分，每班開班人數應達十五人以上，故本題答(A)。

2 (C)。依原住民族委員會法律扶助要點第3條規定，該要點所稱法律扶助業務，包括下列事項：(一)法律諮詢。(二)調解、和解之代理。(三)法律文件撰擬。(四)訴訟、非訟或仲裁之代理、辯護或輔佐。(五)其他法律事務上必要之服務及具有特殊情況者，得予專案扶助。不包含公務員涉及選罷法民事訴訟，故本題答(C)。

3 (D)。依原住民族語言能力認證辦法第4條規定，族語能力認證分為初級、中級、中高級、高級及優級，故本題答(D)。

4 (A)。依原住民族語言發展法第2條規定，原住民族語言係指原住民族傳統使用之語言及用以記錄其語言之文字、符號，故本題答(A)。

5 (C)。依行政院原住民族委員會培育原住民專門人才獎勵要點第3條規定，獎勵項目如下：(一)深造教育。(二)學術專門著作。(三)發明。(四)專業考試。(五)體育傑出人才。不包含出國留學，故本題答(C)。

6 (C)。依原住民族委員會社區及部落互助式教保服務中心補助要點第3條規定，教保中心原住民幼生數占全體幼生數百分之七十以上，故本題答(C)。

7 (B)。依財團法人原住民族文化事業基金會設置條例第4條規定，該基金會之業務範圍如下：一、原住民族廣播、電視專屬頻道之規劃、製播、經營及普及服務。二、原住民族文化及傳播出版品之發行及推廣。三、原住民族文化傳播網站之建置及推廣。四、原住民族文化、語言、藝術、傳播等活動之輔導、辦理及贊助。五、原住民族文化、語言、藝術及傳播等工作者之培育及獎助。六、其他與原住民族文化、語言、藝術事業及傳播媒體有關之業務。不包含監控原住民族文化，故本題答(B)。

8 (A)。依原住民族委員會補助原住民自費留學生要點第5條規定，補助金額每月補助美金四百元整，每六個月申請核發一次，故本題答(A)。

9 (C)。依原住民族委員會獎助儲蓄互助社作業要點第4條規定，辦理原住民小額週轉專案貸款業務獎勵項目及標準如下：每筆貸款金額最高新臺幣七萬元，年利率不得超過百分之四，貸款期間於六個月以上、三十六個月以下者，依核貸金額之百分之三核給獎勵金。不包含免收手續費，故本題答(C)。

10 (C)。依原住民微型經濟活動貸款要點第4條規定，年滿二十歲至六十五歲具有行為能力之原住民，並無信用不良紀錄者，生產用途最高貸款金額新臺幣三十萬元，故本題答(C)。

11 (D)。原住民保留地禁伐補償及造林回饋條例第6條規定，造林獎勵者第一年每公頃新臺幣十二萬元，故本題答(D)。

12 (C)。依原住民族委員會推展原住民族經濟產業補助要點第4條規定，該要點之補助事項如下：(一)研發或創新原住民族觀光、生活、生產、生態及經濟活動。(二)推廣原住民族觀光產業有關之活動，配合原住民族地區部落歲時祭儀舉辦之文化體驗、生態旅遊、風味餐飲、農特產品之活動。(三)改善原住民族地區設施（備）。(四)其他振興原住民族經濟之活動。不含鋪設農路，故本題答(C)。

13 (A)。依原住民保留地開發管理辦法第6條規定，原住民保留地所在之鄉（鎮、市、區）公所設置原住民保留地土地權利審查委員會，掌理下列事項：一、原住民保留地土地權利糾紛之調查及調處事項。二、原住民保留地無償取得所有權、分配、收回之審查事項。三、申請租用、無償使用原住民保留地之審查事項。四、申請撥用公有原住民保留地之審查事項。五、原住民保留

地分配土地補償之協議事項。不包含增劃編，故本題答(A)。

14 (B)。依原住民保留地開發管理辦法第10條規定，原住民申請無償取得原住民保留地所有權，依區域計畫法編定為農牧用地、養殖用地或依都市計畫法劃定為農業區、保護區，並供農作、養殖或畜牧使用之土地，最高限額每人一公頃，故本題答(B)。

15 (D)。依公有土地劃編原住民保留地要點第3條規定，原住民於七十七年二月一日前即已使用其祖先遺留且迄今仍繼續使用之公有土地，檢附相關證明文件，向土地所在地之鄉（鎮、市、區）公所申請劃編為原住民保留地。故本題答(D)。

16 (D)。依原住民族教育法第4條規定，原住民族學校：指以原住民族知識體系為主，依該民族教育哲學與目標實施教育之學校。不包含限招收原住民學生，故本題答(D)。

17 (D)。依原住民族教育法第4條規定，部落、社區教育係指提供原住民族終身學習課程，促進原住民族文化之創新，培育部落與社區發展人才及現代化公民所實施之教育。不含傳統生態知識，故本題答(D)。

18 (A)。依原住民族教育法第5條規定，為發展及厚植原住民族知識體系，中央原住民族主管機關應會商教育、科技、文化等主管機關，建

構原住民族知識體系中長程計畫，並積極獎勵原住民族學術及各原住民族知識研究。不包含內政，故本題答(A)。

19 **(B)**。依十二年國民基本教育課程綱要所載，為保障原住民族學生民族教育之權益，學校應依學生需求於「彈性學習課程」開設原住民族語文課程至少每週1節課，供學生選修。並非「語文領域-本土語文」，故本題答(B)。

20 **(A)**。依原住民族教育法第12條規定，各級政府依本法辦理原住民族地區高級中等以下學校有關民族教育之規劃及實施，應諮詢當地原住民族、部落或其他傳統組織。僅限原住民族地區而非全國各地，故本題答(A)。

21 **(D)**。依原住民族教育法第8條規定，直轄市及所轄區域內有原住民族地區或原住民重點學校之縣(市)，地方政府應召開直轄市、縣(市)原住民族教育審議會，進行地方原住民族教育事項之審議。彰化縣不符合前面規定，故本題答(D)。

22 **(C)**。依原住民族教育法第10條規定，國民教育階段之原住民重點學校，於徵得設籍於該學區成年原住民二分之一以上書面同意，始得合併或停辦學校。故本題答(C)。

23 **(D)**。依原住民學生升學保障及原住民公費留學辦法第3條規定，參加

大學考試分發入學者，依其採計考試科目成績，以加原始總分百分之十計算。但取得原住民文化及語言能力證明者，以加原始總分百分之三十五計算。故本題答(D)。

24 **(A)**。原住民學生升學保障及原住民公費留學辦法第3條規定，原住民學生參加高級中等以上學校新生入學，除博士班、碩士班、學士後各學系招生不予優待外，其入學各校之名額採外加方式辦理，故本題答(A)。

25 **(D)**。依教育部補助大專校院原住民族學生資源中心要點第1條規定，教育部及原住民族委員會為執行原住民族教育法第二十五條規定，鼓勵大專校院設置原住民族學生資源中心，並指定專責人員，提供原住民學生生活、課業及就業輔導、生涯發展、民族教育課程活動等各項協助；及設置區域原資中心，建立區域內學校聯繫、資源分享平臺，提供諮詢及經驗交流，特訂定本要點。其中不包含經濟援助，故本題答(D)。

26 **(A)**。依財團法人原住民族語言研究發展基金會設置條例第8條規定，董事、監察人之原住民代表比例，各不得少於二分之一，故本題答(A)。

27 **(B)**。依財團法人原住民族語言研究發展基金會設置條例第15條規定，該基金會之工作人員，除會計相關

人員外，應具備原住民族語言能力認證中級以上資格，故本題答(B)。

28 (D)。依財團法人原住民族語言研究發展基金會設置條例第15條規定，該基金會之主管機關為原住民族委員會，故本題答(D)。

29 (A)。依原住民族語言能力認證辦法第2條規定，原住民族語言能力（以下簡稱族語能力）指對原住民族語言聽、說、讀、寫之能力，不包含畫，故本題答(A)。

30 (B)。依原住民族語言推廣人員設置辦法第2條規定，該辦法所稱原住民族語言推廣人員（以下簡稱語推人員），指於直轄市、縣（市）政府、原住民族地區及原住民人口一千五百人以上之非原住民族地區鄉（鎮、市、區）公所，專職辦理第四條規定工作項目之人員，故本題答(B)。

31 (C)。依原住民族語言發展法第16條規定，原住民族地區之政府機關（構）、學校及公營事業機構，應設置地方通行語之標示。其中西拉雅國家風景管理處住於臺南市官田區，非屬政府公告之原住民族地區，故本題答(C)。

32 (D)。依原住民保留地禁伐補償條例第3條規定，原住民保留地經劃定為禁伐區域或受造林獎勵二十年期間屆滿，其具原住民身分之所有權人或合法使用權人，得申請禁伐補

償，不具原住民身分者無權申請，故本題答(D)。

33 (D)。依鄉鎮市區原住民保留地土地權利審查委員會設置要點第3條規定，該會置主任委員一人，由鄉（鎮、市、區）長兼任；委員八人至十二人，由鄉（鎮、市、區）公所依下列程序聘兼之：（一）各鄉（鎮、市、區）公所應通知轄內各原住民村（里）或部落依慣俗於二個月內推舉公正人士或熟諳法令之熱心公益人士二人，由鄉（鎮、市、區）公所就各原住民村（里）或部落推舉之人士中擇定並聘兼之。但各村（里）或部落未於二個月內完成推舉者，逕由鄉（鎮、市、區）公所就轄內之公正人士或熟諳法令之熱心公益人士聘兼之。換言之，未於二個月內完成推舉者才逕行推舉，故本題答(D)。

34 (A)。依原住民族依生活慣俗採取森林產物規則第3條規定，生活慣俗之認定有疑義時，由受理機關函請原住民族主管機關協助認定。原住民族主管機關即原住民族委員會，故本題答(A)。

35 (B)。依原住民族依生活慣俗採取森林產物規則第2條規定，原住民族依其生活慣俗採取森林產物，依本規則規定。本規則未規定者，適用其他相關法令規定。前項原住民族包括下列對象：一、原住民族基本法

第二條第二款所稱原住民。二、原住民族基本法第二條第四款所稱部落。三、原住民族工作權保障法施行細則第八條規定之原住民機構、法人或團體。其中西拉雅族非法定原住民族,故本題答(B)。

36 (C)。依原住民族依生活慣俗採取森林產物規則第8條規定,預定採取之日為三個月前向森林產物所在地之受理機關提案,而非2個月,故本題答(C)。

37 (A)。依山坡地保育利用條例第37條規定,山坡地範圍內原住民保留地,除依法不得私有外,應輔導原住民取得承租權或無償取得所有權。並無繼續經營期限規定,故本題答(A)。

38 (C)。依原住民族教育師資修習原住民族文化及多元文化教育課程實施辦法第2條規定,該辦法所稱原住民族教育師資,指原住民族學校、原住民重點學校或原住民教育班之專任教師、專職原住民族語老師、教學支援工作人員或擔任六個月以上之代理代課教師、鐘點教師。並無身分限制,故本題答(C)。

39 (D)。依原住民族教育法第43條規定,政府機關、公營事業機構及政府捐助基金累計超過百分之五十之財團法人,應規劃實施原住民族及多元文化教育相關課程或活動,並鼓勵其員工參與。不包含得標廠商之員工人數,故本題答(D)。

40 (D)。依原住民族依生活慣俗採取森林產物規則第4條規定,該規則得採取森林產物之區域,為原住民族地區之國有林地及公有林地。其中不包含原住民族傳統海域,故本題答(D)。

109年　原住民三等特考

( )　**1** 依原住民身分法規定，關於原住民子女之身分，下列敘述何者錯誤？　(A)原住民與原住民結婚所生子女，取得原住民身分　(B)原住民與非原住民結婚所生子女，取得原住民身分　(C)原住民女子之非婚生子女，取得原住民身分　(D)因受收養而取得原住民身分者，於收養關係終止時，喪失其原住民身分。

( )　**2** 下列機關、學校、機構，如其僱用約僱人員103人，何者無僱用原住民之義務？　(A)澎湖縣政府　(B)國立臺灣大學　(C)台灣電力股份有限公司　(D)交通部臺灣鐵路管理局。

( )　**3** 依原住民族教育法規定，關於原住民幼兒教保服務，下列敘述何者錯誤？　(A)地方政府應於原住民族地區，普設公立幼兒園、非營利幼兒園、社區或部落互助教保服務中心　(B)原住民幼兒申請就讀非營利幼兒園時，有優先權　(C)中央原住民族主管機關對於就讀非營利幼兒園之原住民幼兒，應視實際需要補助其就學費用　(D)地方政府應輔導或補助部落、法人、團體辦理社區互助式或部落互助式幼兒教保服務。

( )　**4** 關於原住民學生升學保障，下列敘述何者錯誤？　(A)參加高級中等學校免試入學者，其超額比序總積分加10%計算　(B)參加四年制技術學院登記分發入學者，以加總分10%計算　(C)參加大學考試分發入學者，以加原始總分10%計算　(D)參加碩士班考試入學者，以加原始總分10%計算。

( )　**5** 依原住民族工作權保障法規定，關於促進原住民就業，下列敘述何者錯誤？　(A)中央主管機關應設置原住民就業促進委員會　(B)中央主管機關應定期辦理原住民就業狀況調查　(C)各級主管機關應建立原住民人力資料庫及失業通報系統　(D)中央主管機關應依原住民就業需要，提供原住民參加職業訓練之機會。

( ) **6** 依原住民保留地開發管理辦法（以下簡稱本辦法）規定，關於原住民保留地，下列敘述何者正確？ (A)本辦法所稱原住民，限於山地原住民 (B)原住民保留地之總登記，由中央主管機關囑託當地登記機關為之 (C)原住民保留地之所有權人為中華民國 (D)原住民保留地之管理機關為當地地方政府。

( ) **7** 依原住民民族別認定辦法規定，關於原住民之民族別，下列敘述何者錯誤？ (A)原住民應註記民族別，並以註記一個為限 (B)原住民之民族別，除原住民民族別認定辦法另有規定外，不得變更 (C)父母為不同民族別之原住民，其子女從母之民族別，但父母有約定者，從其約定 (D)原住民女子與原住民男子之非婚生子女，未經生父認領者，從母之民族別。

( ) **8** 關於原住民族獵捕野生動物，下列敘述何者錯誤？ (A)其獵捕應經主管機關核准 (B)其獵捕須基於其傳統文化或祭儀之必要 (C)得獵捕之區域，不限於原住民族基本法所定原住民族地區內 (D)得獵捕之區域，須非屬依法禁止獵捕動物之區域。

( ) **9** 依原住民族基本法之規定，關於原住民族之定義，下列敘述何者錯誤？ (A)原住民族為先於漢人居住於臺灣之傳統民族 (B)原住民族為既存於臺灣之傳統民族 (C)原住民族為國家管轄內之傳統民族 (D)自認為原住民族之民族，如經中央原住民主管機關報請行政院核定，亦為原住民族。

( ) **10** 關於原住民族採取森林產物之敘述，下列何者錯誤？ (A)原則上應為有償採取 (B)應編具採取森林產物計畫提案書依規定提案 (C)提案經審查符合規定者，應發給森林產物採取許可證 (D)已獲得採運許可證者，所採取之森林產物得供作營利使用。

( ) **11** 關於原住民合作社，下列敘述何者錯誤？ (A)政府應依原住民群體工作習性，設立各種性質之原住民合作社 (B)原住民合作社之原住民社員須超過該合作社社員總人數百分之八十以上 (C)原住民合作社依法經營者，得依法免徵所得稅及營業稅 (D)原住民合作社之營運發展經費得由各級政府酌予補助。

（　）**12** 原住民地區之公營事業機構，僱用約僱人員、駐衛警察等法律規定
人員之總額，應受下列何種限制？　(A)每滿一百人應有原住民一
人　(B)進用原住民人數應不得低於現有員額之百分之二　(C)應有
二分之一以上為原住民　(D)應有三分之一以上為原住民。

（　）**13** 原住民學生參與師資培育之大學公費生公開招生時，應取得如何等
級以上之原住民族語言能力證明書？　(A)初級　(B)中級　(C)中高
級　(D)高級。

（　）**14** 下列何者不屬於政府為保障原住民族之司法權益而採取之措施？
(A)得設置原住民族法庭　(B)得設置原住民族法院　(C)原住民有
不諳國語者，應由通曉其族語之人為傳譯　(D)原住民有不諳國語
者，案件應由通曉其族語之原住民法官審理。

（　）**15** 下列何者不屬於原住民得在特定地區及海域依法從事之非營利行
為？　(A)採集野生植物　(B)獵捕保育動物　(C)採取礦物　(D)利
用水資源。

（　）**16** 政府與原住民族自治間權限發生爭議時，由下列何者召開協商會議
決定之？　(A)原住民族委員會　(B)行政院　(C)監察院　(D)總統
府。

（　）**17** 下列何者為公法人？　(A)部落會議　(B)經核定之部落　(C)原住民
族　(D)原住民族基本法推動會。

（　）**18** 財團法人原住民族文化事業基金會之主管機關為何？　(A)文化部
(B)內政部　(C)原住民族委員會　(D)國家通訊傳播委員會。

（　）**19** 下列關於原住民族智慧創作專用權之敘述，何者錯誤？　(A)智慧創
作專用權非經主管機關同意，不得拋棄　(B)拋棄之智慧創作專用
權，歸屬於全部原住民族享有　(C)智慧創作專用權人消失者，其專
用權之保護，視同存續　(D)智慧創作專用權人消失者，其專用權
歸屬於其繼承人享有。

( ) **20** 主管機關接受個人或團體提報原住民族文化資產，下列何者非原住民族文化資產處理辦法所規定之審查程序？ (A)會同原住民族主管機關、相關原住民族、部落或其他傳統組織及利益團體，進行現場勘查或訪查 (B)通知資產所有權人陳述意見 (C)辦理公聽會、說明會或其他適當方式諮商所屬原住民族、部落或其他傳統組織 (D)作成是否列冊追蹤之決定並通知提報人

解答及解析

1 (B)。依原住民身分法第4條規定，原住民與非原住民結婚所生子女，從具原住民身分之父或母之姓或原住民傳統名字者，取得原住民身分，並非一定取得原住民身分，故本題答(B)。

2 (A)。依原住民族工作權保障法第4條規定，各級政府機關、公立學校及公營事業機構，除位於澎湖、金門、連江縣外，其僱用下列人員之總額，每滿一百人應有原住民一人，因澎湖縣政府屬前列機關但書性質，故本題答(A)。

3 (C)。依幼兒就讀教保服務機構補助辦法第12條規定，中央原住民族主管機關及直轄市、縣（市）政府，得視實際需要籌措財源，增加補助額度或擴大補助對象，非僅限於非營利幼兒園，故本題答(C)。

4 (D)。依原住民學生升學保障及原住民公費留學辦法第3條規定，原住民學生升學保障僅限大學以下，不包含碩士班，故本題答(D)。

5 (D)。依原住民族工作權保障法第15條規定，中央勞工主管機關應依原住民就業需要，提供原住民參加各種職業訓練之機會，而非中央主管機關，故本題答(D)。

6 (C)。依原住民保留地開發管理辦法第4條規定，所稱原住民，指山地原住民及平地原住民，非單指山地原住民；第5條規定，原住民保留地之總登記，由直轄市、縣（市）主管機關囑託當地登記機關為之，非中央主管機關囑託；第5條規定，原住民保留地之總登記，由直轄市、縣（市）主管機關囑託當地登記機關為之，其所有權人為中華民國；第5條規定，管理機關為中央主管機關（即行政院原住民族委員會），非當地地方政府，故本題答(C)。

7 (C)。依原住民民族別認定辦法第6條規定，父母均為原住民，且屬於不同民族別者，其子女從父或母之民族別，並非單指從母之民族別，故本題答(C)。

8 (C)。依原住民族基本法第19條規定，原住民得獵捕野生動物區域，僅限在原住民族地區及經中央原住民族主管機關公告之海域，故本題答(C)。

9 (A)。依原住民族基本法第2條規定，原住民族係指既存於臺灣而為國家管轄內之傳統民族，並未談及是否先於漢人居住與否，故本題答(A)。

10 (D)。依原住民族依生活慣俗採取森林產物規則第15條規定，採取森林產物供作營利使用，主管機關應不予核准採取；已核准發給採運許可證者，應予撤銷或廢止。故本題答(D)。

11 (A)。依原住民族工作權保障法第7條規定，政府應依原住民群體工作習性，輔導原住民設立各種性質之原住民合作社，以開發各項工作機會。少了輔導二字，故本題答(A)。

12 (D)。依原住民族工作權保障法第5條規定，原住民地區之各級政府機關、公立學校及公營事業機構，其僱用約僱人員、駐衛警察人員之總額，應有三分之一以上為原住民，故本題答(D)。

13 (B)。依師資培育公費助學金及分發服務辦法第4條規定，原住民學生參與各師資培育之公費生培育名額為保障原住民族教育師資來源而辦理之公開招生或校內甄選時，依原住民族教育法第三十一條第三項規定，應取得中級以上原住民族語言能力證明書，故本題答(B)。

14 (D)。依原住民族基本法第30條規定，政府處理原住民族事務、制定法律或實施司法與行政救濟程序、公證、調解、仲裁或類似程序，應尊重原住民族之族語、傳統習俗、文化及價值觀，保障其合法權益，原住民有不諳國語者，應由通曉其族語之人為傳譯。故本題答(D)。

15 (B)。依原住民族基本法第19條規定，原住民得在原住民族地區及經中央原住民族主管機關公告之海域依法從事獵捕野生動物、採集野生植物及菌類、採取礦物、土石、利用水資源等非營利行為，不包含獵捕保育動物，故本題答(B)。

16 (D)。依原住民族基本法第6條規定，政府與原住民族自治間權限發生爭議時，由總統府召開協商會議決定之。故本題答(D)。

17 (B)。依原住民族基本法第2-1條規定，為促進原住民族部落健全自主發展，部落應設部落會議。部落經中央原住民族主管機關核定者，為公法人。故本題答(B)。（註：到底是由何機關核定考題沒寫清楚，選(B)是比較符合原條文的選項）

18 (C)。依財團法人原住民族文化事業基金會設置條例第3條規定，該基金會之主管機關為原住民族委員會。故本題答(C)。

19 (D)。依原住民族傳統智慧創作保護條例第15條規定，智慧創作專用

權人消失者，其專用權之保護，視同存續；其專用權歸屬於全部原住民族享有，非其繼承人，故本題答(D)。

20 (B)。依原住民族文化資產處理辦法第7條規定，主管機關依本法普查或接受個人、團體提報具原住民族文化資產價值者，應辦理下列審查程序：一、會同原住民族主管機關、相關原住民族、部落或其他傳統組織及利益團體，進行現場勘查或訪查。二、辦理公聽會、說明會或其他適當方式諮商所屬原住民族、部落或其他傳統組織。三、作成是否列冊追蹤之決定並通知提報人。其中不包含通知資產所有人陳述意見，故本題答(B)。

Notes

109年　原住民四等特考

（　　）**1** 關於原住民族語言保存與發展之促進，保障其語言之使用及傳承，下列敘述何者錯誤？　(A)原住民人口1500人以上之非原住民族地區之鄉（鎮、市、區）公所，應置專職原住民族語言推廣人員　(B)政府捐助之原住民族電視及廣播機構，製作原住民族語言節目及課程使用原住民族語言之比例，不得低於該機構總時數之50%　(C)原住民族語言發展法第25條規定，本法施行5年後，原住民參與公費留學考試，應取得原住民族語言能力認證　(D)中央主管機關應辦理原住民族語言能力認證，並免徵規費。

（　　）**2** 關於財團法人原住民族文化事業基金會之設置，下列敘述何者錯誤？　(A)創立基金為新臺幣一億元，由主管機關標列預算捐助　(B)基金會設董事會，置董事11人至15人　(C)董事、監察人人選之遴聘，由立法院推舉11至13名原住民族代表及社會公正人士組成董事、監察人審查委員會　(D)董事、監察人中屬同一政黨之人數各不得逾董事、監察人總額四分之一。

（　　）**3** 關於原住民之身分，下列敘述何者錯誤？　(A)未滿7歲之非原住民為年滿40歲且無子女之原住民父母收養者，得取得原住民身分　(B)原住民為非原住民收養者，得申請喪失原住民身分　(C)原住民年滿20歲，自願拋棄原住民身分者，得申請喪失原住民身分，並不得再申請回復原住民身分　(D)原住民與非原住民結婚者，得申請喪失原住民身分，其申請後所生之直系血親卑親屬之原住民身分不隨之喪失。

（　　）**4** 關於原住民之比例進用，下列敘述何者正確？　(A)各級政府機關、公立學校及公營事業機構，包括澎湖，其僱用特定人員之總額，每滿100人應有原住民1人　(B)原住民地區之各級政府機關、公立學校及公營事業機構，其僱用特定人員之總額，應有1/4以上為原住民　(C)原住民地區之各級政府機關、公立學校及公營事業機構，其進用

須具公務人員任用資格者，其進用原住民人數應不得低於現有員額之百分之2　(D)原住民地區之各級政府機關、公立學校及公營事業機構，其進用須具公務人員任用資格者，應於原住民族工作權保障法施行後5年內完成比例進用。

( )　**5** 原住民族工作權保障法關於原住民就業之促進，下列敘述何者正確？　(A)政府應依原住民群體工作習性，輔導原住民設立各種性質之原住民合作社。此所稱原住民合作社，指原住民社員超過該合作社社員70%以上者　(B)原住民合作社依法經營者，自原住民族工作權保障法施行之日起5年內應免繳所得稅及營業稅　(C)依政府採購法得標之廠商，於國內員工總人數逾100人者，應於履約期間僱用不得低於總人數1%之原住民，未達標準者，應向原住民族綜合發展基金之就業基金繳納怠金　(D)民間機構僱用原住民50人以上者，得置社會工作人員，提供職場諮商及生活輔導。

( )　**6** 關於原住民族部落同意或參與，下列敘述何者錯誤？　(A)私人於原住民族土地或部落及其周邊一定範圍內之私有土地從事土地開發、資源利用、生態保育及學術研究，應諮商並取得原住民族或部落同意或參與　(B)原住民族基本法第21條所稱原住民族或部落同意，指過半數關係部落召開部落會議議決通過　(C)部落會議置部落會議主席1人，以部落成員為限，由部落會議選任之，負責召集並主持部落會議，任期2年，連選得連任一次　(D)部落設部落會議，以議決同意事項。第一次部落會議由部落成員依傳統領袖、各家（氏）族代表、居民之順序，擔任發起人。

( )　**7** 關於原住民族民族教育教師之培育及資格，下列敘述何者正確？　(A)中央教育主管機關得協調師資培育之大學，辦理師資職前教育課程，提供於原住民重點學校或偏遠地區學校實際從事族語教學工作滿6學期且現職之族語老師進修機會　(B)師資職前教育課程成績及格，且具有大學畢業學歷、通過教師資格考試且修習教育實習成績及格者，由中央主管機關發給教師證書，但最近5年內於原住民重點學校或偏遠地區任族語教師滿6學期以上，表現優良、教學演示及格者，得免教育實習　(C)取得教師證書，並經公開甄選獲聘為

高級中等以下原住民重點學校或偏遠地區學校編制內合格專任教師者，應於該等學校任教民族教育課程至少6年，始得提出申請介聘至非該等學校服務　(D)高級中等以下學校民族教育教師培育及資格之取得，不依師資培育法及其相關法規之規定辦理。

(　) **8** 輔導及獎勵原住民團體經營原住民族地區溫泉，所稱原住民團體，係指經政府立案，其負責人為原住民，且原住民社員、會員、理監事、董監事之人數及持股比例，必須各達多少以上之法人、機構或其他團體？　(A)百之五十　(B)百分之六十　(C)百分之七十　(D)百分之八十。

(　) **9** 關於原住民族傳統智慧創作之保護，下列敘述何者錯誤？　(A)智慧創作，包括原住民族傳統之宗教祭儀、民俗技藝　(B)智慧創作之申請人，包括原住民族、部落或原住民個人　(C)智慧創作專用權，指智慧創作財產權及智慧創作人格權　(D)智慧創作專用權人如消失者，其專用權之保護，視同存續，歸屬於全部原住民族享有。

(　) **10** 申請原住民保留地禁伐補償，須經勘查確認竹、木覆蓋率達幾成以上，且無濫墾、濫伐之情事，方得實施補償？　(A)五成　(B)六成　(C)七成　(D)八成。

(　) **11** 關於原住民族技藝研習、培訓之規劃及輔導，係屬原住民族委員會何處掌理？　(A)綜合規劃處　(B)教育文化處　(C)社會福利處　(D)經濟發展處。

(　) **12** 關於原住民族委員會組織之敘述，下列敘述何者錯誤？　(A)設副主任委員三人，其中二人職務比照簡任第十四職等，另一人職務則列簡任第十四職等　(B)副主任委員中，二人應由原住民擔任　(C)置委員十九人至二十九人，其中原住民族各族代表應至少一人依聘用人員聘用條例聘用，其聘期隨主任委員異動而更易　(D)簡任、薦任、委任各官等人員具原住民身分者，均不得低於百分之五十。

(　) **13** 行政院為審議、協調原住民族基本法相關事務，應設置推動委員會，由行政院院長召集之。推動委員會多少之委員席次，由原住民族各族按人口比例分配之？　(A)1/3　(B)1/2　(C)2/3　(D)3/4。

(　　) **14** 總統府原住民族歷史正義與轉型正義委員會之原住民族代表推舉，其中平埔族代表應為幾人？　(A)1人　(B)2人　(C)3人　(D)4人。

(　　) **15** 原住民族委員會為處理內部單位之分工職掌，特訂定原住民族委員會處務規程。下列何項非為明訂之全體委員之共同權責？　(A)主持或參與族群相關之會議、調查、研究及協調，並參加族群歲時祭儀、民俗文化及傳統技藝展演慶典或活動　(B)出席原住民族委員會議　(C)對原住民族委員會業務改進意見之提議　(D)對委員會議提出原住民族委員會相關議案。

(　　) **16** 依據姓名條例規定，下列敘述何者錯誤？　(A)臺灣原住民及其他少數民族之姓名登記，依其文化慣俗為之；其已依漢人姓名登記者，得申請回復其傳統姓名；回復傳統姓名者，得申請回復原有漢人姓名。但均以一次為限　(B)臺灣原住民及其他少數民族之傳統姓名或漢人姓名，均得以傳統姓名之羅馬拼音並列登記　(C)臺灣原住民或其他少數民族因改漢姓造成家族姓氏誤植，得申請改姓　(D)姓名條例規範最多僅能改名2次，但臺灣原住民或少數民族可提出文化特殊性證明，不在此限。

(　　) **17** 諮商取得原住民族部落同意參與辦法係依據原住民族基本法第21條第4項規定訂定。依據此辦法，下列那一個用詞定義正確？　(A)關係部落指因同意事項致其原住民族土地或自然資源權利受影響之部落　(B)部落成員係指年滿十八歲且設籍於部落區域範圍之原住民(C)原住民家戶代表係指年滿十八歲且具原住民身分之原住民家戶戶長，或由戶長指派年滿十八歲且具原住民身分之家屬一人　(D)原住民家戶係指設籍於部落區域範圍，有原住民兩人以上之家戶。

(　　) **18** 依據原住民族委員會人權工作小組設置要點，原住民族委員會為推動人權保障政策，落實由該會主管之原住民族人權保障業務，促進民間參與監督及實踐過程透明化，特設置人權工作小組。下列有關本設置要點之規定，何者正確？　(A)人權工作小組任務包含總統府人權保障推動小組之聯繫窗口、原住民人權保障司法案件及其他各類議題之蒐集與擬議、原住民族人權保障業務之協調及督導、原住民族人權保障宣導之整合及分工、原住民族種族歧視及族群爭議

案件之協調及處理、以及其他原住民族人權保障相關事項　(B)人權工作小組置委員十一人至二十一人，其中一人為召集人，由原住民族委員會主任委員或指派其高階人員兼任；一人為副召集人，由副主任委員兼任；一人為執行秘書，由綜合規劃處處長兼任；其餘委員，由主任委員就本會各單位主管、社會公正人士及專家學者派（聘）任之，其中任一性別委員不得少於三分之一；外聘委員，不得少於二分之一　(C)人權工作小組每年至少召開兩次會議。會議由召集人召集並擔任主席，召集人因故不能召集及主持會議時，由副召集人代理之；副召集人不能召集及主持會議時，由委員互推一人代理之　(D)本小組委員任期為兩年，委員任期屆滿得續派（聘）任之，任期內出缺時，繼任委員任期至原任期屆滿之日止。

(　) **19** 依據總統府原住民族歷史正義與轉型正義委員會（原轉會）設置要點，請問下列何者錯誤？　(A)本會委員聘期二年；委員出缺時，應依要點之規定遴聘繼任者，其聘期至原聘期屆滿為止　(B)原轉會下設土地小組、歷史小組、和解小組等主題小組，負責相關事項研議，提請委員會議討論。原轉會亦得視實際工作進行之需要，另設其他臨時性之小組　(C)原轉會以每三個月召開一次為原則，必要時得召開臨時會議。會議由召集人主持，召集人不克出席時，由副召集人主持　(D)原轉會得聘顧問，由召集人提名，經委員會議超過三分之二委員通過後，召集人得依通過名單聘請學者專家擔任顧問。

(　) **20** 原住民族委員會為推展臺灣原住民族國際參與，以促進當代原住民族議題的學習與掌握，積極貢獻與分享發展經驗，提昇臺灣原住民族國際能見度及擴展我國國際活動空間，特訂定促進原住民族國際交流補捐助實施要點。下列敘述何者錯誤？　(A)申請人應於活動開始之日十四日前，檢附本要點規定之相關文件（連同電子檔）向原住民族委員會提出申請　(B)本要點之補（捐）助係以參與原住民族人權、土地權、自治權、教育文化權、智慧財產權、社會權等權利面向之國際會議、研討會、論壇、工作坊之活動為限　(C)本要點之補（捐）助係以參與各原住民族面向之權利、原住民族傳統醫療、社會福利與發展、健康促進與發展、生物多樣性、聯合國及

其相關原住民族國際活動、前往與原住民族委員會簽署原住民族事務合作瞭解備忘錄之國家進行交流事項、原住民族產業、經貿及科技等國際活動、非政府組織間之交流活動或其他符合原住民族委員會要點宗旨、配合政策推動方向並經認可之國際會議、研討會、論壇、工作坊或其他經原住民族委員會認可之方式進行活動　(D)本要點之補（捐）助不限於具有法定原住民族身分個人

解答及解析

1 (C)。依原住民族語言發展法第25條規定，該法施行三年後，原住民參與公務人員特種考試原住民族考試、公費留學考試，應取得原住民族語言能力認證。三年而非五年，故本題答(C)。

2 (A)。依財團法人原住民族文化事業基金會設置條例第5條規定，該基金會之創立基金為新臺幣五千萬元，並非一億元，故本題答(A)。

3 (D)。依原住民身分法第9條規定，原住民與非原住民結婚者，得申請喪失原住民身分，其申請時之直系血親卑親屬之原住民身分不喪失。這題是陷阱，是申請時而非申請後，故本題答(D)。

4 (C)。依原住民族工作權保障法第4條規定，各級政府機關、公立學校及公營事業機構，除位於澎湖、金門、連江縣外，其僱用下列人員之總額，每滿一百人應有原住民一人，故(A)錯；依第5條規定，原住民地區之各級政府機關、公立學校及公營事業機構，進用須具公務人員任用資格者，其進用原住民人數應不得低於現有員額之百分之二，而非1/4，故(B)錯，(C)正確；依第5條規定，應於該法施行後三年內完成，而非五年，故(D)錯。故本題答(C)。

5 (D)。依原住民族工作權保障法第7條規定，原住民合作社，指原住民社員超過該合作社社員總人數百分之八十以上者，而非70%，故(A)錯；第8條規定，原住民合作社依法經營者，得免徵所得稅及營業稅。但自本法施行之日起六年內應免徵所得稅及營業稅，而非5年，故(B)錯；第12條規定，依政府採購法得標之廠商，於國內員工總人數逾一百人者，應於履約期間僱用原住民，其人數不得低於總人數百分之一，未達標準者，應向原住民族綜合發展基金之就業基金繳納代金，而非怠金，故(C)錯；第17條規定，民間機構僱用原住民五十人以上者，得置社會工作人員，提供職場諮商及生活輔導，完全正確，故本題答(D)。

6 (A)。依原住民族基本法第21條規定，政府或私人於原住民族土地或部落及其周邊一定範圍內之公有土地從事土地開發、資源利用、生態保育及學術研究，應諮商並取得原住民族或部落同意或參與，原住民得分享相關利益。公有土地而非私有，故本題答(A)。

7 (C)。依原住民族教育法第32條規定，中央教育主管機關得協調師資培育之大學，辦理師資職前教育課程，提供於原住民重點學校或偏遠地區學校實際從事族語教學工作滿四學期且現職之族語老師、族語教學支援工作人員或代理教師進修機會，並非6學期，故(A)錯；同條規定最近三年內於原住民重點學校或偏遠地區學校任族語老師、族語教學支援工作人員或代理教師累計滿四學期以上，表現優良，教學演示及格者，得免教育實習，是三年四學期，而非5年6學期，故(B)錯；同條規定取得教師證書，並經公開甄選獲聘任為高級中等以下原住民重點學校或偏遠地區學校編制內合格專任教師者，應於原住民重點學校或偏遠地區學校任教民族教育課程至少六年，始得提出申請介聘至非原住民重點學校或非偏遠地區學校服務，(C)正確；同條規定高級中等以下學校民族教育教師培育及資格之取得，依師資培育法及其相關法規之規定辦理，是依師培法而非不依，故(D)錯。故本題答(C)。

8 (D)。依原住民個人或團體經營原住民族地區溫泉輔導及獎勵辦法第2條規定，原住民團體係指經政府立案，其負責人為原住民，且原住民社員、會員、理監事、董監事之人數及其持股比率，各達百分之八十以上之法人、機構或其他團體。故本題答(D)。

9 (B)。依原住民族傳統智慧創作保護條例第6條規定，智慧創作申請人以原住民族或部落為限，不包含個人，故本題答(B)。

10 (C)。依原住民保留地禁伐補償條例第4條規定，申請人應每年填具禁伐補償申請書，需經確認竹、木覆蓋率七成以上方得補償，故本題答(C)。

11 (D)。依原住民族委員會處務規程第10條規定，原住民族技藝研習、培訓與產業經營之規劃及輔導，屬經濟發展處掌理事項，故本題答(D)。

12 (D)。依原住民族委員會組織法第6條規定，該會人員簡任、薦任、委任各官等人員具原住民身分者，均不得低於百分之六十，而非百分之五十，故本題答(D)。

13 (C)。依原住民族基本法第3條規定，行政院為審議、協調本法相關事務，應設置推動委員會，由行政院院長召集之。前項推動委員會三分之二之委員席次，由原住民族各族按人口比例分配，故本題答(C)。

14 (C)。依總統府原住民族歷史正義與轉型正義委員會設置要點第3條規定，平埔族群代表三人，故本題答(C)。

15 (A)。依原住民族委員會處務規程第3條規定，全體委員之共同權責為主持或參與族群相關之會議、調查、研究及協調，參加族群歲時祭儀、民俗文化及傳統技藝展演慶典或活動。後半段是參加而非主持，故本題答(A)。

16 (D)。依姓名條例第9條規定，申請改名，以三次為限，並非2次，故本題答(D)。

17 (A)。依諮商取得原住民族部落同意參與辦法第2條規定，關係部落係指因同意事項致其原住民族土地或自然資源權利受影響之部落，故(A)正確；同條規定，部落成員係指年滿二十歲且設籍於部落區域範圍之原住民，非十八歲，故(B)錯誤；同條規定，原住民家戶代表係指年滿二十歲且具原住民身分之原住民家戶戶長，或由戶長指派年滿二十歲且具原住民身分之家屬一人，均非十八歲，故(C)錯誤；同條規定，

原住民家戶係指設籍於部落區域範圍，有原住民一人以上之家戶，非兩人，故(D)錯誤。故本題答(A)。

18 (D)。依原住民族委員會人權工作小組設置要點第2條規定，人權工作小組任務不包含總統府聯繫窗口，故(A)錯誤；第3條規定，外聘委員不得少於三分之一，非二分之一，故(B)錯誤；第4條規定，人權工作小組每年全少召開一次會議，非兩次，故(C)錯誤；第5條規定，人權工作小組委員任期二年，委員任期屆滿得續派（聘）任之，任期內出缺時，繼任委員任期至原任期屆滿之日止，完全正確，故本題答(D)。

19 (D)。依總統府原住民族歷史正義與轉型正義委員會設置要點第7條規定，召集人得聘請學者專家擔任本會顧問，免經委員會議同意，故本題答(D)。

20 (B)。依促進原住民族國際交流補捐助實施要點第2點規定，依該要點之補（捐）助係以參與下列主題，並以國際會議、研討會、論壇、工作坊或其他經本會認可之方式進行之活動為限，少了最後一句話，故本題答(B)。

109年 原住民五等特考

( ) **1** 就我國憲法對原住民族之保障,下列敘述何者錯誤? (A)主要明定於憲法本文之中 (B)立法委員應含自由地區平地原住民及山地原住民各3人 (C)要求國家應積極維護發展原住民族語言及文化 (D)要求國家應保障原住民族之地位及政治參與。

( ) **2** 就原住民族委員會作成之行政處分,依訴願法提起之訴願案,其訴願管轄機關為何? (A)原住民族委員會 (B)原住民族委員會訴願審議委員會 (C)行政院 (D)原住民族委員會法規會。

( ) **3** 依原住民學生升學保障及原住民公費留學辦法,關於原住民之升學及公費留學之保障、促進,下列敘述何者錯誤? (A)入學各校之名額採外加方式辦理,不占各級教育主管機關原核定各校(系、科)招生名額 (B)原住民學生經依本辦法規定註冊入學後再轉校(院)轉系(科)者,不得再享受本辦法之優待 (C)中央教育主管機關舉辦公費留學考試時應提供原住民名額,以保障培育原住民人才 (D)原住民學生參加高級中等以上學校新生入學招生均適用本辦法之保障優待。

( ) **4** 依原住民族基本法,關於部落,下列何者正確? (A)原住民於原住民族地區一定區域內,依其傳統規範共同生活結合而成之團體,即為部落 (B)部落之核定、組織、部落會議之組成、決議程序及其他相關事項之辦法,由各級政府原住民族專責單位定之 (C)為促進原住民族部落健全自主發展,部落應設部落會議 (D)部落經主管機關核定者,為私法人。

( ) **5** 依據原住民保留地開發管理辦法之規定,下列何者並非原住民申請無償取得原住民保留地所有權之資格條件? (A)原住民於該辦法施行前使用迄今之原住民保留地 (B)原住民於該辦法施行前所有之原住民保留地,經主管機關撥用管理機關後仍未為撥用目的之使用

(C)原住民於原住民保留地內有原有自住房屋，其面積以建築物及其附屬設施實際使用者為準 (D)原住民依法於原住民保留地設定耕作權、地上權或農育權。

( ) **6** 依政府採購法得標之廠商，於國內員工總人數逾一百人者，應於履約期間僱用原住民，其人數不得低於總人數百分之一，未達一百人標準者，應向原住民族綜合發展基金之就業基金繳納代金，司法院大法官認為涉及侵害得標之廠商何種基本權利？ (A)宗教自由 (B)言論自由 (C)契約自由 (D)營業自由。

( ) **7** 依據原住民族教育法之規定，關於教育部和原住民族委員會之權限分配，下列敘述何者錯誤？ (A)原住民族之一般教育，由教育部規劃辦理 (B)原住民族之民族教育，由原住民族委員會規劃辦理 (C)原住民族委員會應指定原住民族一般教育專責單位 (D)原住民族委員會應會商教育、科技、文化等主管機關，建構原住民族知識體系中長程計畫，並積極獎勵原住民族學術及各原住民族知識研究。

( ) **8** 關於原住民重點學校之認定，下列何者錯誤？ (A)由高級中等以下學校各該教育主管機關認定 (B)在原住民族地區，該校原住民學生人數達學生總數三分之一以上者 (C)在非原住民族地區，該校原住民學生人數達五十人以上或達學生總數三分之一以上者 (D)每三學年重新認定。

( ) **9** 地方制度法中針對原住民之參政與自治之規範，下列敘述何者錯誤？ (A)直轄市之區由山地鄉改制者，稱直轄市山地原住民區，為地方自治團體 (B)直轄市有山地原住民人口在二千人以上或改制前有山地鄉者，其議員應有山地原住民選出之議員名額 (C)目前僅部分直轄市有山地原住民區 (D)直轄市山地原住民區置區長一人，由直轄市市長依法任用，承市長之命綜理區政，並指揮監督所屬人員，並以具山地原住民身分者為限。

( ) **10** 關於8月1日「原住民族日」之由來與意義，下列敘述何者錯誤？ (A)緣於1994年8月1日憲法增修條文經總統公布施行，正式將沿用

40餘年之山胞正名為原住民　(B)具有紀念族群主體意識的建構、象徵自尊的重建及社會正當地位的追求等意義　(C)明文規定於現行紀念日及節日實施條例中　(D)國民大會進行第一次修憲時即有原住民族發動正名抗爭運動，惟該次修憲繼續採用山胞舊稱。

(　) **11** 依原住民保留地禁伐補償條例，關於原住民保留地之禁伐及補償規定，下列敘述何者錯誤？　(A)原住民保留地依法編定為林業用地或適用林業用地管制者，由主管機關劃定為禁伐區域並公告之　(B)禁伐補償金核發後，申請人喪失原住民身分者，應撤銷禁伐補償，並命受領人按月依比例返還當年度之禁伐補償金　(C)由原住民族委員會建立禁伐補償資訊管理系統　(D)申請人非土地所有權人者不得申請。

(　) **12** 依原住民族基本法，原住民族除法律列舉之12族外，固包含經中央原住民族主管機關報請行政院核定之民族，但不包含由地方政府核定者，然而，部分地方政府亦有自行認定原住民族並採取相對應之行政措施者，下列何者為其中之一？　(A)新北市　(B)臺中市　(C)臺東縣　(D)臺南市。

(　) **13** 公民與政治權利國際公約與經濟社會文化權利國際公約（合稱兩公約）中包含與原住民族權益相關之條文，其與我國原住民族權利保障之關係，下列何者正確？　(A)兩公約為國際公約，且為聯合國架構下之規範，我國因非聯合國之成員國，兩公約對我國不生效力　(B)兩公約所揭示保障人權之規定，具有國內法律之效力　(C)由中央行政機關施政時應注意參考辦理，司法機關與地方機關不受直接拘束　(D)聯合國人權事務委員會及經濟社會文化權利委員會發表之一般性意見書並非公約之內容，非屬檢視我國是否符合兩公約人權標準之依據。

(　) **14** 為保護原住民族之傳統智慧創作（以下簡稱智慧創作），促進原住民族文化發展，關於原住民族傳統智慧創作保護條例，下列敘述何者錯誤？　(A)智慧創作申請人以原住民族或部落為限　(B)智慧創作經認定屬於申請人及其他特定原住民族或部落者，自登記之日起，由申請人及其他特定原住民族或部落共同取得智慧創作專用

權 (C)智慧創作之專用權得任意拋棄並歸屬於全部原住民族享有 (D)智慧創作專用權為全部原住民族取得者,其智慧創作專用權之收入,應納入原住民族綜合發展基金。

( ) **15** 為促進原住民族就業,原住民族工作權保障法設有專章規範,關於中央主管機關原住民族委員會應辦理、設置事項,下列敘述何者錯誤? (A)應設置原住民就業促進委員會,規劃、研究、諮詢、協調、推動、促進原住民就業相關事宜 (B)應定期辦理原住民就業狀況調查 (C)應依原住民各族群之文化特色,辦理各項技藝訓練,發展文化產業,以開拓就業機會 (D)應設立職業訓練機構,為原住民辦理職業訓練。

( ) **16** 為傳承原住民族文化教育、經營原住民族文化傳播媒體事業,依法設財團法人原住民族文化事業基金會,就此基金會之設置及業務,下列敘述何者錯誤? (A)業務範圍包含原住民族廣播、電視專屬頻道之規劃、製播、經營及普及服務 (B)基金會之董事、監察人由立法院依公開徵選程序提名董事、監察人候選人並經三分之二以上之多數立法委員同意後,送請行政院院長聘任之 (C)無線及有線廣播電視事業之負責人或其主管級人員不得擔任此基金會之董事 (D)基金會之經費來源包含國內外公私立機構、團體、法人或個人之捐贈。

( ) **17** 關於原住民於海域合法利用水資源,下列敘述何者錯誤? (A)以非營利行為為限 (B)以傳統文化為限 (C)得在由中央原住民族主管機關會商中央目的事業主管機關同意後公告之海域為之 (D)得在原住民族地區為之。

( ) **18** 依原住民族基本法之規定,原住民族地區係指原住民傳統居住,具有原住民族歷史淵源及文化特色,經中央原住民族主管機關報請行政院核定之地區。下列何者沒有經核定之平地鄉? (A)南投縣 (B)屏東縣 (C)高雄市 (D)新竹縣。

( ) **19** 依原住民身分法之規定,下列敘述何者正確? (A)原住民與非原住民結婚者,當然喪失其原住民身分 (B)原住民年滿二十歲,自願拋

棄原住民身分者，得申請喪失原住民身分　(C)原住民之非婚生子女，當然取得原住民身分　(D)原住民為非原住民收養者，當然喪失其原住民身分。

(　) **20** 依原住民族語言發展法，原住民族地方通行語（地方通行語），係指原住民族地區使用之原住民族語言。下列何者非原住民族委員會公告於臺東縣臺東市使用之地方通行語？　(A)阿美語　(B)卑南語　(C)魯凱語　(D)排灣語。

(　) **21** 關於原住民族委員會之現行組織系統，不包含下列何者？　(A)土地管理處　(B)原住民族文化發展中心　(C)企劃處　(D)社會福利處。

(　) **22** 下列何者不屬於公有土地劃編原住民保留地要點實施之地區？　(A)花蓮縣花蓮市　(B)宜蘭縣南澳鄉　(C)臺中市霧峰區　(D)新竹縣關西鎮。

(　) **23** 鄒族的Voyu高興說他通過了族語能力認證，依據原住民族語言能力認證辦法規定，他的認證級別不可能為下列何者？　(A)初級　(B)中高級　(C)優級　(D)佳級。

(　) **24** 於原住民族地區經營溫泉事業，其聘僱員工十人以上者，應聘僱多少比例以上之原住民？　(A)十分之一　(B)五分之一　(C)三分之一　(D)二分之一。

(　) **25** 原住民依據原住民族委員會就業歧視及勞資糾紛法律扶助辦法申請法律扶助者，應自法律扶助事實發生日起，多久期間內提出申請？　(A)六個月內　(B)一年內　(C)二年內　(D)五年內。

(　) **26** 有關於原住民於原住民保留地取得承租權、無償使用權或依法已設定之耕作權、地上權、農育權之權利變動，下列敘述何者錯誤？　(A)得由原住民之繼承人繼承　(B)得贈與原受配戶內之原住民　(C)得贈與原住民三親等內之原住民　(D)得出租於原住民之姻親。

(　) **27** 依據原住民族傳統智慧創作保護條例，智慧創作專用權人消失時，其專用權應如何歸屬？　(A)其專用權歸屬於全部原住民族享有

(B)其專用權歸屬智慧創作專用權人之繼承人享有，無繼承人者歸國家享有　(C)其專用權歸屬智慧創作專用權人戶籍所在之原住民鄉（區）享有　(D)其專用權逕歸屬國家享有。

(　) **28** 依據原住民保留地開發管理辦法之規定，原住民申請無償取得原住民保留地所有權之土地，其依法得為建築使用者，每戶土地面積最高限額為：　(A)一點五公頃　(B)一公頃　(C)零點五公頃　(D)零點一公頃。

(　) **29** 關於學校辦理原住民族實驗教育應遵守之事項，下列何者錯誤？(A)學生本人及其法定代理人申請退出實驗時，不得以任何理由拒絕；學生已成年者，得單獨提出申請　(B)學生經評估不符合實驗所需或有違反實驗規範者，學校應徵得其本人及其法定代理人之同意，始得終止其參與實驗　(C)學校不得洩漏學生個人資料及其他隱私，亦不得為影響學生身心發展或其他侵害學生人權之行為(D)學校應主動提供學生及其法定代理人充足之學習、實驗狀態與結果及其他實驗資料。

(　) **30** 依據原住民保留地開發管理辦法之規定，原住民保留地內天然林產物經直轄市或縣（市）主管機關專案核准採取之情形，下列敘述何者錯誤？　(A)政府機關為搶修緊急災害或修建山地公共設施所需用材　(B)原住民於直轄市、縣（市）主管機關劃定之區域內受託有償採取副產物或其所需自用材　(C)原住民為栽培菌類或製造手工藝所需竹木　(D)造林、開墾或作業之障礙木每公頃立木材積平均在三十立方公尺以下者。

(　) **31** 下列關於原住民族傳統智慧創作保護條例所規定之智慧創作權之說明，下列何者錯誤？　(A)智慧創作權之智慧創作，指原住民族傳統之宗教祭儀、音樂、舞蹈、歌曲、雕塑、編織、圖案、服飾、民俗技藝或其他文化成果之表達　(B)智慧創作專用權於智慧創作完成時即受該條例之保護　(C)智慧創作專用權，指智慧創作財產權及智慧創作人格權　(D)智慧創作專用權不得為讓與、設定質權及作為為強制執行之標的。

（　）**32** 關於原住民女子之非婚生子女，其法律地位之敘述，下列敘述何者錯誤？　(A)依法取得原住民身分　(B)經非原住民生父認領者且未約定從母姓或原住民傳統名字者，不喪失原住民身分。　(C)經原住民生父認領，且從父姓或原住民傳統名字者，取得原住民身分。(D)對於從具原住民身分之父、母之姓或原住民傳統名，未成年時得由法定代理人協議或成年後依個人意願取得或變更。

（　）**33** 依據原住民保留地禁伐補償條例之規定，下列何者並非主管機關劃定為原住民保留地禁伐區域並公告之要件？　(A)依法編定為林業用地或適用林業用地管制　(B)依法劃設為保護區或水源特定區(C)依法劃設為國家公園之區域　(D)依法劃設為農業用地或適用農業用地管制。

（　）**34** 依據原住民保留地禁伐補償條例規定，禁伐補償金核發後，下列何者並非地方執行機關應撤銷禁伐補償之事由？　(A)因颱風過境致禁伐土地之竹、木覆蓋率未達七成　(B)因土地所有權人在同一地號之土地，於受領禁伐補償金後，因限制使用或促進利用而重複領取其他中央機關發給獎勵金、補償或補助　(C)受領人於受領禁伐補償金後，喪失所有權或合法使用權　(D)申請人喪失原住民身分。

（　）**35** 原住民族教育法就中央政府辦理原住民族教育預算編列所設規定，下列敘述何者錯誤？　(A)中央政府應寬列預算，專款辦理原住民族教育　(B)法定之預算比率下限為百分之一點九　(C)其比率係以該預算合計數額占中央教育主管機關預算總額計算　(D)應逐年依其需求調整增減。

（　）**36** 為審議、協調原住民族基本法相關事務，依法應設置推動委員會，請問前述推動委員會由下列何者召集？　(A)總統　(B)行政院院長(C)原住民族委員會主任委員　(D)立法院院長。

（　）**37** 請問下列何者並非部落會議之職權？　(A)訂定、修正部落章程(B)訂定、修正原住民鄉（區）自治條例　(C)選任、罷免部落會議主席、部落幹部　(D)議決原住民族基本法第21條規定之同意事項。

（　）**38** 關於「直轄市山地原住民區」之敘述，下列何者錯誤？　(A)直轄市山地原住民區屬於地方自治團體　(B)直轄市山地原住民區辦理自治事項，並執行直轄市所委辦之事項　(C)直轄市與直轄市山地原住民區之法律關係，準用縣與鄉鎮市之法律關係　(D)直轄市山地原住民區區公所得通過並公布自治條例。

（　）**39** 下列何者並非「原住民保留地開發管理辦法」之主管機關？　(A)鄉鎮市公所　(B)直轄市政府　(C)縣市政府　(D)原住民族委員會。

（　）**40** 關於行政院所設「原住民族委員會」之敘述，下列何者錯誤？　(A)掌理原住民族政策、制度、法規之綜合規劃、協調及推動事項　(B)置主任委員一人，為特任　(C)屬於中央行政機關組織法定義下之三級行政機關　(D)原住民族委員會所屬之簡任、薦任、委任各官等人員具原住民身分者，均不得低於百分之六十

解答及解析

1 (A)。我國憲法對於原住民族之保障，主要明定於憲法增修條文之中，而非憲法本文，故本題答(A)。

2 (C)。依訴願法第4條規定，不服中央各部、會、行、處、局、署之行政處分者，向主管院提起訴願。原住民族委員會主管院為行政院，故本題答(C)。

3 (D)。依原住民學生升學保障及原住民公費留學辦法第3條規定，原住民學生參加高級中等以上學校新生入學有保障優待，但不包博士班、碩士班、學士後各學系招生，故本題答(D)。

4 (C)。依原住民族基本法第2條規定，部落係指原住民於原住民族地

區一定區域內，依其傳統規範共同生活結合而成之團體，經中央原住民族主管機關核定者。考題少了後半段，故(A)錯誤；第2-1條規定，部落之核定、組織、部落會議之組成、決議程序及其他相關事項之辦法，由中央原住民族主管機關定之，非各級政府定之，故(B)錯誤；第2-1條規定，為促進原住民族部落健全自主發展，部落應設部落會議，(C)正確；第2-1條規定，部落經中央原住民族主管機關核定者，為公法人，非私法人，故(D)錯誤。故本題答(C)。

5 (B)。依原住民保留地開發管理辦法第17條規定，原住民於本辦法施行前

使用迄今之原住民保留地，得申請無償取得原住民保留地所有權，故(A)正確；主管機關撥用後未依撥用目的使用，法無明定原住民得取得所有權，故(B)錯誤；第17條規定，原住民得申請無償取得原住民保留地所有權，於原住民保留地內有原有自住房屋，其面積以建築物及其附屬設施實際使用者為準，故(C)正確；第15條規定，原住民於原住民保留地取得承租權、無償使用權或依法已設定之耕作權、地上權、農育權，故(D)正確。故本題答(B)。

6 (D)。司法院大法官釋字第719號，原住民族工作權保障法第十二條第一項、第三項及政府採購法第九十八條，關於政府採購得標廠商於國內員工總人數逾一百人者，應於履約期間僱用原住民，人數不得低於總人數百分之一，進用原住民人數未達標準者，應向原住民族綜合發展基金之就業基金繳納代金部分，尚無違背憲法第七條平等原則及第二十三條比例原則，與憲法第十五條保障之財產權及其與工作權內涵之營業自由之意旨並無不符。故本題答(D)。

7 (C)。依原住民族教育法第3條規定，原住民族之一般教育，由教育主管機關規劃辦理。教育主管機關即教育部，故(A)正確；同條文規定，原住民族之民族教育，由原住民族主管機關規劃辦理。原住民族主管機關即原住民族委員會，故(B)正確；同條文規定，中央教育主管機關應指定原住民族一般教育專責單位，即教育部指定非原住民族委員會指定，故(C)錯誤；依原住民族教育法第3條規定，為發展及厚植原住民族知識體系，中央原住民族主管機關應會商教育、科技、文化等主管機關，建構原住民族知識體系中長程計畫，並積極獎勵原住民族學術及各原住民族知識研究，故(D)正確。故本題答(C)。

8 (C)。依原住民族教育法施行細則第4條規定，原住民重點學校在非原住民族地區，指該校原住民學生人數達一百人以上或達學生總數三分之一以上者，非五十人，故本題答(C)。

9 (D)。依地方制度法第83-2條規定，山地原住民區之自治，除法律另有規定外，準用該法關於鄉（鎮、市）之規定；其與直轄市之關係，準用該法關於縣與鄉（鎮、市）關係之規定。同法第57條規定，山地鄉鄉長依法選舉之，以山地原住民為限。故直轄市山地原住民區長係為民選，而非市長指派，故本題答(D)。

10 (C)。行政院105年7月27日院臺原字第1050171747號函核定8月1日為「原住民族日」，並未明定於現行紀念日及節日實施例中，故本題答(C)。

11 (D)。依原住民保留地禁伐補償條例第3條規定，原住民保留地其具原住民身分之所有權人或合法使用權人，得申請禁伐補償，非僅限土地所有權人申請，故本題答(D)。

12 (D)。臺南市政府透過總統府原住民族歷史正義與轉型正義委員會第9次委員提出自行認定建議，故本題答(D)。

13 (B)。兩公約保障人權之規定，具有國內法律之效力，故本題答(B)。

14 (C)。依原住民族傳統智慧創作保護條例第6條規定，智慧創作申請人以原住民族或部落為限，故(A)正確；同條例第7條規定，智慧創作經認定屬於申請人及其他特定原住民族或部落者，自登記之日起，由申請人及其他特定原住民族或部落共同取得智慧創作專用權，故(B)正確；同條例第12條規定，智慧創作專用權非經主管機關同意，不得拋棄，故(C)錯誤；同條例第14條規定，智慧創作專用權為全部原住民族取得者，其智慧創作專用權之收入，應納入原住民族綜合發展基金，(D)正確。故本題答(C)。

15 (D)。依原住民族工作權保障法第15條規定，中央勞工主管機關得視需要獎勵設立職業訓練機構，為原住民辦理職業訓練。換言之，為原住民辦理職業訓練機構是勞動部而非原住民族委員會，故本題答(D)。

16 (B)。依財團法人原住民族文化事業基金會設置條例第9條規定，董事、監察人候選人由行政院依公開徵選程序提名，提交審查委員會以公開程序全程連續錄音錄影經三分之二以上之多數同意後，送請行政院院長聘任之。由行政院提名而非立法院，故本題答(B)。

17 (B)。依原住民族基本法第19條規定，原住民得在原住民族地區及經中央原住民族主管機關公告之海域依法從事以傳統文化為限利用水資源。不僅依法還得經中央原住民族主管機關公告，故本題答(B)。

18 (C)。行政院91年4月16日院臺疆字第0910017300號函核定之「原住民地區」，其中高雄市桃源區、那瑪夏區、茂林區，均為山地鄉，故本題答(C)。

19 (B)。依原住民身分法第3條規定，原住民與非原住民結婚，原住民身分不喪失，故(A)錯；同法第9條規定，年滿二十歲，自願拋棄原住民身分者，得申請喪失原住民身分，故(B)對；同法第6條規定，原住民女子之非婚生子女，取得原住民身分，故(C)錯；同法第5條規定，原住民為非原住民收養者，除法律另有規定外，其原住民身分不喪失，故(D)錯。故本題答(B)。

20 (C)。依原住民族語言發展法第2條規定，原民會於106年10月12日正式

公告全台55個原住民族地區的地方通行語，其中臺東市為魯凱語，故本題答(C)。

21 **(C)**。依原住民族委員會處務規程第6條規定，該會下設綜合規劃處、教育文化處、社會福利處、經濟發展處、公共建設處、土地管理處、秘書室、人事室、政風室、主計室，不含企劃處（原住民族文化發展中心依財團法人原住民族文化事業基金會設置條例編列，也屬於原民會之現行組織），故本題答(C)。

22 **(C)**。依公有土地劃編原住民保留地要點第2點規定，臺中市霧峰區不屬公有土地劃編原住民保留地之地區，故本題答(C)。

23 **(D)**。依原住民族語言能力認證辦法第4條規定，族語能力認證分為初級、中級、中高級、高級及優級，不含佳級，故本題答(D)。

24 **(A)**。依溫泉法第14條規定，於原住民族地區經營溫泉事業，其聘僱員工十人以上者，應聘僱十分之一以上原住民。故本題答(A)。

25 **(C)**。依原住民族委員會就業歧視及勞資糾紛法律扶助辦法第9條規定，申請法律扶助者，應自法律扶助事實發生日起，二年內為之。故本題答(C)。

26 **(D)**。依原住民保留地開發管理辦法第15條規定，原住民於原住民保留地取得承租權、無償使用權或

依法已設定之耕作權、地上權、農育權，除繼承或贈與於得為繼承之原住民、原受配戶內之原住民或三親等內之原住民外，不得轉讓或出租。故本題答(D)。

27 **(A)**。依原住民族傳統智慧創作保護條例第15條規定，智慧創作專用權人消失者，其專用權歸屬於全部原住民族享有。故本題答(A)。

28 **(D)**。依原住民保留地開發管理辦法第10條規定，原住民申請無償取得原住民保留地所有權，依法得為建築使用之土地，每戶零點一公頃。故本題答(D)。

29 **(B)**。依高級中等學校辦理實驗教育辦法第3條規定，學生經評估不符合實驗所需或有違反實驗規範者，得由學校終止其參與實驗，並提供必要之輔導及協助。係直接終止免經本人或法定代理人同意，故本題答(B)。

30 **(B)**。依原住民保留地開發管理辦法第34條規定，原住民於直轄市、縣（市）主管機關劃定之區域內無償採取副產物或其所需自用材，得向鄉（鎮、市、區）公所申請，經直轄市或縣（市）主管機關專案核准採取之。是無償而非有償，故本題答(B)。

31 **(B)**。依原住民族傳統智慧創作保護條例第4條規定，智慧創作應經主管機關認定並登記，始受本條例之保

護。非創作完成即受保護，故本題答(B)。

32 (B)。依原住民身分法第3條規定，非婚生子女經非原住民生父認領者，喪失原住民身分。但約定從母姓或原住民傳統名字者，其原住民身分不喪失。換言之，原則喪失，有約定者不喪失；本題沒約定，所以喪失，故本題答(B)。

33 (D)。依原住民保留地禁伐補償條例第5條規定，原住民保留地符合下列條件之一者，由主管機關劃定為禁伐區域並公告之：一、依法編定為林業用地或適用林業用地管制。二、依法劃設為保護區或水源特定區。三、依法劃設為國家公園之區域。四、其他經主管機關認定有實施禁伐之必要。其中不包含農業用地，故本題答(D)。

34 (A)。依原住民保留地禁伐補償條例第7條規定，禁伐補償金核發後，有下列情形之一者，地方執行機關應撤銷禁伐補償，並命受領人按月依比例返還當年度之禁伐補償金：一、竹、木擅自拔除、採取或毀損致覆蓋率未達七成。但因病蟲害、天然災害或其他不可歸責於受領人之情形所致，不在此限。二、同一地號或自其分割出之原住民保留地，於受領禁伐補償金後，因限制使用或促進利用而受有其他中央機關發給獎勵金、補償或補助。三、受領人於受領禁伐補償金後，喪失

所有權或合法使用權。四、申請人喪失原住民身分。不包含颱風過境，故本題答(A)。

35 (D)。依原住民族教育法第11條，中央政府應寬列預算，專款辦理原住民族教育；其比率，合計不得少於中央教育主管機關預算總額百分之一點九，並依其需求逐年成長。是逐年成長而非逐年調整增減，故本題答(D)。

36 (B)。依原住民族基本法第3條規定，行政院為審議、協調本法相關事務，應設置推動委員會，由行政院院長召集之。故本題答(B)。

37 (B)。依諮商取得原住民族部落同意參與辦法第5條規定，部落設部落會議，其職權如下：一、訂定、修正部落章程。二、議決同意事項。三、議決公共事項。四、選任、罷免部落會議主席、部落幹部。五、聽取部落幹部工作報告。六、其他重要事項。未包含訂（修）區自治條例，故本題答(B)。

38 (D)。直轄市山地原住民區區公所通過並公布自治條例，地方制度法並未規定，故本題答(D)。

39 (A)。依原住民保留地開發管理辦法第2條規定，鄉（鎮、市、區）公所為該辦法之執行機關，而非主管機關，故本題答(A)。

40 (C)。依中央行政機關組織基準法第6條規定，委員會為二級機關或獨立機關，非三級機關，故本題答(C)。

110年 高普｜地方｜原民
各類特考

一般行政、民政、人事行政

1F191091	行政法輕鬆上手	林志忠	600元
1F141101	國考大師教你看圖學會行政學	楊銘	620元
1F171091	公共政策精析	陳俊文	510元
1F271071	圖解式民法（含概要）焦點速成＋嚴選題庫	程馨	550元
1F281101	國考大師教您輕鬆讀懂民法總則	任穎	450元
1F291091	國考大師教您看圖學會刑法總則	任穎	470元
1F331081	人力資源管理（含概要）	陳月娥 周毓敏	490元
1F351101	榜首不傳的政治學秘笈	賴小節	570元
1F591091	政治學（含概要）關鍵口訣＋精選題庫	蔡先容	620元
1F831091	地方政府與政治（含地方自治概要）	朱華聆	560元
1F241091	移民政策與法規	張瀚騰	550元
1E251101	行政法 -- 獨家高分秘方版測驗題攻略	林志忠	590元
1E191091	行政學 -- 獨家高分秘方版測驗題攻略	林志忠	570元
1E291101	原住民族行政及法規（含大意）	盧金德	600元
1E301091	臺灣原住民族史及臺灣原住民族文化（含概要、大意）	邱燁	590元
1E571101	公共管理（含概要）精讀筆記書	陳俊文	590元
1F321101	現行考銓制度（含人事行政學）	林志忠	530元
1N021091	心理學概要（包括諮商與輔導）嚴選題庫	李振濤	530元

以上定價，以正式出版書籍封底之標價為準

千華數位文化股份有限公司

■新北市中和區中山路三段136巷10弄17號　■千華公職資訊網 http://www.chienhua.com.tw
■TEL: 02-22289070　FAX: 02-22289076　　■服務專線：(02)2392-3558・2392-3559

學習方法 系列

如何有效率地準備並順利上榜，學習方法正是關鍵！

江湖流傳已久的必勝寶典

──── 國考救星 王永彰 ────

九個月上榜 的驚人歷程	十餘年的 輔導考生經驗	上榜率 高達 95%

國考救星 · 讓考科從夢魘變成勝出關鍵
地表最狂 · 前輩跟著學都上榜了
輔導考生上榜率高達 95%
國考 YouTuber 王永彰精心編撰

作者公開九個月就考取的驚人上榜歷
程，及長達十餘年的輔導考生經驗，所
有國考生想得到的問題，都已收錄在這
本《國考聖經》中。希望讓更多考生朋
友，能站在一個可以考上的角度來思考
如何投入心力去準備。

國考網紅 Youtuber
開心公主

首本
著作

榮登博客來排行第 7 名
金石堂排行第 10 名

初考、普考、高考
連連上榜秘訣大公開

挑戰國考前必看的一本書

開心公主以淺白的方式介紹國家考試與豐富的應試經
驗，與你無私、毫無保留分享擬定考場戰略的秘訣，內
容囊括申論題、選擇題的破解方法，以及獲取高分的小
撇步等，讓你能比其他人掌握考場先機！

頂尖名師精編紙本教材

超強編審團隊特邀頂尖名師編撰，
最適合學生自修、教師教學選用！

千華影音課程

超高畫質，清晰音效環
繞猶如教師親臨！

TTQS 銅牌獎

多元教育培訓
數位創新

現在考生們可以在「Line」、「Facebook」
粉絲團、「YouTube」三大平台上，搜尋【千
華數位文化】。即可獲得最新考訊、書
籍、電子書及線上線下課程。千華數位
文化精心打造數位學習生活圈，與考生
一同為備考加油！

面授

實戰面授課程

不定期規劃辦理各類超完美
考前衝刺班、密集班與猜題
班，完整的培訓系統，提供
多種好康講座陪您應戰！

遍布全國的經銷網絡

實體書店：全國各大書店通路

電子書城：

▶ Google play、🅷 Hami 書城 …
🄿 Pube 電子書城

網路書店：

🄲 千華網路書店、🄱 博客來
MOMO MOMO 網路書店…

書籍及數位內容委製
服務方案

課程製作顧問服務、局部委外製
作、全課程委外製作，為單位與教
師打造最適切的課程樣貌，共創
1+1= 無限大的合作曝光機會！

多元服務專屬社群 @ f You Tube

千華官方網站、FB 公職證照粉絲團、Line@ 專屬服務、YouTube、
考情資訊、新書簡介、課程預覽，隨觸可及！

挑戰職涯發展的無限可能！

就業證照
食品品保、保健食品、會計事務、國貿業務、門市服務、就業服務

公職考試
高普考、初等考試、鐵路特考、一般警察、警察特考、司法特考、稅務特考、海巡、關務、移民特考

專技證照
導遊/領隊、驗光人員、職業安全、職業衛生人員、食品技師、記帳士、地政士、不動產經紀人、消防設備士/師

教職考試
教師檢定、教師甄試主任校長甄試

國民營考試
中華郵政、中油、台電、台灣菸酒、捷運招考、經濟部聯招、台水、全國農會

銀行招考
金融基測
臺灣銀行、土地銀行、合作金庫、兆豐銀行、第一銀行、台灣中小企銀、彰化銀行

金融證照
金融基測
外匯人員、授信人員、衍生性金融產品、防制洗錢與打擊資恐、理財規劃、信託業務、內控內稽、金融科技力檢定

其他
警專入學考、國軍人才招募、升科大四技、各類升資/等考試

影音輔助學習

透過書籍導讀影片、數位課程，能更深入了解編撰特色、應考技巧！隨處都是你的教室！

搶救國中小教甄國文　徐弘縉老師

國家圖書館出版品預行編目(CIP)資料

原住民族行政及法規(含大意) /

盧金德編著. -- 第二版. -

新北市 ：千華數位文化, 2021.02

　　　　面 ；　　公分

ISBN 978-986-520-226-2(平裝)

1.原住民行政法規

　　　588.29　　　　　　　　　110001996

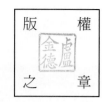

原住民族行政及法規(含大意)

編 著 者：盧 金 德

發 行 人：廖 雪 鳳
登 記 證：行政院新聞局局版台業字第 3388 號
出 版 者：千華數位文化股份有限公司
　　　　　地址／新北市中和區中山路三段 136 巷 10 弄 17 號
　　　　　電話／ (02)2228-9070　　傳真／ (02)2228-9076
　　　　　郵撥／第 19924628 號　千華數位文化公司帳戶
　　　　　千華公職資訊網：http://www.chienhua.com.tw
　　　　　千華網路書店：http://www.chienhua.com.tw/bookstore
　　　　　網路客服信箱：chienhua@chienhua.com.tw

法律顧問：永然聯合法律事務所
編輯經理：甯開遠
主 　 編：甯開遠
執行編輯：鍾興諭
校 　 對：千華資深編輯群
排版主任：陳春花
排 　 版：邱君儀

出版日期：2021 年 2 月 28 日　　　第二版／第一刷

本書如有勘誤或其他補充資料，
將刊於千華公職資訊網　http://www.chienhua.com.tw
歡迎上網下載。